한 국 의
모 든 지 식
"이것이 진짜 앎이다!"

한국의
모든 지식

초판 1쇄 발행 2012년 12월 20일
초판 2쇄 발행 2013년 3월 1일

지은이 김흥식
펴낸이 이영선
펴낸곳 서해문집

이 사 강영선
주 간 김선정
편집장 김문정
편 집 허 승 임경훈 김종훈 김경란 정지원
디자인 오성희 당승근 안희정
마케팅 김일신 이호석 이주리
관 리 박정래 손미경

출판등록 1989년 3월 16일 (제406-2005-000047호)
주 소 경기도 파주시 문발동 파주출판도시 498-7
전 화 (031)955-7470 | **팩스** (031)955-7469
홈페이지 www.booksea.co.kr | **이메일** shmj21@hanmail.net

©김흥식, 2012

ISBN 978-89-7483-548-4 03900

이 도서의 국립중앙도서관 출판시도서목록(CIP)은 e0-CIP 홈페이지
(http://www.nl.go.kr/cip.php)에서 이용하실 수 있습니다.(CIP제어번호:2012005631)

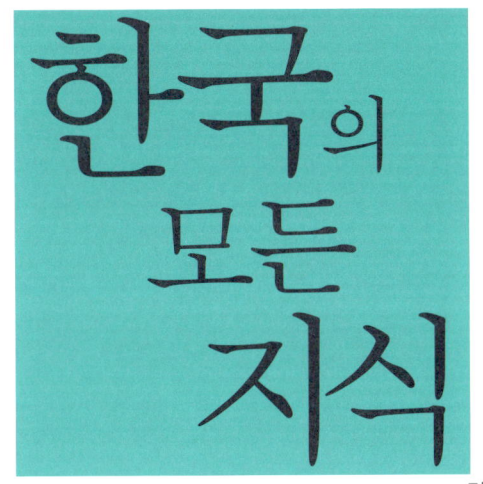

김흥식 지음

서해문집

머리말

안다는 것,
그 비밀의 봉인을 풀기 위하여

"아는 것이 힘이다."
"아는 것이 병이요, 모르는 게 약이다."

독자 여러분은 두 가지 속담 가운데 어떤 쪽을 선택하시겠습니까?
저는 두 번째 것을 선택하고 싶습니다.
세상에 절대적인 진리는 없습니다. 진리는 시대와 상황에 따라 변하지요. 그렇다면 21세기 초 대한민국에서, 아는 건 분명 병입니다. 알면 알수록 세상을 바라보는 시각은 비판적으로 변하고, 세상을 지배하는 터무니도 없는 불합리와 무지에 근거한 만용이 난무하는 모습을 보다 보면 정신과의 도움 없이 살아가기가 얼마나 힘든지 알 수 있습니다.
게다가 아무도 알지 못하고 보지 못한 비밀을 알고 난 후의 심경은 또 어떤가요? 그 비밀이 연예인의 사생활이거나 상장회사의 실적 같은, 어디선가 한 10분 동안 잘난 체하기에 알맞은 것이라면 모르겠거니와, 세상을 움직이는 진실이라면 어떨까요?

아무도 믿지 않을 뿐 아니라 오히려 그 진실을 알리려고 하면 갖은 모략과 중상의 세례를 받아야 하는 무지의 세상에서, 비밀의 봉인을 여는 행동은 아무런 이익도 가져다주지 못합니다. 마치 지동설을 깨달은 코페르니쿠스가 자신이 죽기 전에는 절대 그 원고를 출간하지 말라고 신신당부했듯, 그 누구도 모르는 지성의 비밀은 우리에게 위험한 것일 뿐입니다.

그러나, 아니 그렇기에 인간으로 태어난 우리는 그 비밀의 봉인을 뜯어야만 합니다.

그렇게 해서 병에 걸릴 것을 뻔히 알면서도, 알고야 말겠다는 의지를 불태우는 것, 그것이야말로 인류를 오늘날의 존재로 만든 위대한 첫걸음을 내딛는 행동이었습니다. 그것이야말로 프로메테우스가 독수리에게 영원히 간을 쪼아 먹히는 징벌을 당할 것임을 알면서도 불을 훔쳐 지상에 전해준 행동이요, 기다리는 것은 오직 죽음밖에 없음을 번연히 알면서도 그 길을 가야만 했던 수많은 우리 조상들의 삶이었습니다.

이 책에는 그런 비밀이 가득 담겨 있습니다.

독자 여러분 가운데는 그 비밀의 봉인을 뜯을 때마다 잠시 혼란을 느끼실지도 모르겠습니다. 당연히 그러리라고 믿었던 사실들이 사실이 아님을 깨달을 때 바로 제가 그랬듯이 말이지요.

그러나 위험하지만, 우리를 둘러싸고 있던 지성의 한계가 타악~ 터지는 환희를 만끽하지 못하고 사는 삶은 또 얼마나 지루하고 답답할까요?

그렇게 답답하고 안락한 삶을 살기보다는, 위험하지만 낙석과 눈사태를 피하며 결국에는 초모랑마(티베트어로 '세상의 어머니'란 뜻인데, 서양 사람들은 이를 에베레스트라고 부른다는군요. 자기들 문자로 말이지요. 이 산을 측량했던 측량국장 앤드류 워가 전임 측량국장의 공적을 기려 그 이름을 붙였다니, 참 편리하고 안락한 사고방식이지요)에 오르고야 만 후에 느끼는 희열. 그 때문에 저는 오늘도 백과사전을 펴고, 쏟아져 나오는 책들 가운데 보석을 찾듯 다시 좋은 책을 찾아 읽습니다. 그리고 그 희열을 독자 여러분과 함께하고 싶은 욕심에 다시 이 책을 냅니다.

  몇 년 전《세상의 모든 지식》이라는 터무니도 없는 제목의 책을 통해 독자 여러분과 세계를 둘러싼 온갖 지성의 세계로 여행했듯이, 이번에는 우리 조상들이 살아온 우리 땅과 우리 역사, 우리 삶 속으로 떠나고자 합니다.

  아는 것이 병이라고요? 그건 잔병치레일 뿐입니다.

  잔병치레 많이 하는 사람이 오래 살지 않습니까? 잔병치레 하는 과정에서 면역체계가 형성되어 "아는 것이 힘"으로 작동하기 때문이지요.

2012년 겨울

김흥식

차례

머리말 5

01 episode
말과 사물, 그리고 혼魂

01. 모내기 » 파종의 정치경제학 12
02. 화성성역의궤 » 동서고금의 가장 완벽한 뉴타운 시공일지 18
03. 탑과 부도 » 숭배와 건축 27
04. 사농공상과 경강상인 » 직업의 귀천에 대하여 35
05. 글이 없던 한반도 » 옛날 사람들은 우리의 말을 어떻게 표기했을까 44
06. 화폐의 탄생 » 돈의 힘은 어디서 생겨나는가 53
07. 코리아 » 아라비아 상인, 푸른 물결을 건너다 62
08. 백제의 말 » 고구려, 백제, 신라는 같은 말을 썼을까 68
09. 이야기꾼 » 소설의 탄생, 발 없는 이야기가 천리를 간다 77
10. 불전 » 부처에서 나한까지, 대웅전에서 명부전까지 84
11. 벽돌 » 우리는 왜 벽돌을 사용하지 않았을까 95
12. 방언 » '교양없는 사람들이 쓰는 틀린 말'은 없다 102
13. 소나무와 참나무 » 나무의 흥망성쇠 112
14. 도명 » 지명의 유래에 대하여 122
15. 표준시 » 시간을 둘러싼 세계 127
16. 달력 » 문명과 역법, 그리고 세종의 달력 134
17. 한글 » 한글과 독재자 141
18. 지리 » 야만에 대하여 153
19. 얼굴 » 얼굴과 말, 그리고 뇌의 발달에 대하여 158
20. 수레 » 우리는 왜 수레를 타지 않았을까 165
21. 경연 » 왕의 공부와 경연 정치 174
22. 갓 » 나태한 풍습과 오만한 태도가 모두 갓에서 생기니 182
23. 사발통문 » 처음과 끝이 없는 '불온한' 문서 188
24. 서울 » 서울은 고유명사일까, 보통명사일까 192

02 episode
즐거운 지식

25. 수령칠사 » 조선 관원들의 생활백서 200
26. 노비의 품격 » 비婢가 노奴보다 비싸다? 206
27. 종교에 대하여 » 대한민국은 종교 공화국이다 212
28. 선교사와 사업가 » 운산금광의 불평등 계약 218
29. 남한산성 » 세 번 절하고 아홉 번 머리를 조아리다 230

30. 조선시대 거리 풍경 » 청결에 대하여 238
31. 서희의 담판 » 외교의 논리에 대하여 243
32. 정조의 분노 » 지름길을 찾아서 궁색하게 걷는다면 253
33. 판소리의 즐거움 » 100년 전의 열광은 다 어디로 갔을까 260
34. '노걸대'와 '박통사' » 고려·조선시대 외국어 학습의 베스트셀러 272
35. 비석을 찾아서 » 추사 김정희의 문화재 훼손 280
36. 흥타령 » 한과 신명, 우리의 소리를 찾아서 288
37. 천재의 길 » 구용구사, 인간이 갖춰야 할 아홉 가지 행동과 생각 294
38. 고등어, 굴비, 명태 » 밥상의 위기에 대하여 300
39. 무등산 타잔 » 어느 살인마의 최후 진술 308
40. 그림에 대하여 » 화가는 45억 원이 슬프지 않았을까 324
41. 망국의 왕자 » 두 개의 길, 의친왕과 영친왕 332
42. 조선의 궁궐 » 영욕의 역사를 보다 348
43. 사상계 » 광복 이후 가장 커다란 영향을 미친 책 361
44. 무령왕의 무덤 » 혼돈에서 영광으로 374
45. 밀실의 약속도 약속인가 » 가쓰라와 태프트, 그리고 루스벨트 388
46. "폐하!" "난 전하다." » 각하에 대한 단상 398
47. 임신서기석? 임신서기석! » 돌 하나가 전하는 말 405
48. 사명대사비 » 다시, 친일파 청산에 대하여 411
49. 옛날, 전쟁은... » 양만춘, 연개소문, 당 태종, 그리고 안시성 전투 420
50. 통신원 보고 » 황윤길 vs 김성일 427
51. 암행어사의 일기 » 정의사회의 로망에 대하여 443
52. 172,000일의 위대한 유산 » 그래서 그들은 기록을 남겼다 450
53. 영화, 좋아하세요? » 최초의 영화비평 주간지 〈영화저널〉에 대하여 458

03 episode
이 사람을 보라!

54. 파란 책 » 직지심경, 외규장각 도서, 그리고 어느 사서의 이야기 468
55. 조용수와 민족일보 » 서른 즈음에, 지령 92호의 혁명 476
56. 98을 이긴 2 » 이승만 vs 조봉암 487
57. 산유화의 가수 » 그는 왜 카루소가 될 수 없었나 499
58. 을밀대 고공 농성 » 누구든지 이곳에 사다리를 대기만 한다면 507
59. 간첩 황태성 » 희생양에 대하여 517
60. 신불출 또는 에하라 노하라 » 태양 한복판에 화살을 꽂은 사나이 530

episode 01

01.
모내기
파종의 정치경제학

02.
화성성역의궤
동서고금의 가장완벽한 뉴타운 시공일지

03.
탑과 부도
숭배와 건축

07.
코리아
아라비아 상인, 푸른 물결을 건너다

08.
백제의 말
고구려, 백제, 신라는 같은 말을 썼을까

09.
이야기꾼
소설의 탄생, 발없는 이야기가 천리를 간다

13.
소나무와 참나무
나무의 흥망성쇠

14.
도명
지명의 유래에 대하여

15.
표준시
시간을 둘러싼 세계

19.
얼굴
얼굴과 말, 그리고뇌의 발달에 대하여

20.
수레
우리는 왜 수레를 타지 않았을까

21.
경연
왕의 공부와 경연 정치

· · · · · · · · · ▶ ▶ · · · · · 말과 사물,
그리고 혼魂

04.
사농공상과 경강상인
직업의 귀천에 대하여

05.
글이 없던 한반도
옛날 사람들은 우리의 말을 어떻게 표기했을까

06.
화폐의 탄생
돈의 힘은 어디서 생겨나는가

10.
발전

11.
벽돌
우리는 왜 벽돌을 사용하지 않았을까

12.
방언

16.
달력
공명과 역법, 그리고 세종의 달력

17.
하늘

18.
지리

22.
갓

23.
사랑타령

24.
이름

01

모내기

파종의 정치경제학

'모내기'를 모르는 분은 거의 없겠지만 '이앙' 또는 '이앙법移秧法'이 '모내기'와 같은 말임을 아는 분은 또 흔치 않을 것이다. '이앙移秧'(옮길 이, 모 앙)이란 모를 옮긴다는 뜻이니, 우리말 '모내기'와 같은 뜻이다.

우리나라에 모내기가 도입된 것이 언제인지는 분명치 않으나 고려시대에는 이미 모내기가 시행되고 있었음이 여러 기록에 전하고 있다. 그런데 이 모내기가 얼마나 대단한 발견인지는 잘 모르실 것이다.

모내기를 하기 전에는 논에 직접 볍씨를 뿌리는 직파直播 방식이 사용되었다. 이를 '부종付種' 혹은 '산종散種'(흩뿌림), '바로뿌림'이라고도 한다. 그러니까 지금처럼 모판에 씨를 뿌려 일정 크기까지 자란 후에 논에 옮겨 심는 방식이 아니라, 직접 씨앗을 논에 바로 뿌리는 방식인 것이다.

그렇다면 왜 모내기를 하게 되었을까? 모내기의 좋은 점이 과연 무엇이기에?

우선 직파 방식은 제초 작업이 모내기에 비해 훨씬 힘들었다. 알려진 바에 따르면 모내기에 비해 두 배 이상 해야 했단다. 요즘에도 극히 일부지만 천수답(관개용수가 없는 논)에서는 직파를 하는 경우가 있으니 확인할 수 있을 것이다.

그럼 왜 제초 작업을 두 배나 더 필요로 했을까? 당연한 것 아닌가? 씨를 뿌리면 그만큼 잡초가 자랄 공간도 많으니, 잡초도 그만큼 많이 자랄 것이다. 또 잡초와 벼가 씨앗에서부터 동등하게 출발한다는 점도 생명력 강한 잡초에게는 유리한 조건일 것이다. 반면에 모내기를 하면 논에 일정 크기로 자란 모를 빼곡히 심을 수 있으니, 잡초 씨앗이 날아와 자리를 잡을 공간이 그만큼 적은 것이다.

또한 모내기를 하면 단위 면적당 생산량이 훨씬 많다. 이도 당연한 것인데, 직파 방식으로 하면 벼를 일정한 규모로 심을 수 없는 반면 모내기를 하면 같은 면적이라도 가장 효율적인 양으로 빼곡히 심을 수 있으니 생산량이 많을 수밖에.

또 모내기를 하면 이모작이 가능했다(물론 모든 논에서 그런 것은 아니지만). 왜냐하면 모가 모판에서 자라는 동안 논을 다른 용도로 사용할 수 있기 때문이다. 반면에 직파 방식으로 하면 훨씬 더 이른 시기에 논에 씨를 뿌려놓아야 한다. 그러니 이모작이 불가능할 수밖에.

이런 여러 가지 이유로 모내기는 직파 방식에 비해 20퍼센트 내외의 적은 노동력으로 더 많은 수확을 거둘 수 있었다. 따라서 생산력이 비약적으로 증가하여 농민의 부와 국가의 부가 증가할 것이 분명하니, 국가에서도 당연히 새로운 농업 방식인 모내기를 적극 권장하지 않았겠는가.

그러나 과연 그랬을까?

이 질문은 참으로 우문愚問으로 보인다. 당연히 생산자와 소비자, 국가 모두에게 이로운 방식을 적극 권장하지 않을 국가가 어디 있단 말인가?

그러나 놀랍게도, 그렇지 않았다! 이것이 세상이 그렇게 단순하지 않은 단적인 예다. 그리고 우리가 당연하다고 여기는 현상에 대해서도 한 번쯤 의문을 품어보고 비판적 시각을 견지해야 하는 까닭이다.

조선시대의 정부는 모내기 방식을 어떤 시기에는 적극적으로, 또 어떤 시기에는 소극적으로 '제한'했다. 권장하기는커녕 말이다. 그리고 우리가 잘 아는 실학자이자 《성호사설》의 저자 이익은 그의 저서에서 모내기를 강도 높게 비판하였다. 도대체 왜 그랬을까?

크게 두 가지 이유 때문이었다. 우선 기술적인 면부터 살펴보기로 하자.

관개시설灌漑施設이 구비되지 않은 조선시대에 모내기 방식은 커다란 위험 요인을 안고 있었다. 즉 씨를 뿌리는 직파 방식의 경우 파종을 한 후 일정 기간 한해旱害가 닥친다 해도 씨앗은 일정량이 살아남아 싹을 틔울 수 있다. 씨앗은 많은 물을 필요로 하지 않기 때문이다. 그러나 모내기의 경우에는 갑자기 한해가 들었을 때, 이미 일정 크기 이상 자라서 많은 물을 필요로 하는 모가 다 말라죽을 수 있다. 따라서 모내기를 하기 위해서는 관개시설이 필수적이고, 만일 관개시설이 구비되어 있지 않은 경우에는 모내기를 전후해 상당히 많은 양의 비가 내려야 성공할 수 있다.

모내기 방식이 도입된 이후 농민들은 너도나도 적은 노동력으로 많은 양의 수확을 보증해주는 이 방식을 선호하였다. 그러니 만일 봄 가뭄이라도 드는 해에는 전국의 벼 수확량이 대폭 감소할 수밖에 없었다. 숙종 22년인 1696년의 기록을 보면 봄 가뭄으로 인해 평안도에서만 1만 2,000여 명이 아사했다고 하니, 전국적인 피해가 얼마나 컸을지는 상상하기도 힘들 것이다.

이런 이유로 인해 정부에서는 무조건적인 모내기를 금지했다. 그러나 이러한 금지령이 잘 지켜질 리 없었다. 예나 이제나 농사도 운에 좌우되는 경우가 많기 때문에, 단 한 번이라도 모내기를 통해 큰 수확을 거둔 적이 있다면 아무리 금지해도 모내기를 선호할 수밖에 없었을 테니까.

그런데 바로 이러한 기술적인 문제만이 모내기를 금지하는 이유가 아니었다. 그보다 훨씬 복잡한 사회적 문제가 자리하고 있었던 것이다.

모내기는 앞서도 살펴본 바와 같이 직파 방식에 비해 노동력이 80퍼센트 이상 절감된다. 이는 백성의 대부분이 농사에 종사하고 있던 조선시대에 수많은 사람들이 더 이상 일할 필요가 없음을 의미한다. 일하지 않고 먹고살

조선 후기 김홍도 풍속화의 모내기 장면.
김홍도는 18세기 후반에 활동하였으니 그 무렵 조선에서는 모내기가 광범위하게 시행되었음을 알 수 있다. 우리나라에 모내기가 언제 도입되었는지는 분명치 않으나 고려시대부터 이미 모내기가 시행되고 있었음이 여러 기록에 전하고 있다.

수 있다면 얼마나 좋을까? 그러나 일하지 않으면 먹을 것도 없는 것이, 바로 작금의 자본가들이 그토록 주장하는 '무노동 무임금' 원칙이 아닌가.

이때 무노동은 적극적으로 일하지 않는 것뿐 아니라 일하고 싶어도 일할 수 없는 수동적 무노동도 포함된다. 바로 이 점이 비극이다. 일하고 싶어도 일자리가 없으면 굶어야 하는 것, 이것이 노동자의 비극이다. 조선시대에

조선 후기의 두레질 모습.
길쭉하게 생긴 두레로 물을 퍼올리고 있다. 늘 한해를 입는 농촌에서는 이 기구를 통해 관개를 했다.

농민들이 그러하였다. 자기 땅이 없어 소작을 지으며 근근이 살아왔던 수많은 사람들이 일할 터전을 잃게 된 것이다.

반면에 땅을 가진 사람들은 모내기를 통해 임금을 줄이면서도 훨씬 많은 수확물을 거둠으로써 부를 축적할 수 있었다. 이렇게 축적된 부는 다시 재투자되어야 하는데, 주식도 아파트도 채권도 골프 회원권도 없던 조선시대에 재투자 대상은 오로지 논과 밭뿐이었다. 그리하여 점차 땅의 집중화가 이루어지게 되었다. 땅의 집중화는 소작농 다음으로 소농小農들의 삶의 뿌리를 뽑기에 이르렀고, 그 다음 차례는 중농中農이었다.

이렇게 해서 조선 중기부터 급속도로 진행된 땅의 집중화는 조선 후기에 이르러 절정에 달했고, 급기야 대지주가 탄생하게 된 것이다. 이렇게 인간의 노동력 범위 안에서 이루어지던 농사 방식이, 축적된 부를 바탕으로 한 개인의 노동력을 넘어서 훨씬 넓은 농토로 확대되는 것을 '광작廣作'이라고 한다. '넓게 짓는다'는 뜻이리라. 그러나 그 결과는 사회에 커다란 후유증을 남겼으니, 이때부터 삶의 터전을 잃은 유랑 농민들이 급증하였고, 사회 전체적으로도 커다란 변동기를 맞으면서 불안감이 점차 확산되기 시작한 것이다.

02
화성성역 의궤

동서고금의 가장 완벽한 뉴타운 시공일지

최근 들어 대한민국은 뉴타운이니 재개발이니 하는 토목·건축 공사의 천국이 된 느낌이다. 한 외국인이 이렇게 말했단다.

"한국 사람들은 집에서 보내는 시간도 별로 없으면서 왜 그리 큰 집을 가지려고 애쓰죠?"

맞다. 우리나라 사람들처럼 집에서 보내는 시간이 적은 국민도 없을 것이다. 세계에서 가장 일을 많이 하는 국민이요, 일이 끝나면 술 마시고 차 마시고 쇼핑해야 하고 살 빼러 가야 하고, 그뿐이랴? 주말이면 늘 외곽으로 빠지는 길은 인산인해를 이루니 휴가철이 따로 없다. 그러다 보니 집에서 보내는 시간은 적을 수밖에.

게다가 그 어느 나라 국민보다 집이 클 필요도 적다. 왜? 가족들이 각기 무엇인가 하기 위해 자기만의 공간을 가질 필요가 없으니까. 모두 앉아서 TV만 보지 않는가 말이다. 아, 아이들은 공부를 해야 하는구나. 그러나 아이들도 밤 12시, 어떤 지역에서는 새벽까지 학원에 붙들어두니 굳이 공부방이 썩 필요한 것도 아닐 듯하다.

그런데도 늘 아파트를 지어야만 속이 시원한 국민이 바로 우리 국민이다. 서울을 다녀보라. 정말 아파트 천국이다. 뉴타운 좋아하는 사람들의 소원이 이루어지는 날, 서울은 오직 아파트와 그 사잇길로 이루어진 세계 초유의 거리가 될 것이다. 참 부끄럽고 부끄러우며 또 부끄러운 일이다.

그렇다면 정말 뉴타운, 즉 신도시란 어떤 것을 말하는 걸까? 사람 사는 마을, 골목길, 비탈진 언덕을 헐어내고 그 자리에 아파트를 짓는 것이 뉴타운일까, 정말로?

여기 우리나라에서 세계 최초의 뉴타운을 실현한 분이 계시고 그 흔적이 오롯이 남아 있으니 한번 살펴보기로 하자.

1762년, 한 세자가 뒤주 속에서 굶어죽는다.
1777년, 굶어죽은 세자의 아들, 즉 세손世孫이 할아버지 뒤를 이어 왕위에 오른다.
1789년 7월 11일, 비극적으로 죽어간 부친을 잊지 못한 왕은 부친의 묘를 이장하기로 결정한다. 이전에 부친의 묘소가 있던 자리는 형국이 얕고 좁아 세자의 묘로서는 볼품이 없다고 여겼기 때문이다. 이때 이장하기로 결정된 지역이 수원읍의 주산인 화산花山이었다.
1789년 7월 15일, 수원부의 청사를 팔달산 아래로 옮기기로 결정한다. 즉, 새로운 도시를 건설하기로 한 것이다.

위의 글은 여러분이 잘 아시다시피 사도세자의 죽음과 그의 아들 정조의 즉위, 그리고 정조가 즉위한 후 자신의 아버지인 사도세자^{思悼世子}를 장헌세자^{莊獻世子}로 개칭하고 그의 묘소를 옮기기로 결정한 과정을 살펴본 것이다.

그런데 장헌세자의 묘소를 이장하기로 결정한 지역이 바로 그 무렵 수원부의 청사가 있던 지역이었다. 따라서 이곳을 묘소로 쓰기 위해서는 그 지역에 거주하던 백성들과 청사를 다른 곳으로 옮겨야 했다. 그렇게 해서 결정된 것이 바로 세계 최초의 뉴타운인 수원 화성^{華城} 건설 계획이었다.

정조는 이 모든 일을 매우 신속하게 추진하였다. 장지가 결정된 바로 그날 경기 관찰사와 수원 부사를 새로 임명하고, 그로부터 4일 후 새로운 읍치를 팔달산 아래에 건설하기로 결정한다. 요즘 같으면 어림도 없는 일정이다.

그러나 정조는 이렇게 신속하게 추진하면서도 백성들에게는 뉴타운 개발의 폐해가 돌아가지 않도록 했으니 역시 뛰어난 지도자였다.

첫째, 옛 수원읍 백성들의 이전 비용으로 금 10만 냥을 하사하였다.

둘째, 수원부 옥에 갇혀 있던 모든 죄수들을 특사로 풀어주었다.

셋째, 새로 조성되는 읍에 거주할 농민들에게는 향후 10년 동안 면세 조치를 취하였다.

그 외에도 여러 가지 조치를 통해 백성들에게 어떠한 불이익도 돌아가지 않도록 하였으니, 겉으로만 민의를 내세우는 작금의 위정자들에게 뉴타운이니 신도시니 하는 단어를 허락하는 것조차 욕된 느낌이다. 사실 그들은 주민의 의견에 따르겠다느니 하는 입에 발린 말을 내세우며 뒤로는 지주와 건설회사의 이익 외에는 안중에도 두지 않아 수많은 세입자들이 목숨을 내놓도록 압박하고 있지 않은가.

여하튼 이렇게 해서 약 200여 호에 이르는 구읍의 주민들은 새로운 도시로 이전하게 된다.

그런데 이 신도시 건설 과정을 지켜보면 감탄사가 절로 나오는 대목이 한두 곳이 아니다. 새롭게 조성되는 도시에 구읍의 백성들을 옮겨 살도록 하는 것에 머물지 않고, 그곳에 한양과 다른 지역의 장사치들이 입주할 수 있도록 상가를 조성하여 신도시의 경제적 기반을 조성토록 한 것도 그 시대에는 고려하기 힘든 정책이었다.

한편 신도시 건설을 책임지고 있던 채제공蔡濟恭은 정조의 목민관적 심성을 십분 받들어 탁월한 식견을 발휘하게 된다. 그러니까 정조와 채제공은 화성 신도시를 단순한 도시가 아니라 말 그대로 이상理想 도시로서 건설하고자 했던 것이다. 그리고 그들의 꿈은 상당 부분 이루어졌다.

그렇다면 채제공은 어떤 인물이었을까?

정조의 할아버지인 영조 대부터 관직을 지낸 채제공은 도승지로 일할 무렵 영조가 사도세자를 폐위하려고 하자 이를 극력 반대하여 철회시키기도 하였다. 그러다 그가 모친상을 당해 관직에서 물러나 있는 동안 사도세자는 비극적 최후를 맞이하고 말았던 것이다.

이후 그는 한성부 판윤(지금의 서울시장), 병조판서, 호조판서 등을 거쳐 정조가 즉위한 뒤에는 예조판서 등을 지냈고, 1788년에는 우의정에 올랐다. 그러니까 수원 화성 신도시 건설을 책임질 무렵에는 정승이었던 것이다. 이런 인물을 신도시 책임자로 임명한 것이야말로 정조가 이 도시의 건설에 얼마나 심혈을 기울였는지를 보여주는 좋은 예라 할 것이다.

이후에도 채제공은 신도시가 화성華城이라는 이름으로 건설된 후 유수부留守府로 승격되자 초대 유수留守에 임명되었다. 어찌 보면 재상이 일개 유수의 책임자가 되었다는 측면에서 강등된 것처럼 보이지만, 실제로는 정조의 화성 신도시에 대한 의지가 그만큼 강렬했음을 보여주는 것이다. 이후 채제공은 다시 중앙에 복직하여 영의정에까지 오르게 된다.

1794년, 정조는 다시 화성에 성곽을 짓기로 하고 그해 2월 28일 첫 삽을 뜬다. 이렇게 해서 총길이 5,743.56미터에 이르는 화성 성곽 공사가 시작된 것이다. 그리고 그로부터 2년 반이 지난 1796년 9월 10일, 화성 건설과 성곽 건설이 마무리된다.

그러면 여기서 우리의 관심도 끝나는 것일까? 아니다. 사실 우리의 관심사는 이제부터 시작이라고 하는 것이 오히려 옳을 것이다. 왜? 다음 사실을 살펴보면 안다.

1801년(순조 1), 그러니까 수원 화성을 지은 정조가 서거한 지 1년 후에 《화성성역의궤華城城役儀軌》라는 책이 간행된다. 정리의궤청整理儀軌廳이라는 관청에서 화성 성곽의 축조에 대한 기록을 모아 간행한 책인데, 이 책이야말로 후대에 영원히 남을 소중한 자료다. 얼마나 소중한 자료인지는 다음 사실로부터 확인할 수 있다.

《세계가 높이 산 한국의 문기》라는 책을 펴낸 최준식 교수에 의하면, 정조가 일군 신도시의 성곽인 화성은 세계문화유산 가운데 유일하게 복제품으로 등재된 것이라고 한다. 그 까닭은 바로 세계기록유산으로 등재된 《화성성역의궤》에서 찾을 수 있다. 일제강점기와 6·25전쟁을 거치면서 폐허가 되어버린 화성을 원래 모습 그대로 복원할 수 있었던 것은 바로 《화성성역의궤》가 있었기 때문이니까.

그래서 복제된 화성으로 세계문화유산 등재 신청을 했을 때 코웃음을 치던 유네스코 관계자들조차 《화성성역의궤》에 따라 처음 건설될 때의 그 모습에서 한 치의 오차도 없이 재현된 화성을 세계문화유산으로 등재시킬 수밖에 없었던 것이다.

〈서장대야조도〉.
1795년 윤2월, 정조는 모친(혜경궁 홍씨)의 환갑을 기념해 모친과 함께 부친(장헌세자)의 묘소인 화성 현륭원을 참배했다. 이때의 행차를 〈화성능행도병〉, 즉 팔 폭 병풍으로 남겼는데, 이 그림은 그중 한 폭이다. 새로이 건설된 화성 성곽의 서장대에서 실시한 병사의 조련 모습으로, 서장대의 모습이 우람하고 장엄하게 묘사되어 있는 것이 눈에 띈다.
(사진제공: 국립중앙박물관)

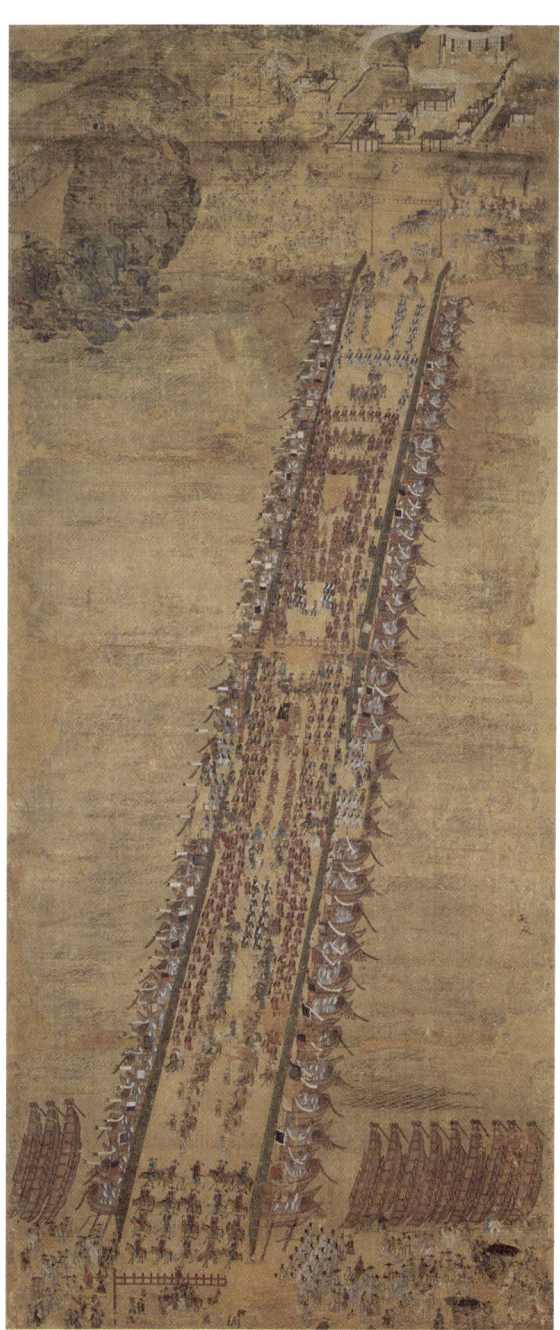

〈한강주교환어도〉.
이 그림 또한 〈화성능행도병〉 가운데 한 폭인데, 임금의 행렬이 한강을 건너는 모습을 그린 그림이다. 지금의 노량진을 건너 한양으로 귀환하는 모습으로, 배를 이어 다리 대신 사용한 모습이 잘 나타나 있다. 이때 실제 사용된 선박은 48척인데 그림에는 모두 그려 넣지 않은 듯하다. (사진제공: 국립중앙박물관)

그렇다면 《화성성역의궤》라는 책은 도대체 어떤 내용을 담고 있기에, 그 책 자체는 물론 그를 바탕으로 재현된 화성까지 세계문화유산으로 등재시킬 수 있었을까?

《화성성역의궤》라는 제목에 쓰인 의궤儀軌란 '나라에서 큰일을 치를 때 후세에 참고를 위하여 그 일의 처음부터 끝까지의 경과를 자세하게 적은 책'을 뜻한다. 그러니까 《화성성역의궤》는 '화성이라는 성을 짓는 전 과정을 기록한 책'이란 의미다. 그런데 이 기록을 요즘 관리들이나 회사에서 만드는 공사 보고서 정도로 생각하면 큰 착각이다. 최준식 교수의 말을 다시 한 번 빌리자면, 이 책이야말로 동서양 고금을 통해 가장 완벽한 공사 보고서 가운데 하나로 평가받고 있다.

그 내용을 보면 공사에 투입된 일꾼들의 인적 사항과 도면, 화성 건설 때 처음 쓰인 것으로 우리에게도 잘 알려져 있는 거중기 같은 기구의 모습이 실린 것은 당연한 것이고, 사용된 자재의 양과 가격, 수량, 규격에서부터 시작해 일꾼들에게 지불된 임금, 하다못해 반나절 일한 사람에게 지불된 임금까지, 상상을 초월할 정도로 꼼꼼히 기록되어 있다.

그 내용 가운데 약간만 살펴보자.

성을 짓는 데 투입된 인력은 각급 감독·경비·사환 등이 430여 명, 각종 공장工匠이 1,820여 명이며, 연 작업일수는 376,342일에 달한다. 소요 물자를 살펴보면, 크고 작은 석재가 187,600개, 벽돌 695,000매, 쌀 6,200여 석, 콩 4,550석, 잡곡 1,050석, 목재 26,200주, 철근 559,000근, 철로 만든 못 등이 2,900근, 석탄 69,000석, 기와류 530,000장, 석회 86,000석, 소 688쌍, 말 252필, 종이류 8,000여 권, 가마니 6,000매 등이다. 그리고 이 엄청난 재원은 금위영과 어영청의 10년분 예산과 전라·경상·평안 감영에서

충당하였다고 기록되어 있다.

  사실 이 정도는 《화성성역의궤》의 구우일모九牛一毛, 즉 아홉 마리 소 가운데 터럭 하나에 불과하다. 그러니 우리 조상들의 문명에 대한 기록 의지가 어떠했는지를 확인하는 일은 그리 어려운 게 아니리라. 그런 선조를 둔 우리가, 그런데 어쩌다가 오늘날 이런 모습으로 돌변했을까. 읽고 쓰기보다는 마시고 들여다보고 킬링 타임에 삶을 바치는 21세기 대한민국 시민.

  유구무언이다.

03

탑과 부도

숭배와 건축

2009년 1월 14일, 익산에 있는 미륵사터 석탑(국보 제11호)에서 백제 사리장엄舍利莊嚴을 비롯해 수많은 유물이 출토되어 세간의 화제를 불러일으켰다. 문화재청은 그 가운데 여러 유물이 국보급을 뛰어넘는 것으로 보고 있어, 조사가 완료되는 시점에는 새로운 국보가 여러 점 탄생할 것으로 보인다. 그렇다면 '사리장엄'이란 무엇일까?

"사리장엄구란 사리를 담는 사리기에서부터 그와 함께 납입되는 각종 유물, 즉 공양품에 이르기까지, 사리에서 탑으로 이어지는 모든 과정의 것을 말한다. 사리장엄은 석가 입멸 이후 여러 가지 형태로 이루어졌다. 인도에서, 중국에서, 그리고 한국과 일본에서 우리는 역사적으로 사리장엄의 다양한 형태를 볼 수 있다. 석가모니에 대한 신실한 믿음과 끝없는 존경은, 석가 그 자체인 사리에 대한 지극한 봉공奉恭으로 나타났다. 각국의 시대적, 공간적 차이에도 불구하고 그 공통점은 석가의 입멸入滅 후 그의 성스런 안식처로서의 장엄, 그리고 공경과 숭배의 대상으로서의 장엄이다. 이러한 성스런 사리장엄의 최후 단계가 바로 탑의 건립이다. 사리를 담은 작은 병에서부터 이 탑으로 이어지는 과정의 모든 것을 장엄이라 하며, 이것이 바로 사리신앙의 요체이다."
– 김연수, 〈백제 불교와 사리장엄〉(복천박물관 '제2기 고고학 시민강좌' 자료집에서)

위 글에서 알 수 있듯이 사리장엄이란 우리가 피상적으로 알고 있는 것보다 훨씬 광범위하면서도 심층적인 개념임이 분명하다. 결국 탑이야말로 사리장엄의 최후 단계요 사리신앙의 요체라는 말인데, 불교 문화재에 대해 잘 모르는 이들이 사찰에 가서 혼란을 느끼는 유적 가운데 하나가 바로 탑과 부도다.

탑이 부도에 비해 큰 것은 알겠는데 그 용도가 어떻게 다른지는 잘 모르고 넘어가는 분이 많을 것이다. 그래서 이번 기회에 탑과 부도의 차이에 대해 분명히 짚고 넘어가기로 하자. 아는 만큼 보인다고 하지 않는가. 그러니 알고 나면 다음에 절터나 절을 찾아갈 때 더 많은 것을 느끼고 즐길 수 있지 않을까.

탑은 본래 '탑파塔婆'가 줄어서 된 용어다. '탑파'란 탑+파(범어 bha의 한자)로 이루어진 용어로 팔리어의 thupa를 한자로 표기한 것이다. 반면에 범어로 탑은 stupa라고 하고 한자로는 스투파〔窣堵婆〕(한자로 읽으면 솔도파이지만 불교 용어는 범어로 읽는 것이 일반적이다)라고 쓴다. 따라서 탑파=스투파=탑인 셈이다.

그렇다면 탑의 용도는 무엇일까?

탑은 본래 석가모니의 사리나 유골을 모시거나 특별한 영지靈地를 나타내

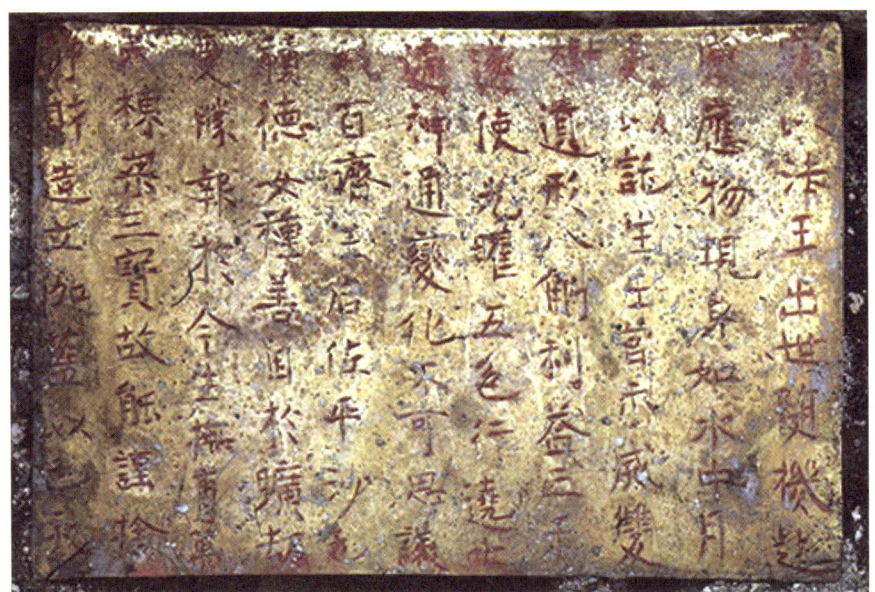

익산 미륵사터에서 발견된 금제 사리봉안기.
그 내용의 일부를 보면 다음과 같다.
"우리 백제 왕후께서는 좌평佐平 사택적덕沙宅積德의 따님으로 지극히 오랜 세월 동안 선한 인연을 심어 금생에 훌륭한 업보를 받아 만민을 어루만져 기르시고 불교의 동량棟梁이 되셨기에 능히 정재淨財를 희사하여 가람을 세우시고, 기해년 정월 29일(백제 무왕 40년인 639년 1월 29일)에 사리를 받들어 맞이했다. 원하옵나니, 세세토록 공양하고 영원토록 다함이 없어서 이 선한 근기를 자량資糧으로 하여 대왕 폐하의 수명은 산악과 같이 견고하고 치세는 천지와 함께 영구하여, 위로는 바른 법을 넓히고 아래로는 창생을 교화하게 하소서. 또 원하옵나니, 왕후의 몸과 마음은 맑은 물로 만든 거울과 같아서 법계法界를 비추어 항상 밝히시며, 금강 같은 몸은 허공과 나란히 불멸不滅하시어 칠세七世의 구원까지도 함께 복리福利를 입게 하시고, 모든 중생들 함께 불도 이루게 하소서."
그런데 이 사리봉안기는 또 다른 의미에서 무척 중요한 역할을 할 것으로 여겨진다. 그 까닭은 향가 〈서동요〉에 의해 미륵사를 창건한 백제 무왕의 부인은 신라 진평왕의 딸인 선화공주인 것으로 알려져왔기 때문이다. 결국 위 내용에 의하면 백제 고위 관리인 좌평의 딸이 무왕의 부인이므로 서동요와 연관된 《삼국유사》의 내용 또한 수정되어야 하는 것이 아닐까, 역사학계의 고민이 깊다.

미륵사터 석탑에서 발견된 금제 사리호.
사리호는 탑 내부의 사리공(사리를 모실 수 있도록 만들어놓은 좁은 공간) 안에 안치되어 있었다. 사리호 내부에는 또다시 사리병이 들어 있고, 사리는 이 사리병 안에 모셔져 있는 것이 일반적이다. 미륵사터에서 발견된 사리호 곁에서는 금으로 만든 '사리봉안기'가 함께 발견되었는데, 이 사리봉안기의 기록으로부터 백제시대를 이해할 수 있는 여러 내용을 확인할 수 있게 되었다.

기 위하여, 또는 그 덕을 기리기 위하여 세운 건축물이다. 즉, 석가모니의 사리를 묻고 그 위에 돌이나 흙을 높이 쌓은 무덤이나 묘廟가 탑인 셈이다. 탑은 돌이나 벽돌, 나무 따위로 층을 지어 쌓으며, 3층 이상 홀수로 층을 올리는 것이 일반적이다. 그러니까 짝수 층으로 된 탑은 없다.

그럼 파리의 에펠 탑도 석가모니의 사리를 모신 탑인가? 당연히 아니다. 그래서 석가모니의 사리를 모신 탑을 특별히 '탑파' 또는 '불탑'이라고 하는 것이 보다 정확한 표현이겠다.

사찰에 가보신 분이라면 누구나 확인하셨겠지만 탑은 절의 가장 중요한 곳에 자리하고 있다. 당연한 것 아닌가? 석가모니 부처님의 사리나 유골을 모신 곳인데 그보다 더 중요한 것이 어디 있겠는가. 따라서 당연히 탑은 사찰의 중심에 자리하는 것이 일반적이다. 또한 사찰에 중요한 의식이 있거나 승려들이 의식을 드릴 때는 탑을 도는 것이 일반적이다. 이 또한 석가모니에 대한 신앙을 표현하는 행위로 볼 수 있다.

탑은 초기에는 나무로 지었을 것이다. 나무보다 더 쉽게 탑을 만들 만한 재료가 없었을 테니까 말이다. 나무는 깎고 다듬기가 그 어떤 재료보다 쉽다. 앞서 언급한 익산 미륵사터 석탑도 재료는 돌로 이루어져 있지만 탑의

염거화상 부도(국보 제104호).
844년에 세워진 염거화상 부도는 현존하는 우리나라 최고最古의 부도다. 본래는 원주 흥법사터에 있었는데, 지금은 국립중앙박물관 정원에 있다. 사람에 따라서는 이 부도 외에 다른 부도를 가장 오래된 것으로 꼽기도 하는데, 이는 추정이다. 반면 염거화상 부도는 부도 안에서 발견된 금동제 탑지塔誌에 844년(신라 문성왕 6년)에 염거화상의 유골을 담은 탑으로 조성되었다고 기록되어 있어 가장 오래된 부도로 공인되고 있다. (사진제공: 국립중앙박물관)

형태는 목조탑의 모양을 하고 있다. 나무 조각들로 만든 듯한 형태란 뜻이다. 그러나 우리나라에는 남아 있는 목조탑이 하나도 없다. 워낙에 전란을 많이 겪다 보니, 불에 타기 쉽고 손상 입기 쉬운 목조탑이 남아 있을 수 없었던 것이다.

그렇다고 목조탑의 전통을 살펴볼 기회조차 없는 것은 아니니, 국보 제55호인 법주사 팔상전이 그것이다. 팔상전은 그 명칭은 전각이지만 탑의 역할을 하므로 탑이라 부르기도 하며, 그 자체가 목조탑의 양식을 고스란히 간직하고 있는 건물이다.

법주사 팔상전을 '팔'이란 글자 때문에 8층으로 이루어져 있다고 생각한다면 크나큰 오산이다. 앞서 살펴본 바와 같이 탑은 홀수로 지어진다고 했으니 말이다. 팔상전八相殿이란 석가모니의 생애를 여덟 단계로 나누어 그린 팔상도와 불상을 봉안한 전각을 가리킨다.

이 팔상전 또한 탑의 전통을 이어받아 홀수로 층을 지었으니, 법주사 팔상전은 5층으로 이루어져 있다. 사실 법주사 팔상전은 신라 진흥왕 때 지어진 것이었으나 다른 수많은

연곡사 동부도(국보 제53호).
얼핏 보기에는 자그마한 부도로 보이지만 가까이서 한참을 바라보고 있자면 팔각의 부도에 새겨진 온갖 그림이 얼마나 정교하고 치밀하게 양각되어 있는지 알 수 있다. 양각(돋을새김)은 음각(오목새김)에 비해 훨씬 입체적이며 장식적이어서 새긴 이의 의도가 더욱 뚜렷하게 다가온다. 동부도는 통일신라시대에 만들어진 것이며, 동부도와 더불어 연곡사를 대표하는 북부도(국보 제54호)는 동부도를 본떠 고려시대에 만든 것으로 알려져 있다. 그만큼 동부도는 우리나라 부도를 대표하는 조형물인 셈이다.

문화재와 마찬가지로 임진왜란 때 불타 없어졌다. 그래서 그 후 1605년에 다시 지은 것인데, 탑의 형태를 띤 목조 건물로는 가장 오래된 것이다.

한편 우리나라에서 석조, 즉 화강암으로 만든 탑이 일반화된 것은 한·중·일 동양 3국 가운데 우리나라에 질 좋은 화강암이 많았기 때문일 것이다. 반면에 중국에서는 전탑, 즉 벽돌로 만든 탑이 일반적이고, 일본에서는 목조탑이 주종을 이루고 있다.

그렇다면 '부도'란 무엇인가? '부도'는 'Buddha'(붓다)라는 범어에서 유래한 명칭으로, 한자로는 '부도浮圖'라고도 하고 '부도浮屠'라고도 한다. 이때 쓰는 한자는 단지 소리를 표현한 것일 뿐 아무런 의미도 갖지 않는다.

부도가 부처님을 뜻하는 Buddha에서 유래한 것이므로 부도 또한 부처님만큼이나 소중한 유적이거나 부처님의 사리를 안치한 건축물로 보기 쉽다. 그러나 부도는 부처님의 사리나 유골을 안치한 것이 아니라 스님, 그 가운데서도 덕이 높으신 고승高僧의 사리를 안치한 승탑僧塔이다. 즉 승려의 탑인 것이다.

이 점이 탑과 부도의 가장 큰 차이이다. 이 때문에 탑이 사찰의 중심부에 위치하는 반면 부도는 절의 후미진 곳에 위치하는 것이다. 그뿐이랴, 탑이 웅장한 모습을 띠는 반면 부도는 대부분 단층의 형태로 조성된다. 그래서 부도를 보려면 절의 뒤안길을 걸어야 하는 경우가 대부분이다.

우리나라에서 부도가 처음 세워진 것은 삼국시대 후기로 여겨진다. 우리도 잘 아는 '세속오계'의 주인공인 신라 원광법사의 부도가 세워졌다는 기록이 남아 있으나 전해오지는 않는다. 현재 전해오는 가장 오래된 부도는 서기 844년에 세워진 국보 제104호 염거화상 부도이다.

탑에 대해서는 우리가 수많은 책과 교과서를 통해 잘 알고 있다. 다보탑을 비롯해 석가탑, 미륵사터 석탑, 감은사터 3층 석탑 등 무수히 많은 탑이 우리의 눈을 황홀하게 만든다. 그러나 부도의 경우에는 기억에 남는 유적이 드문 것이 사실이다. 그래서 부도의 진면목을 감상하고 싶은 분들을 위해 한 곳을 추천한다. 바로 지리산 피아골에 위치한 연곡사라는 절이다.

이곳을 찾는 이유는 단 하나, 현존하는 가장 뛰어난 부도를 세 점이나 보유하고 있기 때문이다. 즉 연곡사 동부도(국보 제53호)를 비롯하여 북부도(국보 제54호), 서부도(보물 제154호)가 자리하고 있으니 그 먼 곳까지 가는 수고가 아깝지 않다. 특히 동부도의 조각은 보는 사람을 황홀경에 빠뜨릴 정도이니 가볼 만한 곳이라 하겠다.

04

사농공상과 경강상인

직업의 귀천에 대하여

사농공상士農工商이라는 말을 모르는 분은 안 계실 것이다. 우리 전통 사회에서 직업별·신분별 구분을 이르는 말인데, 현대인들 가운데 이러한 구분법에 동의하는 사람은 거의 없을 것이다. 선비, 그러니까 공부하는 사람들이야 최근에도 꽤 대우받고 있지만, 역시 사회를 주도하는 계층은 장사치, 다른 말로 하면 경영인 또는 경제 전문가들 아닌가. 그런데 이들이 직업군 가운데 최하위를 차지하다니! 말이나 되는가? 어떻게 해서라도 돈만 많이 벌면, 선비건 정치인이건 그 누구도 다스릴 수 있게 된 사회에서 상인을 최하위에 놓는다는 것은 이해가 안 될 것이다.

그런데 본질적인 측면에서 사농공상을 살펴본다면 썩 틀린 구분법도 아니다. 선비는 인간의 정신세계를 다루는 직업이니, 인간이 다만 먹고사는 데 일생을 바치는 동물과 다를 바에야 인간이 낳은 최고의 직업이 선비라는 것에 이의를 제기하기는 어려울 것이다.

다음으로 선정된 농민은 인간의 생존 조건인 먹는 일을 책임진 생산자이다. 그러니 다음 자리를 차지하는 것이 마땅하리라.

그 다음은 공인, 즉 장인들이다. 장인들은 신발을 짓고 가구를 짓고 기구를 만드는 일을 담당하니, 머리를 쓰고 배를 채우는 일 다음에 관심을 가질 일임에 분명하다. 배도 못 채웠는데 무슨 장신구니 신발을 착용하겠는가 말이다. 그러니 공인이 농민 다음에 자리하는 것 또한 마땅하리라.

상인. 이들이야말로 있어도 좋고 없어도 좋은 직업이다. 남이 농사지은 수확물이나 만들어놓은 기물을 여기저기 다니며 팔거나, 남을 때 사두었다가 모자랄 때 파는 일을 담당하니, 궁극적으로 이들이야말로 생산에 종사하는 자가 아니라 남이 생산해놓은 물건을 다루는 직업일 뿐이다. 한마디로 생산자에 기생寄生해서 먹고사는 자들인 셈이다. 그러니 직업 가운데 가장 낮은 곳에 두는 것이 마땅한 것 아닌가?

이렇게 말하면 현대를 살아가는 수많은 상인들께서는 필자에게 수없는 돌팔매를 날릴지도 모른다. 그러나 필자 또한 그 부류에 속하니, 생각이 짧은 먹물의 개똥철학 가운데 하나로 돌리고 웃어넘기시길.

사농공상의 관념이 지배하던 조선시대에 상업의 부흥과 발전을 위해 불철주야 노력한 경강상인京江商人(양화진에서 광진 주변 나루에 이르는 한강변에서 한양을 상대로 장사를 하던 상인들)의 삶은 어떠했을까? 그들 또한 생산자에 기생하는 부류였을까, 아니면 오늘날 금융위기를 초래한 탐욕의 화신들과는 달리 전통 사회에서 상업을 통해 백성들의 경제적 효용 창출을 위해 노력한 존재였을까?

우리나라에서 상인 하면 가장 먼저 떠오르는 존재는 개성상인이다. 개성의 상인들이 우리나라에서 처음 두각을 나타낸 것은 고려 멸망 후 변방으

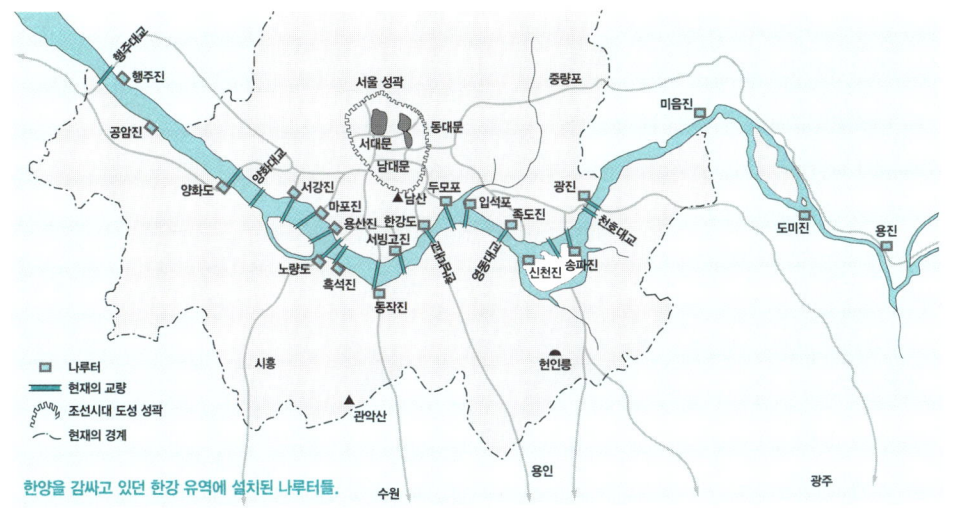

한양을 감싸고 있던 한강 유역에 설치된 나루터들.

1900년대 초반의 마포 나루 모습.
경강상인들이 가장 활발히 드나들던 나루터 가운데 하나가 마포 나루였다. 마포 나루는 특히 새우젓을 비롯한 해산물, 곡식 등의 거래가 대량으로 이루어졌고 그 전통이 1960년대까지 이어졌으니, 다른 나루터에 비해 경강상인의 전통이 가장 오래도록 남아 있었던 셈이다.

로 밀려난 개성의 유민遺民들이 호구지책으로 아무도 거들떠보지 않던 상인의 길을 밟기 시작했기 때문으로 보인다. 물론 해외 상인들이 눈독을 들이던 고려인삼이 개성 주변에서 생산된 것도 그들이 크게 성장하는 데 한 몫을 했을 것이다.

그러나 개성상인들이 본격적으로 자본을 축적하고 사회의 주요 집단으로 성장한 것은 우리나라 전체에 상업이 본격적으로 발달하기 시작한 조선 후기이다. 그러니 개성상인들이 독자적으로 발전해왔다기보다는 사회의 변화·발전에 발맞추어 함께 성장했다고 보는 편이 맞을 것이다. 물론 개성상인들이 세계에서 최초로 복식부기법을 발명하는 등 탁월한 상업적 성과를 거둔 것은 사실이지만 말이다.

그렇다면 조선의 도읍인 한양을 중심으로 활동한 경강상인들은 무엇을 하였을까?

경강상인들을 언급할 때 빼놓을 수 없는 것이 바로 강이다. 오죽하면 경강京江, 즉 '서울의 강'이란 명칭이 붙었겠는가. 그렇다면 왜 상인들에게 이런 명칭을 붙였을까?

과거, 그러니까 현대적 개념의 수송 수단이 발명되기 전에는 물길을 통한 수송이 주류였다. 물론 말이나 수레 등을 이용한 육상 운송이 없었던 것은 아니지만, 이런 수단으로는 엄청난 양의 양곡이나 물자를 운반하는 것이 불가능했다. 따라서 농업 사회의 주요 물자인 양곡을 비롯한 소금 등 물자의 운반은 전적으로 수상 운송에 의존했다고 해도 지나친 말이 아니다.

조선의 도읍인 한양도 마찬가지였으니, 특히 조세로 거둔 양곡(세곡稅穀)을 도읍으로 운반하는 것이야말로 국가적 중대 사업이요, 이를 빈틈없이 추진하는 것 또한 정부의 제1 관심사였음은 두말할 나위가 없다.

정부에서는 이를 위해 정부 소유 선박으로 세곡을 운반하였는데, 이 운반 작업은 매우 치밀하게 이루어졌다. 즉, 선박 한 척마다 600석(후에 선박의 발전에 따라 변하였다)을 한도로 싣도록 하였고, 운반 시에는 30척을 한 줄로 세워 순차적으로 운항하도록 정하였다.

그러나 세곡 운반 작업이 일정 기간 내에 집중적으로 이루어져야 했기 때문에(추수기부터 이듬해 정월까지 수집한 후 이를 도읍으로 운반해야 하므로 2월 20일부터 5월 15일까지를 운반 시기로 잡았다) 모든 양을 정부 소유 병선이나 세곡선으로 운반하는 것은 비효율적이었다. 따라서 민간 소유의 선박을 활용하는 것은 조선 초기부터 있어왔던 전통이었다.

그런데 임진왜란 이후 상황이 돌변하였다. 잘 알려져 있다시피 임진왜란으로 인해 조선 정부는 대부분의 선박을 상실한 상태였다. 또한 조선 각지의 황폐화는 정부 재정에도 큰 영향을 미쳤기 때문에 정부는 새로운 선박을 건조하지 못하고 있었다. 이러한 상황이었으니 세곡 운반 작업은 당연히 민간 선박이 담당할 수밖에 없었다.

그런데 민간 선박이 세곡미 운반을 담당하면 가외의 이익을 얻을 수 있었으니, 이는 민간 선박이 정부 선박보다 물길 사정에 훨씬 밝았기 때문이다. 황해도 장산곶, 태안의 안흥량 등은 험하기로 유명한 물길로, 이곳에서 수많은 선박이 급한 물살 탓에 침몰하였다는 사실은 오늘날에도 잘 알려져 있다. 최근에도 서해 바닷속에서 간간이 엄청난 도자기를 실은 침몰선이 탐사되곤 하는데, 그 배들이 침몰한 장소가 늘 비슷하다는 것 또한 이러한 사실을 잘 말해준다. 여하튼 민간 선박들이 이러한 물길 사정에 훨씬 밝았기 때문에 세곡미 운반이 훨씬 효율적으로 이루어질 수 있었다.

그러나 민간 선박을 통한 세곡미 운반이 날이 갈수록 활기를 띠게 된 것은 무엇보다 관리들의 선호 때문이었다. 이를 현대적 개념으로 말한다면 역시 정부 주도보다는 민간 주도, 즉 민영화가 더 효율적이라는 것이리라. 그러나 그것은 어느 시대에나 보기 드문 청백리들의 판단이고, 사실은 민간 선박 소유주들과 지방 관리들의 결탁에서 비롯된 것이었다. 아니, 이익이 안 생기는데 나라 양곡이라고 열심히 운반해줄 선박 주인이 어디 있겠는가? 그러니 당연히 일정한 이익을 보장해주었을 것이고, 이것이 이권이 되는 순간 또 관리들을 향한 로비가 이루어지는 것은 어느 사회나 마찬가지였을 것이다.

결국 조선 후기로 들어서면서 세곡미 운반 작업은 대부분 민간 선박들이 담당하게 되었고, 그 가운데서도 한양에 근거지를 가지고 있던 경강 주위 선박들의 몫이 되었다. 이들은 초기에는 소규모 나룻배로, 한양에 거주하면서 지방에 대토지를 소유하고 있던 지주들의 양곡을 운반해주는 일에서 시작하였다. 그러다 시간이 지나면서 세곡미 운반을 담당하게 되었고, 그 활동 범위가 넓어지면서 자본 축적이 이루어지기 시작하였다.

이들의 자본이 축적되는 과정을 손정목은 다음과 같이 설명하고 있다.

나루터 주막집 주인 또는 영세 상인 → 선박 소유, 대형 선박 건조 → 선박 고용인들을 위한 객사 운영 → 지방 상품의 수탁 판매 → 대규모 선박 소유 및 사설 창고 보유 → 한양의 생필품 보급 역할 및 이 과정에서의 매점매석 행위
- 손정목,《조선시대 도시사회 연구》에서 요약

그러니까 처음에는 미약했으나 후에는 창대해진 것이 바로 경강상인인 셈이다. 처음에는 상인이라고 부르기에도 부족한 수준이었으나 후에는 상

인이라고 치부하기에는 너무나 커져버려 정상배政商輩 수준에 이른 것이다.

그런데 상인이라는 직업이 앞서 살펴본 바와 같이 생산자에 비해 부족한 점이 많은 게 사실이지만, 사회의 변화에 따라 그들의 출현 또한 불가피한 면이 있는 것도 사실이다. 그리고 그들 덕에, 유통되지 못하여 전국 방방곡곡의 백성들이 누리지 못했던 효용을 누릴 수 있게 되었으니 이들 상인을 다만 기생인간으로 매도할 수만은 없으리라.

그러나 이는 상인들이 상인의 직위에 충실했을 때에만 가능한 평가이다. 위의 과정을 거쳐 순차적으로 발전해 경강상인이라는 존재가 탄생했다면 우리가 왜 상인을 장사치라고 폄하하겠는가. 상사商士라는 명칭을 붙여서라도 선비 앞에 놓을 수도 있는 것을.

다음에서 보듯이 경강상인들이 치부 과정에서 보여준 행태를 보면 왜 "장사꾼 똥은 개도 안 물어간다"는 속담이 생겼는지 알게 될 것이다.

1702년(숙종 28)에 조사한 바에 따르면, 경강 지역에서 활동 중인 선박 가운데 200석에서 1,000석에 이르는 다량의 세곡미를 운반할 수 있는 배만도 300척이 넘는 것으로 알려져 있다. 그렇다면 그 선박의 소유주들은 어떤 방식으로 재산을 모았을까?

당연히 정부에서 세곡미를 운반한 대가로 지불한 운임으로 모았겠지, 하는 분들은 자본의 속성을 조금 더 공부하셔야 할 듯하다. 물론 운임 수입도 그들의 치부 방법 가운데 한 가지일 것이나 더 큰 부분은 다음과 같은 방식을 통해 이루어졌다.

첫 번째가 '화수和水'라고 하는 방식인데, 이 방식은 최근에도 다양한 곳에서 부정한 이득을 얻기 위해 사용되고 있다. 그 대표적인 것이 바로 소를 도축할 때 물을 먹이는 방식일 듯하다. 무게를 늘리기 위해 물을 먹이는 것.

이러한 방식의 우아한 표현이 바로 '화수和水', 즉 물과 화합한다는 것이다! 운반하는 세곡미에 물을 부어 무게를 늘리고 남는 만큼 빼돌리는 방식이니 어떤 면에서는 가장 원시적이면서도 단순한 방식이라 하겠다.

　두 번째 방식은 '투식偸食', 즉 훔쳐 먹는다는 뜻이니, 이는 직접적인 도둑질이라 할 것이다. 운반을 의뢰받은 세곡미를 통째로 또는 일부를 착복한 후 도망치는 방법이다. 이 방법은 한 번에 큰돈을 챙길 수는 있지만 지속적으로 하기에는 어려움이 있는 방식이다.

　세 번째는 '고패故敗'라고 하는 방식인데, 그 명칭만큼이나 방법도 교묘하지만 수법 또한 가장 악질적인 것이다. 방법은 다음과 같다.

　우선 그 시대의 정부 정책 하나를 기억해야 한다. 즉, 운반선이 침몰해 곡식이 물에 잠기면 운반업자의 피해가 너무나 클 뿐 아니라 정부 또한 큰 피해를 입게 된다. 따라서 정부에서는 운반선이 침몰해 곡식이 물에 잠길 경우 그 곡식을 해당 지방 백성들이 새 곡식으로 교환해주도록 하였다. 그러나 정책이 아무리 좋아도 "한 도둑을 열 경찰이 못 지킨다"는 속언처럼, 사리사욕을 위해 악용하는 자들 앞에서는 백약이 무효다. 그래서 다음과 같은 방식을 생각해냈으니, 참으로 창의적인 장사치들이여!

　우선 운반을 의뢰받은 세곡미의 대부분을 미리 빼돌린다. 그런 다음 남은 곡식이 실려 있는 배를 얕은 물에 침몰시킨다. 당연히 세곡미 대부분은 물속으로 사라지고 남은 것은 얼마 안 된다고 보고한다. 그런 다음 남은 곡식을 새 곡식으로 교환한 다음 정부에 납부한다.

　그러나 이러한 악질적인 방식도 매점매석을 통한 가격 조작에는 미치지 못할 것이다.

　19세기 무렵 한양의 인구는 약 20만이었고, 이들에게 필요한 양곡은 연간 약 100만 석으로 알려져 있다. 그 가운데 20만 석에 못 미치는 양을 서울에 거주하는 지주들이 자신들의 지방 토지를 통해 공급하였고, 또 그만큼의 양을 정부에서 공급하였다. 따라서 민간에서 공급해야 할 양은 약 60만 석에 달하였다.

그런데 그 가운데 대부분을 경강상인들이 공급하고 있었다. 그래서 경강상인들은 담합하거나 또는 개별적으로 매점매석을 하곤 하였다. 그럴 때마다 한양의 쌀값은 천정부지로 치솟게 되었으니, 그러한 기회를 틈타 상인들이 얻는 수익은 배를 가라앉히고 물을 뿌려서 얻는 수익과는 비교도 되지 않았다.

그리하여 결국은 탈이 나고 말았으니 1833년(순조 33)의 일이었다. 이때도 상인들의 매점매석으로 쌀값 폭등 현상이 발생하였는데, 이번에는 한양 백성들도 참지 않았다. 그들은 궐기하여 미전米廛을 불 지르고, 한강변에 가서 쌀을 매점한 집들을 불태우는 등 폭동을 일으키기에 이르렀던 것이다.

자, 이제 경강상인들을 왜 '경강인京江人'이니 '강주인江主人'이니 하는 좋은 명칭 대신 '강상모리배江上謀利輩'니 '경강모리배京江謀利輩'니 하는 명칭으로 불렀는지 아시겠는가? 또한 상업을 직업 가운데 가장 아랫자리에 놓은 선비들을 왜 비난할 수 없었는지 아셨을 것이다.

다만 바라는 바가 있다면, 그로부터 수백 년이 지난 21세기를 사는 우리들이 이러한 과거의 관념으로부터 완전히 벗어날 수 있도록, 시장경제니 경영이니 하는 말을 내세우는 분들의 사고 또한 과거 모리배들의 사고로부터 완전히 벗어났으면 하는 것이다.

05

글이 없던 한반도

옛날 사람들은 우리의 말을 어떻게 표기했을까

세종 임금께서 한글을 만드신 것은 얼마나 위대한 일인가?

아마도 우리나라 사람이라면 대부분 이에 동의하실 것이다. 하지만 '그게 뭐 그리 대단해?'라고까지는 생각하지 않더라도 '한글이 있어서 내가 있지'라고 여기는 분은 그리 많지 않으실 것이다. 아니, 한글이 없었다면 우리도 필리핀이나 싱가포르처럼 영어를 공용어로 사용해서 선진국 대열에 한 발짝 더 다가설 수 있지 않을까 생각하는 분도 생각보다 많을 것이다.

우선 영어 배우는 시간에 다른 지식을 배울 수 있어 좋고, 영어 잘해서 세계에 나아가 뛰어난 활동을 할 수 있다고 여기기 때문이다. 그래서 자식이 뱃속에서 산만큼 커질 만하면 미국으로 날아가 아이를 미국인으로 만드는 열혈 부모도 많고, 아예 영어를 공용어로 사용하자는 소설가 출신 자유주의자(자신이 그렇게 부르니 그런가 보다 하지만, 자유란 것이 이렇게 남용되는 사회가 바로 우리 사회다)도 있다.

그러나 잊지 말아야 할 것이 있으니, 국토를 잃어도 재산을 잃어도 사라지는 민족은 없으나, 문화가 사라지고 언어가 사라지고 남은 민족은 없음을 인류 역사가 증언하고 있다는 사실이다. 우리 모두가 외국인의 비위를 맞추기 위해 영어에 매달리다 보면 언젠가는 한민족이라는 단어는 사라질 것이라는 말이다. 만주족이니 여진족, 거란족처럼 한때 중원을 호령했던 수많은 민족들이 왜 지금은 흔적도 없이 사라졌을까? 반면에 천 년 이상을 나라 없이 떠돌던 유대인이나 쿠르드족, 집시, 바스크족 같은 민족들은 자신들만의 문화와 언어를 지킨 까닭에 오늘날에도 그 이름을 당당히 지구상에 올리고 있는 것이다.

언어와 문화를 단지 돈을 벌기 위한 수단으로 여기는 분들, 특히 관리나 지도자들은 대오각성할 일이다. 관리와 지도자들이 언어와 문화를 수단으로 여기는 순간 그 나라의 정체성이 무너지는 것은 시간문제다. 그리고 나라의 정체성이 무너지는 것은 역사를 잃는 것이요, 역사를 잃고 나면 다시 나라를 잃는 것은 아무 의미도 없는 사소한 일에 불과하기 때문이다.

그런 시대에 이런 내용을 꼭 알아야 할지 필자는 잘 모르겠다. 그러나 남이 무어라 하건 필자는 아주 오래 전부터 궁금했다. 한글이 태어나기 전에 우리 조상들은 자신의 의사를 어떻게 표현했을까 하는 것. 물론 한자가 있었을 테니 한자에 능숙한 사람들은 한자로 표현했을 것이다. 그러나 아무래도 한자는 외국어 문자니까 모든 사람이 사용하기에는 어려움이 있었을 것이다. 게다가 한문은 우리말과 문법이 다르지 않은가? 그러니 한문으로 우리말을 표현하는 것은 쉽지 않았을 터. 물론 최치원 같은 천재는 당나라에 가서 과거에 합격할 정도로 뛰어난 한문 실력을 갖추었지만 말이다.

이러한 궁금증은 고등학교에 들어가 '향가'를 배우면서 어느 정도 해결이 되었으나, 학교에서 배웠다는 그 표기법이 정확히 무엇인지 헷갈린다는 분이 많다. 필자도 그중 한 사람이다. 이두인가? 향찰은 또 뭐지?

그래서 다시 책을 펼치고 공부해보았다. 도대체 옛날 사람들은 자신들의 말을 어떻게 표기했을까?

'이두吏讀'란 용어가 있다. 이때 조심해야 할 것이 '吏讀'가 한자로는 '관리 이', '읽을 독'으로 주로 사용된다는 점이다. 물론 '讀'은 '구절 두'라는 다른 음도 가지고 있지만, 여하튼 '독'으로 읽기 십상이라는 점을 조심해야 한다.

이두, 즉 '관리들의 글'이란 표현은 어떻게 해서 탄생했을까?

이두라는 표현은 이두를 사용하기 시작한 신라시대에는 사용하지 않던 용어다. 이두라는 표현이 처음 등장한 것은 조선시대에 들어서이다. 그 전에는 고려시대에 '이서吏書', '이도吏道'라는 명칭이 쓰였을 뿐이다.

그렇다면 왜 이런 명칭이 붙었을까? 분명한 사실은 알려져 있지 않지만 고려시대에 들어와 이두가 관가에서 사용하는 공문에 주로 사용되면서 '이서吏胥', 즉 '벼슬아치'들이 사용하는 글이란 의미에서 이런 명칭이 붙은 것으로 판단된다.

그렇다면 이두란 무엇을 가리킬까? 이두란 한자의 음과 뜻을 빌려 우리말을 표기하던 신라의 표기법이라고 할 수 있다. 이두는 넓은 의미와 좁은 의미 두 가지로 사용되는데, 넓은 의미로는 다음에 살펴볼 향찰이나 구결 등 한자로 우리말을 표기하던 모든 옛 표기법을 가리키는 반면, 좁은 의미로는 향찰이나 구결 등과 구분되는 특정한 표기법을 가리킨다.

그렇다면 이두 표기법의 가장 큰 특징은 무엇일까?

좀 어렵게 보이지만 한눈에 이두 표기법을 알아볼 수 있으니 아래 내용을 살펴보기로 하자.

1) 凡亦碁以-(으)로 錢物乙-을(를)賭取爲在乙良-한 것일랑 杖八十齊 〔이두 표기〕
2) 凡賭博財物者皆杖八十   〔한문 표기〕
3) 무릇 재물을 걸고 도박한 사람은 모두 80번의 장형에 처한다.

위 문장 가운데 두 번째 문장은 세 번째의 우리말 문장 내용을 한문으로 표기한 것이다. 그리고 첫 번째 문장이 이두로 표기한 것이니, 이두로 표기한 문장이 한문 문장보다 더 긴 것을 쉽게 알 수 있다.

당연한 일이다. 우리말에는 한문에는 없는 조사나 어미 같은 것들이 있고, 바로 그 조사나 어미 등을 한자를 빌려 표기하여 보완한 것이 이두니까. 문장의 순서도 우리말 표기에 가깝고 한문 표기와는 사뭇 다르다. 첫 번째 문장에서 밑줄 그은 글자들이 바로 조사로 쓰인 것들이다.

이 글을 읽은 분들 가운데는 이런 의문을 품는 분이 계실 것이다.

"이거 우리가 많이 사용하는 방법인데? 학교에서 한문 배울 때 '○○○○하니, ○○○○하구나' 하고 토씨를 다는 방식과 비슷한데, 다만 토씨를 한자로 달았을 뿐이네."

그렇다. 그와 비슷하다. 그리고 그런 방식을 가리켜 '구결口訣'이라고 한다. 그렇지만 구결 또한 최근 들어 생긴 것이 아니라 신라시대에 탄생한 것이 아닐까 여겨지고 있다. 한자로 토씨를 단 구결은 우리말로 '입겿' 또는 '입겿'이라고 하는데, 조선시대에 한글이 탄생한 후에는 한글로 토씨를 다는 것이 보편화되었다.

天地之間 萬物之中匡-에 唯人伊-이 最貴爲尼-하니 所貴乎人者隱-은(는) 以其有伍倫也羅-이라

위 문장은 조선시대 어린이들을 가르치던 교과서인 《동몽선습》에 나오는 내용이다. 뜻은 "천지지간 만물 가운데 오직 사람이 가장 귀하니, 사람을 귀히 여기는 까닭은 오륜이 존재하기 때문이다"이다. 따라서 위 문장에서 밑줄을 그은 부분은 우리말로 '~에, ~이, ~하니, ~는, ~이라'라는 의미를 갖는 한자다. 즉 뜻글자인 한자를 그 뜻과는 무관하게 소리만 빌려 우리말 조사로 사용한 것이다.

國之語音이 異乎中國야 與文字로 不相流通하므로

위 문장은 삼척동자도 다 아는 《훈민정음》 서문이다. 뜻은 "나랏말씀이 중국과 달라 문자로 서로 통하지 아니하므로"이다. 위 문장에서는 한자로 된 부분이 본래 문장이요, 한글로 된 부분이 구결이다.

구결이 이두와 다른 점은 문장 순서가 한문과 같다는 점이다. 그러니까 이두는 우리말 어순으로 문장 요소들을 재배치한 것이고, 구결은 한문 문장 그대로 읽으면서 뜻을 알기 쉽게 중간 중간에 우리말 조사를 넣어 읽는 것을 말한다.

한편 놀라운 사실은 위에서 살펴본 이두와 구결이 조선시대까지 사용되었다는 점이다. 우리는 이두와 구결 같은 고대 우리말 표기법이 신라시대에 국한되어 사용되었고 조선시대로 들어오면 완전한 한문 문장이 쓰이거나 한글 문장이 쓰였다고 여기기 쉽다. 그러나 현재 남아 있는 이두문이나 구결문의 상당수는 조선시대의 자료라는 점을 알 필요가 있다. 즉, 언어생활이란 것이 하루아침에 쉽게 바뀌지 않는 특성이 있음을 이로써도 확인할 수 있는 것이다.

아, 한 가지 더! 이두는 잘 알려져 있다시피 원효대사의 아들인 설총이 집대성한 것으로 알려져 있는데, 구결과 이두 모두 설총에 의해 정리된 것으로 파악된다. 또한 이 작업에는 설총뿐만 아니라 신라시대 유명한 문장가인 강수強首(?~692)도 참여했다는 설이 있다.

그렇다면 향찰은 뭘까. '향찰鄕札'이란 한자의 음과 뜻을 빌려 국어 문장 전체를 기록한 신라시대의 우리말 표기법이다. 문장 전체를 기록할 만큼 일정한 원칙을 정립하게 되었다는 것이니 앞서 살펴본 이두나 구결에 비해 좀 더 발전한 방식이라 할 만하다.

따라서 향찰은 이두나 구결이 발생한 후 시간이 지나면서 두 표기법을 종합, 발전시킨 표기법이라 하겠다. 특히 향가鄕歌를 적는 데 사용하였기 때문에 '향가식 표기법'이라고도 한다. 향찰이라는 명칭도 향가를 표기했다는 데서 유래한 것이리라.

향가 가운데 가장 유명한 〈서동요〉를 살펴보면 향찰 표기법을 자연스럽게 익히게 된다. 그럼 학창 시절에 우리를 그토록 괴롭혔던 글을 다시 한 번 살펴보자.

善化公主主隱	主-님(뜻), 隱-은(음)
他密只 嫁良置古	他-남(뜻), 密只-그△(뜻)지(음)=몰래,
	嫁-얼(뜻), 良-어(음), 置-두(뜻), 古-고(음)
薯童房乙	薯-맛(뜻), 童-둥(음), 房-방(음), 乙-을(음)
夜矣卯乙 抱遣去如	夜-밤(뜻), 矣-에(음), 卯乙-몰래(음), 抱-안(뜻),
	遣-겨(음), 去-가(뜻), 如-다(음)

선화공주님은

남그스기 얼어두고

서동 방을

밤에 몰래 안겨 가다

위 문장 해석을 살펴보면 한자어의 뜻을 이용한 표기와 음을 이용한 표기가 복잡하게 얽혀 있음을 알 수 있다. 게다가 신라시대의 표현, 즉 嫁(시집갈 가)는 '얼다'라고 읽었으니 향찰을 해석하는 일이 얼마나 어려운 일인지 짐작이 가실 것이다.

향찰은 앞서 살펴본 이두나 구결과는 달리 문장 전체를 한자의 음과 뜻을 이용해 표기하는 방식이므로, 이두나 구결로는 표현할 수 없었던 문장 전체를 표기할 수 있게 되었던 것이다. 그리고 그 결과가 그 무렵 유행하던 노래인 향가의 표기로 이어졌다.

향가는 오늘날《삼국유사》에 14수,《균여전》에 11수, 모두 25수가 남아 전해지고 있어 향찰의 표기법 연구에 커다란 도움을 주고 있다. 그러나 천 년도 더 전에 사용된 언어를 오늘날 다시 살려내는 일이 그리 쉬울 리가 없다. 그런 까닭에 향찰 연구가 시작된 지 100년이 다 되어가지만 아직도 학자마다 각기 다른 해석을 내놓고 있다. 우리가 우리말에 대한 긍지와 애정을 간직하고 있다면 언젠가는 신라인들이 부르던 노랫소리를 있는 그대로 들을 수 있지 않을까.

마지막으로, 양주동梁柱東(1903~1977)이란 분이 계셨다. 본래 시인이었는데 어느 날 화가 머리끝까지 치미는 일이 벌어졌단다. 오구라 신페이小倉進平

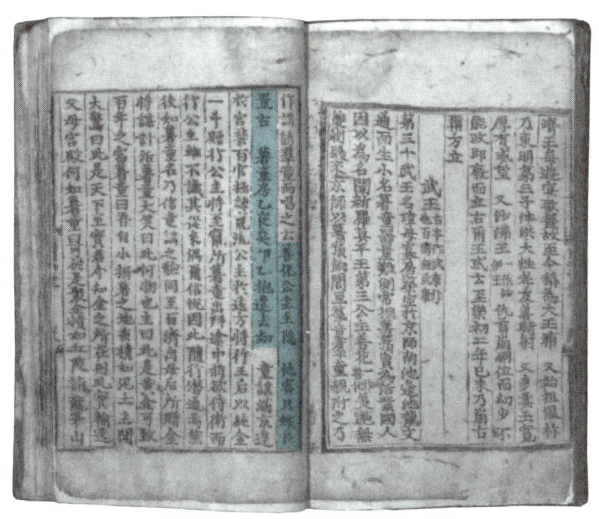

《삼국유사》에 실려 있는 〈서동요〉 부분.
향찰 표기법을 사용하고 있다.

(1882~1944)라는 일본인 학자가 1929년 《향가 및 이두의 연구》라는 책을 출판한 것이다. 그 전에 향가의 존재를 알았던 분들이 없지는 않았겠지만 오구라 신페이가 처음으로 25수의 향가 해석에 도전하여 성과물을 낸 것이다.

시인 양주동은 이때부터 향가 연구에 자신의 삶을 걸기로 작정한다. 이게 지식인이다. 그리고 드디어 1942년 《조선고가연구朝鮮古歌研究》를 출간한다. 우리나라 최초의 향가 연구서가 출간된 것이다. 이러한 연구서가 의미 있는 것은, 오구라의 연구에 나타난 수많은 오류를 바로잡고 새로운 해석을 덧붙였기 때문이다.

물론 양주동의 연구도 후학들에 의해 날로 진전되고 있다. 지금 이 순간에도 대한민국 여러 곳에서는 영어 대신 향가를 붙잡고 한 글자 한 글자에 담긴 속살을 매만지는 데 일생을 바치는 젊은 학자들이 존재할 것이다. 그리고 진정 대한민국이 언젠가 선진국으로 우뚝 선다면, 그것은 오로지 경제를 외치며 주식 시장과 공사 현장을 누비는 이들이 아니라 바로 이렇게 보이지 않는 곳에서 대한민국의 정신과 영혼을 가꾸는 이들 덕분임을 처절하게 깨달아야 할 것이다. 그리고 우리 모두가 그 일에 매달릴 수는 없겠지만 그런 이들의 작업에 가치를 부여하고 격려를 보내는 것이야말로 대한민국 국적을 소유한 이들의 의무임이 분명하다.

06

화폐의
탄생

돈의 힘은 어디서 생겨나는가

지금 세계는 기축통화 논쟁이 한창이다. 수십 년 동안 이어져 내려온 달러 기축통화 시스템이 2008년 발생한 월스트리트발 금융위기를 계기로 붕괴 조짐을 보이고 있는 것이다. 한마디로 세계를 하나의 시장으로 보았을 때 그 시장에서 어떤 통화를 교환 수단으로 사용하느냐를 가름하는 싸움 중이라는 것이다.

사실 돈이 그저 돈이라면, 기축통화가 달러가 되었든 중국 위안화가 되었든 유로화가 되었든 아무 상관할 바가 아니다. 그러나 기축통화는 다른 돈과 다르다. 기축통화가 되는 순간 상상도 못할 이득이 생기는 것이다. 그 가운데 가장 큰 것이 발권력發券力일 것이다.

일반적으로 돈이 시장에 많이 풀리면 그 돈의 가치는 하락한다. 정부에서 경기 부양을 위해 돈을 계속 찍어내지 못하는 까닭이 바로 여기에 있다. 모든 국민이 원하는 만큼 돈을 찍어주면 좋겠지만 그렇게 하다 보면 필연적으로 인플레이션이 발생한다. 그래서 중앙은행(우리나라의 경우 한국은행)을 통해 통화 공급을 조절하는 것이다. 경기도 성장시키면서 인플레이션도 적정 수준에서 억지하는 것, 이것이 곧 통화 정책이다.

그런데 기축통화가 되는 순간 통화 정책에 커다란 변화가 나타난다. 한마디로 웬만큼 돈을 찍어내도 인플레이션은커녕 더 많이 찍어달라고 시장이 요구하게 된다는 것이다. 이야말로 국가의 부를 일거에 엄청난 수준으로 확대시키는 결과가 아닐 수 없다.

미국 정부에서 돈을 아무리 찍어내도 인플레이션이 발생하지 않는 이유는 달러가 기축통화이기 때문이다. 전 세계 각국이 무역을 하려면 달러가 필요하다. 세계 시장에서 물건을 살 때는 달러로 사야 한다는 말이다. 우리나라 돈이 아무리 멋있게 만들어졌고 가치가 높아도 세계 시장에서는 아무런 쓸모가 없다. 우리나라 돈을 받고 물건 주는 나라가 거의 없기 때문이다. 그러니 우리도 울며 겨자 먹기로 달러를 구해와야 했다.

이렇게 기축통화의 힘은 강력하다. 현재 세계 각국이 보유하고 있는 달러화가 2조 달러가 넘는 것으로 알려져 있다. 우리 돈으로 2,000조 원이 넘는 막대한 돈이다. 이만큼의 달러를 찍어서 소비를 해도 미국의 경제에는 아무런 인플레이션을 초래하지 않는 까닭이 바로 기축통화의 이점이다.

각설하고, 우리나라로 눈을 돌려보자.

필자가 왜 갑자기 기축통화 이야기를 한 것일까? 바로 우리나라에서의 화폐 사용을 알아보기 위해서다. 그리고 우리나라에서 화폐를 사용하기 시작한 것 또한 이러한 기축통화의 원리와 본질이 같기 때문이다. 어떤 현상을 살펴볼 때는 그 본질을 알아야 한다. 단순히 그런 사건이 일어났다는 정도로 가르치고 배우다 보면 머리가 기억력 수준으로 떨어진다. 사실 인간의 두뇌가 빛을 발할 때는 창의력과 비판력, 분석력을 발휘할 때가 아닌가. 현상의 본질을 분석하고 비판하는 능력이 있으면 사태를 예측할 수 있다. 바로 이것이 세상의 작은 지식을 통해 우리가 얻고자 하는 것이 아니겠는가?

우리나라에서 돈을 사용하기 시작한 것은 언제부터일까? 이때의 돈은 '법화法貨', 즉 법으로 그 가치를 부여한 매개물을 가리킨다. 또한 다른 용도로는 사용하지 못하는 것이어야 한다. 남태평양 상의 어떤 나라에서 바나나를 돈으로 사용한다고 해도 이것은 엄밀한 의미에서 화폐가 아니다. 언제든 먹어버릴 수 있기 때문이다. 즉 다른 용도로도 사용할 수 있는 물건을 교환수단으로 사용하는 것뿐이다. 그래서 여기서 돈이라고 하는 것은 동전이나 지폐 같은 법화를 가리킨다.

기록에 의하면 고려시대에도 철전鐵錢, 즉 철로 만든 엽전을 사용하려 했다고 한다. 그 외에도 동전이나 은화, 종이로 만든 저화楮貨 등이 사용되기도 하였다. 그러나 이러한 화폐들은 조선시대에 들어와서도 본격적으로 사용되지 못했다. 왜 그랬을까? 간단하다. 사회 시스템이 이러한 화폐의 사용을 요구하지 않았기 때문이다.

《고려사高麗史》에는 다음과 같은 내용이 실려 있다.

성종成宗 15년 4월에 처음으로 철전鐵錢을 사용하였다. 목종穆宗 5년 7월에 왕이 명령하여 이르기를, "예로부터 나라를 통치하는 자는 대개 백성들을 먹여 살리는 정치를 먼저 실시하고, 부유하고 번성하게 할 힘을 숭상하기에 힘써왔다. 그리하여 삼시三市를 열어 백성들에게 이익을 주고 혹은 이수二銖를 써서 세상 사람들을 구제하였기 때문에 마침내 백성을 풍족하게 하고 풍속을 순박하게 만들었다. 선조先朝께서 옛 법제에 따라 조서를 내려 청부青蚨(돈)를 주조하였는데, 수년 동안 만든 돈 꿰미 줄이 창고에 가득 찼고 사용하는 데 편리하였다. 그리하여 대신들에게 축하연을 베풀 것을 명령하고 좋은 날을 택하여 통용시켰다. 이때로부터 철전은 계속 유통되어왔다. 내가 외람되이 왕위를 계승하고 삼가 부왕이 남겨준 뜻을 받들어, 특히 화폐로 매매하는 밑천을 풍부케 하고 이를 준엄히 행하는 것에 대한 제도를 엄격히 세웠다. 그러나 요사이 시중侍中 한언공韓彦恭의 상소문을 보니 그는 이르기를 '사람들을 편안케 하고 일에 유익하게 하려면 모름지기 옛 제도를 보존하여 항구적인 것으로 하여야 할 것인데 지금 전왕前王께서 돈(철전)을 사용케 하던 일을 계승하시고 추포麤布(베)를 쓰는 것은 금지하여 백성들을 놀라게 하시니 이것은 나라에 이익을 주지 못하고 한갓 백성들의 원망만 불러일으키게 하는 것입니다'라고 하였다. 내가 이제 바야흐로 나에게 충고해주는 구체적인 제의를 듣고 보니 어찌 이것을 내버리고 받아들이지 않겠는가? 그리하여 곧 근본根本(농사)을 힘쓰게 하려는 마음을 가지고 철전을 통용하는 길을 막으려 한다. 차茶며 술이며 음식 등을 파는 각종 상점들에서 매매하는 데는 이전과 같이 철전을 쓰게 하고 그 이외에 백성들이 자신들끼리 매매하는 데는 토산물을 마음대로 쓰도록 할 것이다"라고 하였다.

결국 중국에서 사용한다는 이유만으로 도입한 화폐를 정부에서 스스로 포기한다는 내용이다. 화폐가 사용되기 위해서는 화폐가 사용되어야 할 필연적 요구가 있어야만 한다. 별 필요도 없는데 중국에서 사용하니까 우리도 사용하자고 해봐야 민간에서 사용하지 않으면 그만이다.

여하튼 조선 중기까지도 돈은 사회로부터 버림받았다. 그렇다면 이 무렵 민간에서는 무엇을 돈의 대용물로 사용했을까? 바로 면포綿布와 쌀이었다. 그 가운데 법화로서의 기능을 한 것은 면포였다. 물론 쌀이 훨씬 필수품이기는 하였지만 쌀은 너무 무거웠다. 그래서 좀 더 가볍고 운반하기 쉬운 면포를 사용한 것이다. 그 가운데서도 시장에서 널리 통용된 것은 '추포麤布'라고 불리던 거친 면포였다.

면포를 돈으로 사용하는 데 조선 중기까지는 별 문제가 없었다. 뭐 그리 살 만한 물건도 별로 없었고, 상업 활동도 활발하지 않았기 때문이었다. 그런데 임진왜란을 겪으면서 문제가 발생했다. 고향을 떠나 이곳저곳을 방황하던 농민들은 더 이상 농민으로 돌아가지 못했다. 게다가 대지주의 탄생이 본격화하면서 농민층의 몰락이 급격히 이루어지기 시작했다. 이러한 사회적 변화는 자연스럽게 농민의 도시민화를 촉진하였고, 도시로 몰려든 농민들은 어쩔 수 없이 장사에 뛰어들게 되었다.

상업 활동이 전국적으로 확대되자 당연히 요구되기 시작한 것이 화폐였다. 그리하여 논을 엎고 그곳에 면화를 심는 농민이 급속히 증가하였다. 필요한 물건을 사기 위해 화폐를 필요로 하는 사람이 늘어난 데다가, 그 화폐란 것이 땅만 있으면 누구나 만들 수 있는 것이었으니 당연한 일 아니겠는가. 그런데 이러한 상황은 국가에 큰 문제를 안겨주었다. 안 그래도 식량 부족으로 머리를 싸매야 할 상황인데 있는 논까지 갈아엎고 있으니 문제 아닌가.

자, 이쯤 되면 화폐가 탄생할 만한 기반은 마련되었다고 할 수 있음을, 경제사를 전공하지 않은 독자 여러분도 아실 수 있을 것이다. 그런데 이보다 더욱 중요한 요인이 있었으니 앞서 살펴본 기축통화 개념이다.

면포나 쌀을 화폐로 사용한다는 것은 한마디로 기축통화가 민간 소유라

상평통보.
우리나라에 본격적인 화폐 시대를 연 대표적인 동전이었다. 1678년 법화로 채택되어 이후 조선 후기까지 사용되었다.

건원중보.
고려 때 주조된 우리나라 최초의 화폐로, 서기 996년에 처음 발행한 후 이듬해인 997년에 유통되었다. 건원중보란 명칭은 중국 당나라 때 주조된 동전의 명칭이기도 하였으므로 고려에서는 중국의 화폐 제도를 본떠 만든 것으로 판단된다.

는 것이다. 그러니까 경제 시스템에서 정부의 역할이나 이점이 썩 많지 않았다. 이런 상황에서 정부는 단지 세금을 거두어 필요한 곳에 재분배하는 소비의 한 주체일 뿐이었다. 그러니 세금도 각지의 특산품을 내도록 하였던 것이다. 말 그대로, 정부가 필요로 하는 물품을 백성들이 분담해서 내는 수준이었던 것이다.

그런데 경제 활동과 생산 활동이 급격히 변화하기 시작하면서 각 지역의 특산품이란 것도 변화하기에 이른다. 어제까지는 우리 동네에서 삿갓을 많이 만들었지만 오늘부터는 삿갓 대신 도포를 만들기 시작한 것이다. 그러나 예나 이제나 정부는 민간의 변화에 한걸음 늦게 따라가기 마련이라, 백성들은 자기네 땅에서 나지도 않는 특산품이란 것을 계속 바쳐야 했으니 어쩌겠는가. 면포나 쌀을 마련해 다른 지역에 가서 특산품을 사서 바쳐야 하는 웃지 못할 상황이 발생하기 시작한 것이다.

그렇다면 이 일을 누가 하겠는가? 당연히 이런 일을 대행해주는 상인이 생겨나는 것 또한 세상의 흐름이리라. 이렇게 해서 전국적으로 교역 활동은 점차 활발해지기 시작하였다.

그런데 또 하나 중요한 일이 있었으니, 이런 공납물 유통에 개입하는 상인들이 중간에 획득하는 이익이 엄청났다는 것이다. 당연한 일 아니겠는가? 정보도 통로도 유통 기관도 없던 조선시대에 저쪽 지방에서 사과 값이 얼마나 하는지 알 게 뭐람? 그러니 상인이 제시하는 가격을 받아들일 수밖에. 상인들은 그러한 상황을 이용해 중간에서 큰 이익을 거둔 것이다.

이런 상황이 계속되자 드디어 정부 관리들도 문제의 본질을 깨닫게 된다. 임진왜란의 시종始終을 겪고 그 경험을《징비록》에 기록하여 후대에 남긴 명신名臣 류성룡은 이러한 공납물 유통 과정에서 파생하는 이득에 대해 깨닫고, 이 과정에 상인 대신 정부가 개입하여야 한다고 주장하였으니 그는 뛰어난 선비이자 경제학자이기도 한 셈이다. 그는 정부가 공납물 대신 면포와 쌀을 받아 정부가 필요로 하는 물품을 구입함으로써 공납물 유통에 직접 개입한다면 그 과정에서 발생하는 이익을 흡수할 수 있을 뿐 아니라, 정부의 막강한 구매력을 통해 한양을 전국적인 상품 유통 기지로 발전시킬 수 있다고 판단했다.

류성룡이 상품 구매자로서의 정부 역할을 제시하였다면 이덕형(1561~1613)은 화폐 주조의 필요성을 역설하였다. 이덕형이 기축통화론을 알았을 리는 없다. 그러나 그 개념은 분명 파악하고 있었다.

"우리나라는 화폐가 없고 단지 쌀과 면포를 화폐로 사용하기 때문에 농민이 병들고 국가가 가난하다. 지금처럼 재물이 모두 탕진되어 눈

이덕형 초상.
이덕형은 화폐의 유통이 이권을 발생시킨다는 사실을 파악하고, 이렇게 파생된 이권을 국가에 귀속시켜야 한다고 주장함으로써 발권력의 이익을 정확히 인식한 인물이었다.

앞의 경비도 부족한 때 의외의 수요가 발생하면 구할 바가 없을 것이다. 부득이 파격적으로 법을 시행하여 동전을 유통시켜 이권利權이 상위에 있도록 해야 한다. 이렇게 한 후에야 비로소 국가의 재정이 지탱될 수 있고 군량 또한 준비될 수 있을 것이다."
– 이덕형,《한음문고》

제대로 파악하고 있지 않은가? 화폐의 유통이 단순히 거래의 편의를 가져오는 것만이 아니라 이권을 발생시킨다는 사실을 파악하고, 이 이권을 상위, 즉 국왕이나 정부로 돌려야 한다고 주장하고 있는 것이다. 이야말로 통화 발권력이 가져다주는 이익을 정확히 파악하고 있음을 알려주는 대목이다. 그리고 이러한 논의가 무르익고 사회경제적 상황이 무르익으면서 우리나라에도 자연스럽게 통화가 탄생하게 된 것이다.

물론 고려시대에도 통화가 없었던 것은 아니었다.《고려사》에 따르면 건원중보, 삼한중보, 동국통보, 동국중보, 해동통보 등의 통화를 건국 초기부터 주조해 사용하였다는 기록이 있다. 그러나 이때 주조된 통화는 시대적 흐름에 따라 자연스럽게 탄생했다기보다는 중국의 영향을 받아 인위적으로 주조 · 유통코자 하였던바, 결국 시대적 요구 부재로 이내 사장되고 말았던 것이다.

그러나 조선시대의 통화에 대한 필요는 그와는 달랐다. 그리고 그 시대적 요구에 따른 첫걸음이 우리 귀에도 익숙한 '상평통보常平通寶'라는 동전이었다. 상평통보는 1678년 법화法貨로 채택되어 이후 조선 후기까지 사용되었다.

처음 상평통보는 호조, 상평청, 진휼청, 어영청, 훈련도감, 사복시뿐 아니라 지방 관청에서도 필요시마다 주조 · 유통시킬 수 있었다. 그러나 이는 기축통화로서의 역할을 축소시키는 것. 따라서 상평통보가 전국적인 통화로 자리 잡기 시작하면서는 당연하게도 그 주조 및 관리가 호조戶曹로 일원화되었으니 이때가 1785년이었다. 법정 통화가 탄생하여 사회에서 그 역할을 완전히 담당하는 데까지 100년 이상이 걸린 셈이다. 물론 그 후 상평통보는 다시 지방에서 주조되는 등 파란을 겪게 되는데, 이는 화폐 시스템의 문제라기보다는 조선 정부의 무능과 혼란 때문이었다.

07
코리아

아라비아 상인, 푸른 물결을 건너다

각 나라의 영어명, 즉 세계인이 부르는 명칭이 그 나라 사람들이 부르는 것과 다른 경우를 우리는 종종 볼 수 있다. 중국이 '차이나China'라고 불리거나 일본이 '재팬Japan'으로 불리는 것이 그런 경우인데, 그래서인지 일본은 '닛폰Nippon'이라는 자신들의 호칭을 그대로 영어로 쓰기도 하는 것을 보았다. 이런 예는 우리나라도 마찬가지여서 '코리아Korea'라는 호칭은 사실 우리나라 국호가 아니다. 남한은 '대한민국'이고 북한은 '조선'이니 그 어느 나라에도 해당되지 않는 명칭이다. 이런 사례를 보면 한, 중, 일의 동양 3국이 모두 국내 호칭과 국외 호칭이 다르니 이 또한 동양이 서양에 소개되는 과정에서 발생한 에피소드라고 하겠다.

대한민국과 조선민주주의인민공화국 모두 영어로는 Korea를 쓰지만, 대한민국은 Republic of Korea, 줄여서 ROK라 하고, 조선민주주의인민공화국(여하튼 속 빈 강정이라고 민주주의 안 하는 나라일수록 민주주의를 강조하는 법.

명칭이 길기도 하다)은 Democratic People's Republic of Korea, 줄여서 DPRK라고 부른다는 사실은 대부분 독자 여러분이 아시는 바와 같다.

그렇다면 Korea란 명칭이 어떻게 해서 태어났는지도 아시는가? 아마 짐작하시는 대로일 것이다. Korea는 고려高麗에서 비롯되었으니 고려가 세계에 알려지면서부터 생겨난 호칭임은 분명하다.

그럼 왜 고려란 명칭이 세계에 알려지기 시작했을까? 그것도 아시는 분이 많을 것이다. 고려시대에 무역을 위해 고려를 찾았던 아라비아 상인들의 입을 통해 전파되었다는 사실 말이다. 다 알고 계시니 참 어렵다. 쓸 내용이 없으니 말이다.

그럼 그 아라비아 상인들은 어떤 경로로 무엇을 교역했을까? 이쯤 되면 아시는 분이 많지 않을 것이다. 그래서 이제 본격적인 이야기를 시작한다.

다음의 지도에서 볼 수 있듯이 고려의 도읍지인 개경에서 그리 멀지 않은 곳에 예성강이 흐르고, 예성강 하구에는 벽란도가 자리하고 있다. 이 두 명칭은 모두 기억할 필요가 있다.

우선 예성강禮成江이란 명칭을 살펴보자. '예도 예禮, 이룰 성成', 즉 '예를 이루는 강'이란 의미다. 무슨 강 이름이 이렇듯 심오한가. 알려진 바에 따르면, 고려가 상국으로 받들던 중국 송宋나라를 왕래하던 사절단의 배가 이곳에서 출발했다 해서 예성강이라고 불렀다고 한다. 한마디로 예를 갖춘 강이란 말인데, 참으로 예절바른 강인 셈이다. 그렇다면 고려시대 이전에는 무어라 불렀을까? 북하北河 또는 안북하安北河라고 불렀다고 한다. 북쪽 강이란 뜻이다.

다음으로 살펴볼 명칭이 바로 벽란도다. 벽란도 하면 '섬'을 떠올리는 분

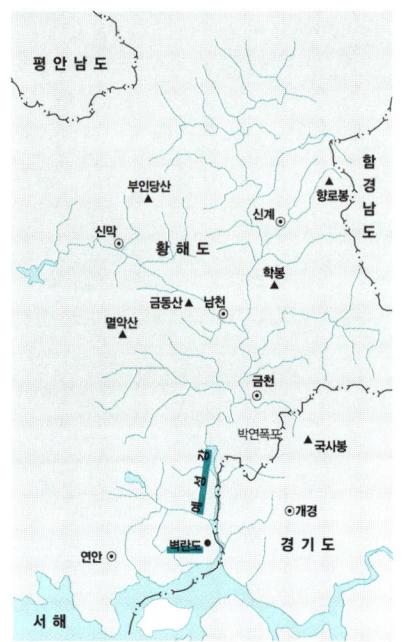

벽란도.
서해에 잇닿은 예성강과 예성강 하구에 위치한 벽란도는 고려시대 중국 송나라와의 교역을 담당한 중심지였다.

들이 많으실 것이다. 그러나 벽란도碧瀾渡, 즉 '푸를 벽碧, 물결 란瀾, 건널 도渡'를 기억할 일이다. 푸른 물결이 치는 나루터란 뜻이다. 따라서 벽란도란 섬이 아니라 나루터, 즉 육지란 말이다. 지명에 포浦, 진津, 도渡가 들어가면 그곳은 대부분 나루터임을 기억해야 한다. 노량진이니 영등포니 하는 곳이 모두 한강변에 위치한 나루터였음은 두말할 나위가 없다.

그렇다면 예성강과 벽란도 사이에는 어떤 관련성이 있을까?

예성강이 고려시대에 송나라로 가는 사신이 출발하는 지역임은 앞서 설명한 바 있다. 따라서 송나라를 왕래하는 사신이나 송나라에서 온 고위직 인사들이 머물 장소가 필요했다. 지도에서 볼 수 있듯이 예성강 하구에서 육지 쪽으로 올라오다 보면 벽란도가 있는데 이곳이 유명한 나루터가 된 까닭은 바로 고려의 도읍지인 개경과 가까웠기 때문이다.

송나라 사신이건 고려의 사신이건 벽란도 나루터는 개경을 오가는 길목에 위치한 좋은 숙박처였던 셈이다. 그래서 벽란도 나루터에 벽란정이라고 하는 관사館舍를 설치했던 것이다. 사실 이곳의 초기 명칭은 예성항이었다. 그러나 훗날 몽고의 침략을 받은 후부터는 예성항이라는 예의 바른 명칭 대신 벽란정이 있는 나루터란 의미에서 벽란도라고 부르게 되었다.

벽란정은 이처럼 송나라 사신이 머무는 장소로 처음 설치되었으나 훗날 고려가 몽고의 속국이 된 후부터는 벽란정이건 예성강이건 모두 제 역할을 할 수 없게 되었다. 바다에 익숙지 않은 몽고가 바닷길을 이용한 사신 왕래나 물자 교역에 나설 까닭이 없었기 때문이다. 그래서 이때부터는 예성강이란 명칭도 사용하지 않았다. 당연한 일일 것이다.

자, 다시 Korea란 명칭의 유래로 돌아가 보자.

고려와 송나라 사이에 교류가 활발했던 시절, 예성강과 벽란도는 외교 사절의 왕래처로서 이름을 떨쳤을 뿐 아니라 무역의 통로로도 유명했다. 그 시절 예성강을 거쳐 벽란도까지 드나들었던 상인들 중에는 송나라 상인이 가장 많았음은 당연할 것이다. 그러나 그 외에도 일본 상인과 사신들도 이곳을 통해 고려와 교역하였다. 그 무렵 일본 상인들은 책상, 화병, 향로, 칼, 은, 수은, 유황, 악기, 후추 등 꽤나 다양한 상품을 가지고 왔는데, 이들 물품은 고려 조정이나 개경의 부호들에게 인기가 있었다.

반면 송나라 상인들은 비단을 가장 많이 가지고 온 것으로 보인다. 그 무렵 개경에서 한가닥하는 사람이라면 송나라산 비단 한 필 가지지 않은 사람이 없었던 듯하다. 송나라산 차 역시 고려에서 인기를 끌던 상품이었다. 그 외에도 약재와 서적, 옥, 향료, 밀가루 등이 주요 교역 상품이었다.

한편 코리아란 이름을 오늘날까지 전하게 한 주인공으로 알려진 아라비아 상인들은 어떤 경로로 이 먼 고려 땅까지 들어왔을까? 아마도 당나라, 송나라 상인들과의 교역 과정에서 고려라는 나라의 존재를 알지 않았을까? 우연히 고려를 알게 되었다고 보기보다는 중국과의 교류 과정에서 고려를 알게 되었다고 보는 것이 합리적일 것이다. 그리고 이런 과정을 거쳐 고려와 이슬

조선시대 강세황이 그린 개성 시가도.
그가 송도(개성)를 기행한 후 그린 그림을 모아놓은 《송도기행첩》의 첫 그림인데, 개성 중심부에 양쪽으로 자리한 상가의 모습이 눈에 띈다. (사진제공: 국립중앙박물관)

람 문화권의 아라비아 상인들 사이에 일정한 교역이 행해졌던 것이다.

> "그 달에 대식국大食國(아라비아)으로부터 열라자悅羅慈(Al-Raza) 등 백 사람이 와서 토산품을 바쳤다."(1024년)

> "구월 신사일에 대식국으로부터 하선夏詵(Hassan), 나자羅慈(Raza) 등 백 사람이 와서 토산품을 바쳤다."(1025년)
> –《고려사》

위 사료를 보면 고려와 아라비아 상인들과의 교역이 어떤 형태로든 행해졌다는 내용을 확인할 수 있다. 그리고 고려라는 존재를 한번 알게 된 아라비아 상인들에게 고려라는 존재는 깊이 각인되었을 것이고, 아무리 사소한 존재라도 기억하거나 전달하려면 그 명칭이 있어야 했을 터이니, 고리, 카오리, 코리아란 과정을 거쳐 오늘날의 Korea가 탄생한 것은 분명해 보인다.

역사적으로 라시드 알딘(Rashid-al-Din, '앗딘'이라고도 한다. 1248~1318)이라는 이슬람 학자는 자신의 저서 《연대기의 집성(Jami al-Tawarikh)》에서 처음으로 Kao-li, 즉 고려라는 명칭을 사용하고 있다. 그 뒤를 이어 알리 아크바르(Ali Akhbar)가 저술한 《키타이 서書(Hitayname)》에서도 고려라는 명칭을 사용하고 있다. 따라서 Korea란 우리나라 국호는 분명 이슬람 문화권의 상인과 학자들에 의해 형성된 것이니 우리와 종교가 다르다고 해서 아랍인들을 경원시하는 것은 그리 바람직한 현상은 아닐 듯하다.

08

백제의 말

고구려, 백제, 신라는 같은 말을 썼을까

세상에는 반드시 알아야 할 지식과, 알아도 그만 몰라도 그만인 지식, 마지막으로 알면 해가 되는 지식이 있다. 밥을 먹는 법, 말하는 법, 생식하는 법, 문을 열고 닫는 법 등은 반드시 알아야 할 지식이다. 반면에 밥을 맛있게 하는 법이나 김치를 맛있게 담그는 법, 생식을 즐겁게 하는 법, 전화하는 법, 운전하는 법 등은 알아도 그만 몰라도 그만인 지식이다. 예전에는 밥하는 법을 모르면 거의 굶어 죽었겠지만 요즘에는 가게에 가면 밥이 있다. 김치도 마찬가지다. 운전하는 법을 모르면 기사를 두면 된다. 음, 물론 돈이 있어야겠군. 아, 그러고 보니 다른 법은 다 몰라도 자본주의 사회에서 돈 버는 법은 알아야겠다. 다음으로 칼을 쓰는 법, 노름하는 법, 컴퓨터 게임하는 법은 모르면 모를수록 도움이 된다.

그렇다면 '백제인들이 쓰던 말은 어떤 것일까'와 같은 지식은 어디에 속할까? 필자는 첫 번째 부류에 속한다고 본다. 물론 대다수 분들은 두 번째 부류에 속한다고 볼 것이고, 세 번째 부류에 속한다고 보는 분도 꽤 있을 것이다.

"그런 쓸데없는 지식을 왜 알아야 하지? 알면 오히려 머릿속만 복잡해지고, 안 그래도 무거운 머리가 더 무거워지지 않겠어?"

그럴 수도 있다. 그렇지만 필자의 생각은 다르다. 지나간 인간들의 삶을 되돌아보는 것은 우리의 앞날을 더욱 나은 것으로 만드는 데 필수적이라고 여기기 때문이다. 역사는 '미래를 비추는 거울'이라는 말이 나오는 것도 그 때문이다. 특히 언어라는 것은 인간이 동물과 다른 존재임을 밝히는 가장 핵심적인 요소 아닌가? 그러니 과거에 인류가 사용하던 언어에 관심을 갖는 것은 동물이 아닌 인간의 본능에 속할지도 모른다. 특히 백제인들은 바로 한강 유역에서 살던 우리 조상 아닌가 말이다. 그러니 그들이 어떤 말을 썼는지 궁금증을 갖는 것은 당연할 뿐만 아니라, 혹시라도 그들이 사용하던 말이 오늘날 우리가 사용하는 말과 다르다면 우리로서는 새로운 언어를 접하게 될 터이니 얼마나 기쁜 일인가!

백제인들이 사용하던 말은 오늘날 거의 남아 있지 않다는 게 정설이다. 그러고 보니 우리는 고구려인이나 백제인들이 신라인들과 같은 말을 썼을 거라는 생각을 별 의심 없이 받아들이고 있다.

"그러니까 한 민족 아닌가요?"

그렇다. 우리가 단일 민족이라는 개념 역시 단일한 언어를 사용해왔을 거라는 전제로부터 출발하는 것일지도 모른다. 단일 민족이 다른 언어를 사용한다는 것은 어불성설이니 말이다. 맞다. 종교나 문화가 다른 단일 민족은 가능할지라도 언어가 다른 단일 민족은 생각하기 어렵다.

그러나 이러한 전제도 미래의 언젠가는 바뀔지 모른다. 지금처럼 남한

에서는 갈수록 영어를 사용하고 북한에서는 자신들만의 한글을 사용한다면 '단일 민족, 단일 언어'라는 전제도 무너질 것이다. 아니, 오늘날에도 대한민국에서는 영어를 배우지 않은 분들이라면 광고나 TV 프로그램의 많은 부분을 이해하기 어렵다. 물론 상품명이나 상호도 이해하기 어렵다. 그러므로 대한민국 내에서도 이미 계층 간에 언어의 단절 현상이 발생하고 있다. 그러니 시간이 흐를수록 같은 한민족이라 할지라도 DNA 판별을 통하지 않고서는 단일 민족임을 확인하기 힘들어질 것이다. 종교가 다르고 문화가 달라지고 나아가 언어까지 다른 단일 민족이라면 그건 생물학적 측면에서나 단일 민족일 테니까 말이다.

그렇지만 그런 복잡한 문제는 문화를 담당하는 분들에게 맡겨두고 우리는 다시 백제어로 돌아가 보자.

잘 아시다시피 백제는 고구려로부터 갈라져 나온 국가다. 고구려를 세운 주몽과 백제 건국의 시조로 알려진 온조와 비류는 부자지간으로 알려져 있다. 그러니 고구려와 백제는 핏줄로 연결되어 있었음이 분명하다. 그러므로 언어 또한 고구려와 백제 사이에 큰 차이가 없었음은 분명해 보인다.

〈양직공도梁職貢圖〉.
중국 양梁나라 때 제작된 그림으로, 양나라에 출입하던 주변 나라들의 사신과 그 나라의 역사, 풍습 등을 그리고 기록해놓았다. 그 그림 가운데 다행스럽게도 백제 사신의 기록도 포함되어 있는데, 내용 가운데는 이러한 것도 있다. "왕이 다스리는 성城을 고마固麻라고 부르며, 읍邑은 담로擔魯라고 부르는데, 중국의 군현郡縣과 같다. 22개의 담로가 있는데 아들, 아우, 친척 들에게 나누어 다스리게 한다." 즉, 백제에서 성은 고마, 행정구역은 담로라고 불렀음을 알 수 있다.

그런데 여기서 우리의 일반적인 상식을 깨는 사실이 발생한다. 단일 민족으로 이루어진 우리로서는 같은 나라에서 다른 언어를 사용하는 것은 떠올리기 힘들다. 그러나 세계적으로는 같은 나라에서 다른 언어를 사용하는 일이 비일비재하다. 대표적인 국가가 캐나다(영어와 프랑스어), 필리핀(필리핀어와 영어), 스위스(독일어와 프랑스어, 이탈리아어), 네덜란드(네덜란드어, 프랑스어, 독일어 등), 남아프리카공화국(아프리칸스어, 영어) 등인데 그 외에도 수많은 나라가 그렇다.

백제 또한 그랬다. 온조가 처음 백제를 건국했을 때 지배층은 고구려의 왕족이었다. 따라서 그들은 분명 고구려어를 사용했을 것이다. 그러나 온조가 내려오기 전부터 한강 유역에 살던 사람들이 온조가 왔을 때 갑자기 고구려어를 배웠을 리 만무하다. 따라서 그들은 분명 그들만의 언어를 사용했을 것이다.

다음 문장을 보자.

王姓夫餘氏 號於羅瑕 民號爲鞬吉支 夏言並王也 妻號於陸 夏言妃也.
-《주서周書》〈이역전異域傳〉'백제조百濟條'

번역하자면 이렇다.

"왕의 성은 부여씨이다. '어라하'라고 부르는데, 백성들은 '건길지'라고 부른다. 중국어로는 왕을 이른다. 부인은 '어륙'이라고 부른다. 중국어로는 '비妃'이다."

그러니까 백제의 왕은 성씨가 '부여'인데 그 칭호는 '왕'이 아니라 '어라

하'라는 말이다. 게다가 백성들은 따로 '건길지'라고 불렀다는 내용이다. 따라서 신라에서 왕이 초기에 '마립간', '차차웅', '거서간' 등으로 불린 것처럼 백제에서도 초기에는 왕이라는 호칭 대신 '어라하'라고 불렀던 것이다. 게다가 백성들은 '건길지'라고 불렀으니 백제에서는 지배층과 피지배층이 사용하는 언어가 달랐음이 분명하다. 또 왕비는 '어륙'이라고 불렀다는데 이에 대한 피지배층의 호칭은 나와 있지 않다. 물론 '어라하'니 '건길지'니 '어륙'이란 호칭은 오늘날 우리가 읽는 한자음이기 때문에 백제인들이 실제 이와 같은 소리로 부르지는 않았을 것이다. 그러나 이와 유사한 소리로 불렀음은 분명하다.

그렇다면 백제인들의 주요 성씨는 무엇이었을까?

중국 역사서에 따르면 백제의 주요 성씨는 다음과 같은 여덟 개였다고 전한다.

사沙씨, 연燕씨, 협劦씨, 해解씨, 진眞씨, 목木씨, 백苩씨, 국國씨

그 외에도 수많은 성씨가 쓰인 것으로 알려져 있는데, 그 가운데 21세기 한국인들이 사용하는 성은 거의 없는 듯하다. 이 외에도 앞서 살펴본 왕족의 성인 부여夫餘씨, 훗날 백제 부흥 운동을 벌였던 흑치黑齒씨 등도 있었던 것으로 보이는데, 우리가 최근 주로 사용하는 한 글자 성과 달리 두 글자 성을 많이 사용한 것으로 여겨지기도 한다.

게다가 온조가 처음 한강 유역으로 내려와 세운 나라 이름은 우리가 잘 아는 백제百濟보다는 다른 이름이었을 가능성이 훨씬 크다. 역사에 등장하는 백제의 명칭은 십제十濟, 백제伯濟, 남부여南夫餘, 위례국慰禮國, 응준鷹準, 응

유鷹遊, 나투羅鬪 등 다양하다.

이 가운데 위례란 우리말로 '울타리' 또는 '한강'의 이두식 표현인 '욱리하' 등이 변해 나온 명칭이란 주장과, 왕성王城 즉 큰 성을 뜻하는 백제어에서 비롯되었다는 주장 등이 있다. 백제에서 초기에 왕을 가리켜 '어라하'라고 칭한 것을 보더라도 위례가 '크다'는 뜻을 갖는다는 것이다.

그 외에 응준, 응유는 '매'를 뜻하는 '응鷹'자를 쓴 것으로 보아 백제가 그 무렵 주변 나라들로부터 매가 많이 나는 나라로 인식되고 있었던 게 아닌가 추측할 뿐이다. 또 나투라는 명칭은 신라와 끊임없이 싸우는 과정에서 나온 명칭임이 분명하다.

그렇다면 백제百濟란 명칭은 어떻게 태어났을까? 이에 대해서는 '백가제해百家濟海'(수많은 사람들이 바다를 건너왔다) 또는 '백성낙종百姓樂從'(백성들이 기꺼이 따랐다)에서 비롯되었다는 주장이 있다.

한편 백제가 자리한 마한 지역에 존재했던 소국小國들의 명칭을 살펴보면 그 무렵 백제에서 사용하던 언어의 일단을 느껴볼 수 있을 것이다. 다음에 등장하는 나라 이름들 가운데는 한자에서 비롯된 것이 있는가 하면 마한의 고유어를 한자로 표기한 것도 꽤 많은 듯하다. 독자 여러분께서도 한번 느껴보시기 바란다.

감해국感奚國, 감해비리국監奚卑離國, 건마국乾馬國, 고랍국古臘國, 고리국古離國, 고비리국古卑離國, 고원국古爰國, 고탄자국古誕者國, 고포국古蒲國, 구로국狗盧國, 구사오단국臼斯烏旦國, 구소국狗素國, 구해국狗奚國, 내비리국內卑離國, 노람국怒藍國, 대석삭국大石索國, 막로국莫盧國, 만로국萬盧國, 모로비리국牟盧卑離國, 모수국牟水國, 목지국目支國, 백제국伯濟國, 벽비리국辟卑離國, 불미국不彌國,

불사분사국不斯濆邪國, 불운국不雲國, 비리국卑離國, 비미국卑彌國, 사로국駟盧國, 상외국桑外國, 소석삭국小石索國, 소위건국素謂乾國, 속로불사국速盧不斯國, 신분활국臣濆活國, 신소도국臣蘇塗國, 신운신국臣雲新國, 아림국兒林國, 여래비리국如來卑離國, 염로국冉路國, 우휴모탁국優休牟涿國, 원양국爰襄國, 원지국爰池國, 일난국一難國, 일리국一離國, 일화국日華國, 임소반국臨素半國, 자리모로국咨離牟盧國, 지반국支半國, 지침국支侵國, 첩로국捷盧國, 초리국楚離國, 초산도비리국楚山塗卑離國, 치리국국致利鞠國

한 가지 더! 여러분은 '놋쇠'라는 말을 알고 계실 것이다. 그리고 놋쇠가 구리와 다른 금속의 합금임도 알고 계실 것이다. 그렇다면 '놋쇠'라는 말은 어디에서 온 것일까?

백제어를 연구한 학자들에 의하면 백제에서는 금金 또는 동銅과 같은 금속을 아울러 '구지仇知'라고 표기하였다고 한다. 물론 표기한 것을 오늘날의 한자어로 읽으면 '구지'가 되지만 그 무렵의 발음에 따르면 아마도 '구티'가 아니었을까 판단된다. 그러니까 백제에서는 금이건 동이건 모두 '구티'라고 발음한 것이다. '구티'는 시간이 가면서 연음화되어 '구리'로 변했을 것이고, 그래서 동은 곧 구리가 된 것이다.

그렇다면 놋쇠는? 백제와 밀접한 관계를 맺고 있던 일본의 자료에 따르면 백제에서는 '황黃'을 '노', '누르'로 읽었다고 한다. 그러니까 '황'이 노랗다는 뜻을 갖는 것도, 노란 금속인 '동'이 '노'로 읽히는 것도 모두 백제어의 특징인 셈이다. 그로부터 '동銅'이 '놋'이 된 것이고 이로부터 '놋쇠'가 탄생한 것이다.

위에서 살펴본 백제 사람들이 사용하던 성씨와 언어는 우리 삶에 아무런 영향도 미치지 못한다. 그러나 지식이란 게 그렇다. 오늘 우리에게는 아무런 영향도 미치지 못하고 역할도 하지 못하지만 그런 것들이 쌓이고 쌓여 우리의 상상력을 형성하고 새로운 사고의 틀을 제공하는 것이다. 재미있지 아니한가? 백제인들이 동을 놓고 "목씨, 이것이 누르일세." "아, 협씨, 그런가?" 하는 모습을 상상하는 것이 말이다.

사족 하나!
백제의 지배 계층과 피지배 계층 사이에 다른 언어를 사용하던 현상은 날이 갈수록 축소되었을 것이다. 그리하여 마한을 명실공히 지배하기 시작한 백제 제13대 왕인 근초고왕近肖古王(재위 346~375) 대에 들어서면서는 이러한 언어 간의 괴리가 거의 사라졌을 것으로 판단된다. 물론 지역적으로는 과거 언어를 사용하는 경향이 완전히 사라지지는 않았겠지만 의사소통을 하는 데는 장애가 거의 없었을 것으로 판단된다. 박사 고흥으로 하여금《서기書記》라는 국사책을 편찬토록 한 것도 근초고왕 시절이었으니 이 무렵에는 정치, 사회, 문화적으로도 백제가 통일되었을 것이라는 점을 확인할 수 있는 것이다.

09

이야기꾼

소설의 탄생, 발 없는 이야기가 천리를 간다

 요즘에야 문학이 대중들이 즐기는 가장 보편적인 즐거움 가운데 하나이고 그 가운데서도 소설이 가장 인기 있는 형식이지만, 사실 따지고 보면 소설이 인류 역사에서 탄생한 것은 극히 최근의 일이다.

 물론 그리스 시대에 귀족들의 즐거움을 위해 탄생한 것이 연극이고 그 연극을 위해 희곡이 탄생한 것이 사실이지만, 희곡은 그 자체로서보다는 연극이라는 2차 저작물을 통해 존재 가치가 인정된다는 면에서 소설과는 차이가 있다. 반면에 시는 오래 전부터 존재했는데, 이는 시가 문자가 없는 경우에도 구전口傳되기에 적당한 형식이라는 면과 함께 다양한 의례에 사용되기에 적합한 형식이기도 했기 때문일 것이다.

 그러나 소설은 전혀 다르다. 이는 쉽게 구전될 수 있는 형식도 아니고, 그렇다고 의례에 사용될 수 있는 것도 아니다. 역사서처럼 있는 사실을 기록하는 것도 아니요, 희곡처럼 연극이라는 공연을 위한 매개물도 아니다. 소설은 소설 자체로 역할을 다할 수 있을 뿐 아니라 허구이기 때문에 사실을 기록하는 기록물과도 차별화된다.

그렇다면 소설은 왜 생겨났을까? 간단하다. 시간을 보내는 데 적절했기 때문이다. 소설이라는 형식이 중세에 들어와서야 탄생한 까닭이 바로 여기에 있다.

소설이 탄생하기 위해서는 우선 허구(거짓말로 이루어진 이야기라 하는 편이 낫겠다)를 즐길 만한 계층이 필요했을 것이다. 하루 종일 밭에 나가 일하고 해가 져서야 집에 들어오는 삶을 사는 사람들에게는 소설이란 한낱 사치품에 불과했을 것이다. 이러한 풍조는 현대에 들어와서도 마찬가지인데, 아무리 잘사는 사회라 하더라도 경제적으로 가장 낮은 계층은 소설 같은 문화적 세례를 받기 힘든 게 사실이다. 그러니 오래 전에 어찌 소설이란 장르가 태어날 수 있었겠는가.

결국 다른 모든 역사적 산물과 마찬가지로 소설도 그에 걸맞은 사회적 환경이 잉태된 다음에야 세상에서 빛을 볼 수 있었다. 사회의 생산력이 발달하고 그에 따라 잉여 생산물이 발생함으로써 그 잉여 생산물로 살아가는 계층이 탄생하면서 소설도 그 모습을 드러내기 시작한 것이다.

동서양을 막론하고 14세기 무렵부터 소설의 원형原形이랄 수 있는 기담집奇譚集이 탄생한 것이 바로 그러한 움직임이었으니, 동양에서는 명나라 때 《전등신화》니 《삼국지연의》 같은 작품들이 세상에 선을 보였고, 서양에서는 《데카메론》이나 《캔터베리 이야기》(이건 운문이기 때문에 약간 다르기는 하지만) 같은 작품들이 탄생한 것이다.

그러나 이런 작품은 요즘 기준으로 보면 엄밀한 의미에서 소설이라고 보기에는 무리가 따르는 것이 사실이다. 그러나 부르주아, 즉 근대적 의미에서 중산층이 탄생하는 시기에 들어서면서부터는 본격적인 소설이 탄생하기 시작했으니 바로 18세기의 현상이었다. 이렇게 본다면 소설이야말로 현대적 문학 장르임을 확인할 수 있을 것이다. 가장 최근에 그 형식이 갖추어진 장르이니 말이다.

그런데 소설을 즐기는 계층이 늘어난 것은 사실이지만 그렇다고 모든 계층의 사람이 즐길 수 있었던 것은 아니었다. 당연한 일인데, 소설을 즐기기 위해서는 우선 글을 알아야 했다. 그러나 어디 한 사회 구성원 모두가 글을 읽는다는 것, 즉 문맹률 0퍼센트 되기가 쉬운 일인가? 따라서 문맹률이 80~90퍼센트를 유지하던 사회에서 소설은 특수 계층의 전유물이 될 수밖에 없었다.

게다가 그 시대의 책은 값이 무척 비쌌다. 이 또한 당연한 현상인데, 우선 독서 인구가 현대에 비해 현저히 적었고, 또 인쇄술과 제지술이 발달하지 않아 책의 순수 제작비도 비쌌다. 물론 작가도 적었으니 책값이 비싼 것은 당연한 추세였던 것이다.

그러나 이야기책이 재미있다는 소문은 발 없는 말이 천리 간다고 급속히 퍼졌을 것이다. 그러니 누구나 이야기를 즐기고 싶었지만 현실적인 제약 때문에 모두가 즐기기는 힘든 상황, 그것이 바로 근세에 접어드는 세계의 현실이었다.

한편 수요가 있으면 공급이 있는 법. 이러한 시대적 흐름을 타고 탄생한 직업이 있었으니 바로 이야기꾼의 탄생이다.

이야기꾼의 역사는 오래되었을 것이다. 어릴 적 할머니 무릎에 기대어 듣던 이야기가 떠오르는 분이 많으실 것이다. 그 경우 할머니는 탁월한 이야기꾼이었던 셈이다. 그러나 본격적으로 이야기꾼이 책을 읽어주면서 금전

가브리엘 르모니에(1743~1824)의 작품 〈마담 조프랑의 살롱〉.
프랑스 계몽주의 시대를 이끈 조프랑 부인의 살롱에서 열린 볼테르의 저작 낭독회 모습이다. 동시대의 유명 지식인들이 살롱에 모여 볼테르의 《중국의 고아》를 읽고 있는데, 볼테르의 흉상 외에도 조프랑 부인, 몽테스키외, 디드로, 달랑베르, 루소 등이 등장하고 있어 흥미롭다. 지식이 대중적으로 확산될 때는 동서고금을 막론하고 지식을 다중에게 전달하는 활동이 이루어졌으며, 그 대표적인 수단이 책의 탄생이었다.

적 대가를 받은 것은 그리 오래된 일은 아닐 것이다. 최근에도 아랍 지역에 가면 물담배를 피우는 카페에서 책을 읽어주는 이야기꾼이 존재한다는 소식을 들은 적이 있다.

그렇다면 우리나라는 어떠했을까?

"근세 안방 부녀자들이 경쟁 가운데 내세울 만한 것으로는 오직 패설이라고 여겨 이를 숭상함이 날로 더하고 그 종류가 천백에 이르렀다. 승가僧家에서는 이를 깨끗이 베껴 빌려보려는 자가 있으면 대가를 받아 이익을 얻으니 부녀들이 아는 바가 없어 혹은 비녀나 팔찌를 팔고 혹은 빚을 내어 서로 다투어 빌려가 긴 해를 보낸다."

- 채제공, 《번암집》

이는 이야기꾼에 관한 내용은 아니지만 근세에 들어오면서 사람들이 이야기를 얼마나 즐겼는지를 알 수 있는 사례라 할 수 있다. 요즘으로 말하면 영화나 드라마 DVD를 빌려다가 보는 셈이라고나 할까.

전기수傳奇叟
"늙은이는 동문 밖에 살았다. 그는 한글로 된 패설들을 외웠는데, 〈숙향전〉, 〈소대성전〉, 〈심청전〉, 〈설인귀전〉 등의 전기였다. 달마다 초하루에는 첫째 다리 아래에 앉고 초이틀에는 둘째 다리 아래에 앉으며, 초사흘에는 이현梨峴(배오개다리 근처)에 앉고, 초나흘에는 교동 어귀에 앉는다. 초닷새에는 대사동 어귀에 앉고, 초엿새에는 종루 앞에 앉는다. 초이레부터는 다시 거슬러 올라갔다가 내려온다. 내려왔다가는 올라가고, 올라갔다가는 다시 내려온다. 이렇게 해 그 달을 마친다. 달이 바뀌어도 역시 그렇게 한다.

그가 잘 읽어서, 곁에서 듣는 자들이 겹겹이 둘러싼다. 늙은이는 가장 재미나고 들을 만한 대목에 이르면, 잠시 입을 다물고 말하지 않는다. 그러면 사람들이 그 아래 대목을 듣고 싶어서 다퉈가며 돈을 던진다. 이를 '요전법邀錢法'(돈을 구하는 법)이라 한다."

− 조수삼, 《추재기이》

조선 후기에 조수삼(1762~1849)이라는 중인 출신 인물이 그 시대 세상에 존재하던 독특한 인물들을 모아 기록한 《추재기이》란 책에 나오는 대목이다. 제목인 '전기수傳奇叟'는 '기이한 이야기를 전해주는 늙은이'라는 의미인데, 그 시대에 돈을 받고 이야기를 읽어주는 직업인을 가리키는 말이었다. 그러니 그 시대에 이야기를 읽어주는 사람은 대부분 늙은이였음을 알 수 있겠다. 하기야 대부분의 백성이 문맹인 시절에 사람들이 모이는 곳을 다니며 이야기를 읽어주는 일을 업으로 삼는 사람이야 벼슬도 포기하고 학문을 배운 선비로서의 자부심도 포기한 인물이었을 테니 일정한 나이 이상이 된 사람이었음이 분명하다.

한편 날이 갈수록 글을 읽는 사람이 늘어나면서 한양에서도 한글 소설을 빌려주는 점포가 탄생하였다. 초기에 절 같은 곳에서 이루어지던 일이 이제는 본격적인 체제를 갖추게 된 것이다. 그리고 이때를 즈음하여 한글로 쓰인 소설의 방각본이 본격적으로 유통되기 시작하였다. 방각본坊刻本이란 판매를 목적으로 출간한 도서를 가리키는데, 국가에서 기록을 위해 목판이나 금속활자를 이용해 출간한 도서 또는 개인이 자신의 기록을 남기기 위해 필사본 등으로 출간한 문집 등과 구별된다.

   방각본은 본래 중국 남송南宋(1127~1279) 시대에 처음 간행된 것으로 알려져 있다. 우리나라에서는 1576년 간행된 것으로 전해지는《고사촬요攷事撮要》복각본(초간본은 1554년에 어숙권魚叔權이 간행하였는데 현재 전하지 않는다)이 가장 오래된 방각본 도서의 기록으로 남아 있다. 이후 방각본은 전라도 지방에서 집중적으로 간행되었는데, 이는 전라도 지방에서 좋은 종이가 많이 생산되었기 때문이다.

   한편 방각본은 초기에는 교육용 도서가 주류를 이루었는데 후대로 갈수록 이야기책의 비중이 높아지기 시작하였다. 그리하여 19세기에 들어서면 대량의 방각본이 시장에 출현하여 시중에 다양한 이야기책을 보급하였다. 참으로 방각본이 우리 민중들에게 커다란 역할을 한 것이다. 방각본은 인쇄 방식이 목판이나 목활자 또는 토판土版으로 이루어졌기 때문에 훗날 현대적 의미의 활자본 도서가 간행되기 전까지 우리나라에서 지식과 교양의 전달에 주요한 역할을 하였다.

10

불전

부처에서 나한까지, 대웅전에서 명부전까지

불교도가 아니라면 불교나 사찰에 대해 언급하는 것을 썩 달가워하지 않을지도 모른다. 그러나 우리 전통문화가 불교를 빼고는 이야기하기 어려운 게 현실이기 때문에 어쩔 수 없으니 너그러이 이해하시기 바란다. 특히 수백 년에서 천 년 이상 내려온 사찰을 찾아 오래전 이 땅에 살았던 우리 선조들의 삶의 자취를 따르는 것은 단지 종교의 문제가 아니라 우리 스스로의 정체성을 찾는 과정이기도 하다. 따라서 우리 문화를 다루는 수많은 책들 대부분이 사찰과 사찰에 속한 유적·유물을 다루는 것도 어떤 면에서는 당연하다 하겠다.

그런 면에서 이번에는 사찰의 가장 기본이 되는 불전佛殿에 대해 살펴보기로 한다.

대웅전 (대웅보전)

불전 가운데 대표적인 것이 바로 대웅전大雄殿 또는 대웅보전大雄寶殿이다. 사찰에 들어서면 가장 중심부에 자리 잡고 있는 대표적인 건축물이 바로 대웅전이다.

'대웅大雄'이란 산스크리트어의 '마히비라'(위대한 영웅)를 한역漢譯한 것인데, 특이하게도 마히비라는 자이나교의 창시자로 일컬어지는 인물이다. 어떻게 된 걸까? 자이나교가 불교와 매우 유사한 것은 분명하고, 마히비라 또한 석가모니와 같은 시대에 활동한 수도자로 불살생과 비폭력을 주장한 위대한 인물임은 분명한데, 왜 사찰에 마히비라를 뜻하는 '대웅'이라는 명칭이 사용되었는지에 대해서는 분명치 않다. 아마 대웅, 즉 위대한 영웅이라는 의미가 불교의 위대한 영웅인 부처의 덕호德號로 전용된 것으로 여겨진다. 여하튼 이렇게 해서 사찰의 중심부에는 대웅의 거처, 즉 대웅전이 자리 잡게 된 것이다. 대웅보전이란 의미 또한 대웅전과 다름이 없다. 다만 보물을 뜻하는 '보寶'자가 더해졌으므로 격을 더 높여 부르는 것이라 보면 된다.

대부분의 사찰에 위치한 대웅전에는 주불主佛인 석가모니불을 가운데 모시고, 양 옆으로는 문수보살과 보현보살을 모시는 것이 일반적이다. 그러나 격이 더 높은 대웅보전의 경우에는 양 옆에 아미타불과 약사여래를 모시는 것이 일반적이다.

대웅전 중심부에서 불상을 안치하고 있는 불단을 '수미단須彌壇'이라고 한다. '수미단'이란 명칭은 불교에서 우주의 중심을 이루는 산이라 여기는 수미산에서 따온 것이다. 수미산이 얼마나 높은지 궁금하신가? 높이가 16만 유순인데, 1유순은 약 7킬로미터라고 한다. 수미산은 절반은 물에 잠겨 있고 나머지는 솟아 있다고 하니 정말 대단하다.

여하튼 불상을 안치한 불단을 수미단이라고 부르는 것은 세계의 중심부인 수미산 정상에 부처님이 자리하신 후 자비와 지혜의 빛을 발한다는 불교의 세계관을 상징하는 것이다.

그런데 모든 사찰에 대웅전이 자리하고 있는 것은 아니다. 대표적으로 삼보사찰 가운데 법보사찰로 유명한 해인사를 들 수 있는데, 해인사에는 대웅전 대신 대적광전大寂光殿이 자리하고 있다.

대적광전 (비로전, 화엄전)

대적광전은 산스크리트어로 '두루 빛을 비추는 자'란 의미를 갖는 비로자나불毘盧遮那佛을 모신 불전이다. 비로자나불은 화엄경에서 시방제불十方諸佛, 즉 세상 모든 부처를 전체적으로 포괄하는 법신불法身佛(진리를 신체로 하고 있는 부처)로 등장하기에, 비로자나불을 모신 불전을 '화엄전'이라고도 한다. 화엄경에서 비로자나불은 늘 고요와 빛으로 충만한 상적광토常寂光土에서 설법한다고 한 까닭에 대적광전大寂光殿(클 대, 고요할 적, 빛 광, 거처 전)이란 명칭이 붙게 된 것이다. 그 외에 '대광명전大光明殿'이라고도 부르고, '비로전'이라고도 한다.

이렇듯 비로자나불은 화엄경과 깊은 연관성을 맺고 있는 까닭에 화엄종의 법맥을 잇는 사찰에서는 본전으로 대적광전을 건립한다. 대적광전에 모신 비로자나불 좌우로는 아미타불과 석가모니불을 모시는 것이 일반적인데, 이 세 부처를 가리켜 '삼신불三神佛'이라고 한다. 한편 해인사의 대적광전에서는 비로자나불과 함께 왼쪽에는 문수보살, 오른쪽에는 보현보살을 조성하였다.

해인사 대적광전 전경.
대적광전은 '두루 빛을 비추는 자'란 뜻의 비로자나불을 모시는 불전이다. 화엄경과 깊은 연관성을 맺고 있기에 화엄종의 법맥을 잇는 사찰의 본전으로 건립된다.

극락전 (무량수전)

아미타불阿彌陀佛은 어쩐지 익숙한데 아마도 나무아미타불(아미타불에 귀의한다는 뜻)이라는 용어 때문일 것이다. 이 용어를 암송하면 극락왕생한다고 해서 많은 불교도들이 암송하기 때문에 우리에게도 익숙하다.

극락전이란 바로 이 아미타불을 모신 불전인데, 극락전極樂殿이라는 명칭이 붙은 까닭이 있다. 아미타불이 바로 극락極樂이라 불리는 서방 정토의 주재자이기 때문이다.

한편 아미타는 산스크리트어로 '한량없는 빛'(무한한 깨달음)이라는 의미를 갖는데 한역하면 무량수불無量壽佛(수명이 끝이 없는 부처), 무량광불無量光佛(광명이 끝이 없는 부처)이 된다. 극락전이 다른 명칭으로는 '무량수전無量壽殿'이라고 불리는 까닭이 여기에 있다.

종교를 믿는 사람들의 가장 큰 소망은 죽어서 좋은 곳에서 다시 태어나는 것일 게다. 따라서 아미타불은 일반인들에게 무척 친근한 부처다. 그 때문일까, 극락전 또는 무량수전은 전체 사찰에서 대웅전 다음으로 많은 양을 차지한다.

그런데 우리에게 무량수전이라 하면 불전을 나타내는 보통명사로 받아들여지기보다는, 영주 부석사浮石寺에 위치한 국보 제18호이자 고려시대의 대표적 목조 건물인 무량수전을 가리키는 고유명사로 기억된다. 무량수전은 그 배흘림기둥으로 인해 다시 한 번 우리 모두에게 기억되는데, 최순우 선생의 《무량수전 배흘림기둥에 기대서서》는 우리에게 문화재라는 것이 아는 만큼 보이는 존재라는 사실을 다시 한 번 인식시켜준 역작이라 할 것이다.

극락전 가운데는 경북 안동의 봉정사 극락전과 전남 강진군에 위치한 무위사 극락전이 유명한데, 특히 국보 제15호인 봉정사 극락전은 부석사 무량수전보다 더 이른 시기에 지은 건물로 추정되고 있다. 무위사 극락전 또한 국보 제13호로 지정될 만큼 자타가 인정하는 귀중한 건축물로 부석사 무량수전에 비해 조금 늦은 조선 초기(1476)에 지어진 건물인데, 이 세 건물은 모두 배홀림기둥으로 이루어져 있다.

극락전에는 주불로 아미타불을 모시고 좌우로 관세음보살과 대세지보살을 모시는 것이 일반적이다.

미륵전 (용화전)

산스크리트어로 '마이트레야'의 한역인 '미륵彌勒'은 그 어느 부처보다 대중적인데, 미래불 즉 다음 세상에 나타날 것으로 신앙되는 부처다. 그런 까닭에 불교 외에도 특별히 미륵신앙이라는 형태로 오래 전부터 민간에서 이어져 내려오고 있다. 이러한 미륵신앙은 무속신앙을 포함한 다양한 형태의 민간신앙과 결합되어 나타나기도 하는데 역사 속에도 자주 등장한다.

예를 들어, 후백제를 건국한 견훤은 금산사의 미륵불이 바로 자신이라며 백성들의 환심을 샀다. 태봉의 궁예 또한 스스로 미륵불이라 칭하며 두 아들을 협시보살로 삼고, 미륵관심법彌勒觀心法을 행한다며 대중을 현혹하기도 했다. 이처럼 미륵신앙은 단순한 신앙이 아니라 현세에서 고통을 겪고 있는 민중들에게 새로운 세상에 대한 믿음과 기대를 전해주는 역할을 하였고, 이런 까닭에 혁명적인 운동으로 전화轉化하기도 하였다. 따라서 역사 속에서 일어난 반란 세력은 대부분 미륵불 또는 미륵세상, 용화세상 등을 기치로 내세웠음을 확인할 수 있다.

지금도 우리나라 곳곳에는 미륵불이 존재하는데 이는 그 시대 백성들의 새로운 세상에 대한 갈망을 전해주는 증표라 할 것이다. 미륵전彌勒殿은 바

금산사 미륵전 전경.
미륵은 가장 대표적인 부처로, 다음 세상에 나타날 것으로 신앙되기에 민간 신앙과 결합하여 자주 등장한다. 금산사 미륵전은 사찰의 중심 건물이라는 면에서 다른 미륵전과 구별되는데, 3층으로 이루어져 있고 각 층마다 다른 현판이 걸려 있는 것도 특징이다. 1층에는 대자보전大慈寶殿, 2층에는 용화지회龍華之會, 3층에는 미륵전 현판이 걸려 있다. 국보 제62호.

로 이런 미륵불을 봉안한 불전으로, '용화전龍華殿' 또는 '장육전丈六殿'이라고도 한다. 용화전이란 용화 세계, 즉 미륵불에 의해 펼쳐지는 새로운 불국토佛國土를 상징한다는 의미에서 붙여진 이름이다. 반면 장육전은 장륙존상丈六尊像(높이가 1장 6척인 불상)을 봉안했다고 해서 붙여진 이름이다.

미륵전 안에는 도솔천에서 설법 중인 미륵보살을 봉안하거나 미륵불을 봉안한다. 우리나라에 있는 미륵전 가운데는 금산사 미륵전이 가장 유명한데, 국보 제62호인 이 건물은 3층으로 이루어져 있어 다른 불전과는 다른 모습이다.

약사전

지금까지 살펴본 불전들이 주로 사찰의 중심에 위치한 주 불전인 반면 약사전藥師殿은 사찰의 한쪽에 위치한 불전이다. 약사전은 약사여래불을 봉안한 불전으로, 약사여래불은 한자 그대로 중생의 병을 고쳐주고 목숨을 구해주며 재앙을 사라지게 하고 의식을 풍족하게 해주는 부처다. 따라서 약사여래불은 그 어떤 부처보다 현세의 평안과 안녕을 가져다주는 부처로 대중의 섬김을 받는다.

약사전에는 약사여래불상을 중심으로 일광보살日光菩薩과 월광보살月光菩薩을 모시는 것이 일반적이다. 대표적인 불전으로는 전등사의 약사전(보물 제179호)과 전남 순천 송광사의 약사전, 그리고 경남 창녕 관룡사 약사전(보물 제146호) 등을 들 수 있다.

관음전

관세음보살觀世音菩薩('모든 곳을 살피는 분', '세상의 주인' 등의 뜻)은 관자재보살觀自在菩薩, 광세음보살光世音菩薩, 관세음자재보살觀世音自在菩薩, 그리고 줄여서 관음, 관세음, 관음보살이라고도 하는데, 불교도뿐 아니라 일반인들에게도 가장 익숙하다.

특히 다른 불상이 부처인 반면 관음전觀音殿은 보살을 주불로 모시는 것이 특이하다. 보살이란 '깨달음을 추구하는 이', '깨달음에 이르는 것이 확정된 이'란 의미의 산스크리트어 '보디사타'의 한역으로, 부처님이 깨달음을 얻기 전의 상태 또는 부처가 되도록 확정되어 있는 모든 사람을 가리키는 용어다.

그렇다면 왜 관세음보살이 우리에게 친숙할까?

관세음보살은 세상의 모든 중생이 해탈할 때까지 성불하지 않겠다고 서원誓願한 보살로, 석가모니불이 입적한 이후부터 미륵불이 나타날 때까지 온갖 재난과 피해로부터 세상을 지켜주며, 구제 대상이 되는 중생의 근기根機(정신적 수준)에 맞추어 33가지의 형태로 세상에 나타난다고 알려져 있다. 그러므로 일반인들이라면 누구나 관세음보살에게 평안과 안녕을 기리는 것이다. 관세음보살은 자비의 화신으로 미륵신앙과 더불어 관세음보살 신앙(줄여서 관음신앙)이 융성하기도 하였다.

영산전

석가모니 부처님이 설법을 베푼 영산회상靈山會上의 장면을 묘사한 영산회상도靈山會上圖를 모시기 위한 전각으로, 나한을 모신 까닭에 나한전羅漢殿이라고도 한다. 나한은 아라한阿羅漢이라고도 하는데, '고귀한 사람'이라는 팔리어의 한역이다. 나한은 존재의 참 본질에 대한 통찰을 획득해 깨달음에 이른 사람을 가리키는 말이다.

그렇다면 왜 영산전에 나한을 모셨을까? 석가모니 부처님의 설법을 듣고 제자들이 깨달음에 이르렀기 때문이다. 나한전에서는 일반적으로 16나한 또는 500나한 등을 모신다.

경상북도 영천시에 자리한 은해사 거조암 영산전은 고려 말기의 목조 건물로 영산전 가운데 가장 유명한데 총 526구의 나한상을 봉안하고 있다. 국보 제14호로 지정되어 있다.

팔상전

석가모니의 생애를 여덟 장면으로 나누어 그린 팔상도八相圖와 불상, 그리고 불상 뒷면에 영산회상도를 봉안한 전각으로 석가모니불을 단독으로 봉안하거나, 주불에 석가모니불, 좌우에 갈라보살과 미륵보살을 봉안하기도 한다. 팔상전 가운데 대표적인 건물로는 국보 제55호로 지정된 법주사 팔상전이 있는데, 이 팔상전은 우리나라에 유일하게 전하는 목조 5층 탑이다. 한편 쌍계사의 팔상전에 봉안된 영산회상도는 보물 제925호로 지정되어 있다.

명부전 (시왕전, 지장전)

명부冥府란 산스크리트어로 '땅의 모태'를 의미하는데, 사람이 죽은 다음에 가는 곳을 가리킨다. 따라서 명부전이란 명부의 왕인 염라대왕을 모신 곳이다.

명부전을 지장전地藏殿이라고도 하는데, 지장전이란 지장보살, 즉 억압받고 죽어가는 이를 구원하는 보살을 모신 곳이다. 지장보살은 지옥으로 떨어지는 벌을 받은 죽은 이들의 영혼을 구제할 때까지 성불하지 않겠다고 서원하였다고 한다.

한편 명부전은 시왕전十王殿이라고도 불리는데, 이는 지옥에서 죽은 이들의 죄의 무겁고 가벼움을 정하는 열 분의 왕을 모신 곳이기 때문이기도 하다. '십왕十王'이라고 쓰고 '시왕'이라고 읽는 것은 '도장道場'이라고 쓰고 '도량'이라고 읽는 것과 마찬가지로 불교 용어 음독 방식이다.

명부전의 주불은 당연히 지장보살이며 그 좌우에 도명존자道明尊者(중국 양주에 있는 개원사의 승려 도명화상이 지옥에 불려가서 지장보살을 직접 본 후, 이 세상으로 돌아와 저승에서 본 바를 세상에 알리고 그림으로 그렸다고 하여 지장보살과 관련되는 곳에는 빠짐없이 등장한다)와 무독귀왕無毒鬼王(사람들의 악한 마음을 씻어준다고 알려진 지옥의 왕)을 봉안하고 그 좌우에 다시 명부시왕상을 안치한다.

11

벽돌

우리는 왜 벽돌을 사용하지 않았을까

벽돌 모르는 분은 안 계실 것이다. 그러나 벽돌의 의미가 얼마나 큰지에 대해 아는 분 또한 그리 많지 않을 것이다. 주위에서 흔히 볼 수 있는 벽돌, 그 안에 담긴 문명과 역사, 그리고 사상에 대해 살펴보기로 하자.

"중국은 땅 위든 땅속이든 대여섯 길이나 되는 건물은 모두 벽돌로 만들었다. 누대, 성곽, 담 등 높은 것은 물론이고 교량, 분묘, 봇도랑, 방구들, 둑 등 지하 깊숙한 곳도 이에 해당한다. 마치 온 나라에 벽돌을 입힌 듯하다. 그래서 백성들은 수재나 화재, 도둑, 그리고 젖어서 썩는 것, 붕괴되는 것 등에 대한 걱정을 하지 않는다. 이는 모두 벽돌을 사용했기 때문이다.

벽돌의 효과가 이와 같은데도 동방 수천 리 되는 지역 가운데 오직 우리나라만이 이를 사용하지 않고 있다. 심지어 그 방법도 찾아보지 않

우르의 지구라트.
6,000여 년 전에 세워진 인류 최초의 인공 신전 가운데 하나인 지구라트는 특히 벽돌이라는 인공 자재로 지어졌다는 점에서 우리를 놀라게 한다. 그런데 인류 문명의 시원을 보여주는 메소포타미아 문명의 발상지가 최근 동양-서양, 기독교-마호메트교, 유대인-아랍인 사이의 다양한 갈등으로 인해 끊임없이 전쟁터로 변하고 있어 한없는 안타까움과 절망감을 안겨주고 있다.

> 으니, 매우 큰 잘못을 저지르고 있는 것이다. 어떤 사람은 '벽돌은 토질의 영향을 받기 때문에 우리나라에서는 기와는 돼도 벽돌은 안 된다'고 말한다. 그러나 이는 절대 그렇지 않다. 둥글게 하면 기와가 되고 모나게 하면 벽돌이 되는 것이다."
>
> – 박제가, 《북학의》

《북학의》가 쓰인 것이 1778년 이후니까 지금으로부터 200여 년 전만 해도 우리나라에서 벽돌을 사용하지 않았다는 말이다. 지금은 그렇게 흔하고 또한 건축물에서 없어서는 안 된다고 여기는 벽돌이 불과 200여 년 전까지만 해도 우리나라에서는 사용되지 않았다니! 그럼 건축물을 어떻게 지었지?

당연히 돌이나 흙 또는 나무 등을 이용했다. 사실 벽돌이 사용되지 않은 것은 우리나라에서 좋은 돌이 많이 산출되었기 때문이기도 하다. 중국에서는 전탑塼塔(벽돌로 쌓은 탑), 일본에서는 목탑(나무로 만든 탑)이 유행한 반면 우리나라에서는 석탑이 주류를 이룬 것도 각기 그 나라의 자연적 환경에 큰 영향을 받은 것임을 떠올리면 이해가 쉬울 것이다.

그러나 그렇다고 해서 벽돌이 갖는 효용을 무시할 수는 없는 것. 우리나라에서 벽돌이 오랜 기간 쓰이지 않은 데는 다 그만한 이유가 있었을 것이다.

벽돌이 인간 문명에 등장한 것은 생각보다 훨씬 오래 전의 일이다. 메소포타미아 지역의 신전인 지구라트(ziggurat)는 이집트 피라미드와 같은 형태의 계단식 신전 탑인데, 신화 속 바벨탑 또한 지구라트 가운데 하나로 알려져 있다. 그런데 이 지구라트가 바로 벽돌로 만들어져 있다. 그러니 지금으로부터 약 6,000년 전에 이미 인류는 벽돌을 고안하고 사용한 셈이다.

한편 지구라트에 사용한 벽돌은 내부는 진흙 벽돌, 외부는 구운 벽돌을

중국의 전통적인 벽돌 제조 과정.
명나라 때 송응성이 지은 《천공개물》에 나오는 그림이다.

사용했으니 그 무렵 바빌로니아 인들은 이미 벽돌 굽는 기술을 보유하고 있었음을 알 수 있다. 초기에는 분명 자연 건조 방식으로 벽돌을 만들었을 테니, 구운 벽돌을 만들었다는 것은 이미 벽돌 제조 기술이 한 단계 진보했음을 알려주는 것이라 하겠다.

실제로 점토가 주성분인 벽돌을 만드는 데 가장 중요한 기술이 바로 굽는 기술이다. 물론 벽돌의 원재료인 점토의 질이 벽돌 제조의 첫걸음을 좌우하지만, 아무리 좋은 원재료도 가공 기술이 따르지 않으면 그림의 떡 아니겠는가. 그래서 중국 명나라 때 쓰인 과학기술서 《천공개물》에는 벽돌 만드는 법과 가마를 이용해 굽는 방법이 기록되어 있다.

그렇다면 도대체 우리나라에서는 왜 벽돌을 사용하지 않았을까? 고려시대에 이미 세계적인 수준의 도자기를 만들 만큼 좋은 흙과 굽는 기술을 보유하고 있던 우리 민족이 벽돌을 사용하지 않았다는 사실이 오히려 이상하게 느껴질 지경이다.

사실 우리나라에서도 삼국시대 이전부터 벽돌을 사용한 것으로 추정된다. 삼국시대 들어서도 백제는 무덤에 벽돌을 사용했고 신라시대에 건립된 전탑도 몇 개가 오늘날까지 전해오고 있으니 분명 삼국시대에는 벽돌이 사용되었음을 알 수 있다. 그런데 왜 그 이후에는 벽돌이 자취를 감추었을까? 이에 대해서는 여러 가지 의견이 가능하다.

우선 앞서 살펴본 바와 같이 좋은 돌이 흔한 우리나라의 특성상 그 제조 과정이 복잡한 벽돌을 사용할 필요성을 크게 느끼지 못했을 수 있다는 점이다. 또 다른 이유로는 우리나라의 토질이 벽돌을 만드는 데 불리하다는 점이다. 점토를 이용해 만드는 벽돌은 고령토로 만드는 도자기와는 재료가 다르다. 그런데 중국에는 벽돌을 만들고 건조시키는 데 적절한 점토가 충분했다. 반면에 우리나라에서 나는 점토는 중국 점토에 비해 벽돌을 만드는 데 적절치 못하고, 구워도 그 강도가 떨어진다는 것이다. 그러나 이후 우리나라에서도 벽돌을 사용하기 시작한 것을 보면 토질 때문이라는 주장은 썩 설득력이 없어 보인다.

여하튼 조선시대 후기가 되도록 한번 사라진 벽돌은 좀처럼 부활하지 못했다. 그리고 그런 상황이 앞에서 보았던 박제가의 《북학의》에 기술된 것이다.

그러던 차에 박제가를 비롯한 실학자들은 우연히 접하게 된 청나라 문물에서 백성들의 편리한 주거 공간을 제공해주는 벽돌의 효용에 눈을 뜨게 된다. 그리고 이들의 노력에 힘입어 정조 필생의 사업인 화성 건설에서 벽돌은 본격적인 건축 자재로 탄생한다.

"어떤 사람은 말하기를, '개인적으로 벽돌을 만들면 비록 나라에서는 이용하지 않더라도 자기 집에서만은 쓸 수 있을 것이다'라고 한다. 그러나 이 역시 틀린 말이다. 백성들의 일상용품은 반드시 서로 도와서 만들어야 하는 것이다. 그런데 성 안에 벽돌이 없어서 내가 혼자 만들려고 하면, 굽는 가마도 내가 만들어야 하고 때우는 데 쓰는 회도 역시 내가 마련해야 한다. 물건을 실어 나르는 수레도 내가 만들어야 하고 온갖 기술자의 일도 모두 내가 해야 한다. 그러니 벽돌을 만들어봐야 그 이익이 얼마나 되겠는가?

지금 당장 벽돌을 사용한다면, 관청에서는 백성들이 만든 벽돌을 비싼 값으로 사들여야 할 것이다. 그러나 십 년 안에 나라 안의 모든 건물은 벽돌로 만들어질 것이다. 모든 건물을 벽돌로 짓는다면 벽돌 값은 기다리지 않아도 저절로 싸질 것이다. 다른 물건도 그러하다. 이것은 위에 있는 사람의 권한에 달려 있는 것이다."

- 박제가, 《북학의》

조선 선비들이 방안에 틀어박혀 고루한 책이나 읽으며 당파 싸움이나 했다고 배운 독자 여러분께서는 지금부터라도 그러한 생각을 싹악! 지우시기 바란다. 필자는 우리 고전을 읽으면서 무릎을 치고 감탄을 하며 눈물을 흘린 적이 한두 번이 아니다. 그분들의 애국심, 애민사상愛民思想, 창의력, 분석력, 비판력은 오늘을 사는 우리가 따를 바가 못 된다. 위에서 살펴본 박제가의 글을 찬찬히 살펴보면 현대 경제학자들의 주장과 다를 바가 없다. 대량생산에 따른 비용 절감, 분업화, 그리고 정부의 수요 유발에 따른 경제적 효과가 두루 나타나고 있으니 말이다.

여하튼 화성 성곽 건설을 기화로 우리나라에서도 벽돌이 본격적으로 생산, 사용되기 시작하였다. 물론 이때 벽돌 굽는 기술도 비약적으로 발전하였고, 적정한 토양을 찾는 노력도 이루어졌다. 그러나 이러한 노력이 결실을 맺는 데는 벽돌을 사용하려는 인간의 의지가 선행되어야 함은 두말할 나위가 없다.

한 가지 병기해두어야 할 내용이 있다. 화성 건설 초기부터 벽돌을 사용키로 하자 처음에는 단순한 기법만이 활용되었지만 시간이 가면서 탁월한 능력을 갖춘 조선의 장인들은 자신들만의 기법을 고안하고 응용하였다. 그리하여 원형, 타원형, 무지개형 등 다양한 형태의 벽돌 구조물이 만들어질 수 있었던 것이다. 이러한 모든 개선이 불과 2년 반에 걸친 화성 건설 과정에서 이루어졌으니, 좋은 지도자를 만나면 탁월한 능력을 발휘하는 우리 겨레의 잠재력이 이때도 실현되었음을 확인할 수 있지 않은가!

12

방언

'교양 없는 사람들이 쓰는 틀린 말'은 없다

필자는 대한민국에 태어난 것을 참으로 감사하게 생각하는 사람 가운데 하나인데, 특히 말과 글 때문에 더욱 그러하다. 우리의 말과 글을 가지고 있다는 것이 그렇게 황홀할 수가 없다.

세계화인지 국제화인지 잘 모르겠지만 여하튼 현대에 들어서면서 수많은 사람들이 영어 공용화니 국제 경쟁력이니 하며 영어 학습의 중요성을 내세우고 있다. 그리고 그런 인간들의 장단에 놀기 좋아하는 치기어린 부모들 가운데는 아이들과 영어로 대화하는 것을 자랑스레 여기기도 하고, 급기야 영어 발음을 더 잘하게 하기 위해 어린아이의 혀 수술을 한다는 뉴스까지 전하고 있다.

이런 사회에서 우리말을 잘한다는 게 뭐 그리 대단한가. 아니, 도대체 스스로 우리말을 못한다고 여기는 사람이 있는지조차 궁금하기는 하지만, 방송이나 실생활에서 우리말로 자신의 의사소통을 하는 데 어려움을 겪는 사람들을 볼 때마다 참으로 안타까운 마음을 금할 수 없다.

왜 그들은 영어 한 줄이라도 말할 때는 머릿속에서 주어＋동사＋목적어의 어순이나, 전치사의 위치가 맞는지, 또는 3인칭 단수인지 복수인지를 고민하면서, 우리말을 할 때는 되지도 않는 문장을 아무렇게나 내뱉는지 도저히 이해할 수가 없다. 전달해야 할 내용도 없으면서 특정 언어를 잘하려고 하는 것은, 소프트웨어는 아무것도 갖추지 않은 채 첨단의 컴퓨터를 소유하려는 것과 같은 우매한 짓임을 그 부모들은 아시는지. 스스로 생각하고 공부하지 않으면 아무리 미국에서 태어나 혀를 굴릴 줄 안다고 해도 국제 경쟁력을 갖출 수 없음을, 슬럼가의 마약 판매상들이 잘 말해주고 있다. 명심할 일이다.

필자가 지금부터 이야기하고자 하는 것은 바로 이 '말', 그중에서도 방언, 즉 사투리에 대한 것이다.

방언方言이란 '지방의 언어'라는 의미다. 그런데 어려서부터, 그러니까 학교에 들어가면서부터 우리는 사투리는 틀린 것, 표준말은 옳은 것이라는 교육을 받아왔다. 그래서 사투리를 쓰면 촌스러운 사람, 못 배운 사람이란 인식이 강하게 느껴진다. 그런데 과연 그런 것인가? 사투리가 없는 우리말을 진정 우리말이라고 할 수 있는가?

우리나라에서 처음 방언이 규정된 것은 일제 치하에서 우리말 존속과 발전을 위해 노력하던 조선어학회가 1933년 제정한 '한글맞춤법통일안'이었다. 이때 한글맞춤법통일안은 표준말을 대체로 "현재 중류사회에서 쓰는 서울말"로 규정했다. 그리고 부분적인 손질을 거쳐 1988년 문교부에서는 다시 '표준어규정'에서 "교양 있는 사람들이 두루 쓰는 현대 서울말"을 표준어로 규정하였다.

아하! 이제 알겠다. 왜 사투리를 쓰는 사람들이 교양 없고 촌스러운 사람으로 인식되는지. 이렇게 언어라는 게 중요하다. 어제까지 모두들 쓰던 말이 오늘 갑자기 교양 없는 사람들이 쓰는 말이 되는 까닭. 그게 바로 언어가 지닌 보이지 않는 힘인 것이다. 그런데 그런 언어를, '있으면 쓰고, 없으면 영어 쓰면 되는' 그런 보잘것없는 수단으로 여길 수 있는가?

각설하고, 이렇게 해서 사투리는 지방마다 다른 언어라는 틀을 벗어나, 쓰면 안 되는 것, 쓰면 교양 없는 인간이 되는 '틀린 말'이 되고 만다.

그렇지만 이는 전적으로 잘못된 것이다. 물론 한 시공간時空間에서 다양한 언어가 사용될 때 언어의 기본 기능인 의사소통에 어려움을 겪을 수 있기에, 공통적으로 사용되는 공식 언어를 선정하는 것은 결코 잘못된 일이 아니다. 하지만 그렇다고 해서 그 밖의 언어가 틀린 것으로 치부되는 것은 더욱 용납할 수 없다. 이는 언어란 것이 시공간에 따라 변화하는 유기체이기 때문에 더욱 그러하다. 즉, 어제까지 사투리였던 것이 오늘에 와서 표준어가 될 수 있는 것이 바로 언어인 것이다.

따라서 표준어를 선정한 후 모든 사투리를 틀린 것으로 간주하여 폐기처분한다면 그만큼 우리의 언어생활은 빈약해질 수밖에 없다. 사전에 얼마나 많은 고국어가 수록되어 있는가가 한 나라, 아니 한 민족과 한 언어의 문화적 깊이를 나타내는 지표 가운데 하나일진대 이렇게 사투리를 폄하해서는 안 될 것이다.

일반적으로 방언은 같은 언어를 사용하는 여러 집단의 사람들 사이에 장벽이 존재하기 때문에 생겨나는데, 이 장벽은 지리적 장벽일 수도 있고 경제적·정치적·사회적 장벽일 수도 있다. 이때 지리적 장벽을 극복하기 위해서 '서울말'을 표준어로 규정하고, 경제적·정치적·사회적 장벽을 극복하기 위해 '교양 있는 사람들이 두루 쓰는' 말을 표준어로 편의상 규정한 것이다. 한편 표준어는 어휘 면에서만 선정되는 것이 아니라 발음과 문법 측면에서도 규정된다. 그 대표적인 것이 아직도 제주도에 남아 있는 'ㆍ'(아래아) 발음이다.

자, 그럼 그렇게 소중하게 가꾸고 지켜야 할 방언에 대해 살펴보기로 하자. 독자 여러분께서 잘 아시는 '멍게'라는 해산물이 있다. 필자는 지금도 멍게라는 썩 좋지 않은 어감의 말 대신 '우렁쉥이'라고 부른다. 그런데 문제는 우렁쉥이 장수들조차 자신들이 무얼 팔고 있는지 모른다는 사실이다. 분명 필자는 표준어를 배운 모범생으로서 표준어로 우렁쉥이를 달라고 하는데, 이 교양 없는 멍게 장수는 딴 곳을 쳐다보고 있는 것 아닌가.

결국 이러한 문제를 해결하기 위해 학계에서는 멍게도 표준어로 선정하기에 이른다. 이렇게 해서 표준어 규정의 주요한 지침 가운데 하나, 즉 사회적으로 우위에 있는 방언을 사람들이 자기도 모르게 따라가게 될 때 자연스럽게 표준어로 형성되는 현상(자연표준화)이 발생하는 것이다.

우리말의 방언은 중부 방언(경기·충남·충북·강원·황해), 서남 방언(전남·전북), 서북 방언(평남·평북), 동남 방언(경남·경북), 동북 방언(함남·함북), 제주도 방언(제주) 등 대체로 여섯 개의 대단위 방언으로 나뉜다. 태어날 때부터 표준어가 구사되는 지역에서 살아오신 분들을 제외한다면, 여러분께서는 어디에 포함되시는지? 그리고 그곳에서 사용하던 방언 가운데 소중하게 여기는 어휘나 발음은 없으신지?

이제 순전히 필자의 관점에서, 사라져가는 것이 아까운 몇 가지 방언을 살펴보기로 하자. 이렇게라도 해야 이 소중한 문화·언어 유산이 국어학자들의 논문 속에서 화석화되기 전에 살아남지 않겠는가?

■ 부추 :

부추를 모르는 분은 없을 것이다. 필자는 부추를 무척 좋아하는데 전(부친개, 부침개, 부침, 부께미, 부치미 등)을 해 먹어도 맛있고 열무김치에 넣어도 그만이다. 그뿐인가, 그냥 부추만 무쳐 먹어도 좋다. 특히 된장을 넣고 비빔밥을 해 먹을 때가 일품이다.

그런데 이 부추라는 식물은 어디서 왔을까? 부추의 원산지는 중국인데, 우리나라에서는 고려시대 무렵에 이미 존재했으니 꽤 오래된 식물이다. 그렇다면 부추란 명칭의 유래는? 필자 생각에는 아무리 봐도 '부초'가 변해서 '부추'가 된 듯싶다. '고초'가 변해서 '고추'가 된 것을 보면 말이다. 그런데 '후추'가 '후초'였다는 기록은 없으니 필자의 생각이 반드시 옳다고 우길 생각은 추호도 없다. 여하튼 식물 가운데 그 맛이 약간 강한 식물들에게 '추'가 붙는다는 사실은 기억할 만하다.

그런데 부추를 보신 적이 있으신 분들에게 문제를 하나 내보겠다. 다음 명칭 가운데 부추라는 식물과 가장 어울리는 명칭은?

① 솔 ② 정구지 ③ 부추 ④ 뽄추 ⑤ 세우리 ⑥ 졸 ⑦ 소불

이중 ③번이라고 답하신 분은 모범생이요, ②번이라고 답하신 분은 경상북도를 중심으로 한 충청북도 일부, 경상남도 일부 출신이실 것이다. 물론 전라북도 무주 지역일 수도 있겠다. 또 충청도 분들이라면 ⑥번을 선택하신 분이 많으실 것이다. 반면에 ①번이라고 답하신 분은 호남 출신이실

것이요, 부추라는 식물의 생김새를 잘 이해하고 있다고 감히 이야기하고 싶다. 꼭 얇은 잎이 길게 늘어진 부추를 보면 솔같이 생기지 않았는가?

사실 필자는 어려서부터 이를 '솔'이라고 불러왔다. 그런데 어느 날부터인가 이것이 '부추'가 되었던 것이다. 여하튼 위에 열거된 모든 명칭이 우리나라에서 통용되고 있는 '부추'의 방언들이라는 사실을 기억하자.

■ 콩나물 :

삼척동자도 다 아는 5천만 국민의 반찬 콩나물에도 방언이 있다는 사실을 아시는지? 아마 대부분의 사람들은 잘 모를 것이다. 우리말 관련 책을 꽤나 많이 읽었다고 자부하는 필자도 최근에야 알게 되었으니까 말이다.

① 콩나물 ② 콩지름 ③ 콩기름 ④ 질금 ⑤ 콩ᄂ물

말 그대로 삼척동자도 사용할 듯싶은 '콩나물'이라는 이름 대신 '콩지름'이라고 하는 생전 처음 듣는 용어를 경상도 전역과 호남 일부 지역에서 사용한다는 사실이 놀랍다. '콩기름'과 '질금'이란 명칭은 경상도 일부 지역과 강원도 일부 지역에서 사용되는데, '콩지름'이 변형된 것인 듯싶다. 그렇다면 ⑤번의 이상야릇한 발음의 콩나물은? 앞서 이야기한 바와 같이 제주도 지역에서 사용되는 발음의 방언이다. 분명 우리는 '콩나물'로 읽겠지만 제주도 분들은 '콩ᄂ물'로 읽을 테니까.

■ 이남박 :

이남박이 도대체 무엇일까? 아하, 쌀을 일 때 쓰는 나무바가지? 요즘은

쌀이 잘 도정되어 나오기 때문에 쌀을 잘 일지 않지만, 예전에는 쌀 속에 섞여 있는 돌이나 모래 같은 것을 걸러내기 위해 쌀을 씻으면서 바가지(혹은 조리) 같은 것으로 쌀을 이는 게 보통이었다. 그러고 보니 요사이는 '일다'라는 단어를 쓸 일이 거의 없어 이 단어를 모르는 사람도 많을 듯싶다.

아무튼 이남박은 '이＋남박'으로 이루어진 단어인데, '남박'은 나무로 만든 바가지란 뜻이고, '이'는 바가지 안이 이[齒]처럼 골이 파였다고 해서 붙은 접두어라고 한다.

① 남박 ② 쌀함박 ③ 함지박 ④ 쌀배기 ⑤ 쌀름박

이 외에도 꽤나 여러 명칭의 방언이 있다. 그런데 특히 눈에 띄는 것이 '함지박'이다. '함지박' 자체로도 하나의 표준어인데, 그때의 함지박은 통나무 속을 파내서 큰 바가지같이 만든 그릇을 일컫는 말이다. 그런데 이 명칭이 어떤 지역에서는 이남박을 가리키는 방언으로 쓰이기도 한단다.

■ 서랍 :

책상에 달려 있으면서 여러 가지 물건을 넣어두는 상자, 즉 '서랍'이란 말에도 방언이 있으리라고는 상상하지 못했던 분이 많으실 것이다. 하지만 필자도 어려서는 이것을 '서랍'이라고 부르지 않았다. 그럼 뭐라고 불렀을까?

① 서랍 ② 설랍 ③ 빼다지 ④ 빼간 ⑤ 빼두리

필자의 답은 ③번이다. 그런데 더욱 놀라운 것은, 방언 지도를 그려보면

'서랍'이라고 하는 지역보다 '빼다지'라고 하는 지역이 훨씬 넓다는 사실이다. 강원도 남부부터 시작해서 영남 지역 대부분, 그리고 호남 지역의 절반 정도를 거쳐 충청도 남부에 이르기까지, 그러고 보니 우리나라 남부 지방 대부분에서는 '빼다지'라고 불렸던 것이다.

'빼다지'는 물론 '빼고 닫는다'는 의미일 것이다. '여닫이〔여다지〕'가 '열고 닫는' 문이고, '미닫이〔미다지〕'가 '밀고 닫는' 문을 가리키는 것처럼 말이다. 또 '빼깐'이나 '빼두리' 역시 '빼다지'와 비슷한 변용형일 테다. 그리고 '설랍'은 제주도에서 쓰는 방언이고. 여하튼 제주도는 우리말의 보물창고가 아닐 수 없다.

■ 가위 :

종이나 천을 자를 때 쓰는 이 기구를 모르시는 분 역시 없을 것이다. 그런데 이처럼 유명하고도 분명한 용어가 사실 표준어라는 제도의 승리자라는 사실은 잘 모르실 것이다.

① 가위 ② 가우 ③ 가새 ④ 가시개 ⑤ 가왜

필자는 어려서 ③번 '가새'라고 불렀는데, 사실 이게 특별히 필자 같은 촌놈만 사용하던 명칭만은 아니었다. 강원도 최북단에서 경기도 동부, 충청도 전역, 전라도 전역, 경상남도 서부, 그리고 제주도에 이르기까지, 우리나라 전역에서 사용하던 명칭이니까 말이다. 만일 투표로 표준어를 선정했다면 가위의 표준어는 '가새'가 되었을 것이다. 경상북도와 경상남도 북서부, 전라남도 동부에서는 '가시개'라고 불렀으니 이것도 '가새'와 사촌쯤 된다

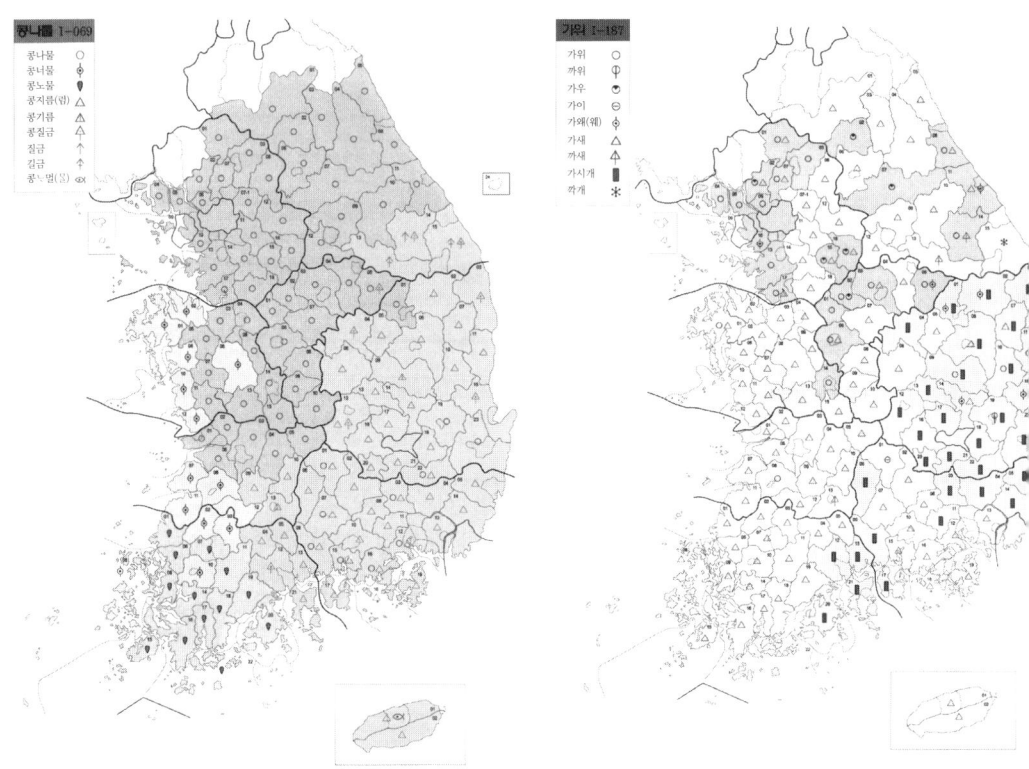

'콩나물'과 '가위'의 언어 지도.
언어 지도(방언 지도)는 방언 조사를 바탕으로 방언의 지리적 분포를 표시한 지도를 말한다. 이 지도를 보면 어떤 방언이 우리나라 어느 지역에서, 얼마나 넓은 지역에서 사용되는지를 한눈에 알 수 있다. (출처: 《한국언어지도》, 이익섭 외, 태학사, 2008)

고 볼 수 있다.

그렇다면 표준어 '가위'는 도대체 어디서 온 것일까? 방언 지도에 따르면 서울을 중심으로 한 경기도의 극히 일부와 충청북도 일부에서 제한적으로 사용하던 명칭이라고 한다. 아, 불쌍한 '가새'!

여기서 잠깐, '방언 지도'라는 것이 무엇인지 잠시 살펴보자. 다른 말로 '언어 지도'라고도 하는데, 방언 조사를 바탕으로 방언의 지리적 분포를 표시한 지도를 가리킨다. 그러니까 방언 지도를 보면 우리나라 어느 지역에서 어떤 방언을 사용하는지, 그리고 어떤 방언이 얼마나 넓은 지역에서 사용되는지 등을 한눈에 알 수 있다.

그 외에도 '냉이'(나생이, 나숭개), '달래'(달랭이, 달룽개, 들마농), '고양이'(괭이, 고냥이, 고냉이), '노을'(놀, 뿔새, 북새), '가을'(갈, 가, 가실, ᄀ슬), '소꿉질'(소꿉장난, 손꿉놀이, 통구바리, 바꼼살이, 방두, 동두깨비, 흑밥, 새감질, 살림살이) 등 너무나 당연하게 여겨왔던 수많은 표준어에도 지역마다 달리 부르는 무수한 우리말이 있다는 사실을 이제는 기억하고, 이 아름다운 말들을 지켜야 할 의무가 우리에게 있음을 깨달았으면 한다.

13

소나무와 참나무

나무의 흥망성쇠

남산 위의 저 소나무 철갑을 두른 듯
바람 소리 불변함은 우리 기상일세

모르면 간첩인 애국가의 2절 첫 부분이다. 소나무를 우리 민족의 꿋꿋함과 절개, 의협심에 비유한 가사인데, 정말 남산 위에는 소나무가 많을까?

"태종 11년(1411) 1월 7일 대장·대부 등을 동원하여 20일 동안 남산 등지에 소나무를 심다. 공조판서 박자청朴子靑을 한경漢京에 보내어 각령의 대장隊長·대부隊副 오백 명씩과 경기京畿의 정부丁夫 삼천 명을 데리고 남산南山과 태평관太平館의 북쪽에 무릇 20일 동안 소나무를 심게 하였다."

《조선왕조실록》 '태조 편'에 나오는 내용이다. 그러니까 남산 위에 소나무가 많은 것이 아니라 많이 심었던 것이다. 장정 4,000명이 20일 동안 나무를 심었다면 남산이 대부분 소나무로 뒤덮였을 것은 불문가지다. 그러니 남산이 소나무 산이 된 것도 당연하다 할 것이다.

그런데 최근 남산에 가보면 소나무 찾기가 쉽지 않다. 왜일까?

우선은 일제강점기의 남벌을 들 수 있다. 잘 알려져 있다시피 소나무에서는 기름이 나온다. 이 기름을 송근유松根油라고 하는데, 이를 군사용으로 쓰기 위해 어린 학생들까지 동원해 채집한 것은 유명하다. 또한 나무를 다루는 데 동양 3국 가운데 가장 익숙했던 일본인들이 질 좋은 우리나라 소나무를 그대로 두었을 리 만무하다.

그러나 무엇보다도 소나무와 정서적으로 끈끈한 유대감을 간직하고 있던 우리 민족의 기상을 꺾는 데는 서울 한복판에 자리한 소나무를 제거하는 방법이 효과적이라고 여겼을 것이다. 피지배 민족의 정신도 말살시키고 좋은 나무도 사용할 수 있으니, 남산 위의 소나무 남벌은 일본 제국주의자들에게는 일석이조였을 것이다.

또 다른 이유로는 재선충材線蟲과 솔잎혹파리 같은 병충해를 들 수 있다. 특히 재선충은 소나무의 에이즈라고 불리는 치명적인 병으로 이 병에 걸리면 치료가 불가능하여, 나무 자체를 제거함으로써 더 이상의 전염을 막는 데 급급할 정도다.

원래 소나무는 자신의 몸 안에 송충이를 극복하는 박테리아를 기르고 있다고 한다. 그래서 웬만한 병균에도 끄덕하지 않는 나무였다. 그런데 대기오염 등의 원인으로 인해 박테리아의 저항력이 약화되면서 외부로부터 침입하는 병균에 저항하지 못하고 무릎을 꿇게 되었다고 한다.

송근유 채유 광경.
일제강점기 때 소나무에 V자 홈을 판 후 송근유를 채유하여 군사용으로 썼다.

그 외에 기상 변화에 따른 활엽수의 범람도 소나무의 번식을 가로막는 장애물이다. 소나무는 씨앗이 땅에 떨어진 후 햇빛을 충분히 받아야 싹을 틔운다. 그런데 잎이 넓은 활엽수 낙엽이 다량으로 떨어짐으로써 소나무 씨앗이 햇빛을 받는 데 큰 장애가 된다. 과거에는 이러한 낙엽을 사람들이 긁어모아 땔감이나 퇴비로 썼으나 최근에는 그런 일을 하지 않는다. 그러다 보니 활엽수의 번성은 전국적인 현상으로 자리 잡고 있고, 번성한 활엽수는 햇빛을 독식함으로써 그 아래 있는 소나무의 생장에 다시 방해가 되는 악순환이 거듭되는 것이다.

연구에 따르면 반세기 전에 우리나라 산의 60퍼센트 정도를 차지하던 소나무가 25년 전에는 40퍼센트, 그리고 최근에는 25퍼센트 정도로 줄어들었다고 한다. 그리고 이런 추세로 간다면 앞으로 약 100년 후에는 한반도에서 소나무 찾기가 힘들 거라고 예측된다. 그럼 애국가 2절도 시대에 맞추어 "남산 위의 저 떡갈나무~"로 변하지 않을까.

이쯤에서 이야기를 다시 앞으로 되돌리자. 그렇다면 조선시대에 조정에서는 왜 남산을 뒤덮을 정도로 소나무 심기에 나선 것일까?

우리 민족의 굳은 절개와 지조를 내세우고 싶은 사람이라면 이렇게 말할 것이다.

"우리 민족은 오래 전부터 소나무를 숭상했지. 소나무는 다른 나무와 달리 뿌리가 깊고 사시사철 늘 푸르며 변치 않는 나무니까. 그래서 굳은 절개와 지조를 갖춘 우리 민족이라면 누구나 소나무를 소중히 여기기 마련이지. 따라서 조정에서 남산에 소나무를 심은 것 또한 당연지사라 할 수 있다네."

이런 의견에도 일리가 없는 것은 아니다.

소나무는 잎이 없다. 아, 있기는 하지만 잎이라고 하기에는 무리가 있을 정도인 것이 바로 소나무의 잎이다. 그래서 소나무와 같은 나무를 침엽수針葉樹(바늘 침, 잎 엽, 나무 수), 즉 '바늘과 같은 잎을 가진 나무'라고 하지 않던가. 반면에 활엽수闊葉樹(넓을 활, 잎 엽, 나무 수)에 속하는 여러 나무들은 잎이 넓다.

침엽수는 잘 알려져 있다시피 광합성 작용을 할 때 수분을 적게 사용하기 위해 잎의 면적을 줄인 것이다. 반면에 활엽수는 충분한 수분을 확보할 수 있는 곳에서 자라는 나무다. 그래서 두 나무의 큰 차이 가운데 하나가 뿌리의 깊이다. 침엽수는 물이 부족한 곳에서도 생존할 수 있도록 뿌리를 깊이 내리는 것이 보통이다. 반면에 활엽수는 물이 충분한 곳에 뿌리를 내리기 때문에 뿌리 깊이가 침엽수에 비해 얕다. 그래서 소나무는 뿌리 깊은 나무다.

사시사철 푸른 것도 선비의 변치 않는 절개와 딱 맞는데, 게다가 뿌리까지 깊어 흔들리지 않는다니! 그래서 소나무는 대나무, 매화와 함께 추운 겨울에도 변치 않는 모습을 지녔다 해서 '세한삼우歲寒三友'(추운 계절의 세 가지 벗)라고 일컬어져왔다. 특히 소나무는 대나무나 매화와는 달리 뿌리가 깊어 다른 곳에 옮겨심기가 무척 어려운 나무다. 그래서 성삼문은 이렇게 노래하

한국인이라면 모르는 사람이 없을 만큼 유명한 추사 김정희의 〈세한도歲寒圖〉.
〈세한도〉에 등장하는 나무는 두 가지인데 하나는 소나무요, 다른 하나는 잣나무다. 두 나무 모두 영원히 변치 않는 상록수로서 선비의 기개와 절개를 나타낸다.

지 않았던가.

이 몸이 죽어가서 무엇이 될고 하니
봉래산 제일봉에 낙락장송 되었다가
백설이 만건곤할 제 독야청청하리라.

무슨 말인가! 낙락장송, 즉 한 임금 외에는 섬길 수 없노라는 다짐을 노래한 것이다. 물론 독야청청도 홀로 푸르게 남겠다는 의미이니 그 또한 당연히 소나무의 절개를 나타내는 의미일 것이다.

그러나 실질적인 이득이 없이 추상적인 상징만으로 남산에 가득 소나무를 심을 수는 없는 노릇 아닐까? 그 외에 뭔가 있지 않을까? 맞다. 있다.

　소나무는 목재로서 품질이 매우 좋다. 특히 우리나라 소나무는 목재로 탁월한 것으로 정평이 나 있다. 그런 까닭에 건축 자재나 기물용 재료 가운데 나무를 가장 좋아하는 일본인들이 왜 조선시대에도 툭하면 우리 땅에 들어와 소나무를 베어갔겠는가. 그들이 노린 것은 늘 우리 소나무였다. 하기야 다른 나무는 일본에도 충분했을 테니까.

　그렇다면 남산의 소나무는 실질적으로 어떤 의미를 지니고 있을까? 소나무는 단단하여 휘거나 갈라지지도 않는다. 게다가 벌레에도 강하다. 그래서 궁궐이나 사찰 같은 소중한 건축물을 지을 때 사용되었다. 특히 궁궐을 지을 때는 소나무 외에는 사용하지 않았다고 한다.

　자, 이제 남산에 소나무를 가득 심은 까닭을 아시겠는지? 궁궐을 지을 때 반드시 필요한 건축 자재 조달처가 바로 남산이었던 셈이다. 2005년 산불로 전소된 강릉 낙산사를 새롭게 지을 때 사용한 것도 바로 소나무였으니 소나무는 우리 겨레에게 정신과 물질을 두루 제공해온 참된 보물이라고 하겠다.

　소나무를 살펴보았으니 참나무를 살펴보지 않을 수 없다. 사실 이름만으로 놓고 보면 소나무보다 참나무가 훨씬 참되게 보인다. 참나무. 진짜 나무. 진정한 나무라니 얼마나 멋진 이름인가. 우리나라에서 '참'이란 접두사가 들어가서 별볼일없는 것은 하나도 없다. 참인간, 참기름, 참사랑, 참빗, 참깨, 참살이, 참외……. 그러니 참나무도 분명 인간에게 해가 되기는커녕 참된 이익을 줄 것이다.

　그런데 이게 만만치 않다. 사실 참나무란 나무는 세상에 없다. 산에 가서 참나무를 찾아보라. 없다. 그럼 도대체 참나무란 무어길래 막상 찾아보면 없을까?

참나무는 참나무과 참나무속에 속하는 낙엽 또는 상록 교목을 통틀어 가리키는 명칭이다. 그러니까 참나무는 한 무리의 나무 종류를 총칭하는 학명인 셈이다. 따라서 우리가 산에서 보는 참나무는 모두 제 이름을 가지고 있는데 신갈나무, 떡갈나무, 갈참나무, 졸참나무, 상수리나무, 굴참나무, 가시나무 등이 두루 참나무과에 속한다. 그러고 보니 참나무는 우리 산에서 가장 흔한 나무들인 셈이다.

그렇다면 왜 참나무란 표현을 쓴 것일까? 소나무에도 붙여주지 않은 '참'이란 접두사까지 붙여가면서 말이다.

그건 참나무과에 속하는 신갈나무의 학명을 살펴보면 알 수 있다. 신갈나무의 학명은 *Quercus mongolica*인데, 앞의 *Quercus*는 '좋은 목재'라는 뜻, 뒤의 *mongolica*는 '몽골 지방에서 자란다'는 뜻이니까, '몽골 지방에서 자라는 좋은 목재'가 신갈나무인 셈이다. 즉, 참나무과에 속하는 나무들은 좋은 목재감이 되고, 따라서 진짜 목재란 의미에서 참나무란 명칭이 붙은 것이다.

그런데 이렇게 참된 나무인 참나무과에 속한 나무들이 우리나라에서는 최근 푸대접을 받고 있다. 그 이유는 단 한 가지. 소나무의 생장을 방해하고 서식지를 잠식해가고 있기 때문이다. 앞서 살펴본 바 있듯이 서울 한복판의 소나무 숲도 참나무과에 속한 나무들에게 점차 밀려나는 형편이니 그럴 만도 하겠다. 게다가 어차피 우리나라에서는 필요한 목재를 대부분 수입해서 사용하고 있기 때문에, 역사적 의미를 간직한 한옥을 짓는 데 필요한 소나무 외에 다른 나무의 목재적 가치에 대해서는 별로 의미 부여를 하지 않고 있으니, 소나무 서식 환경을 방해하는 참나무과 식물들에 대해 반감을 갖는 것도 어찌 보면 당연하다 하겠다.

그러나 어쩌랴. 지구온난화를 비롯한 환경 변화로 인해 앞으로 갈수록 소나무의 자리를 참나무과 나무들이 대신할 터인데. 운명이려니 하고 받아들여야 하지 않을까.

참나무과에 속한 나무들의 특징 가운데 대표적인 것으로는 도토리라고 불리는 참나무과 나무들의 열매를 들 수 있다. 도토리 가운데 가장 큰 것은 역시 밤이다. 밤나무도 참나무과에 속하니까 도토리류라고 할 수 있기 때문이다.

암사동 선사시대 주거지에서 출토된 탄화된 도토리. 선사시대 사람들도 도토리를 그대로 먹은 게 아니라 우리처럼 갈아서 물에 담가 타닌 성분을 제거한 후 먹은 것으로 보인다. 왜냐하면 갈판과 갈돌이 함께 출토되었기 때문이다.

도토리는 잘 알다시피 열매다. 그러니까 자신의 자손을 퍼뜨리기 위해 세상에 내놓는 것이다. 그런데 도토리는 그 자체가 열매이자 떡잎이기도 하다. 열매 속에 떡잎으로 성장하기에 필요한 자양분이 포함되어 있기 때문이다. 그래서 떡잎이 험한 세상에 나와 뿌리를 내릴 필요 없이 도토리 안에서 떡잎까지 자란 후에 세상에는 엄연한 나무로 나타나는 것이다. 이야말로 생존 확률을 높이는 방식인 것이다.

그런데 도토리를 노리는 적은 사방에 너무도 많다. 인간들은 오래 전부터 도토리를 식용으로 사용해왔다. 특히 구황식물로도 사용해왔으니 인간이야말로 도토리의 오랜 천적이라 할 만하다. 이런 사례는 1974년 서울 암사동에서 이루어진 기원전 5000년대의 것으로 보이는 신석기시대 주거지 발굴에서도 확인되었는데, 이 주거지에서 탄화된 도토리알 20톨이 발견되었던 것이다. 그러니 그 무렵 신석기인들은 도토리를 식용으로 사용했음이 분명하다.

그러나 사람뿐이랴. 다람쥐부터 온갖 야생동물에 이르기까지 도토리는 산을 무대로 살아가는 수많은 동물의 먹잇감이다. 이런 사실을 참나무가 모를 리 있으리오. 그래서 탄생한 방법이 열매 생산량 조절법이다.

> "신갈나무는 열매 생산량을 전략적으로 조절한다. 짐승의 새끼 수가 적은 해에 맞추어 생산량을 늘리고 새끼 수가 많은 해에 생산량을 줄인다. 열매의 생산이 많으면 다람쥐는 많은 새끼를 낳을 것이다. 다음해에 열매의 생산이 줄어들면 새끼들 간에 먹이경쟁이 일어나고 많은 수의 새끼들이 굶어 죽을 것이다. 새끼 수가 적당한 수준으로 줄어들면 열매 생산량을 늘린다."
> – 차윤정·전승훈, 《신갈나무 투쟁기》

대단하지 않은가? 지구상에 존재하는 모든 생명체 가운데 그 어떤 것도 신비롭지 않은 것이 없지만, 그들의 생존 방법을 자세히 들여다볼 때마다 그 경이로움은 우리의 상상을 뛰어넘는다. 여하튼 산속에서 동물과 식물이 단기간 내에는 투쟁하지만 장기적으로는 공존의 지혜를 터득한다는 사실을 위의 사례로부터도 확인할 수 있다.

한편 앞서 살펴본 소나무가 그 어떤 나무보다도 절개가 굳고 당당하다는 사실은 우리 모두 알고 있다. 그런데 소나무가 다른 나무와의 공존을 쉽게 허락하지 않는다는 사실은 잘 모르는 듯하다. 소나무의 가시 같은 잎 속에는 독한 물질들이 포함되어 있어 독성을 띤다. 그래서 다른 식물이나 작은 동물들도 소나무를 피한다. 이것이 소나무를 오랜 기간 고고한 자태를 뽐내게 한 원동력이기도 할 것이다. 감히 다른 자들의 접근을 허락지 않는 것 말이다. 그러나 날이 갈수록 소나무의 서식 환경은 악화되었고, 그 자리를 비집고 들어온 참나무과의 활엽수들로 인해 소나무는 기하급수적인 감소 사태를 맞게 된 것이다.

    그 대표적인 것이 아마도 6·25전쟁과 같은 급격한 변화일 것이다. 전 국토가 황폐화된 시점에 새롭게 형성된 숲에서 소나무가 자리 잡기란 쉽지 않았을 것이다. 그래서 그 자리를 참나무과의 활엽수들이 대신하였고 그 결과 우리나라에서 소나무의 분포 면적은 갈수록 축소되고 있는데, 머지않아 참나무에 그 자리를 내줄 것이다. 다행인 것은 참나무과가 중심이 되는 숲에서는 소나무 중심의 숲에 비해 식물의 다양성이 가능하다는 점이다.

    아, 덧붙일 말이 있다. 앞서도 언급했지만 참나무란 명칭은 '진짜 나무', '좋은 나무'에서 비롯된 것이니, 참나무가 좋은 목재감인 것은 분명하다. 그래서 건축재나 가구, 숯, 표고버섯 재배용 목재 등 그 쓰임새가 다양하다. 게다가 열매는 인간과 숲에 사는 동물 모두에게 유용하니, 소나무 전체를 몰아내지만 않는다면 신갈나무니 상수리나무, 떡갈나무가 우리 산 곳곳에 숲을 이루는 것이 뭐 그리 안타까운 일이랴.

14

도명

지명의 유래에 대하여

지도는 묘한 매력을 지니고 있다. 종이 한 장에 불과한데도 펼쳐놓고 보고 있으면 세상이 한눈에 들어온다. 그뿐이랴, 평생 한 번도 가보지 못한 곳들인데도 발길이 곧 닿을 거라는 착각에 빠지곤 한다. 그래서 지도를 가까이 하는 아이들치고 공부 못하는 아이들이 별로 없다는 속설이 존재하는지도 모른다. 지도를 보다 보면 상상력도 커지고 학교에서 공부한 온갖 지식들이 그 속에서 되살아나기 때문이 아닐까. 되살아난 지식은 체화되어 결코 잊히지 않는 나만의 지식이 될 테니까 말이다. 그러니 지금 당장 집안에 우리나라 지도와 세계 지도를 붙여놓을 일이다. 지구본은 한눈에 보기가 힘드니 지도가 좋을 듯하다.

그렇다면 우리는 우리 땅에 대해 얼마나 알고 있을까? 필자는 오래 전부터 전국 방방곡곡의 지명을 거의 다 기억하고 있었다. 뭐, 잘난 체할 의도는 없다. 다만 국회의원 선거 방송을 열심히 듣다 보면 전국의 지명에 익숙해지는 것뿐이니까. 청도군이 경북이고 삼척시가 강원도며, 홍성군이 충청남도요, 제천시는 충청북도라는 것은 자동으로 머릿속에 떠오른다.

그런데 이 당연한(왜 당연하다고 여기느냐면, 우리나라 특히 남한 면적은 중국의 1퍼센트, 일본의 4분의 1 정도에 불과하고, 베트남의 3분의 1에도 미치지 못하며 태국의 5분의 1도 안 된다. 하다못해 나라 이름을 아는 이도 별로 없을 남아메리카의 볼리비아라는 나라에 비해서도 10퍼센트도 안 된다. 그렇게 좁은 나라에 살면서 우리 땅에 속한 지명, 그것도 읍이나 동이 아니라 시나 군처럼 넓은 행정구역이 어디에 속해 있는지를 아는 것이 뭐 그리 대단한가 말이다) 지식도 갖추지 못한 사람이 너무 많다는 사실에 필자는 아연실색하는 경우가 참 많았다. 특히 전라북도 남원을 전라남도 남원으로 표기하는 TV 방송 자막을 보면 짜증을 넘어 분노가 일었다.

그런 까닭에 이 항목을 마련했다. 강원도니 전라도니 경상도니 하는 명칭이 어디서 비롯되었는지 정도는 알고 있어야 하지 않겠는가. 물론 이미 알고 계신 독자가 더 많으시겠지만, 미처 모르셨던 분들을 위해 잠시 지면을 양보해주시리라 믿는다.

다음의 지도는 고려시대의 한반도 지도다. 따라서 오늘날 우리가 알고 있는 도명道名과는 사뭇 다르다. 그러나 오늘날의 지명이 어떻게 유래하였는지 살펴보기 위해서는 이 정도는 알아야 한다. 왜? 행정구역 제도로서 도제道制가 처음 시작된 때가 바로 고려시대이기 때문이다. 그러니까 고려시대에 처음으로 'ㅇㅇ도'라는 명칭이 생겨난 것이다. 그러므로 고려시대 지도와 지명을 아는 것이 우리나라 도명을 이해하는 첫걸음이 된다.

초기 고려의 도제는 10도로 이루어져 있었다. 그러나 995년(성종 14)에 처음 제정된 관내도關內道, 중원도中原道, 하남도河南道, 강남도江南道, 영남도嶺南道, 영동도嶺東道, 산남도山南道, 해양도海陽道, 삭방도朔方道, 패서도浿西道의 10

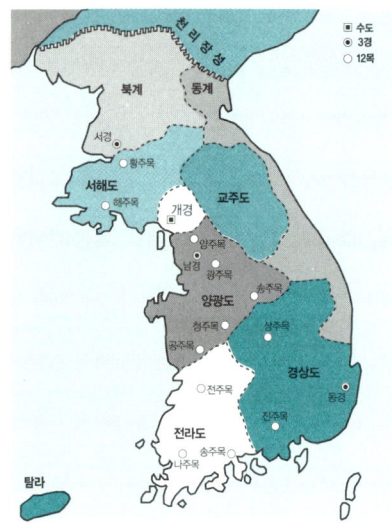

12세기 초 고려시대의 한반도 행정구역.
행정구역 제도로서 도제道制가 처음 시작된 때는 고려시대인데, 초기의 10도에서 5도제로 변화되었다.

도는 중국 당나라가 채택했던 10도를 그대로 따른 것으로, 행정 단위로서의 의미는 없었다고 볼 수 있다. 따라서 이때 채택된 명칭 또한 역사서에 등장하는 경우는 거의 없다.

그 후에도 도제는 여러 방식으로 변화하였지만 대표적인 것이 12세기 초에 형성된 것으로 추정되는 5도제라고 할 수 있다. 이때의 도명은 양광도楊廣道, 경상도慶尙道, 전라도全羅道, 교주도交州道, 서해도西海道인데, 이 무렵부터 우리 귀에 익숙한 도명이 등장하기 시작한다.

그렇다면 이때의 도명은 어떻게 형성되었을까?

경상도는 동경東京, 즉 동쪽 서울인 경주慶州의 '경慶'과 상주尙州의 '상尙'을 따와 만든 명칭이다. 지금은 대구와 부산이 경상도를 대표하는 지역이지만 고려시대에는 경주와 상주가 경상도를 대표하는 지역이었다는 사실, 기억할 일이다.

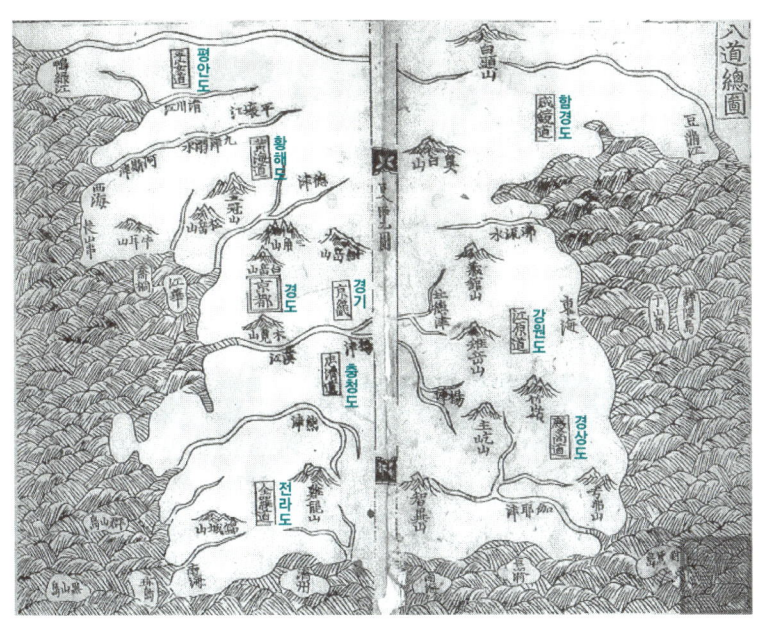

조선시대에 작성된 팔도 지도.
서울을 경도京都, 즉 서울도읍이라 표기한 것이 눈길을 끈다. 그 외에는 평안도, 함경도, 황해도, 강원도, 경기, 충청도, 경상도, 전라도 등 오늘날 우리가 사용하는 도명을 그대로 사용하고 있음을 알 수 있다.

전라도는 전주全州의 '전全'과 나주羅州의 '나羅'를 따와 만든 명칭이다. 따라서 호남을 대표하는 지역도 지금과는 달리 전주와 나주였다는 사실을 기억해두면 좋을 것이다.

두 지역과는 달리 나머지 세 도명은 오늘날 사용하지 않는 명칭이다. 자, 그것들을 살펴보자.

우선 양광도楊廣道는 초기에는 양광충청주도라고 불리다가 후에 양광도로 정리되었다. 앞의 지도에서 볼 수 있듯이 양광도는 오늘날의 경기도와 충청도를 아우르는 넓은 지역이었다. 그래서 경기도의 주요 지역인 양주楊州에서 '양楊'을 따고 광주廣州(경기도 광주를 가리킨다)에서 '광廣'을 따왔으며, 충주忠州에서 '충忠'을, 청주淸州에서 '청淸'을 따서 양광충청주도라고 부른 것이다. 그리고 이 명칭이 시간이 지나면서 앞의 양광도로 간략화된 것이다.

그러나 조선시대에 들어서 한양이 도읍지로 결정되면서 양광도는 다른 도명과는 달리 도읍지의 관할 지역이라는 의미에서 경기도京畿道라는 명칭을 갖게 되었다.

다음으로 서해도西海道는 그 명칭이 우여곡절을 많이 겪은 곳인데, 처음에는 고려의 도읍인 개경 주변이라고 하여 관내도關內道라 불렸다가 후에 서쪽 바다에 인접해 있다고 해서 서해도라고 불렀다. 그러나 조선시대에 들어서면서 서해에 인접한 풍천豊川과 해주海州에서 한 글자씩을 따와 풍해도豊海道라고 불렀다. 그러나 이후 다시 여러 지역을 통합하면서 동쪽의 황주黃州와 해주海州에서 한 글자씩을 따와 다시 황해도黃海道라고 부르게 되었다. 오늘날 북한에서는 황해도를 황해북도와 황해남도로 나누어 부르고 있다.

마지막으로 교주도交州道는 오늘날의 강원도에 해당하는데, 고려시대에는 교주강릉도交州江陵道라고 불렀다. 그 후 고려 말엽에 들어서면서 강릉도江陵道라고 불렀는데, 이는 영서 지방 대부분을 경기도로 이관시켰기 때문이었다. 그러나 조선시대에 들어서면서 다시 영동 지방의 대표 도시인 강릉江陵과 영서 지방의 대표적인 도시인 원주原州에서 한 글자씩을 따서 강원도江原道라고 부르기 시작하였다.

자, 이제 우리나라의 행정구역 명칭 가운데 가장 광역인 도명을 살펴보았으니 다음은 하부 행정구역에 관심을 가질 차례다. 그러나 이에 대해 살펴보다가는 이 책이 지리책이 될 것이기에 필자의 역할은 여기서 마치기로 한다. 물론 세부 지명을 살펴보는 것은 여러분의 몫이다.

15

표준시

시간을 둘러싼 세계

특별한 문제 제기를 하지 않아도 아무런 문제가 없는 것들이 있는데, 시간도 그 가운데 하나다. 새벽 여섯 시가 갑자기 일곱 시가 되지 않는 한 살아가는 데 아무런 차이도 불편도 없다. 그런데 이렇게 아무런 문제도 없던 것들이 어느 날 갑자기 문제가 되는 경우가 있다. 그리고 문제를 인식하는 경우 "이건 상당히 심각한데"라고 느끼게 되기도 한다. 으흠, 모르고 있을 때는 아무 불편도 없던 존재인데 알고 나면 갑자기 심각해지는 것, 그게 바로 시간이다.

우리가 오늘날 쓰고 있는 시각이란 것은 GMT, 즉 그리니치 표준시(Greenwich Mean Time)이다. 사실 지구는 둥글기 때문에 어느 지역을 동경 0도로 하여 기준선으로 하느냐는 지구상에서 살아가는, 그것도 시간에 얽매여 살아가는 사람들끼리 약속을 하면 되는 것이다. 시간에 얽매이지 않고 살아가는 파푸아뉴기니의 원주민들에게는 시간을 비롯해 의미 없는 것들이 무수히 많다. 행복한 사람들이여!

그러나 우리는 시간에 얽매여 살아가기 때문에 '표준시標準時'라는 게 무척 중요하다. 특히 오늘날처럼 세계가 하루 생활권으로 좁혀지고 더욱이 다양한 이유로 인해 세계인들과 교류를 하는 시대에는 각 나라의 시각을 아는 것은 필수적인 사항이 되었다. 대한민국의 채무자가 열심히 활동하는 오후 4시에 미국 뉴욕에 있는 채권자에게 상환 연기를 요청하는 전화를 하는 것은 미친 짓이다. 새벽 2시에 잠자다가 일어나 돈을 못 갚겠다는 전화를 받고도 잠 푹 잘 사람은 세상 천지에 없을 테니까 말이다.

이처럼 여러 가지 이유로 과거에는 공항 또는 극히 일부 회사에서나 보았던, 뉴욕 시각을 나타내는 시계, 런던 시각을 나타내는 시계, 북경 시각을 나타내는 시계는 이제 대부분의 장소에서 볼 수 있게 되었다. 아니, 보아야만 한다. 그래야 시간에 쫓기면서 살아가는 현대인으로서의 자격이 있는 셈이다.

그렇다면 오늘날 세계인들이 사용하는 그리니치 표준시는 어떻게 결정되었을까?

1884년 이전까지 세계인들은 나름대로 자신들만의 표준시와 자오선을 사용하였다. 그러니까 영국의 한 시민인 제임스 스튜어트는 영국 그리니치 지역을 지나가는 자오선을 경도 0도로 설정한 후 새벽 0시로 결정한 것이다. 반면에 프랑스의 노숙자 장 푸르니에는 파리를 경유하는 자오선을 경도 0도로 설정하고 마찬가지로 새벽 0시로 정하였다. 그러다 보니 세계 각국은 각기 자신들의 시계가 맞다고 주장하기에 이른 것이다. 물론 서로 교류가 없을 때에는 그런 것이 하등 문제될 게 없다. 그러나 서로 교류가 시작되면 모두가 받아들이는 표준시가 필요한 것은 불문가지의 사실이다.

그래서 1884년 미국 워싱턴에서 처음으로 국제 자오선 회의가 열렸다. 그리고 그곳에서 세계에서 자존심이 가장 센 나라인 프랑스와, 해가 지지 않는 나라라는 별칭으로 막강한 정치·경제적 영향력을 행사하던 영국이 맞부딪혔다. 사실 어느 나라 시각을 세계 기준으로 하느냐 하는 문제는 어느 나라도 양보하기 어려운 문제였으리라. 다행스러운 것은 훗날처럼 자본주의 진영과 사회주의 진영으로 나뉘기 전에 이 문제가 부각된 것이다. 만일 두 진영이 맞부딪혔다면 어떤 방식으로도 해결되지 않고, 아마도 지구상에 두 가지 표준시가 성립되고야 말았을 것이니까.

그러나 프랑스와 영국도 만만치 않았다. 많은 나라들이 그 무렵 세계 선박의 70퍼센트 이상이 사용하던 그리니치 자오선을 표준시로 삼을 것을 합의했으나 프랑스는 끝까지 반대하였다. 결국 이 문제는 표결에 부쳐져 그리니치 본초자오선이 채택되었다. 그리고 이로써 세계의 표준시가 결정된 것이다.

그리니치가 동경 0도, 즉 본초자오선이 지나가는 지역으로 결정되자 경도 15도마다 1시간씩 변화하는 원칙도 정해졌다. 그래서 그리니치 동부 지역은 경도 15도마다 한 시간씩 앞서게 되었고, 서부 지역은 한 시간씩 뒤지게 된 것이다. 우리나라가 영국에 비해 9시간 앞선 시계를 갖게 된 것이 바로 이 합의 때문인 셈이다.

그렇지만 이렇게 결정된 합의에 프랑스는 따르기를 거부하였고, 합의한 지 20년도 더 지난 1911년에서야 파리 본초자오선을 포기하고 세계 표준시를 수용하였다. 대단한 프랑스다. 하기야 1880년대만 해도 세계에 본초자오선이 10개가 넘었으니 프랑스가 영국의 본초자오선을 받아들이지 않은 것도 비난만 할 일은 아닌 듯 보이기도 한다.

"그렇지만 알랭, 처음부터 합의를 하지 않았다면 모르지만 합의한 이상은 받아들여야지. 아무리 자존심이 상한다 해도 말이야. 당신들보다 훨씬 자존심 상하고도 묵묵히 견디는 나라도 있다고."

그렇다. 그 나라가 어디냐고? 대한민국이다.

많은 독자 여러분께서는 이 문제 제기가 낯설게 느껴지실 것이다.

"아니, 언제 우리가 현재 사용하는 시각에 문제가 있었나요?"

그렇다! 그 과정을 살펴보면 다음과 같다.

- 조선시대 : 해시계를 이용해 시각을 설정. 따라서 이는 본래 시각을 결정하는 요소. 즉 태양이 자오선을 지나는 기준에 따른 과학적 표준시라고 할 수 있음. 즉, 한양의 남중시각을 조선 전체의 남중시각으로 결정하였음.
- 이후 조선시대 말기에 이르러 서양식의 표준시 개념이 도입되면서 동경 120도를 표준시로 설정하였음. 이는 한양(동경 127.5도)과 가장 가까운 표준시가 동경 120도이자 그 무렵 조선과 심리적으로 가장 가까운 나라인 중국의 표준시를 수용한 것으로 보임.
- 1908년 4월 1일 : 동경 127.5도를 기준으로 UTC(1972년부터 사용하기 시작한 협정세계시. GMT에 좀 더 정밀한 진동 시간 개념을 도입한 것)+8:30 시간대를 사용함으로써 조선의 독자적인 표준시 사용 시작. 따라서 우리나라의 시각이 런던에 비해 9시간이 아닌 8시간 30분 빠르게 설정됨.
- 1910년 4월 1일 : 일본과의 협조를 위해 동경 135도를 기준으로 UTC+9로 변경 사용.
- 1912년 1월 1일 : 동경 135도 UTC+9. 조선총독부 관보에 의한 것으로 한일강제병합에 의한 강제적인 조치로 판단됨.

- 1954년 3월 21일 : 동경 127.5도 UTC+8:30로 환원. 이로써 잃어버린 우리나라의 독자적인 표준시를 되찾음.
- 1961년 8월 10일 : 다시 동경 135도 UTC+9로 재변경. 이렇게 된 데 대해서는 여러 의견이 있음. 우선 한반도에 대한 군사작전권을 보유하고 있던 미국이 유사시 군사작전을 위해서는 오키나와, 즉 일본에 주둔한 미군과 같은 시각 기준을 사용해야 하기 때문에 환원을 요청했다고 하는 의견. 또 쿠데타로 집권한 박정희가 일본과 한일회담, 즉 일본으로부터 국교 정상화를 대가로 보상금을 받기 위한 회담을 추진하면서 한일 간 적대감을 불식시키고 공동의 목적(정치·경제 분야에서)을 향해 나아가기 위한 상징적, 실질적 행위로 추진했다는 의견 등이 있음.

이렇게 해서 현재까지 우리나라는 일본의 동경 135도 기준 표준시를 사용하게 된 것이다.

사실 과학적으로는 우리의 표준시는 UTC+8시간 30분이 되어야 한다. 그래야 정오에 해가 남중에 온다. 그러나 지금 우리가 사용하는 동경 표준시는 우리의 과학적 표준시에 비해 30분 빠르기 때문에 12시 30분이 되어야 해가 하늘 한가운데 오는 셈이다.

"그렇다면 당연히 우리나라의 표준시를 바꾸어야 하는 게 아닌가?"

이렇게 생각하는 분들이 계실 것이다. 그러나 세계는 일반적으로 한 시간 간격으로 표준시를 설정한다. 그러니까 UTC를 기준으로 30분 단위는 잘 설정하지 않는다는 말이다.

그러나 또 알고 보면 실상은 그렇지도 않다. 호주 동부 지방, 베네수엘라, 이란, 아프가니스탄, 인도 등이 30분 간격의 표준시를 사용하며, 네팔은 45분 간격의 표준시를 사용하고 있다. 그리고 이러한 현상이 발생한 데에는

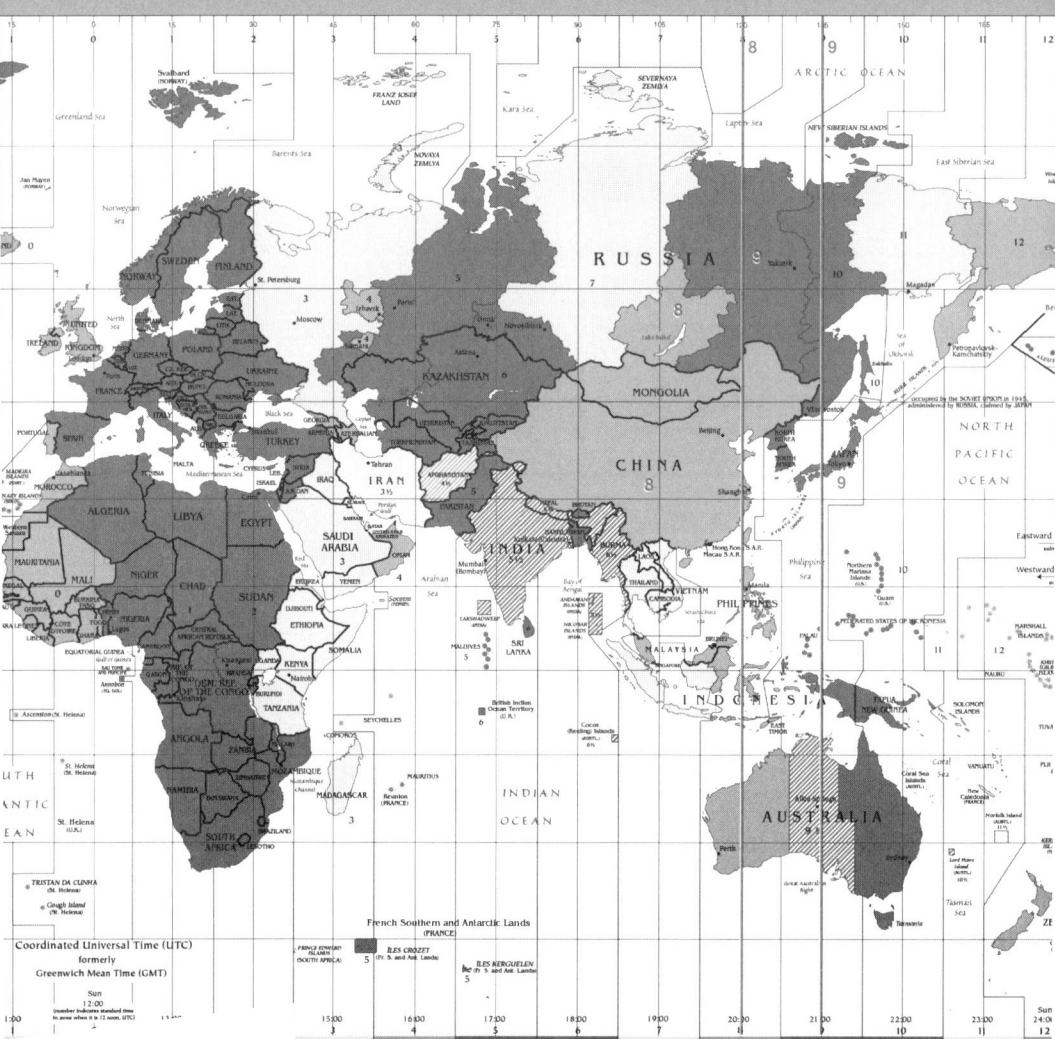

대부분 정치적인 이유가 개입되어 있다. 그 대표적인 나라가 베네수엘라인데, 베네수엘라는 반미주의자인 우고 차베스 대통령이 집권한 후 미국 동부 표준시와 같은 시각을 사용하지 않겠다는 의지의 표현으로 표준시를 변경하였다.

사실 우리나라의 표준시 변경 과정도 어쩔 수 없이 정치색을 띠고 있다. 30분 간격으로 바꾼 것도 정치적이요, 한 시간 간격으로 바꾼 것도 정치적인 것이다. 어차피 어떤 기준을 도입하더라도 정치적인 고려는 피할 수 없다. 그렇다면 미래에 우리에게 더욱 중요한 나라가 될 것이며 우리나라와 전통적인 유대관계를 갖고 있고 나아가 지리적으로도 가까운 중국의 표준시인 동경 120도를 사용하는 것이 동경 135도의 일본 표준시를 사용하는 것보다 낫지 않을까.

사실 대한민국의 수도 서울은 동경 127도이고, 북한의 수도 평양은 동경 125도 45분이다. 그러니까 한반도에 자리한 두 나라의 수도는 모두 동경 120도에 더 가까운 것이다.

16

달력

문명과 역법, 그리고 세종의 달력

역법曆法, 즉 쉽게 말해서 달력은 인류가 살아가는 데 없어서는 안 될 문명이었다. 그런 까닭에 인류 문명의 시원始原으로 일컬어지는 4대 문명권 모두 독자적인 역법을 가지고 있었다. 물론 그 후에 태동한 대부분의 문명 또한 자신들만의 역법을 창안하였다.

역법이 이렇게 문명의 기본이 된 데는 그만한 이유가 있었을 것이다. 우선 하루의 시작과 끝을 알아야 삶을 영위해 나갈 수 있었을 것이다. 정확한 시각은 몰라도 상관없었겠지만 하루의 시작과 끝은 알아야 인간의 본능인 수면과 식사 등이 규칙적으로 이루어질 수 있지 않았을까?

또 하늘의 움직임을 아는 것은 하루의 움직임과 더불어 계절의 변화, 한 해의 시작과 끝을 알게 됨으로써 자연에 대한 무지에서 벗어나는 첫걸음이 되었을 것이다. 자연에 대한 무지에서 벗어나는 것은 당연히 인간이 자신을 감싸고 있는 두려움에서 벗어나는 출발점이었을 것이고. 사실 지구상에 처음 탄생한 인간은 하늘에 빛나던 태양이 사라지고 어두운 밤이 오는 것마저 두려움의 대상이었을 것이다. 그러나 관찰을 통해 밤이 규칙적으로 나타난다는 사실을 깨닫고 나면 암흑에 대한 두려움은 가셨을 것이다.

한편으로 농사를 짓게 되면서 계절의 변화를 아는 것은 필수적인 문명의 조건이 되었을 것이다. 그리고 이러한 지식을 형성하기 위해 애쓴 끝에 발견한 것이 바로 역법이었다.

이렇게 역법은 단순히 날짜의 변화와 연도의 변화를 넘어 인간이 지구상에 뿌리내리고 살아가는 데 필요불가결한 문명이었던 것이다. 역법이 문명의 발상지에서 그 어떤 문명 요소보다도 우선해 탄생한 데는 이러한 배경이 있었다.

그렇다면 우리나라에서는 어떤 역법을 사용했을까?

현재 전하는 바에 따르면 우리 민족이 만든 독자적인 역법은 전해오고 있지 않다. 아마 중국이라는 문명권에 이웃해 있었기에 우리만의 독자적인 역법을 만들 필요성이 없었기 때문이었을 것이다.

기록에 따르면 고구려에서는 당나라에서 사용하던 역법을 사용하였고, 신라에서도 당나라의 역법을 사용한 것으로 알려져 있다. 또 백제에서는 송나라의 역법을 사용하였다고 전해온다. 물론 당나라에서 사용하던 역법이 한 가지였던 것은 아니다. 고대에 사용하던 역법은 완전한 것이 아니었으므로 시간이 흐르면서 문제점이 노출되곤 하였다. 그에 따라 또다시 역법을 고쳐야 했기 때문에 당나라만 하더라도 무인력戊寅曆, 인덕력麟德曆, 선명력宣明曆 등을 이어서 사용한 것으로 알려져 있다.

한편 당나라의 역법 가운데 가장 후대에 만들어진 선명력은 그전에 사용하던 역법에 비해 비약적인 발전을 이룬 것으로 822년부터 사용하기 시작했는데, 일식과 월식의 계산에서 매우 뛰어났다. 선명력이 발명된 시기는 우리나라의 통일신라시대로, 발명된 지 얼마 후부터는 우리나라에서도 이 역법을 사용해 이후 1309년까지 약 500년간 지속되었다. 일본 또한 발해를 통해 이 역법을 받아들여 1684년까지 사용하였는데, 일본의 역사 시대는 선명력의 사용과 함께 시작되었다.

그러나 선명력 또한 여러 문제점을 안고 있었다. 그런 까닭에 중국에서는 선명력을 고작 60여 년 동안만 사용하였다. 그럼에도 우리나라에서 그토록 오래 선명력을 사용할 수밖에 없었던 까닭은 역법의 원리를 이해하지 못하였기 때문이었다. 원리를 알아야 문제점을 해결할 수 있는 것은 당연지사이니, 역법의 원리를 모르는 상황에서는 문제점을 알면서도 잘못된 것을 답습할 수밖에 없는 노릇이었다. 게다가 역법은 한번 바꾸면 정부의 모든 것이 변경되어야만 했다. 따라서 중국 본토에서는 선명력을 진전시킨 역법이 끊임없이 개발되고 적용되었지만 고려 조정에서는 그럴 엄두를 내지 못하고 있었던 것이다.

한편 1281년 중국 원나라에서는 수시력授時曆이라고 하는, 종전의 역법과는 비교도 되지 않을 정도로 진전된 역법이 선을 보였다. 수시력은 수시로 보정해야 했던 이전의 역법과는 달리 이후 400년간 사용될 만큼 정확도가 뛰어난 역법이었다. 그리고 당연히 고려에서도 오랜만에 역법을 개정했으니 충선왕 때인 1309년 수시력을 도입했다. 그렇지만 이때도 역법만 도입했을 뿐 역법의 제정 원리를 이해하지 못한 것은 마찬가지여서, 일식과 월식의 계산법은 과거 선명력의 것을 답습할 수밖에 없었다.

물론 고려에서도 역법의 이해를 위해 다양한 노력을 기울였으나 완전히 이해하기에는 한계를 드러내고 있었다. 그리하여 공민왕 대인 1370년, 중

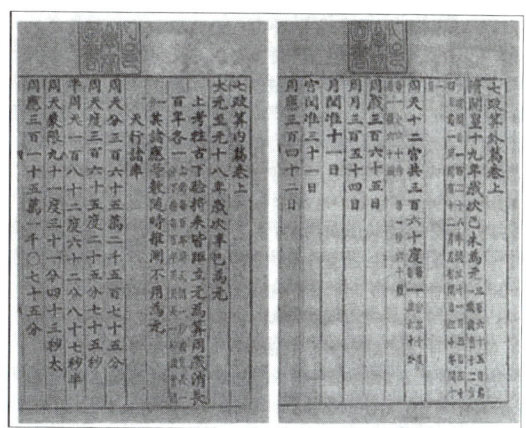

《칠정산》 내편과 외편.
1442년에 완성, 그로부터 2년 후 간행된 《칠정산 내편》(왼쪽)은 원나라의 수시력에 명나라가 수정해 만든 대통력의 장점을 더한 후 우리나라 실정에 맞추어 편찬한 역서이다. 반면 《칠정산 외편》은 아라비아에서 중국에 전래된 회회력을 수정, 보완하여 편찬한 역서였다.

국 대륙에 새로이 들어선 명나라에서 원나라의 수시력을 일부 수정한 대통력大統曆을 받아들여 사용하기에 이르렀다.

대통력은 조선에 들어와서도 계속 사용되었으나 역시 역법의 이치를 완전히 구명치 못한 까닭에 일식과 월식, 다섯 행성의 행도行度 등의 계산에서는 여전히 선명력의 것을 이용하고 있었다. 그리하여 이러한 곤란을 안타까이 여긴 왕이 있었으니 누구겠는가? 맞다, 세종이었다!

세종은 이 문제를 근원적으로 해결하기 위해 우리나라만의 역법서 편찬을 추진하였다. 그리하여 정흠지鄭欽之, 정초鄭招, 정인지鄭麟趾 등에게는 《칠정산 내편七政算內篇》 편찬을 명하였고, 이순지李純之, 김담金淡에게는 《칠정산 외편七政算外篇》을 편찬하도록 하였다.

그렇다면 《칠정산》 '내편'과 '외편'은 도대체 무슨 역서이며, 어떤 차이가 있는 걸까?

편찬을 시작한 지 10년 만인 1442년에 완성되어 1444년에 간행된 《칠정

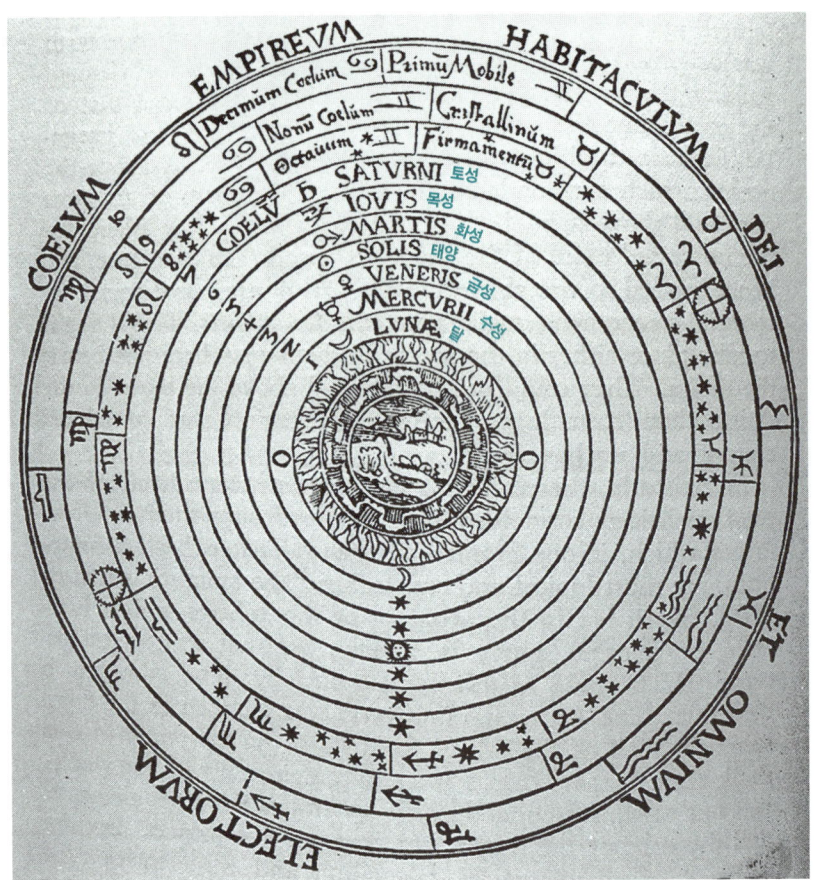

《알마게스트》에 실려 있는 천체도.
천동설을 주장함으로써 1,400여 년 동안 서양의 종교 및 과학 체계를 지속시킨 프톨레마이오스의 저서 《알마게스트》는 본래 라틴어로 씌어진 책으로 원제는 《천문학 집대성》이다. 그러나 대부분의 고대 과학서들이 그러했듯이 중세를 거치면서 서양에서는 잊힌 반면 아랍 세계에서는 계속 전해오다가 12세기 들어 십자군 원정이 이루어지면서 다시 라틴어로 번역되어 서양에 널리 퍼졌다. 그래서 책 제목인 '알마게스트' 또한 라틴어 제목이 아니라 아랍어 제목인데, 아랍어로 '최고의 책'이란 뜻을 갖는다. 이 그림은 프톨레마이오스의 우주 체계를 나타낸 그림인데, 지구를 중심으로 달, 수성, 금성, 태양, 화성, 목성, 토성이 회전하고 있다.

산 내편》은 원나라의 수시력에 대통력의 장점을 더한 후 우리나라 실정에 맞추어 편찬한 역법서이다. 여기서 '칠정七政'이란 해와 달, 그리고 목성, 화성, 토성, 금성, 수성의 다섯 행성五行星을 가리킨다. 수시력이 중국 북경을 기준으로 만들어진 데 비해《칠정산 내편》은 한양을 기준으로 하지와 동지의 해의 움직임과 주야 시각에 대한 표를 작성, 수록하고 있다. 그런 까닭에《칠정산 내편》의 편찬을 계기로 이후 한반도 역법 편찬의 기반이 마련되었던 것이다.

반면에《칠정산 외편》은 그 무렵 중국에서 사용되던 회회력법回回曆法을 수정, 보완하여 우리 실정에 맞추어 편찬한 역서이다. 회회력법은 중국 전통의 역법이 아니라 아라비아에서 중국에 전래된 역법을 가리킨다. 고대 그리스 천문학자인 프톨레마이오스의 저서《천문학 집대성》의 아랍어 번역판인《알마게스트(Almagest)》를 기본으로 편찬된 것으로, 중국에서는 수시력과 함께 이 역법을 사용하면서 두 역법의 단점을 보완하였다.

회회력과 수시력의 차이 가운데 대표적인 것으로는 원 둘레를 표시하는 각도가 있다. 잠깐 살펴보자.

〔수시력〕

원둘레≒365.23도

1도＝100분

1분＝100초

〔회회력〕

원둘레＝360도

1도＝60분

1분＝60초

회회력에서는 숫자에 워낙 밝았던 아라비아의 역법으로서의 장점을 유감없이 나타내고 있는 셈이다. 또한 1태양년을 365일 5시간 48분 45초로 정하여, 수시력이 정한 365.2425일에 비해 두 자리 더 정확하게 나타내고 있는데, 이는 오늘날의 측정치와 비교해보아도 불과 1초의 차이만을 나타낼 뿐이다.

그러나 회회력은 근본적인 문제점을 안고 있었으니, 우주 체계를 설명함에 있어 프톨레마이오스의 천동설 체계를 채택했다는 점이었다. 그러나 시간을 나타내는 역법으로서는 거의 완벽했으니 조선시대에 사용하는 데는 문제가 없었던 셈이다.

여하튼 이렇게 해서 세종은 우리나라 최초의 역법서를 편찬, 간행하였던 것이다. 이로써 우리 땅에 정확히 적용되는 역법이 처음 탄생할 수 있었고, 이《칠정산》내·외편은 이후 서양 역법인 시헌력법時憲曆法이 효종 대인 1653년에 중국으로부터 도입될 때까지 약 200년 동안 조선에서 사용되기에 이르렀다. 즉, 이때에야 비로소 우리나라 사람에 의해 만들어진 달력이 우리 민족에게 배포되었던 것이다. 그러니 세종은 우리를 중국 문자로부터 해방시켜주었을 뿐 아니라 중국 시간으로부터도 해방시켜준 셈이니, 어찌 서울 한복판에 동상을 세워 기리지 않을 수 있으리오.

17

한글

한글과 독재자

    공기가 없으면 모든 생명체는 살 수 없다. 그러나 공기의 존재를 직접 확인할 수 있는 방법은 없다. 평소 공기의 존재 유무를 걱정하며 사는 생명체도 없다. 너무나 당연한 것이니까. 그러나 과학적으로(과학보다는 믿음을 강조하는 분들이 많아지는 세상이기는 하지만) 공기가 없으면 생명체는 없으므로 공기는 분명 존재한다. 다만 의식하지 못할 뿐.

    대한민국인들에게 있어 한글도 마찬가지다. 너무나 당연히 존재하는 것이어서 그 존재를 의식하지 못하는 것이다. 사실 인간에게 언어는 존재의 필요조건이기도 하다. 인간人間, 즉 익히 배운 바와 같이 사람은 사람들 사이에 존재할 때만이 비로소 사람이 될 수 있다는 한자어 뜻을 새삼스럽게 상기하지 않더라도, 홀로 존재하는 사람은 인간이라기보다는 동물에 가까울 것이다. 따라서 언어가 사람들에게 어떤 존재인지, 특히 현대인들에게 어떤 존재인지는 되물을 필요도 없을 것이다.

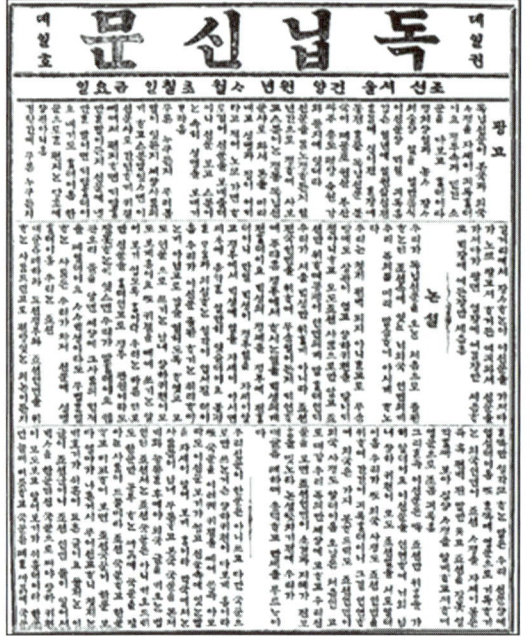

〈독립신문〉 창간호 1면.
순한글 신문임에도 현대인인 우리가 읽기에는 많은 무리가 따른다. 이처럼 언어란 것은 시간이 흐름에 따라 자연스럽게 변하는 것이니, 만일 우리가 천박한 시류에 영합하여 무언가를 얻기 위해 외래어를 우리말 위에 놓는다면 우리도 모르는 사이에 우리의 언어와 문화를 잃고 타 민족에 종속되는 것은 시간문제일 것이다.

그런데 우리가 쓰는 한글은 어떻게 오늘날 존재하게 되었을까?

삼척동자도 아는 바와 같이 세종이 훈민정음을 만든 때로부터 한글의 존재는 시작되었다. 그런데 또 모든 분들이 아시는 바와 같이 세종 대에 사용하던 한글과 오늘날의 한글은 다르다. 달라도 무척 다르다. 어느 정도인가 하면, 불과 100여 년 전에 순한글로 펴낸 신문인 〈독립신문〉을 앞에 펼쳐놓고 읽을 수 있는 21세기 대한민국 사람이 얼마나 될까를 생각해보면 알 것이다.

그런데 필자는 이런 호사가적 취미와는 별개로 언어의 시대적 변천이라는 문제와 관련해서 커다란 우려를 금할 수 없다. 〈독립신문〉을 오늘날 읽지 못하는 게 당연하다 여기는 수많은 지식인들조차 100년 후 대한민국(아니 그 무렵에는 국호가 변해 있을 수도 있다. 통일된 한반도에 걸맞은 국호로 말이다)에서 살아가는 시민들이 오늘날 우리가 사용하고 만든 책과 신문을 읽을 수 있을까 하는 의문은 품지 않는 듯하다.

그러나 필자는 이 문제에 매우 비관적이다. 하루가 다르게 새롭게 탄생하는 신어新語의 홍수 속에서 우리말의 설 자리는 점점 좁아지고 있다. 상호가 영어와 일본어, 나아가 중국어, 베트남어로 변모해온 것은 이제 새로운 소식도 아니다. 교과서도 국어 교과서보다는 영어 교과서가 더욱 중요한 자리를 차지하고 있다. 그뿐인가? TV를 켜보라. 우리말만 가지고는 드라마는 물론 대담 프로그램도 이해하기 힘들다. 이미 필자가 앞 두 문장에서 사용한 영어만 해도 몇 단어인가?(TV, 드라마, 프로그램……)

웃기지도 않는 현상 가운데 하나는, 일본에서 만들어진 용어는 잘못된 표현이고 미국에서 사용하는 영어를 사용해야 한다고 우기는 세칭 지적 인간들이 난무하고 있다는 것이다.

그 가운데 대표적인 것이 스포츠 용어다. 야구를 예로 들어본다면, 옛날에는 '데드볼'이라고 했던 것을 언제부터인가 이게 일본에서 만들어진 용어라며 틀린 것이라고 하더니 '힛바이더피치드볼(hit by the pitched ball)'이라고 부르는 인간들이 나타났다. 야구가 영국인지 미국에서 탄생했다고 하니 영어로 만들어진 용어가 옳을 것이다. 그렇다고 '데드볼'이라고 쓰면 안 되는 까닭은 또 무엇인가?

언어는 그 언어를 사용하는 한 사회 내의 구성원들 사이에 의미가 통하면 되는 것이다. 우리 사회에서 영어 교육을 제대로 받고 hit의 과거완료형이 hit과 동일한 형태인 hit이며 by the pitched ball, 즉 '던져진 공에 의해 맞은'

이란 의미로 해석할 수 있는 사람이 과연 몇 퍼센트나 되겠는가? 그런데 미국 잡지나 중계방송을 보다가 주워들은 것을 가지고 굉장한 언어적 발견을 한 양 설쳐대는 모습을 보면 참으로 실소를 금할 수 없다.

그런데 더욱 심각한 문제는, 이런 치기어린 행태를 용인하는 사회적 현실이 더욱 우리말의 혼란을 야기한다는 것이다. '루킹(looking) 삼진'이란 말 들어보셨는가? 배트를 휘두르지 않은 상태에서 스트라이크 아웃을 당하는 것을 가리키는 말이다. 도대체 이런 표현까지 써야 하는가? 야구에서 영어 모르면 무식한 인간인가?

정말 우리 사회에 남아 있는 일제 잔재 가운데 가장 심각한 것이 이런 일제 영어인가? 아니면 오늘날에도 버젓이 돈과 권력, 학벌을 소유하고 사회 지도층 행세를 하는 친일파 후손들이요, 영어라면 사족을 못 쓰고 따라가려는 새로운 사대 친미주의자들인가? 당신들이야말로 친일 잔재 청산에 사소한 문제를 들이대며 참으로 중요한 문제의 핵심을 간과하도록 만드는 존재라는 사실은 생각해본 적이 없는가?

다시 한글로 돌아가겠다.

한글의 역사에서도 이와 흡사한 일은 비일비재하게 나타난다. 그 가운데 대표적인 사건이 바로 '한글 간소화' 파동이었다. 한글 간소화? 듣기에는 참으로 좋은 의미를 담고 있는 말이다. 그런데 속내도 과연 그럴까?

"나랏말이 중국과 달라 문자가 서로 통하지 아니하니 이런 이유로 어리석은 백성이 일러 말하고 싶어도 마침내 제 뜻을 능히 펴지 못할 사람이 많다. 내 이를 불쌍히 여겨 새로 스물여덟 글자를 만드니 사람마다 쉽게 익혀 나날이 씀에 있어 편안하게 하고자 할 따름이니라."

"지금 한국인들이 쓰는 국문은 하루라도 바삐 교정해서 원칙대로 쓰게 만들어주지 않으면 점점 병이 들어 장차는 교정하기에 많은 노력을 가져야 될 것이므로 하루 바삐 고쳐주려는 것이 나의 의도요, 그 이유를 몇 번 들어 공개로 설명한 것이 민중이 다 알 만큼 된 것인데, 우리나라에 아직도 민간에 공론이 서지 못해서 몇 사람끼리 단결해서 주장해 나가는 것을 옳으나 그르나를 막론하고 다 따라갈 줄로 아는 까닭으로 지금 국문은 국문도 아니고 한문도 아니고 무엇인지 모르겠으며 다만 된 것은 그 단순하고 과학적으로 된 국문을 복잡하고 비과학적으로 만들어놓아서 글쓰기에도 시간을 갑절 가져야 되고……."

잘 아시다시피 처음 글은 세종이 펴낸 《훈민정음》 서문을 현대어로 옮긴 것이다. 그렇다면 두 번째 글은? 사실 내용을 보면 두 번째 글을 쓴 사람이 백성을 더욱 사랑하는 것처럼 보이지 않는가? 몇몇 전문가들이 어렵게 만든 것을 오직 백성을 위해 자신이 나서서 편리하고 간편하게 만들고자 한다는 내용이니 말이다. 이 글은 1954년 3월 27일 이승만 당시 대통령에 의해 발표된, 한글 간소화에 관한 특별 담화에 담긴 내용의 일부다.

한마디로 지금 쓰고 있는 한글이 너무 어려우니 쉽게 쓰자는 것인데, 그 원칙은 "이전에 우리 국문학자들이 임시로 교정해서 신·구약 성경과 기타 국문서에 쓰던 방식을 따라서만 국문을 쓰게 할 것"이라는 것이다. 쉽게 말해 자신이 젊어서 읽던 성경책에 쓰이던 맞춤법으로 돌아가자는 것인데, 그것도 3개월 내에 실행에 옮기라는 내용이었다.

그런데 문자라는 것이 이렇게 단시일 내에 바뀔 수 있고, 또 간편해질 수 있다면 얼마나 좋겠는가? 그렇다면 아마 세계 모든 나라의 말이 오늘날처럼 그 소리를 표현할 수 없어서 사라지거나 다른 문자를 빌려 표기하는 불편을 겪지 않아도 될 터인데 말이다.

그렇다면 이승만이 주장한 한글 간소화 방안이란 것은 과연 일관된 논리를 갖는 것일까? 한글 간소화 방안의 주된 내용을 요약해보면 다음과 같다.

(1) 받침은 끝소리에서 발음되는 것에 한하여 사용한다. 따라서 종래 사용하던 받침 가운데 ㄱ, ㄴ, ㄷ, ㄹ, ㅁ, ㅂ, ㅅ, ㅇ, ㄺ, ㄻ, ㄼ 등 열 개만을 허용한다. 다만 받침으로 사용된 때 ㅅ의 음가는 ㄷ의 음가를 가지는 것으로 하고 ㄷ은 받침으로 쓰지 않는다.
(2) 명사나 어간이 다른 말과 어울려서 다른 독립된 말이 되거나 뜻이 변할 때 그 원사(원 품사) 또는 어원을 밝혀 적지 아니한다.
(3) 종래 인정되어 쓰이던 표준말 가운데 이미 쓰이지 않거나 또는 말이 바뀐 것은 그 변화된 대로 적는다.

한마디로 1912년 조선총독부에서 조선어 학습을 위해 만든 보통학교용 언문 철자법으로 돌아가자는 것이었다.

보통학교용 언문 철자법(줄여서 언문 철자법)은 '언문'이라는 명칭에서도 나타나듯이, 한글 교육을 통해 조선인의 지적 수준을 함양하고 한글에 대한 발전을 도모하자는 의도가 아니라, 일본이 요구하는 식민주의 사상을 조선인들에게 주입시키기 위한 수단으로 일단 한글을 이용하겠다는 의도에서 만들어진 것이다. 그러니 한글의 전통과 미래를 고민해 만들어진 문법도 아니고 표기법도 아니다. 그저 그 시대에 어린이들에게 전달 가능한 방식을 차용해 급조된 것이나 다름없었던 것이다. 그런데 다시 그 표기법으로 돌아가자니! 도대체 이런 사고가 어디서 유래한 것일까?

이에 대해서는 여러 의견이 있다. 간단히 생각하면 한자를 배운 후 다시 미국으로 건너가 한글보다 영어를 더 자주 사용한 그에게는 자신이 배우지 않았던 새로운 한글 표기법이 마음에 안 들었을 것이다. 이럴 때 민주적인 지도자는 남의 말을 듣고, 독재자는 자기 말을 한다. 그래서 자신이 사용하던 유일한 한글본 서적인 성경 표기법으로 돌아가라고 지시했을 것이라는 의견이다.

그 외에 북한과의 대치 상황을 이용한 정치적 동기가 배후에 있다는 의견도 있다. 한마디로 6·25전쟁이 마무리 단계에 들어선 후 한글을 내세워 역사적 정통성을 확보하겠다는 의도가 숨겨져 있다는 것이다.

그 내막이야 어쨌든 이승만은 자신이 생각하는 새로운 '훈민정음(?)'을 반포하기로 마음먹었으니, 우선 자신의 뜻에 반대하는 인물은 제거해야만 했다. 그래서 이승만의 한글 간소화 방안에 반대 입장을 표명한 최현배 당시 문교부 편수국장과 김법린 장관이 사퇴하기에 이른다. 그리고 김법린 장관의 뒤를 이어 장관직에 오른 이선근이 앞서 살펴본 한글 간소화 3원칙을 발표한다.

김법린은 승려 출신의 불교학자이자 독립운동가였다. 게다가 일제강점기에 조선어학회 사건으로 옥살이를 한 적이 있는 인물이었다. 반면에 이선근은 교육자에 신문사 편집국장을 지냈으며 서울대학교 정치학과 교수로 재직 중 문교부 장관에 임명되었다. 예나 이제나 하이에나는 존재하는데, 특히 권력 주변에는 수많은 하이에나가 사자가 먹다 남긴 썩은 고기를 기웃거린다. 그렇지 않은가? 적어도 대한민국 문화의 중추가 되는 문자 정책에 반기를 들고 전문가인 최현배(한글학회에서 중추적인 역할을 한 한글학자니 당연히 전문가라 할 수 있다) 편수국장의 양식을 믿기에 자신도 사퇴한 김법린 장관의 뒤를 이어 얼씨구나 장관 자리에 오른 자가 교수라니! 그런 자를 가리켜 곡학아세曲學阿世라는 표현을 써야 할 것이다.

여하튼 이선근은 수많은 학자와 언론, 그리고 문화계의 반대를 무릅쓰고 대통령 각하의 심복으로서 한글 간소화 방안을 밀어붙인다. 그러면서 다음과 같은 성명을 발표한다.

1. 세종대왕께서 우리 국문을 제정하신 뜻이 국민으로 하여금 쉽게 배우고 일용에 편하게 하라는 데 있다고 밝히셨다. 이 대통령께서 우리 국문의 간소화에 대하여 말씀하신 것은 세종대왕의 높은 뜻을 재천명하신 것으로 믿는다.
2. 구미 각국의 예를 보더라도 철자 간소화에 정부가 국민과 협력하여 노력함으로써 소기의 목적을 달성하였고 또 언어학자들이 이에 협력하여온 것이 사실이니만큼 우리들도 이러한 대세에 역행할 수는 없다고 확신하는 바이다. 특히 다른 나라에서는 타자기를 이용하여 가장 편리를 도모하고 있는데 우리들만이 언제까지나 복잡한 글자를 고집하여 문명의 이기를 이용 못하라는 법은 없다고 믿는다.
3. 현행 맞춤법은 너무 문법주의에 치우친 감이 있는데 내 생각으로는 우리말의 어문 구조도 참작하고 또 국민이 사용하는 데 편하냐 불편하냐 하는 점도 과학적으로 대량 검토하여봄이 가장 옳은 방법이라고 믿는다.

자칫했으면 우리는 ㄱㅏㅇㅡㄹㅇㅔㄴㅡㄴㅍㅕㄴㅈㅣ (가을에는 편지) 하는 표기법을 쓸 뻔했다. 그 시대에는 오늘날과 같은 타자기는 발명되지 않았고 다만 영어처럼 가로쓰기를 표기하는 타자기만 있었으니까. 흐유, 다행이다.

그렇다면 한글 간소화 방안대로 쓰면 어땠을까?

새야 노피 나라라. 이러케요?
너를 미드니 걱정마라. 나를 미더요? 그럼 너를 밋지 안코 어쩌겠느냐.
똥을 싸면 미슬 닥아라. 어떠케요? 종이로 닥지.

한마디로 원칙이 없는 것이다. 어원이 원칙도 없이 변하니 나중에는 이 말이 무슨 말인지 알 수 있겠는가? 쉽게 쓰고 싶지 않은 이가 어디 있는가? 그리고 언어라는 것은 자연스럽게, 쓰기 쉽고 읽기 쉽게 변해가는 존재다. 그래서 어느 나라 문자도 시대가 지나면서 변해가는 것이다. 그러나 그 변화는 일정한 규칙과 합리적인 근거를 가져야만 한다. 만일 그런 규칙과 근거를 상실하게 되면 그 후부터는 사람마다 제각기 쓸 것이고, 결국 의사소통이라는 언어의 기본 역할을 하지 못하게 되는 것이다.

그러나 이 모든 이론이 무시되는 시대가 있으니 그게 바로 독재자의 시대다. 독재자가 위험하고 제거되어야 하는 까닭이 바로 여기에 있다. 독재자는 무슨 일을 저지를지 모른다. 왜? 그 누구도 자신의 말을 거역할 수 없으니. 그래서 독재자는 제거되어야 하는 것이다. 몇 가지 일을 잘한다고 해서 독재자가 합리화될 수는 없다. 그가 저지른 수많은 비합리와 부조리는 결국 후대에 전해져 시대의 빚으로 남게 되니 말이다. 이것이 역사의 가르침이다.

이승만 또한 결사적으로 한글 간소화를 밀어붙인다. 물론 자신은 뒷짐을 진 채 이선근과 몇몇 곡학아세하는 자들을 내세워서. 2년 가까운 기간 동안 문화계와 정치계는 이 소모적인 일로 세월을 보낸다. 그 과정에서 수많은 위원회가 탄생하고 반대 선언이 이어졌으며, 국회에서는 각하의 주구 노릇

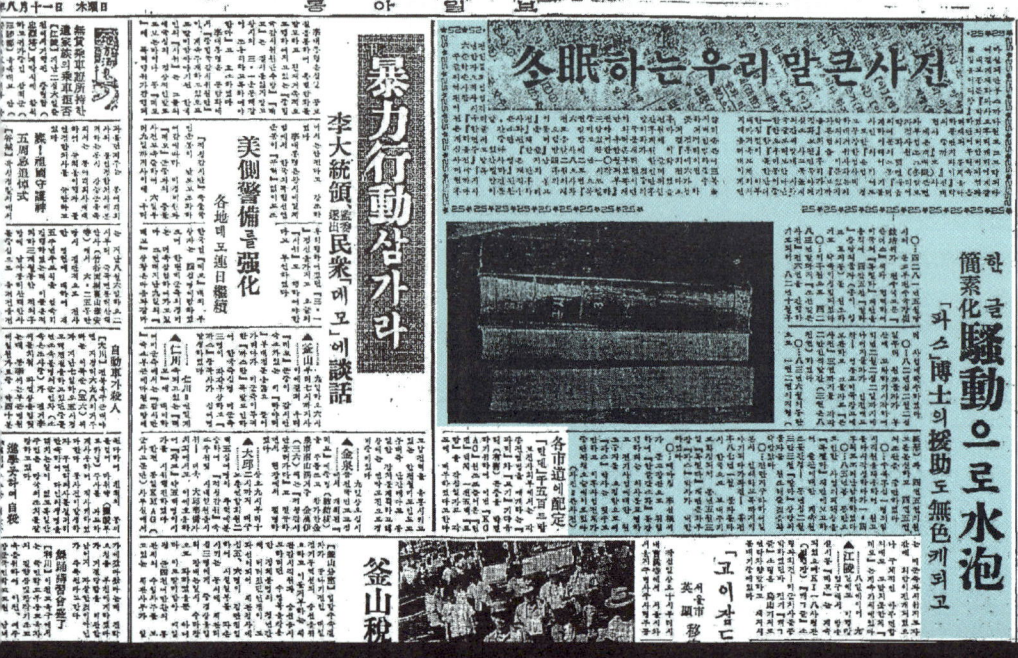

1955년 8월 11일자 〈동아일보〉.
한글 간소화 파동으로 인해 록펠러 재단의 후원 아래 제작될 예정이던 《우리말 큰사전》이 중단되었다는 기사와 함께 이와 관련한 상세한 보도가 이어진다. 이 기사에 따르면 《우리말 큰사전》 후원을 위해 내한한 록펠러 재단의 문화부장 파스 박사에게 이선근은, 한글 간소화 작업을 진행 중이므로 《우리말 큰사전》에 대한 원조를 중단하라고 통고했단다. 이렇게 미국을 향해 자주적인(?) 목소리를 낸 이선근은 본래 전공이 사학이었는데, 이후 육군준장으로 예편했으니 군사학에 능통했고 서울대 정치학과 교수를 지냈으니 정치학자이기도 했다. 또 문교부 장관으로 한글 간소화 운동에 앞장섰으니 한글 전문가요, 이후에는 전 세계 각 대학에서 명예 법학박사니 명예문학박사니 하는 따위를 받으며 국위를 선양했으니 참으로 애국자이기도 했다. 그런 그가 10월 유신을 단행한 박정희가 유신 통치의 이론적 기반을 다지기 위해 만든 것으로 알려진 정신문화연구원 초대 원장을 지낸 건은 당연지사 아니겠는가.

을 하는 자들에 의해 끊임없이 새로운 법안이 올라왔으니 얼마나 많은 사회적 비용이 치러졌겠는가.

그런데 1955년 9월 19일, 이승만은 돌연 다음과 같은 중대 담화를 발표한다.

"내가 귀국한 이후로 신문과 교과서의 문자를 전부 국문으로 쓰기를 주장했는데, 원래 우리 국문이 세계에서 제일 좋은 취음取音 문자로 쓰기 쉽고 좋은 문자이건만 이것이 쉬운 까닭으로 도리어 이것을 언문이라고 천시하고 우리 사람들이 예전 문학을 존중하는 마음으로 중국인 문자를 버리지 못하고 이것을 안 쓰면 학문 있는 사람 노릇을 못하는 줄 알아서 단순하고 보기 좋은 우리나라 국문을 무시하는 폐단이 아직도 있는 것이니 이 사상을 포기하도록 우리가 전적으로 노력해야 할 것이다. 그런데 내가 해외에 있는 동안에 한 가지 문화상 중대한 변경이 된 것은 국문 쓰는 법을 모두 다 고쳐서 쉬운 것을 어떻게 만들며 간단한 것을 복잡하게 만들어놓은 것이니 이전 한문 숭상할 적에 무엇이든지 어렵게 만드는 것이 학자들의 고상한 정조로 알던 생각을 버리지 못하고 국문 쓰는 것도 또한 어렵게 한 것이므로 이것을 고치려고 내가 여러 번 담화를 발표하였으나 지금 와서 보니 국어를 어떻게 복잡하게 쓰는 것이 벌써 습관이 돼서 고치기가 대단히 어려운 모양이며 또한 여러 사람들이 이것을 그냥 쓰고 있는 것을 보면 무슨 좋은 점도 있기에 그럴 것이므로 지금 여러 가지 바쁜 때에 이것을 가지고 이 이상 더 문제 삼지 않겠고 민중들의 원하는 대로 하도록 자유에 부치고자 하는 바이다. 오직 바라는 것은 지금 세상에 문자뿐만 아니라 모든 것을 줄이고 간단하게 편리하게 해서 경쟁하는 시대이니 도리어 복잡하고 분주한 것으로 들어간다면 좋지 못할 것이다. 그러나 우리나라 사람들의 총명이 특수하니만큼 폐단이 되거나 불편한 장애를 주게 될 때는 다 깨닫고 다시 교정할 줄 믿는 바이므로 내 자신 여기 대해서는 다시 이론을 부치지 않을 것이다."

결국 이승만은 온갖 사회적 혼란만 야기한 채 자신의 한글 간소화 방안을 포기하기에 이른 것이다. 물론 끝까지 자신은 매우 합리적이고 현대적인 반면 한글 간소화 방안을 반대하는 사람들은 현학을 내세우는 형편없는 학자라고 우기고 있지만.

그럼 그토록 강력하게 밀어붙인 방안을 왜 포기했을까? 아무리 독재자라 해도 전문가와 언론, 그리고 문화계, 나아가 시민 모두가 반대하는 정책을 끝까지 주장할 수는 없었을 것이라고 믿고 싶다. 그 또한 인간이기에 최소한의 양식은 지녔다고 믿고 싶으니까. 그러나 다른 의견이 존재한다.

미국의 록펠러 재단이 그 무렵 한글학회에서 편찬 중이던 《우리말 큰사전》 간행에 재정 지원을 하고 있었다. 그 자신이 미국인으로 살아온 시절이 더 길었고 미 군정 덕분에 대통령에 오른 이승만으로서는 미국에서 가장 영향력이 큰 재단 가운데 하나와 맞서야 하는 상황을 맞은 것이다. 한글학회 또한 한글 간소화 방안에 강력 반대하고 있었으니까. 결국 이 사실을 알게 된 이승만은 즉시 한글 간소화 방안 포기를 천명했다고 한다.

18

지뢰

야만에 대하여

지뢰地雷는 반인간적이며 반도덕적인 무기로 낙인찍혀 있다. 지뢰가 이런 오명을 뒤집어쓰게 된 것은 다른 무기와 달리 한번 사용되면 평화가 찾아온 뒤에도 여전히 무기로서 작동하기 때문이다. 그것도 적과 아군, 군인과 민간인, 남녀노소를 가리지 않고 작동한다.

그런 까닭에 지뢰를 일컬어 '숨어 있는 살인자'라고도 부른다. 하기야 숨어 있는 살인자가 어디 지뢰뿐이랴마는, 전쟁이 끝난 후에도 지뢰로 인해 수많은 인명 피해가 발생하기 때문에 이런 불명예를 안게 되었을 것이다.

또한 지뢰는 그 어떤 무기보다도 효율이 높은 것으로 알려져 있다. 효율이 높다는 것은 비용 대비 효과가 높다는 것인데, 인간에게 이익이 되는 제품이 아니라 인간을 파괴하는 무기의 효율이 높다니 이걸 뛰어나다고 해야 하나 형편없다고 해야 하나 필자로서도 고민이 된다.

여하튼 지뢰는 값이 싸다. 특히 대인지뢰, 즉 사람을 상대로 한 지뢰는 한

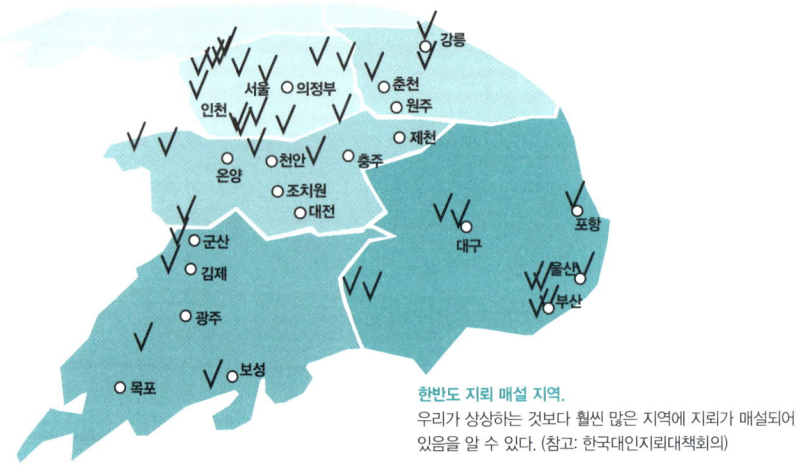

한반도 지뢰 매설 지역.
우리가 상상하는 것보다 훨씬 많은 지역에 지뢰가 매설되어 있음을 알 수 있다. (참고: 한국대인지뢰대책회의)

개에 10달러 내외로 만들 수 있다니 얼마나 싼가. 10달러 내외로 한 사람의 목숨을 빼앗을 수 있다는 것은 사람을 죽이는 것이 직업인 사람들에게는 참 매력적인 수단일 것이다. 게다가 이 지뢰는 무차별적으로 쏘아대는 총이나 대포와는 달리 반드시 효과를 보아야만 사라지니 얼마나 좋은 무기인가. 또한 한번 설치하면 설치한 사람조차도 모를 정도로 은폐가 잘 되니 더더욱 좋은 무기일 게다. 물론 살인을 최고의 가치로 여기는 사람들에게 말이다.

최근의 대인지뢰는 사람을 죽이는 것이 아니라 발목만 자르기도 하는데, 이런 야만적인 무기가 전쟁터에서는 더 효과적이라고 한다. 왜냐하면 그 자리에서 즉사하면 한 명의 병사가 사라질 뿐이지만, 걷지 못하는 지뢰 피해자가 발생하면 몇 사람의 병사가 그를 부축해야 하기 때문에 몇 사람의 병력을 무력화시킬 수 있는 것이다. 인간의 두뇌가 이러한 야만성과 잔인성에 사용된다는 사실에 경악을 금치 못할 뿐이다.

여하튼 이런 지뢰의 효과 때문인지 오늘날 전 세계(물론 모든 나라에 묻혀 있는 것은 아니지만)에 매설되어 있는 지뢰가 1억 1,000만 개 이상이고, 한 해에 약 2만 5,000명(그 대부분은 당연히 민간인이고, 민간인 가운데 절반 이상이 어린아이이다)이 지뢰로 인해 피해를 입는 것으로 유엔 국제적십자위원회는 발표하고 있다. 이것도 1996년 자료니까 그 후에 매설된 지뢰는 빠져 있을 것이다.

그래도 시간이 지나 인간들이 점차 이성을 찾게 되면서 대인지뢰전면금지조약이 1998년 발효되었는데, 이때 서명 국가는 121개국(후에 155개국으로 확대)이었다. 그러나 미국, 러시아 같은 나라는 당연히 서명하지 않았고, 대한민국과 조선민주주의인민공화국도 그들과 함께 서명하지 않았다. 그래서 우리나라의 지뢰 매설 면적 또한 세계적인 수준이어서 여의

고대의 지뢰였던 마름쇠.
고대 중국에서 처음 사용한 것으로 알려져 있는데, 우리나라에서도 삼국시대부터 사용되었다는 기록이 전해온다.

도 면적의 4배 가까이 된다고, 노벨 평화상 수상 단체인 국제지뢰금지운동(International Campaign to Ban Landmines/ICBL)은 밝히고 있다.

사실 필자는 이러한 비인간적이고 야만적인 무기를 다루기 위해 이 글을 시작한 건 아니다. 그런데도 이런 비극적이고 불편한 내용을 전하게 되어 독자 여러분께 송구스럽기 그지없다.

그럼 필자가 이 내용을 시작한 까닭은 무엇일까? 그건 사실 '마름쇠'라고 하는 무기 때문이었다.

마름쇠를 처음 접한 것은 필자가 번역 출간한 류성룡 선생의 《징비록》이라는 책에서였다. 그 무기를 접했을 때의 놀라움이 너무 컸기 때문에 필자

는 이후 기회가 있을 때마다 주위 사람들에게 이 무기의 존재를 소개하곤 하였다. 그러니 이 책에서 어찌 이를 다루지 않을 수 있겠는가.

마름쇠는 사진에서 볼 수 있듯이 4개의 뾰족한 날이 선 철로 만든 조각이다. 4개의 날이 서 있기 때문에 아무렇게나 던져놓더라도 하나의 날은 반드시 하늘을 향해 서 있기 마련이다. 그래서 이 마름쇠를 땅 위나 개울 속에 던져놓으면 진격해 오는 적의 병사들이나 말들이 마름쇠를 밟고 쓰러지게 되는 것이다. 그러니까 마름쇠는 바로 고대의 지뢰인 셈이다. 다만 요즘의 지뢰와는 달리 터지는 것이 아니라 물리적으로 상처를 줄 뿐이다. 그러나 이런 정도로 만족하지 못하는 경우에는 마름쇠에 인분人糞, 즉 사람 똥을 발라놓기도 하였다. 사람 똥이란 게 워낙 독성이 강해서 항생제가 없던 옛날에는 인분의 독이 상처로 침투해 결국 목숨을 잃기도 했기 때문이다.

그렇다면 마름쇠는 우리나라 고유의 무기였을까? 그렇지는 않은 것 같다. 평화를 사랑하는 우리 겨레가 이런 무기를 세계에서 처음 만들었을 리는 없지.

마름쇠(마름쇠라는 아름다운 이름은 우리 고유어인데 그 외에도 까마귀발, 한자로는 철질려鐵蒺藜 또는 능철菱鐵, 여철藜鐵이라고도 한다)는 고대 중국에서 처음 사용한 것으로 알려져 있다. 우리나라에서도 삼국시대에 마름쇠가 사용되었다는 기록이 전해오는데, 조선시대에 들어와서도 임진왜란 이전부터 마름쇠는 꽤 많이 사용된 듯하다.

조선 왕조의 재정財政과 군정軍政에 관한 내용을 기록한《만기요람萬機要覽》(1808년 간행)을 보면 그 무렵 어영청에 보관되어 있는 마름쇠만 해도 3만 개가 넘었다고 한다. 또한 수전水戰에 임할 때는 마름쇠가 들어 있는 대나무 통을 허리에 차고 있다가 적이 다가올 순간이 되면 마름쇠를 꺼내 적선을 향해 던지기도 하고, 적이 아군의 선박에 오르는 것을 방지하기 위해 아군의 선박 주위에 뿌려놓기도 했다고 하니 오늘날의 수류탄과 비슷하게 사용되기도 했던 모양이다.

한편 중국에서는 일찌감치 오늘날의 지뢰와 유사한 것을 발명한 것으로 알려져 있는데, 13세기 말 몽고군의 침략에 맞서기 위해 송나라 병사들은 화약이 장전된 지뢰를 사용한 것으로 기록되어 있다. 물론 우리나라에는 도입되지 않은 것으로 보이지만.

19
얼굴

얼굴과 말, 그리고 뇌의 발달에 대하여

필자는 쌍꺼풀이 없다. 그래서 딸아이에게 늘 구박을 받으며 살아왔다.
"아빠 때문에 쌍꺼풀이 없단 말이야."
누군가는 말할 것이다.
"요즘 쌍꺼풀은 수술 축에도 끼지 못하는데."
그렇지만 필자는 다른 것은 다 용납해도 얼굴에 칼 대는 것은 용납하지 못하겠다. 사람은 생긴 대로 살아야 한다는 게 지론이기 때문이다. "마흔 살이 되면 자기 얼굴에 책임져야 한다"는 속담도 있지 않은가. 그러니 마음을 바르게 갖고 바르게 행동하면 얼굴은 점차 멋지게 변할 것이라고 굳게 믿는다.
그런데 살아가면서 느낀 건데, 분명 필자의 고향에서는 보기 힘든 쌍꺼풀을 가진 사람, 피부가 하얀 사람, 짙은 눈썹을 가진 사람, 눈동자가 부리부리하고 큰 사람이 객지 생활을 하다 보니 흔하게 눈에 띄는 것이다.
특히 친구들과 제주도에 놀러갔을 때의 일인데 그곳 사람들의 얼굴에는 분명히 색다른 특징이 있었다. 처음에는 잘 몰랐지만 며칠 생활하면서 접하다 보니 분명 제주도 토박이 분들은 육지 사람들과 달랐다. 그것도 동일한 특징을 가진 것이 아니라 몇 가지 특징을 가진 것이 눈에 띄었던 것이다. 그때부터 필자는 우리나라 민족의 얼굴형을 보면서 단일민족이라는 구호가 썩 정확한 것은 아니지 않을까 하는 생각을 갖게 되었다. 그러다 우연히 조용진이 지은 《얼굴, 한국인의 낯》이란 책을 보게 되었다. 그리고 그 책에서 놀라운 사실들을 확인할 수 있었다.

"빙하의 시베리아에서는 동양인의 조상이 본래 가졌던 특징인 쌍꺼풀진 큰 눈은 설원에 반사된 자외선에 실명이 될 뿐이었고, 두툼한 코는 동상이나 걸리는 전혀 쓸모없는 형질이었다. 또 다른 특징인 많은 체모도 긴 속눈썹에 수염이 많으면 겨울에는 속눈썹과 입 주위에 숨 쉴 때마다 고드름이 달려서 사냥에 불편하기만 할 뿐이었다. 또한 모세혈관이 발달한 두꺼운 입술도 더운 지역에서는 체온 조절에 긴요한 형질이지만 빙하기의 시베리아에서는 열손실만 가중시킬 뿐이었다."

그래서 필자에게는 쌍꺼풀이 없고 체모도 많지 않으며(머리카락은 많다) 입술이 얇았던 것이다. 코도 납작해서 어려서부터 '빈대코'라는 별명으로 불렸으니 분명 한국인인 셈이다. 그것도 조용진의 구분에 의하면 북방계 한국인인 셈이다. 조용진은 한국인을 북방계와 남방계로 구분하는데, 이는 일반인들 사이에서도 널리 알려져 있는 사실이다.

조용진에 의하면 남쪽, 해안가, 강가 주변의 주민들 중에는 남방계형의 얼굴이 많고, 내륙 지방에는 북방계의 출현이 많다고 한다. 그러나 이러한 구분은 도식적인 것이 아니어서, 함경도에는 남방계가 많은 반면 그보다 한

참 아래 지방인 전라북도에는 북방계가 많다고 한다. 이는 남쪽 사람들이 동해안을 따라 함경도로 옮겨갔고, 반면 전라도 지방에는 북부 사람들이 한강 유역을 따라 내려와 정주했기 때문이 아닌가 생각된다. 이는 한반도 전체적으로 동부, 즉 함경도, 강원도, 경상도 쪽에 남방계가 많은 것으로도 알 수 있는데, 태백산맥에 가로막힌 북방계 사람들이 이 지역에 영향을 덜 미쳤기 때문으로 보인다.

그런데 이 정도라면 필자가 《얼굴, 한국인의 낯》이란 책에 그토록 찬사를 보내지는 않았을 것이다. 1년에 수백 권의 책을 읽는 필자가 이 정도에 찬탄을 보내겠는가? 그렇다면 어떤 대목이 필자의 무릎을 탁! 치게 했을까? 바로 이 대목이다.

"판소리가 호남에서 발달한 이유도 호남 지방에 중안과 하안이 큰 얼굴형이 많다는 사실에서 찾을 수 있다. 판소리는 서양의 벨칸토와는 달리 주로 구강을 공명시켜 발성을 한다. 중·하안부가 크면 상악동上顎洞(부비강의 하나로 위턱뼈 가운데 있는 한 쌍의 공동空洞. 안쪽은 콧속의 점막으로 덮여 있으며 그 속에는 공기가 들어 있다)과 구강口腔, 특히 인후강咽喉腔(목구멍 안의 빈 곳)이 넓어서 안면 발성에 적합하다. 같은 민요라도 남도 민요와 서도 민요는 스타일에 큰 차이가 있다. 남도 민요는 목 놓아 부르는 데 비하여 서도 민요는 콧소리가 많이 들어 있다. 이것도 평안도에 코허리가 높아서 비강이 넓은 사람이 많은 사실과 통한다."

아하! 그래서 일반적으로 기름지고 부드러운 목소리의 소유자를 판소리에서는 인정하지 않았던 것이구나. 그러고 보니 판소리의 소리는 아름다운 소리와는 사뭇 다르다는 사실이 떠올랐다. 그것이 단순히 예술의 형태 차이가 아니라 그곳에 뿌리내리고 사는 사람들의 신체와도 관련이 있다는 사실이 얼마나 놀라운가.

그런데 그뿐만이 아니다. 시간이 흐르면서 우리나라에 거주하는 사람들의 얼굴형이 바뀌고 있을 뿐 아니라 그로 인해 민족적 특성마저 변모하고 있다는 것이다.

1981년 노벨 생리의학상을 수상한 로저 스페리 교수가 주장한 이론이 '좌우뇌의 기능 분화설'인데, 그에 따르면 좌뇌는 언어뇌로서 순차, 논리, 수리를 담당하는 이성뇌이고, 우뇌는 감각뇌로서 시각, 청각의 직관적 정보 처리를 맡는 감성뇌라고 한다. 그리고 우뇌가 큰 사람은 우뇌적 성향이 강하고 좌뇌가 큰 사람은 좌뇌적 성향이 강하다고 한다.

그렇다면 우리나라 사람들은 어떨까?

조 교수의 이론에 따르면 한국인 가운데는 북방계가 많고, 따라서 우뇌적 인간이 많을 가능성이 높다고 한다. 그 결과 음악을 예로 들면 작곡가보다는 연주가가 많이 나오게 되었다고 한다. 그러고 보니 세계적인 연주가는 하루가 멀다 하고 나오는 데 비해 세계적인 작곡가는 필자가 아는 한에서는 윤이상과 최근 인구에 회자되는 진은숙 정도밖에 떠오르지 않는다. 아, 안익태가 있구나. 그러나 안익태는 애국가의 작곡가로 유명할 뿐 그의 작품이 자주 연주된다는 말은 별로 들어보지 못했다.

그렇다고 이 이론이 절대적인 것은 아닐 것이다. 요즘은 창조자의 시대가 아니라 모방자의 시대, 즉 작곡가의 시대가 아니라 연주자의 시대다. 작곡가는 TV에서 얼굴을 볼 수 없지만 연주자는 "천재가 탄생했다"느니 어쩌느니 떠들기 일쑤다. 그러니 세계적으로 돈 벌고 싶고 유명해지고 싶으면 작곡 대신 연주가를 택한다. 게다가 작곡은 탁월한 능력을 필요로 하지만 연주가는 좋은 부모와 좋은 악기, 좋은 스승을 만나면 일정 수준까지는 오르지 않는가 말이다. 그러니 아무리 좌뇌적 인간이 많다 해도 현대 사회에서는 작곡가, 즉 창조자가 되려고 하기보다는 연주자, 즉 모방자가 되려고 하는 것이 당연하지 않을까.

여하튼 조 교수의 이론은 참으로 참신하고 우리에게 많은 것을 생각하게 해준다. 그리고 그가 덧붙이는 다음의 말은 그가 세상을 보는 눈이 단순히 기능적인 면에만 머무르는 게 아님을 새삼 확인시켜준다.

"결국 한국 사회가 당면한 문제를 푸는 일은 미국식, 일본식 모델을 답습하는 것이 아니라 한국인의 체질에 맞게 북방계 한국인 생래의 우뇌적 우월성을 보존하면서도 그 결점을 보완하여 균형적 문화를 이룰 수 있도록 좌뇌적 대중을 얻는 일로 요약된다."

한마디로 어느 나라가 잘산다고 우루루 따라다니지 말고, 우리 고유의 능력 위에 새로운 능력을 함양하라는 것이다. 들으면 너무나 당연한 이야기임에도 저 높이 머물고 있는 지도자부터 바탕을 이루는 서민에 이르기까지 우리는 그저 '돈 많고 힘 좋은' 나라라면 무조건 그 나라의 언어부터 식생활, 생활 습관에 이르는 모든 것을 답습하려고 한다. 아, 요즘에는 자신들의 이름, 그러니까 존재의 기반조차도 전통에서 벗어나려고 노력하고 있으니, 한국인들의 자기 정체성 지우기 노력이 눈물겹기만 하다.

그래서 과거에는 기독교인들 사이에서나 소규모로 이루어지던 서양식 이름 짓기(요셉, 요한, 마리아 등의 이름)가 최근 들어서는 꽤나 광범위하게 이루어지는 듯하다. 그리고 그 한가운데는 연예인들이 있고, 그들의 뒤에는 서구 추종적인 언론이 있음은 물론이다. 요즘 가수들 가운데 한국 이름 가진 친구를 보면 그리 반가울 수가 없다. 그만큼 이제 우리는 우리끼리도 우리 이름을 부르지 않는다. 그렇게 해서 선진 시민이 되면 얼마나 좋겠는가. 그러나 세상은 그리 호락호락하지 않음을 조 교수는 다시 한 번 일러준다.

조 교수의 책 가운데 필자의 무릎을 가장 세게 치도록 만든 대목은 따로 있다. 필자는 최근 젊은이들의 말투에서 이상한 현상을 접하게 되었다. 이는 아마도 필자만의 생각은 아니고 웬만한 기성세대는 대부분 느끼는 현상일 텐데, 어린애처럼 발음하는 젊은이가 무척 많다는 것이다. 콧소리인 듯도 하고 어리광을 부리는 목소리 같기도 하면서, 한편으로는 말을 또박또박 하는 것이 아니라 끝을 흐리는 듯한 발음, 이러한 발음을 듣다 보면 '이렇게 말 한마디도 제대로 못하는 사람들이 무슨 일을 할까?' 하는 우려가 드는 것도 현실이었다.

그런데 놀라운 구절이 눈에 띄었다.

"턱뼈가 작아짐으로써 2차적으로 한국어 발음에 변화가 오고 있다. 짧아진 하악지 때문에 구강의 뒷부분이 작아져서 구강 전체의 모양이 메가폰형으로 되는 것이다. 하악지가 짧아져도 구강 내용물인 혀는 작아지지 않으므로 구강의 뒷부분이 혀로 가득 차게 된다. 이로 인하여 구강의 공명 공간이 줄어들고, 특히 앞부분이 넓고 뒷부분이 좁은 메가폰형 모양이 됨에 따라 되바라진 소리가 나게 된다. 어린아이 같은 소리가 나는 것이다. 외국인이 신세대의 한국어를 들으면 '한국어는 어린애가 하는 것 같은 말'이라는 인상을 받을 것이다."

그랬던 것이다. 그래서 신세대 젊은이들의 말투가 거슬렸던 것이다. 그런데 그저 말투가 거슬리는 부작용 정도면 참을 만하다.

"한국어의 '좋다'를 발음할 때는 '조'에다 후음 'ㅎ'을 붙여서 소리를 낸다. 그래서 'ㅎ'이 있는 '좋다'라는 표기가 생긴 것이다. 이것이 그냥 '조타'가 되었다. 이것도 구강의 후부가 줄었기 때문에 오는 현상이다. '좋다'이든 '조타'이든 말은 통한다. 그러나 한 가지 중요한 사실은, '좋다'가 '조타'가 되면 후음喉音을 발음하는 신경회로를 쓰지 않게 된다는 것이다. 후음이 많은 북유럽인들보다 그만큼 뇌를 덜 쓰게 되는 것이다. (중략) 말은 단지 의사 전달의 도구일 뿐만 아니라 사고의 도구이다. 도구가 많을수록 정밀한 일을 할 수 있다. 특히 언어에서는 자음이 많아야 발음이 다양해진다. 다양한 발음은 곧 다양한 단어, 즉 다양한 개념을 표현하는 도구이다. 다양한 개념이 뇌를 발달시킨다."

음, 어리광스러운 말투를 내는 친구들은 그래서 의젓한 말투를 내는 친구들에 비해 좀 모자라 보였던 거구나. 아니, 그냥 그렇게 보인 것이 아니라 분명 모자란 것이구나.

20

수레

우리는 왜 수레를 타지 않았을까

세계에서도 인구밀도가 조밀하기로 이름난 우리나라인데, 요즘은 그 좁은 땅에 사람보다 더 많은 것이 차다. 아, 물론 차는 1,000만 대가 조금 넘으니 사람보다 적긴 하다. 그러나 차가 차지하는 면적은 사람이 차지하는 면적보다 더 넓으니 그렇다는 말이다.

그런데 이런 나라에 불과 200~300년 전까지만 해도 수레가 사용되지 않았다는 것이 이해가 가는가? 필자는 이해가 가지 않았다. 수천 년 동안 사람이 살아온 이 땅에 물건을 싣고 사람이 타고 다니는 탈것이 없었다니! 그렇다면 그 무렵에는 물건과 사람들이 이동할 때 무엇을 이용했지? 당연히 의문이 든다. 그래서 이 책 저 책을 찾아보았다.

사람은 걷거나 지체 높은 분들은 말을 타고, 더 높은 분은 가마를 탔다. 물론 초헌이라고 해서 바퀴 달린 가마도 있었다. 그러나 이 수레 가마는 2품 이상의 문관들이 타는 리무진이었음에도 위험하기 짝이 없었다. 박제가의 《북학의》에 나오는 글을 인용해보자.

"바퀴는 작으면서 수레 높이는 한 길이나 된다. 그 모습을 바라보면 마치 사다리로 지붕에 오른 듯하여 말할 수 없을 정도로 위태롭다. 움직일 때도 다섯 사람이 있어야 한다. 또 수행하는 사람이 반드시 있어야 한다. 옛날에 수레를 만든 것은 한 대의 수레에 다섯 사람을 태우려고 한 것이다. 지금의 수레는 다섯 사람이 걷고 한 사람이 탄다. 어떤 사람은 '귀한 사람이 천한 사람을 부리는 것은 합당한 세상 법칙이고, 예나 지금이나 따라야 할 이치이다'라고 한다. 하지만 귀천이란 원래 이런 것을 말하는 것이 아니다. 선왕先王이 귀천을 나눌 때에도 실용을 우선하고 겉치레는 뒤로 하였다."

물건을 운반할 때도 수레는 사용하지 않았다. 그럼 어떻게 운반했을까? 물론 그 시대에는 지역별로 자급자족을 했으니 물건의 대량 이동이 흔하게 이루어지지는 않았겠지만 그래도 물건의 운반이 없는 사회는 상상하기 힘들다.

"두메산골에 사는 사람들은 풀명자나무의 열매를 담갔다가 그 신맛을 된장 대신 사용하며, 새우젓이나 조개젓을 보고는 이상한 물건이라고 생각한다. 그들이 왜 이렇게 가난한 것일까? 단언하건대 수레가 없기 때문이다. 전주의 장사꾼은 처자식을 거느리고 생강과 참빗을 짊어지고 걸어서 의주까지 간다. 이익이 없는 건 아니지만 걷느라고 모든 힘이 다 빠지고, 가정의 낙을 즐길 틈이 없다. 또 원산에서 미역과 건어

물을 말에 싣고 왔다가 사흘 만에 다 팔고 돌아가면 적은 이익이나마 생긴다. 하지만 닷새가 걸리면 본전만 하게 되고, 열흘이나 머물면 오히려 본전이 크게 줄어든다. 체류하는 동안에 말에 든 비용 때문이다. (중략) 어떤 사람은 '말이 있지 않느냐?' 한다. 그러나 한 필의 말과 한 대의 수레가 운반하는 양은 서로 비슷하지만 수레가 훨씬 유리하다. 끌어당기는 힘과 싣고 다니는 고달픔이 크게 다르기 때문이다. 그러므로 수레를 끄는 말은 병들지 않는다. 하물며 대여섯 필의 말로 운반해야 하는 것을 수레 한 대로 모두 운반할 수 있으니, 몇 배의 이익이 생기지 않겠는가?"

그럼에도 조선시대에는 수레가 일반화되지 못했다. 그리하여 위와 같은 사태가 발생한 것이다. 각지의 특산물이 다른 지역으로 유통되지 못하니 이른바 경제학의 비교우위론이 통할 수 없었고, 그에 따라 소비자의 효용이 증대되지 못했던 것이다. 그리고 그 모든 것이 바로 운송 수단인 수레가 없었기 때문이라는 것이 위 글의 저자인 박제가의 생각이었다.

그렇다면 왜 우리나라에서는 그 편리한 수레를 사용하지 않았을까?

사실 삼국시대부터 우리나라에서도 수레를 사용하였다. 그런데 날이 갈수록 운송 수단이 발달하기는커녕 오히려 후퇴했으니 답답한 노릇이었으리라. 우리나라에서 수레가 발달하지 않은 까닭에 대해서는 여러 가지 이유를 들 수 있겠지만 아마도 다음과 같은 요인 때문이었을 것이다.

우선 도로의 미비를 들 수 있다. 수레는 일정한 폭의 도로를 필요로 한다. 그러나 우리나라의 경우 산이 많은 까닭에 국가 차원의 도로 정비 사업이 이루어지지 않았기 때문에 수레가 다니기에 편리한 도로망이 부족했을 것

쌍영총(왼쪽)과 덕흥리 고분 벽화에 등장하는 수레의 모습.
고구려 고분 벽화에는 많은 수레 그림이 등장한다. 이를 통해 우리 겨레는 삼국시대 때 이미 바퀴를 장착한 수레를 사용했음을 확인할 수 있다.

이다. 사실 수레는 몇 리를 수월히 가다가도 어느 곳에서 병목 현상이 나타나면 이러지도 저러지도 못했을 테니 일정하게 정비된 도로야말로 수레 사용의 필수 요소인 셈이다.

이와 관련해서는 박제가의 다음 기술을 참고할 필요가 있다.

"(수레를 이용하지 못하는 까닭에 대해) 사람들은 곧잘 '산천이 험하고 막혀 있기 때문이다'라고 말한다. 그러나 이 말은 타당한 이유가 될 수 없다. 수레는 신라나 고려 이전에도 사용되었다. 요동반도 동쪽은 모두 산악지대이다. (중략) 말을 채찍질하면서 지나가면 수레바퀴가 돌에 부딪혀서 곧 벼랑이 무너질 것 같은 소리가 난다. 그래도 말은 미끄러지지도 않고 조심스럽게 잘 지나간다. (중국의) 각 도나 주에는 모두 수레가 있다. 수레로 고갯길을 넘는 것을 꺼려하여 수레를 세워두고 걸어서 고개를 넘더라도 그 고개만 넘으면 그곳에는 다른 수레가 기다리고 있다. 수레 한 대만을 사용하여 천리 만릿길을 가는 것은 중국에서도 드문 일이다."

그러니까 중국에서는 도로가 뚫린 곳까지 가서 인력으로 짐을 나른 후 다시 다른 수레를 이용해 운반한다는 것인데, 이를 위해서는 수레를 이용한 운행 시스템이 갖추어져 있어야 할 것이다. 그러나 우리나라에서는 그런 역참 제도가 시행되지 않았음이 분명하다.

한편 이와 관련해 퇴계 이황은 전국에 걸쳐 넓은 도로를 건설하자는 의견을 건의한 적이 있었지만, 오랑캐들의 침략을 용이하게 해줄 뿐이라는 대신들의 반대로 성사되지 못한 적도 있었다.

또 다른 이유로는 상품의 유통에 대해 국가에서 썩 신경을 쓰지 않았기 때문일 것이다. 조선시대 내내 정부에서는 각 지방에서 공물과 세곡 등을 거두어 나라 살림살이를 꾸려 나가는 데 불편을 겪지 않았다. 각 지방에서 올라오는 물품들은 백성들의 힘으로 항구로 이동시킨 후 선박을 이용해 한강 나루터로 들어왔으니 백성들의 고통을 알 리가 없었을 것이다. 게다가 조선시대는 사농공상士農工商의 시대 아닌가. 물품의 유통이 수반되어야 하는 상업 활동은 가장 천하고 금기시되어야 할 일이었으니 상인들의 요구가 국가 정책에 반영되기는 어려웠을 것이다. 이는 물품의 이동에 필요한 수레 역참은 발달하지 못했지만 사람의 이동을 위한 역참은 잘 갖추어져 있었다는 사실에서도 알 수 있다.

또 하나는 수레 자체의 발달이 이루어지지 못했다는 사실이다. 이는 앞서 제시한 문제의 결과일 수도 있다. 수레를 사용하지 않다 보니 수레의 개선

조선 후기의 짐수레.
경기 이북 지역에서 많이 쓰던 수레로, 소 한 필이 끌고 있으며 수레바퀴는 두 개인데 통나무로 되어 있다.

도 이루어지지 못할 것은 당연한 일일 것이다. 그 무렵 우리나라에서 사용하던 수레에 대한 박제가의 기술을 다시 살펴보자.

"수레가 가벼우면 좋겠지만, 그럴 경우 힘이 약해서 짐을 감당하지 못한다. 그래서 할 수 없이 무겁게 만드는 것이다. 그런데 지금의 수레는 너무 무거워서 빈 수레로 가도 소가 지쳐버린다. (중략) 수레는 바퀴가 높을수록 속도가 더 빨라진다. 현재 쓰고 있는 바퀴살 없는 바퀴는 나무를 깎아서 둥글게 만든 것이다. 크기가 주발만 한 이것을 수레의 네 모퉁이에 단 것을 동거東車라 한다. 예전에 준천사(도성 안 4개 산의 보호를 담당한 관청)에서 인부 두 사람이 들 수 있는 돌을 이 동거에 싣고 큰 소 한 마리에 멍에를 씌워서 한 사람이 끄는 것을 보았다. 그런데 바퀴가 작아서 자주 도랑에 빠졌다. 그러면 다른 사람이 갖고 있던 막대기를 바퀴 밑에 집어넣고 들어올리면서 한나절을 떠들썩하는 것이었다. 이런 경우엔 수레 한 대와 소 한 마리가 추가로 사용되는 셈이다. 이러니 당연히 요즘 사람들이 '수레를 사용해도 이로울 것이 없다'고 말하는 것이다."

그 시대 수레는 바퀴에 살이 없이 동그란 나무통을 바퀴로 사용했던 듯하다. 그렇다면 바퀴 무게가 무겁고 그만큼 끄는 힘도 세져야 해서 수레가 제 구실을 못하게 될 것은 불문가지다. 그러다 보니 수레를 사용하지 않게 되었고, 그 결과 수레의 개선이 이루어지지 못하는 악순환이 이어졌던 것이다.

그런데 이 외에도 수레 사용에 숨겨져 있는 중요한 원리가 있다. 그건 바로 수레바퀴 사이의 간격이다. 수레바퀴 사이의 간격이 들쭉날쭉해도 수레가 굴러가는 데는 아무런 문제가 되지 않는다. 그러나 수레바퀴 사이 간격이 일정하면 우선 도로의 규격이 정해질 수 있다. 어느 곳이건 도로를 낼 때 수레바퀴 간격에 맞추면 사람과 말과 수레가 모두 통할 수 있다.

이는 현대의 도로를 보면 쉽게 확인할 수 있다. 도로를 낼 때는 국도건 고속도로건 지방도로건 모두 차량의 두 바퀴 사이 간격을 기준으로 낸다. 따라서 논둑길로도 웬만한 차량이나 경운기가 들어갈 수 있다. 도심의 도로도 차선을 그어 차량들이 일정하게 운행할 수 있게 되어 있다. 이는 수레의 운행에 필수적인 요소라고 할 수 있다.

한편 수레바퀴 사이 간격이 일정하면 수레바퀴가 계속 지나가면서 일정한 골을 만들게 된다.

"일찍이 담헌湛軒 홍덕보洪德保, 참봉參奉 이성재李聖載와 더불어 거제車制를 이야기할 제, '수레의 제도는 무엇보다도 궤도를 똑같이 하여야 한다. 이른바 궤도를 똑같이 하여야 된다는 것은 무엇을 말한 것일까. 두 바퀴 사이에 일정한 본을 어기지 않음을 이름이다. 그리하면 수레가 천이고 만이고 간에 그 바퀴 자리는 하나로 통일될 것이니, 이른바 거동궤車同軌는 곧 이를 두고 말함이다' 하고 말한 일이 있었다. 우리나라에도 수레가 전혀 없는 것은 아니나 그 바퀴가 온전히 둥글지 못하고 바퀴 자국이 일정하지 않으니, 이는 수레가 없는 것과 마찬가지이다. 그런데 사람들이 늘 하는 말에 '우리나라는 길이 험하여 수레를 쓸 수 없다' 하니 이 무슨 말인가. 나라에서 수레를 쓰지 않으니까 길이 닦이지 않을 뿐이다. 만일 수레가 다니게 된다면 길은 저절로 닦이게 될 테니 어찌하여 길거리의 좁음과 산길의 험준함을 걱정하리오."

— 박지원, 《열하일기》

즉 박지원이 언급했듯이 일정한 바퀴 자국을 그리는 수레가 반복해서 사용되면 당연히 그 자리는 움푹 패여 수레바퀴 길이 나게 된다는 것이다. 그러면 수레 길은 누가 만들지 않아도 자연스럽게 만들어지니 그 이후에는 수레를 사용하는 데 용이할 것이란 말이다.

중국의 예를 든다면 진시황이 최초로 천하통일을 이룬 직후 재상 이사를 통해 도량형의 통일, 수레 규격의 통일, 문자의 통일을 이룬 바가 있으니, 이야말로 전국을 중앙집권 체제로 전환시키는 데 결정적인 역할을 하였다. 그러나 우리나라에서는 조선시대 중반까지 수레 규격의 통일이 이루어지지 못하여 문물의 유통이 사람의 힘으로 이루어짐으로써 상업과 교역의 발달이 그만큼 지체될 수밖에 없었던 것이다.

21

경연

왕의 공부와 경연 정치

군주국가에서 왕의 권한은 모든 것이다. 물론 현대 사회에서도 지도자가 왕이란 명칭만 달지 않았을 뿐 자신이 왕이라고 여기고 행동하는 넋 나간 인간이 없는 것은 아니다. 그러나 형식적이라 하더라도 삼권분립이란 단어가 존재하는 이상 현대 사회의 지도자는 왕의 권한을 가질 수 없다.

만일 자신이 왕의 권한을 가졌다고 여기는 자가 있다면 그는 분명 끝이 좋지 못하다. 왜냐하면 현대 시민들의 머릿속에는 왕이란 개념이 없기 때문이다. 개념이 없는 것은 수용하지 못하는 것이 인간의 속성이다. 그래서 분명한 사실조차 받아들이지 못하는 비합리적인 인간을 가리켜 우리는 "개념이 없다"고 말한다.

물론 현대인이라고 해서 모두 왕을 수용하지 못하는 것은 아니다. 개념이 없는 사람들은 아직도 지도자에게 왕과 같은 절대권을 부여하고 싶어 하기도 한다. 이런 사람은 대부분 과거를 사는 사람들인데, 그래서 인간은 나이를 먹을수록 보수적으로 변한다. 과거가 그 사람의 개념을 지배하기 때문이다. 반면에 젊은 사람들은 진보적이다. 머릿속에 쌓인 과거의 경험보다 꿈꾸는 미래가 더 크게 작용하기 때문이다.

다시 왕으로 돌아가 보자. 왕조국가에서 왕은 절대권력을 휘두른다. 따라서 왕의 능력은 그 국가의 운명을 절대적으로 좌우한다. 물론 시대적 변화라고 하는 사회과학적 시각에서 완전히 자유로울 수는 없지만, 누가 그러한 합리적 시각을 적절하게 수용하고 대처하는가에 따라 한 나라의 운명을 결정적으로 변화시키기도 한다. 그래서 왕의 능력은 중요하다.

그렇다면 왕은 제 마음대로 살았을까? 절대 아니다. 우리는 과거 사람들이라고 해서 무작정 경시하는 측면이 있는데 그런 판단은 매우 잘못된 것이다. 과거에 존재했던 수많은 제도와 역사가 우리에게 과거에 대한 새로운 판단을 요구하고 있다.

'경연經筵'이라는 제도 또한 그러한 제도 가운데 하나다.

경연은 왕에게 학문과 역사를 강의하고 이를 바탕으로 국정을 논의하는 일종의 교육 제도이다. 서양에도 이러한 제도가 있었는지는 잘 모르겠지만 중국, 우리나라, 일본의 동양 3국에는 분명히 있었다. 따라서 유교적 전통이 지배하고 있던 세 나라에서 학문이라고 하면 당연히 유교 경전을 가리키므로, 왕들은 유교 경전과 동시대까지 내려오던 사서史書를 공부했다.

한편 경연과 흡사한 제도로 '서연書筵'이란 것도 있었는데, 이는 왕세자를 위한 교육 제도였다. 그러니까 경연이 경사經史, 즉 중국의 유학 고전과 역사서의 학습이라면 서연은 이보다는 낮은 단계의 서책을 통해 왕이 된 후에 갖추어야 할 학문적 이론을 강의한 것이라 하겠다. 따라서 경연에서 사용한 교재가 사서오경四書五經 및 중국 사서인 《자치통감》, 《자치통감강목資治通鑑綱

目》을 기본서로 하고 그 밖에 《성리대전性理大全》, 《근사록近思錄》, 《정관정요貞觀政要》, 《국조보감國朝寶鑑》 등이었던 데 비해, 서연에서는 무엇보다도 《소학》과 《효경》을 중시하였다.

경연은 중국 한漢나라 때 처음 시작된 것으로 여겨진다. 중국 역사에 조금이라도 관심을 가진 독자라면 아시겠지만 중국 최초의 통일국가인 진秦나라는 진시황의 죽음과 더불어 고작 15년 만에 멸망한다. 게다가 통일 과정 또한 오직 그 무렵 중국 전역에 산재해 있던 제후국들과의 전투를 통해 이루어진 것이었다. 따라서 학문적 전통이니 하는 따위를 세우는 것은 꿈도 꾸지 못할 상황이었다. 그러나 한나라는 달랐다. 진나라가 한번 이룬 바 있는 천하통일은 이제 낯선 상황이 아니었다. 또한 중앙집권적 전제국가를 세우기 위해서는 무력과 더불어 문치文治 또한 필수적인 요소임을 깨닫게 된 것이다.

진, 한 교체의 혼란기에 유방은 항우와의 쟁패 과정에서 승리해 한나라를 세울 수 있었다. 그 과정에서 활약한 인물들이 그 유명한 장수인 한신, 경포, 팽월 등이다. 그러나 나라가 건국된 후 이들은 골치 아픈 존재일 뿐이다. 그렇지 않은가. 이제 황제의 능력을 넘볼 정도의 무사들은 필요 없는 존재요, 나아가 제거의 대상이었다. 그리고 이들은 당연하게도 모두 제거되었다. 그리고 그 뒤를 이은 인물들은 장수가 아닌 선비들이었다.

그렇게 등용된 선비들은 나라의 기풍을 바로잡고 안정된 국가의 규범과 의례의 제정을 위해 일하게 되었는데, 그들이 이때 도입한 학문이 바로 유학이었다. 그리고 선비들은 무력이 학문보다 중요하다고 여기던 황제들에게 문치의 중요성을 일깨우기 시작한다. 그러니까 이때부터 공자가 중국 역사를 좌우하게 된 것이다. 사실 그 이전까지만 해도 유학이 도학, 즉 노자와

장자의 학문보다 우위에 서 있다는 사실은 발견되지 않는다. 그러나 한나라 건국 초기까지 세속과 조정에 영향을 끼치던 도학은 이후 급속히 위축되고, 그 자리를 유학이 대신하게 된다.

경연이라는 제도가 한나라 때 자리를 잡고 그 내용 또한 유학 경전으로 이루어지게 된 데는 이러한 배경이 있었던 것이다.

그렇다면 우리나라에는 언제부터 이러한 제도가 자리 잡게 되었을까?

우리나라에 처음 경연이 도입된 것은 고려 11대 왕인 문종(재위 1046~1083) 대의 일이었다. 이후 무신들이 집권한 이후 잠시 폐지되기도 하였으나 공양왕(고려 34대 왕, 재위 1389~1392) 대에 이르러 다시 이루어질 수 있었다.

조선시대에 들어서면서 경연 또한 공식적으로 승계되었다. 무관 출신인 태조 이성계는 경연에 그리 열심이었던 것 같지는 않다. 그러나 태조의 아들인 정종 대에 들어서면 다시 경연이 활성화되는데, 특히 이때 경연에 사관史官이 입시入侍하게 된다. 따라서 경연 내용이 역사에 기록될 수 있었던 것이다.

그러나 태종(이방원) 대에 들어서면 또다시 경연은 찬밥 신세가 되고 만다. 역시 무력을 숭상하고 무력으로 살아온 인간들에게 학문의 길은 길고도 험했을 것이다. 사실 경연이란 이렇게 타고난 천성이 각기 다른 인간들이 경세제민經世濟民의 학문을 배움으로써 만백성의 행복을 위해 봉사하라는 의미에서 태어난 제도일 텐데, 그저 자기들 타고난 대로 나라를 다스리고자 하는 게 수준 이하의 지도자들일 것이다. 그래서 총칼로 정권을 잡은 쿠데타 세력은 끝까지 총칼로 백성을 다스리고자 하고, 건설업자 출신 지도자는 끝까지 건설업으로 나라를 다스리려고 한다. 이것이 바로 힘없고 돈 없는 백성의 고통이다. 치킨집 출신 지도자나 구멍가게 출신 지도자가 있다면 하루 벌어 하루 먹고사는 서민의 애환을 헤아려줄 텐데 말이다.

각설하고, 세종 대에 들어오면 경연이 활성화된다. 당연한 일이다. 학문의 깊이가 있는 이일수록 학문에 대한 뜻을 더욱 세운다는 사실 말이다. 그리하여 열세 살의 어린 나이에 왕위에 오른 성종(조선 9대 왕, 재위 1469~1494)은 하루에 세 번(조강, 주강, 석강) 경연에 참여하였는데, 조강에는 열 명 이상이 참석하였고 주강과 석강에는 네 명 정도가 참석한 것으로 전해진다.

강의는 한 사람이 교재를 읽고 우리말로 해석한 후 해설을 하면 왕이 질문을 하거나 보충 설명을 듣는 것으로 마무리되었다. 물론 경연이 끝난 후에는 왕이 관심을 갖고 있는 정치 문제가 자연스럽게 화제에 오르기도 하였고, 이것이 바로 경연 정치의 출발점이 되었던 것이다.

이후 경연은 연산군 대에 들어서면서 잠시 폐지되기도 하였다. 역시 못된 인간은 남에게 강의를 듣기보다는 제 멋대로 하고 싶어 한다. 중종이 반정으로 정권을 잡자 경연은 재개되었는데, 이때부터 경연은 본격적으로 정치적 토의의 장으로 변모한다. 즉, 이때 조정으로 진출한 사림들은 자신들의 학문적 지식과 정치 철학을 경연장에서 본격적으로 펼쳐 보이기 시작한 것이다. 따라서 이러한 과정을 거치면서 왕은 당연히 조정의 주류를 이루는 학파의 정치적, 학문적 영향을 받게 되었을 것이다. 이러한 상황을 파악한 영조, 정조 대에 이르자 이번에는 중신들의 정치적 영향력을 축소하고 자신들의 정치 철학을 전파하기 위해 경연장이 오히려 왕의 주장을 합리화하는 장으로 변모하게 된다.

경연이 왕과 신하들 사이의 정치적 토의의 장으로 변모하면서 경연은 정치적으로 매우 중요한 역할을 하게 되었으며, 이로써 경연 정치가 행해지게

〈성균관친림강론도〉.
19세기경의 그림으로, 왕이 성균관 대성전에 행차하여 알성시를 행한 뒤 유생들의 공부 상황을 살피기 위해 경서에 대한 강의와 문답을 실시하는 광경이다. (사진제공: 고려대학교 박물관).

된 것이다. 따라서 왕권이 약해지기 시작한 조선 후기에 들어서면서 경연 또한 그 기능이 약해질 것은 불을 보듯 뻔한 사실이었다. 그리하여 점차 위축된 경연은 고종 대에 들어서는 명맥만을 유지하였고, 1897년에는 경연원이 홍문관으로 개칭되었는데 대한제국이 멸망할 시점까지 겨우 존속은 하였다.

마지막으로 《조선왕조실록》 가운데 경연과 관련된 한 대목을 살펴보기로 하자. 숙종(재위 1674~1720) 7년 되던 해의 것인데 내용은 숙부에 의해 제거된 단종에 관한 내용이다.

숙종 7년 노산대군으로 추봉하다
"금상今上(현재의 왕이란 뜻) 7년 신유(1681) 7월에 임금이 경연經筵에서 하교하기를, '현덕왕후顯德王后(단종의 친모)는 중종조中宗朝에 이르러 위호位號를 회복하고 산릉山陵을 다시 봉하였으나, 노산魯山은 대군大君이라 일컫지 아니하니 일이 미안하게 되었다. 모든 정비正妃의 소생은 대군이라 일컬으니 노산군 또한 대군이라 일컬음이 마땅하다'하고, 예관禮官으로 하여금 대신大臣에게 의논하게 하니, 대신도 또한 이의가 없었으므로, 이에 추봉追封하여 노산대군魯山大君을 삼고, 8월에 우승지 송창宋昌을 보내어 묘소에 치제致祭(임금이 제물과 제문을 보내어 죽은 신하를 제사 지내던 일)하게 하였다."

치제문致祭文
"영령이시여! 옛날에 어린 나이로 하늘과 땅이 서로 화합하지 못하고 구름과 우레의 운을 만나 자리에서 제거되는 일을 당하였으니, 말하기 어려운 일이 있었습니다. 저 약당若堂을 바라보니 아득히 동쪽 골짜기에 있어 지금에 이르도록 산록이 거칠어졌으매, 원한 맺힌 새들이 피눈물로 울고 있습니다. 지난 조정에서 늘 흙을 북돋워 향불이 결함이 없었고, 아름다운 능에 다시금 고하니 잃어버린 전례典禮를 이제 곧 거행하오나, 홀로 멀리에 있어 아름다운 칭호稱號를 흡족하게 하여 드리지 못하였습니다. 소자小子가 추념追念할 때 마음에 슬픔이 있어, 이에 '대大'자를 더하여 저의 신충宸衷(임금의 고충)을 결단해서, 이제 따르는 신하를 찬 술 한 잔을 대신 올리게 하오니, 어둡지 않으시거든 정성을 굽어 살피소서."

이렇게 해서 노산군으로 강봉되었던 단종이 다시 노산대군의 자리를 찾게 된 셈이다. 여하튼 이 정도 논의가 있었다는 것은 경연이 단순히 왕의 학습 기구가 아님을 밝혀주는 좋은 사례라 할 것이다.

22

갓

나태한 풍습과 오만한 태도가 모두 갓에서 생기니

우리 조상들께서 쓰시던 갓을 모르는 분은 안 계실 것이다. 사극에서도 갓 안 쓴 양반 만나기 힘드니까. 그러나 갓의 종류에 대해서는 얼마나 아시는지?

"갓에도 종류가 있단 말이오?"

그렇다. 대표적인 것이 흑립黑笠이라 불리는 갓으로, 주로 양반이나 벼슬아치들이 쓰던 것이다. 검은색으로 넓은 챙을 가진 것인데, 우리가 흔히 갓 하면 떠올리는 게 바로 이 흑립이다. 그런데 초기에 갓이라 하면 이것이 아니었다.

갓의 시발점은 평량자平凉子 또는 평량립平凉笠이라 불리는 패랭이였다. 패랭이는 상놈이나 쓰던 것이니 어찌 양반이 쓰던 갓이 이로부터 유래했다고 여기겠는가. 그러나 사실은 사실이다.

평량자平凉子라는 명칭은 '평평할 평, 서늘할 량, 물건 자'에서 알 수 있듯이 더위를 가리기 위해 쓰던 물건에서 유래한 것이다. 패랭이란 명칭 또한 '평량'이 변해서 '패랭'이 되지 않았을까 유추해본다.

패랭이는 대나무 껍질을 가늘게 쪼개 위를 둥그렇게 만든 것인데, 초기에는 상놈이건 평민이건 양반이건 가리지 않고 썼다. 그러나 후에 흑립이 나오면서 패랭이는 천한 사람들만이 쓰게 되었다.

패랭이 다음으로 등장한 것이 초립草笠인데, 이 또한 양반이건 평민이건 가리지 않고 사용했다.

평량자와 초립.
최초의 갓이라고 할 수 있는 평량자(위)와 이후 모든 계층에서 두루 쓰였던 초립.

그렇다고 모두 같은 것을 사용한 것은 아니니, 조선시대 초기 법전인 《경국대전》에 의하면 선비는 오십죽립, 평민은 삼십죽립을 써야 한단다. 초립은 가는 풀이나 대오리를 엮어 만드는데 그 수가 많을수록 고급 초립이 되는 것은 당연지사다. 그러니 양반은 곱고 좋은 것, 평민은 성근 것을 쓰라는 말이다.

초기에 모든 사람들이 쓰던 초립은 후에 흑립이 보편화되면서 관례를 마친 소년들이 흑립을 쓰기 전에 사용하는 것으로 변모하였다. '초립동이'라는 표현이 탄생한 것도 이 무렵일 것이다.

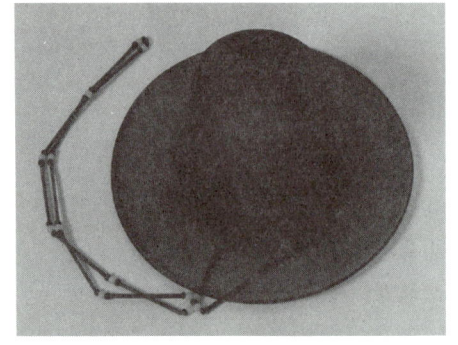

흑립.
갓 하면 흑립을 나타낼 만큼 대표적이기도 하고 가장 발전된 형태의 갓이기도 하다. 흑립은 주로 양반이나 벼슬아치들이 사용한 까닭에 재료부터 다른 갓과 달리 말총으로 만든 마미립, 돼지털로 만든 저모립, 대나무로 만든 죽사립, 죽사립 위에 비단을 입힌 과라립, 돼지털과 대나무를 섞어 만든 죽저모립 등 고급화되었다.

그 외에 전립氈笠(모 전, 구릿대 립)은 말 그대로 털로 만든 모자로, 무관이나 군인들이 썼기 때문에 전립戰笠(전쟁 전, 구릿대 립)이라고도 한다.

이제 본격적으로 흑립, 즉 우리가 갓이라고 알고 있는 것에 대해 살펴보기로 하자. 흑립이 양반층에 보편적으로 사용되기 시작한 것은 조선시대 중기로 알려져 있다. 흑립은 재료부터 다른 갓과는 달랐다. 갓이 처음 탄생한 것은 햇빛이나 비를 가리는 등 실용적인 용도 때문이었으므로 재료 또한 주위에서 쉽게 구할 수 있는 풀이나 대나무 등을 사용한 것은 당연한 일이었다. 그러나 앞서 살펴본 바가 있듯이 이것이 신분을 나타내는 도구로 사용되기 시작하면서 큰 변화가 일게 된다. 요즘도 그렇지 아니한가. 물건 넣기 위한 가방이 차 한 대 값에 버금가는 것 또한 같은 이치다. 물건의 용도와는 무관하게 신분을 나타내는 기능을 하는 순간 그 물건은 용도와는 아무런 상관을 갖지 않게 된다.

갓이 그러했다. 흑립이 양반의 전유물이 되자 대나무나 풀로 만든다는 것은 도저히 수용할 수 없는 방식이었다. 그리하여 흑립은 말총으로 만든 마미립馬尾笠, 돼지털로 만든 저모립猪毛笠, 대나무를 실같이 가늘게 해서 만든 죽사립竹絲笠, 죽사립 위에 비단을 입힌 과라립裹羅笠, 돼지털과 대나무를 섞어 만든 죽저모립竹猪毛笠 등 다양한 재료의 제품으로 진화하게 된다. 나아가 갓의 높이와 챙의 넓이 또한 변했다.

그뿐이 아니었다. 갓에 달린 갓끈 또한 산호, 수정, 호박 등을 꿰어 만듦으로써 직위와 신분을 나타내, 갓끈의 모양과 재료만으로도 신분을 알 수 있도록 법으로 정해 시행하기도 했다. 이 정도 되자 갓에 대해 비판적인 생각을 하는 사람들이 등장하게 된다. 다음 글을 보자.

〈갓은 비를 피하는 도구다〉

갓은 농부가 비를 피하기 위해 사용한 도구였는데, 우리나라 사람들은 대소귀천을 막론하고 사례四禮(관·혼·상·제) 때면 다 쓰는 것은 말할 것도 없고 비 오지 않을 때도 쓰니, 이는 매우 무의미한 일이다. 어떤 사람은, "우리나라 사람이 싸움하기를 좋아하므로 기자箕子가 우리나라에 들어와 큰 갓과 긴 소매의 옷을 지어 입혀 백성으로 하여금 몸을 마음대로 활동하지 못하게 하였으니, 이는 싸움을 금지하기 위한 것이다"라고 하는데, 이는 믿을 수 없는 허황한 말이다. 이익은《성호사설星湖僿說》에서 갓을 옛 고깔이 변해 남은 유물이라 하였으나, 이 역시 그렇지 않다. 고깔은 꽈리처럼 생겼는데 지금의 갓은 위는 평평하고 아래 갓양태는 넓은데 어찌 고깔이라 하겠는가? 옛날에 풀로 갓을 만들어 비를 피했던 것일 따름이다.

〈갓은 개조해야 한다〉

요즈음 갓의 제도는 높고 넓어져, 쓰기에도 아치가 없고 균형이 안 맞아 볼품이 없다. 속담에 '갓이 너무 크면 항우項羽라도 눌리고 갓이 파손되면 학자라도 낭패를 본다'고 한다. 조정에서 영을 내려 일절 금하고 별도로 관건冠巾을 만들어 반포하되 등위等威를 정해야 한다. 다만 소립小笠을 제작하여 말 타는 자와 보행자가 길을 갈 때 머리에 쓰고 비를 피하거나 햇볕을 가리는 도구로 하는 것은 괜찮다. 그 제도는 모자는 이마를 덮을 수 있으면 되고 꼭대기는 지금의 갓처럼 평평하지 않아도 좋으며, 만약 꺾을 수 있으면 꺾어서 전립氈笠처럼 뾰족하지 않은 것이 좋다. 다만 갓모자 높이는 조금 낮추고 갓양태는 날카롭지 않게 해야 한다. 베 2자 5푼이면 되고, 갓끈은 넓되 길게 할 것은 없다.

〈갓의 폐단〉

갓의 폐단은 이루 다 말할 수 없다. 나룻배가 바람을 만나면 배가 기우뚱거리는데, 이때 조그마한 배 안에서 급히 일어나면 갓양태의 끝이 남의 이마를 찌르고, 좁은 상에서 함께 밥을 먹을 때에는 양태 끝이 남의 눈을 다치며, 여러 사람이 모인 자리에서는 난장이가 갓 쓴 것처럼 민망하다. 이는 사소한 일이지만 들에 가다가 비바람을 만나면 갓모자는 좁고 갓양태는 넓고 지투紙套는 경직하여, 바람이 그 사이로 들어오면 펄럭이는 소리가 벽력같은데, 위로 갓이 말려 멋대로 펄럭인다. 양쪽 갓끈을 단단히 동여매면 갓끈이 끊어질 듯 팽팽해져 턱과 귀가 모두 당겨 올라가고 상투와 수염이 빠지려 한다. 유의油衣(비옷의 일종으로, 종이나 포목을 기름에 결어서 만든다)는 치마같이 하여 머리에 써서 손으로 잡는 것인데, 바야흐로 비바람이 불어칠 때는 갓이 펄럭여 일정하지 않으므로 불가불 끈을 풀어 손으로 갓의 좌우를 부축해야 하는데, 빗물이 넓은 소매로 들어오므로 무거워서 들 수가 없다. 또 말이 자빠지려 할 경우 어떻게 손으로 고삐를 잡겠는가. 이렇게 되면 위엄을 잃은 것을 부끄러워할 겨를은커녕 죽고 사는 것이 시각에 달리게 된다. 이는 다 갓모자가 좁아 머리를 덮지 못하고 갓양태가 넓어 바람을 많이 타기 때문이다.

일찍이 여진女眞 사람이 말 타는 것을 보았는데, 급한 비를 만나면 얼른 소매와 옷

깃이 있는 유의油衣를 입고 또 폭건幅巾 같이 부드러운 모자를 쓰고 채찍질하여 달렸다. 그러니 어찌 상쾌하지 않겠는가?

이른바 나태한 풍습과 오만한 태도가 모두 갓에서 생기니, 어찌 옛 습속이라 하여 낡은 인습을 버리지 않고 둘 수 있겠는가?

– 이덕무,《청장관전서》

《청장관전서》는 조선시대 실학자인 이덕무의 문집이다. 그러니 실학자 이전에 양반이었던 이덕무가 이러한 발언을 하기까지 고민했던 그 무렵 조선의 현실이 눈에 선하다. 혹시 우리 또한 인습의 덫에 걸려 심각한 문제를 안고 있는 현실을 무조건적으로 수용하면서 살고 있지는 않은지 되돌아볼 필요가 있지 않을까.

23

사발통문

처음과 끝이 없는 '불온한' 문서

사발통문을 모르는 분은 안 계실 것이다. 우리 옛 그릇인 사발을 종이 가운데 놓고 그 주변으로 돌아가며 서명을 한 글을 말한다. 통문通文이란 '여러 사람에게 돌리는 문장'이니, 누가 이 문장을 보아도 주모자가 누구인지 알 수 없도록 한 것이리라.

그런데 우리에게 가장 잘 알려진 동학농민운동의 시발이 된 첫 번째 사발통문을 보면 주모자로 알려진 전봉준의 이름이 눈에 잘 띈다. 아무리 감추려고 해도 글씨의 크기와 위치, 힘에서 드러나기 마련인 모양이다.

여기서 동학농민운동에 관한 상세한 설명은 하지 않겠다. 그에 대해서는 워낙 많이 알려져 있고, 또 알고자 한다면 그에 관한 자료를 구하기란 어렵지 않기 때문이다. 그러나 사발통문이라는 글 제목답게 계사년(1893)에 발표한 동학농민운동의 시발이 된 사발통문의 내용은 살펴보기로 한다.

계사 십일월 일癸巳 十一月 日

전봉준全琫準, 송두호宋斗浩, 정종혁鄭鐘赫, 송대화宋大和, 김도삼金道三, 송주옥宋柱玉, 송주성宋柱晟, 황홍모黃洪模, 최흥열崔興烈, 이봉근李鳳根, 황찬오黃贊伍, 김응칠金應七, 황채오黃彩伍, 이문형李文炯, 송국섭宋國燮, 이성하李成夏, 손여옥孫如玉, 최경선崔景善, 임노홍林魯鴻, 송인호宋寅浩

각리리 집강 좌하各里里 執綱 座下

이와 같이 격문을 사방에 빠르게 전하니 말할 것도 없이 논의가 끓어올랐다. 매일 나라 망할 난리가 일어나기만을 노래하던 민중들은 곳곳에 모여서 말하되 "났네 났어 난리가 났어. 에이 참 잘되었지. 그냥 이대로 지내서야 백성이 한 사람이나 어디 남아 있겠나" 하며 기일이 오기만 기다리더라.

이때에 도인道人들은 선후책善後策을 토론 결정하기 위하여 고부 서부 죽산리 송두호 집에 도소都所를 정하고 매일 운집하여 다음 순서를 결정하니, 그 결의된 내용은 다음과 같다.

1. 고부성古阜城을 격파하고 군수 조병갑趙秉甲을 효수할 일.
1. 군기창軍器倉과 화약고를 점령할 일.
1. 군수郡守에게 아첨하여 인민을 침탈한 탐관오리를 나무라 징계할 일.
1. 전주영全州營을 함락하고 경사京師로 직향할 일.

이와 같이 결의되고 따라서 군략軍略에 능하고 여러 일에 민활한 영도자 될 장將……(이하 누락)

그런데 우리에게 잘 알려진 위 사발통문이 실제로는 원본이 아니고 필사

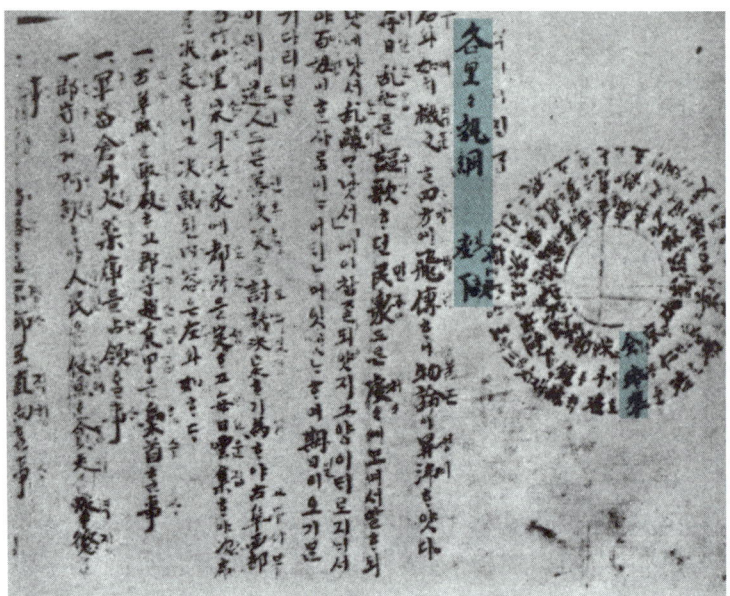

동학농민운동 당시 사용한 사발통문.
아래쪽에 '전봉준全琫準'이라는 이름이 크고 선명하다. 사발통문 왼쪽에는 '각리리 집강 좌하各里里執綱 座下'라는 제목 아래 전하고자 하는 결의사항이 기록되어 있다.

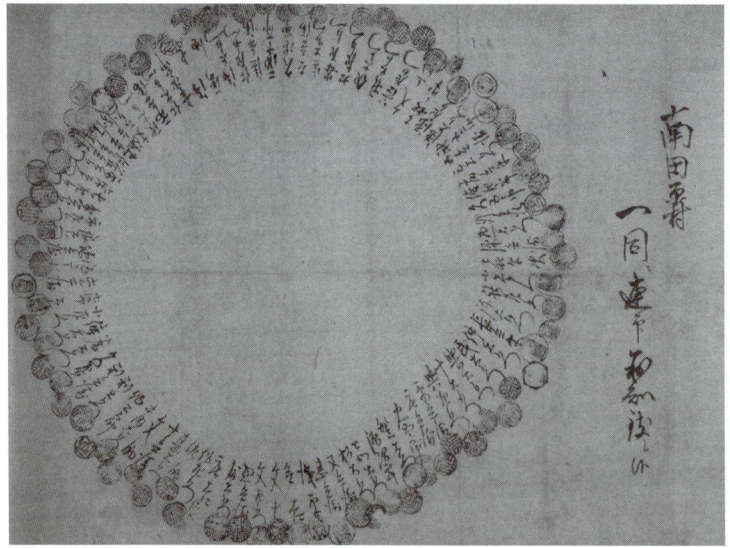

일본의 가라카사 연판장.
가라카사는 '종이우산'이란 뜻으로, 우산을 동그랗게 펼친 모양이라는 의미로 붙여진 명칭이다.

본이며, 내용 또한 1893년 11월에 작성된 것인지에 대한 논의 또한 분분하다. 그렇다고 해서 위 사발통문 자체가 허위이거나 거짓된 것은 아니니 역사적인 사료에 늘 따르는 소소한 문제라고 이해하자. 자칫 이러한 논의가 이 자료에 대한 신뢰를 넘어 사건 자체에 대한 신뢰 문제로까지 비화되는 일을 우리는 자주 목도하지 않았는가.

그런데 이러한 형식의 연판장이 우리나라에만 있을 리는 없는 노릇. 일본에서는 가라카사 연판장傘連判狀이라는 이름으로 우리의 사발통문과 유사한 형식이 널리 사용되었다. 이때 가라카사란 '종이우산'을 뜻하는데, 앞의 사진을 보면 알 수 있듯이 우산 모양으로 둥글게 연명으로 서명하였다.

이러한 연판장은 대부분 농민들이 지배장인 사무라이들에 항거할 때 주로 작성했다. 지배층은 농민들이 폭동을 일으킨 경우 그 원인을 조사해 합리적인 내용에 대해서는 수용하기도 하였는데, 그럼에도 주동자는 반드시 처형시키는 것을 원칙으로 하였다. 그러자 농민들이 고안해낸 것이 바로 가라카사 연판장이었던 것이다. 종이우산은 요즘에는 사용하지 않지만 우리나라에서도 40여 년 전에는 사용하였다. 오늘날 사용하는 우산의 천 대신 기름종이를 사용한 것인데, 일본에서는 아직도 기념품이나 장식품 등으로 제작하는 듯하다.

24

서울

서울은 고유명사일까, 보통명사일까

일반인들에게는 별것 아닌 듯 보이는 일들이 전문가들 사이에서는 평생을 걸어야 할 만큼 중요한 일이 되기도 하는데, 서울이 고유명사인가 보통명사인가 하는 점도 그 해답을 찾으려고 수없이 노력한 이들에 의해 밝혀진 셈이다. 결론적으로 서울은 고유명사가 아니라 보통명사로 보는 것이 타당하다.

그렇다면 대한민국 수도首都, 즉 가장 우두머리가 되는 도읍지인 서울이라는 도시는 자신만의 이름을 갖지 못했다는 말인가? 결론적으로는 그렇다. 다만 '서울'이라는 보통명사가 한글로 되어 있기 때문에 외국인들에게는 고유명사가 되는 셈이다. 이는 몽골어로 '물이 없는 곳'이라는 뜻의 보통명사 '고비'가 우리에게는 사막 이름인 고유명사로 받아들여지는 것과 마찬가지다.

이런 예는 상당히 많은데, 사하라 사막의 '사하라' 역시 아랍어로는 '사막'을 뜻한다. 결국 '사하라 사막'이라 부르면 '사막 사막'이 되는 셈인데,

이게 외국어 명칭이 가져다주는 혼란이자 매력일지 모른다. 아, 호주에는 그레이트샌디 사막이 있다. 이는 영어로 분명 'Great Sandy'일 테니 이 또한 '대단한 사막 사막'이다.

자, 아무튼 본론으로 들어가 보자. 서울은 왜 대한민국 수도를 가리키는 고유명사가 아니라 보통명사가 된 것일까?

서울이라는 지명에 대해 심각하게 연구해보지 않은 분들이라도 신라의 도읍을 '서라벌'이라고 불렀다는 사실은 알고 계실지 모른다.

"시조의 성은 박씨요, 휘는 혁거세다. 전한 효선제 오봉 원년 4월 병진일에 즉위하니 명칭은 거서간이오. 나이는 13세였다. 국호를 서나벌徐那伐이라 하였다."
-《삼국사기》〈신라본기〉

"남자는 알에서 나왔고 그 알은 박만 하였다. 방언에 바가지를 박朴이라 하여 곧 박을 성으로 삼았으며, 여자는 태어난 우물 이름으로 이름을 삼았다. 두 성인이 나이 13세 된 오봉 원년 갑자에 남자는 왕이 되고 여자는 왕후가 되었다. 나라 이름을 서라벌徐羅伐 또는 서벌徐伐 혹은 사라斯羅 또는 사로斯盧라 했으나, 처음에 계정鷄井에서 낳았기 때문에 계림국鷄林國이라고도 했다."
-《삼국유사》〈기이紀異〉

위에서 알 수 있듯이 신라의 국호는 초기에 '서라벌, 서나벌, 서벌, 사라, 사로' 등으로 불렸다. 그런데 이 모든 한자음이 시간이 지나면서 변하여 지증왕 때는 우리에게 알려진 신라新羅로 확정되었다. 결국 초기에 경주에 국한하여 사용된 '서라벌, 서나벌' 등의 지명이 후에 신라로 확정되었고, 이후

서라벌 등의 지명은 한 나라의 도읍을 가리키는 용어가 된 것이다.

그러나 이것이 전부는 아니다.

백제의 초기 수도의 명칭은 소부리^{所夫里}였다. 그리고 소부리가 변하여 서울이 되었다는 설 또한 적지 않다. 이 이론은 오늘날의 서울이 서라벌과는 너무나 멀리 떨어져 있어 옛 기준으로는 연결 짓기 어려운 반면, 소부리는 곧 서울 지역 부근이 분명하다는 사실 때문에 한쪽에서는 더욱 신뢰할 만한 근거로 들기도 한다.

이 외에도 서울에 대한 의견은 많다. 그 가운데 고려의 수도인 개성의 본래 명칭 송악^{松岳}(소나무 송, 바위 악)이 '솔+부리'가 되어 '솔부리 → 소불 → 서울'로 변했다는 설도 있다.

또 하나 중요한 이론은 철원^{鐵原}(이곳은 궁예가 세운 태봉의 도읍지였다)이 '쇠 철, 벌판 원'의 한자 뜻에 따라 '쇠+벌'로 변하였고, 이것이 후에 서울이 되었다는 것이다. 이 이론은 신라시대에 서라벌을 금성^{金城}(쇠 금, 성 성)으로 표기했다는 사실이 옛 문헌에 나타나므로 무시할 수 없는 이론이라 할 것이다.

여하튼 서울이라는 명칭이 오래전 한자음으로부터 변하여 탄생한 것만은 분명할 뿐 아니라 도읍지를 나타내는 명칭이라는 사실 또한 공통적이기 때문에 우리 겨레에게 서울이라는 명칭은 고유명사라기보다는 보통명사로 수용되기에 이른 것이다.

그리하여 조선시대 500년 동안 서울이라는 명칭은 사라지고 대신 한양^{漢陽}, 한성^{漢城} 등을 사용했음에도 다시 서울이라는 명칭이 등장해 오늘날 대한민국 수도의 명칭으로 굳건히 자리 잡은 것이리라.

한편 한글을 사용하지 않은 조선시대에는 서울을 뜻하는 한자로 무엇을

김정호의 〈수선전도〉.
수선首善이란 호칭은 중국의 역사서인 《사기》에 나오는 '建首善自京師始(건수선자경사시)', 즉 '으뜸가는 선을 건설함은 도읍에서 비롯한다'고 한 데서 유래하였다.

썼을까?

우선 '수선首善'이라는 호칭이 있다. 이는 김정호가 그린 서울 시가지 지도인 〈수선전도首善全圖〉에서 나타나는데, 그 외에는 사용한 흔적이 별로 없다. 또 서지학자인 김시한은 조선시대 정부 간행물인 《증보문헌비고》를 샅샅이 조사한 결과 서울을 '서완徐菀'으로 표기했다는 사실을 밝혀냈다. 이는 조선 정부의 공식적인 기록이라는 측면에서 신뢰할 만한 표기임이 분명하다. 다만 '완菀'이라는 글자가 일반적으로 쓰지 않는 글자인 까닭에 대중화하기에 난점이 있다는 아쉬움이 있다.

이쯤에서 서울이라는 명칭의 외국어 표기에 대해서도 살펴보기로 한다. 왜냐하면 이미 서울은 우리만의 서울이 아니라 세계 속의 서울로 자리매김하고 있으므로 외국인들이 부르는 호칭 또한 결코 등한시할 수 없기 때문이다.

이와 관련해서 필자의 경험 한 가지를 소개하겠다. 몇 년 전 필자가 중국에 갔을 때의 일이다. 한자로 된 명함을 주며 "김홍식"이라고 소개했음에도 중국인들은 계속 "진씽지"라고 부르는 것이었다. 그래서 다시 한 번 "金은 한국어로 '김'이고 '진'이 아니다"라고 강조했던 적이 있었다. 그러나 이런 노력만으로는 외국인들이 우리 고유명사의 호칭을 제대로 불러주기를 기대할 수 없을 것이다.

그 대표적인 경우가 서울이었는데, 서울은 영어로는 Seoul, 불어로는 Séoul, 스페인어로는 Seúl이라고 표기하는데, 이는 모두 조선 후기에 들어온 프랑스 선교사의 표기인 Sé-oul(쎄울)에서 유래한 것으로 보인다. 그렇다면 오늘날 우리나라를 찾는 관광객 가운데 가장 높은 비율을 차지하는 중국인들은 서울을 어떻게 부를까?

몇 년 전만 해도 중국인들은 서울을 韓城(한성)이라 표기하고 '한청'이라 불렀다. 그런데 이 호칭이야말로 국적 불명의 것으로 대한민국 사람이라면 그 누구도 알아들을 수 없는 것이었다. 한성도 아니고 한양도 아닌, 한청이라니! "Where is the Hancheng?" 하면 도대체 누가 서울을 가리킬 것인가?

결국 우리 측에서 공식적으로 서울의 호칭을 발음에 맞게 해줄 것을 중국에 요청했고, 중국은 이를 받아들여 오늘날 중국에서는 서울을 '首尔(수이)'로 쓰고 'Shǒuěr(서우얼)'로 부르고 있다.

episode 02

25.
수령칠사
조선 관원들의 생활백서

26.
노비의 품격
비싸야 노예보다 비싸다?

27.
종교에 대하여
대한민국은 종교 공화국이다

31.
서희의 담판
외교의 논리에 대하여

32.
정조의 분노
지름길을 찾아서 금색하게 걷는다면

33.
판소리의 즐거움
100년 전의 열광은 다어디로갔을까

37.
천재의 길
구용구사, 인간이 갖춰야할아홉 가지 행동과 생각

38.
고등어, 굴비, 명태
밥상의 위기에 대하여

39.
무등산 타잔
어느 살인마의 최후 진술

43.
사상계
광복 이후가장 커다란 영향을 미친 책

44.
무령왕의 무덤
혼돈에서 영광으로

45.
밀실의 약속도 약속인가
가쓰라와 태프트, 그리고 루스벨트

49.
옛날, 전쟁은...
양만춘, 연개소문, 당태종, 그리고안시성 전투

50.
통신원 보고
황윤길 vs 김성일

51.
암행어사의 일기
정의사회의 로망에 대하여

즐거운 지식

28.
선교사와 사업가
운산금광의 불평등 계약

29.
남한산성
세 번 절하고 아홉 번 머리를 조아리다

30.
조선시대 거리 풍경
청결에 대하여

34.
'노걸대'와 '박통사'
고려·조선시대 외국어 학습의 베스트셀러

35.
비석을 찾아서
주사길정희의 문화재 훼손

36.
흥타령
한과 신명, 우리의 소리를 찾아서

40.
그림에 대하여
희자는 45억 원이 슬프지 않은 물에

41.
망국의 왕자
두 재의 길, 의친왕과 영친왕

42.
조선의 궁궐
영욕의 역사를 보다

46.
"폐하," 난 전하다."
작헤에 대한 단상

47.
임신서기석? 임신서기석!
돌 하나가 전하는 말

48.
사명대사비
다시, 친일과 청산에 대하여

52.
172,000일의 위대한 유산
2대석 그들은 기록을 남겼다

53.
영화, 좋아하세요?
최초의 영화비평 주간지 《영화지남》에 대하여

25

수령칠사

조선 관원들의 생활백서

수령守令이라는 관직은 역사서나 옛 서적들을 보면 흔히 등장하는 칭호다. 그렇다면 '수령'의 정확한 개념은 무엇일까?

수령이란 고려·조선시대에 각 고을을 맡아 다스리던 지방관들을 통틀어 이르는 말이다. 따라서 절도사니 관찰사, 지역에 따라서는 부윤, 목사, 부사, 군수, 현감, 현령 따위를 두루 아울러 수령이라고 부르는 것이다. 그러니까 같은 수령이라고 하더라도 그 직급에 있어서는 천차만별이라고 할 수 있다. 한 도의 으뜸 벼슬인 관찰사가 종2품인 반면, 한 현을 책임지는 현감의 경우는 종6품 정도니 말이다.

《춘향전》을 읽다 보면 한 가지 궁금한 점이 나타난다. 이몽룡의 부친은 온 가족을 데리고 남원 부사로 부임하였는데, 왜 변학도는 홀로 부임하였는가 하는 점이었다. 아무리 변학도가 색을 밝히는 인간이라 하더라도, 온 가족을 대동하고 부임하였다면 부임하는 날로 기생 점고부터 하지는 못하였을 테니까 말이다.

그런데 우리가 가장 훌륭한 선비 가운데 한 분으로 일컫는 다산 정약용 선생은 《목민심서》에서 이렇게 말하고 있다.

"《속대전》에 '수령 가운데 가족을 지나치게 많이 데리고 간 자와, 관비를 몰래 간통한 자는 모두 적발해서 파면한다'고 규정되어 있다. 상고하건대 국전國典에 가족을 많이 거느리는 것을 금하고는 있으나 뚜렷하게 규정한 바는 없다. 마땅히 일정한 규정이 있어야 할 것이다. 부모와 처 외에는 아들 1명만 허용하되, 미혼 자녀들은 모두 허용하고, 사내종 1명, 계집종 2명 외에는 데리고 가지 못하게 하는 것이 좋다.
부모, 처자, 형제를 육친이라고 한다. 위로 조상의 신주를 모시고 아래로 식객을 거느리고 또 노비까지 데리고서 온 집안이 이사해 간다면, 모든 일이 얽히고 꼬여 사사로운 일 때문에 공무가 가려지고 정사가 문란해질 것이다. 옛날의 어진 수령들이 가족을 따라오지 못하게 한 것은 참으로 이유가 있는 것이다. 오직 부모가 연로하셨으면 잘 봉양하는 데에 힘쓸 것이나, 그 밖의 일들은 간략함을 좇아야 할 것이다."

한마디로 한 고을의 수령으로 부임하는 사람이라면 가족을 대동하지 말 것을 권하고 있는 것 아닌가? 음, 그렇다면 이몽룡의 부친 이한림은 썩 뛰어난 목민관은 아니었다는 말씀?

여하튼 다산 선생이 이런 글을 남긴 이유가 없을 리 없다. 그것은 수령이라고 하는 사람이 온 가족을 대동하고 부임한다면 당연히 그 가족들까지 수령 노릇을 하려 들 것을 염려했기 때문이다. 오늘날처럼 민주화되었다는 사회에서도 권력자의 가족들이 권력을 휘두르는 경우 으레 그러려니 하는 판국이니, 과거 절대 왕조 시대에는 그런 일이 다반사였음을 능히 짐작할 수 있다. 《춘향전》에서도 고작 열댓 살 먹은 이몽룡이 생전 처음 보는 남의 집 규수를 불러오라고 이르지 않는가 말이다. 그러니 진정 청백리를 꿈꾸는 관리라면 지방관으로 부임할 때 홀로 부임하는 것이 올바른 도리라 할 것이다.

그런데 수령의 임기는 약 900일에 달했다. 햇수로 3년 가까운 것이다. 그럼에도 수령의 휴가는 무척 엄격하여, 부모를 찾아뵙는 것도 연세가 아주 많은 부모가 아니면 3년에 한 번으로 제한되었고, 성묘는 5년에 한 번밖에 허용되지 않았다. 그러니 수령으로 부임한 날로부터 독수공방 긴긴 밤이 시작되는 것이다. 이런 상황이라면 변 사또가 기생 점고부터 한 것도 얼핏 이해가지 않는 것은 아니라는 생각이 들지 않는가.

여하튼 한 지역을 총괄하는 수령이라는 자리가 우리가 생각하듯 화려한 자리만은 아니었던 것 같다. 물론 웬만한 백성이라면 수령의 판단에 따라 옥에 가둘 수도 있었으니 대단한 자리이기는 했다. 그러나 그러한 사법권도 아무렇게나 휘두를 수 있는 것은 아니었으니, 구금 일수도 정해져 있었고 곤장을 마음대로 때릴 수 있는 것도 아니었다. 만일 이러한 사법권이 온전히 수령의 권한이었다면 변 사또가 춘향이를 옥에 가두고 곤장을 친 것 또한 아무 죄가 될 수 없었을 것이다. 그러나 그런 행동은 당연히 불법적인 것이었다.

반면에 수령이 지켜야 할 의무는 무척 많았다. 그 가운데 대표적인 것이 바로 《경국대전》〈이전吏典〉 '고과조考課條'에 실려 있는 '수령칠사守令七事'라는 것이다. 수령칠사, 즉 수령이 행해야 할 일곱 가지 일이란 무엇을 뜻하는 것일까? 수령칠사는 한마디로 수령으로 부임한 관리가 힘써 행해야 할 '일곱 가지 업무 지침'이라고 보면 될 것이다.

수령칠사를 살펴보면 다음과 같다.

첫째, 농상을 융성하게 해야 한다[農桑盛]. 즉 농업과 뽕잎 농사를 크게 일으켜야 한다는 것이다. 이때 뽕잎은 단순히 누에의 먹이인 뽕잎을 많이 수확하는 것뿐만 아니라 농업의 식食과 아울러 뽕잎의 의衣를 가리키는 것이다. 다시 말하면 백성의 의식衣食을 풍요롭게 하는 데 힘쓰라는 말이다.

둘째, 가구 수를 늘려야 한다[戶口增]. 농업이 주산업인 시대에 가구 수의 증가는 곧 생산력의 증가를 의미하고, 생산력의 증가는 다시 세금의 증가로 이어진다. 따라서 중앙정부에서는 그 어느 역할보다 이 사항을 지방관에게 강하게 요구한다고 하겠다. 오늘날에도 각 지역들은 점차 줄어드는 인구를 증가시키기 위해 온갖 묘안을 짜내고 있으니, 이 문제는 과거의 문제에 머무르고 있는 것이 아닌 듯하다.

셋째, 학교를 일으켜야 한다[學校興]. 학교를 일으킨다는 말은 단순히 학교를 세우는 것이 아니라, 교육을 통해 국가에 대한 충성심과 예절을 갖춘 백성으로 교화함을 의미한다. 따라서 이 또한 국가로서는 나라를 다스리는 수단으로 매우 중요한 것이었다.

넷째, 군정을 잘 다스려야 한다[軍政修]. 군정이란 군역軍役을 합리적으로 부과함으로써 국가적 위기가 찾아왔을 때 적절히 대처토록 하는 것이다.

다섯째, 부역을 공평하게 부과하여야 한다[賦役均]. 국가에서 징수하는 다양한 형태의 세금을 공평하게 하는 것이야말로 지방을 책임지고 있는 수령이 해야 할 주요한 임무였다. 만일 이 업무가 공평무사하게 이루어지지 않는다면 당연히 백성들의 불만을 야기할 것이고, 이는 다시 국가의 불안 요소로 자리 잡을 것이기 때문이다.

김홍도의 《사계풍속도병》 중 하나인 〈취중판결〉.
《사계풍속도병》은 사계절의 풍속을 그린 여덟 폭 병풍으로, 김홍도가 30대인 화원 시절에 제작한 풍속화로 추정된다. '취중판결'이란 제목에서도 짐작할 수 있듯, 수령이 해야 할 일 가운데 가장 많은 것이 바로 재판이었다.

여섯째, 소송을 간명하게 축소할 것(詞訟簡). 과거 조선도 말보다는 법이 우선시되던 사회였던 듯하다. 자료들을 보면 수령들이 해야 할 일 가운데 가장 많은 것이 바로 재판이었으니 말이다. 하기야 한 고을에서 벌어지는 수많은 사건을 모두 수령이 책임지고 해결해야 했으니 얼마나 많았겠는가. 예나 지금이나 인간들의 욕심은 끝이 없었을 것이고, 불평불만을 가진 사람들은 결국 법에 의지할 수밖에 없었을 테니까. 그러니 훌륭한 수령이라면 정치를 합리적으로 집행하고 세금 부과도 모든 사람이 수긍할 수 있도록 객관적으로 행사함으로써, 가능하면 백성들의 불평불만을 야기치 않도록 하여 소송을 줄여 나가야 한다는 것이 중앙정부의 판단이었다.

일곱째, 향리의 교활하고 간사한 버릇을 종식시키도록 할 것(奸猾息). 수령들은 연고지에 부임하지 않는 것이 원칙이었다. 따라서 수령들이 각 지방의 사정에 익숙하지 않은 것은 당연한 일일 것이다. 그렇다면 각 관아의 행정은 누구 손아귀에서 요리되었겠는가? 당연히 그 지방 행정의 터줏대감인 향리鄕吏였을 것이다. 향리들은 같은 고을에서 대물림으로 내려오던 구실아치들이었으니 각 지방의 살림살이부터 백성들의 사정까지 두루 꿰뚫고 있었다. 그러니 수령이 집행하는 재판에서 향리의 의중이 반영되는 것 정도는 일도 아니었을 터. 이러다 보니 향리를 뿌리 깊은 나무에 비유하는 반면, 수령은 그 나무 위에 잠시 앉았다 가는 철새로 여기기까지 했다. 향리들의 폐해는 그 정도가 대단해서 《목민심서》에도 향리들의 농간이 줄줄이 나열되어 있고, 어린 나이에 낙안 군수로 부임한 임경업은 향리들의 이른바 왕따로 인해 어지간히도 속을 썩였다 한다.

수령칠사만 잘 이행하면 수령 역할은 반 이상 성공한 것으로 보아도 무방하였다. 그런 까닭에 수령칠사는 지방관에 대한 인사 고과의 기준이기도 했다.

26
노비의 품격

비婢가 노奴보다 비싸다?

노비奴婢라는 단어가 노奴(남자 종)+비婢(여자 종)로 이루어진 것임은 대부분 아실 것이다. 다른 나라의 역사를 보면 노예라는 단어가 자주 등장하는 반면 우리나라 역사에서는 노예란 단어가 나타나지 않는다. 그렇다면 노예가 없었다는 말인가?

브리태니커 사전은 노예를 '인격으로서의 권리와 자유 없이 주인의 지배 하에 강제·무상으로 노동하며, 또 상품으로 매매·양도의 대상이 되는 인간'이라고 규정짓고 있다. 이 규정에 따르면 우리나라의 노비 또한 노예와 별반 다르지 않다. 다만 우리나라 노비들은 혼인도 할 수 있었고, 일정한 조건 하에 사유재산을 소유하기도 했으며, 노비로부터 벗어날 수 있는 기회도 가질 수 있었다. 또 나이가 어리거나 늙으면 노비가 져야 할 의무를 경감받기도 하였다.

따라서 노예와 노비를 동일시할 수는 없지만, 그렇다고 본질적으로 크게 차이가 나는 것도 아니었다. 우리나라 노비도 강제·무상으로 노동하여야 했고 매매·양도되기도 했으니, 인간으로 인정받기보다는 상품으로 평가받은 측면이 컸기 때문이다.

이러한 측면은 노비를 셀 때 쓰는 단위가 사람을 나타내는 '명名'이나 '인人'이 아니라 '구口'라는 것에서 분명히 확인할 수 있다. '구口'는 입이라는 뜻이니 밥 먹고 똥 싸고 일하는, 따라서 생활에 도움을 주는 소나 말 같은 동물과 별반 다르지 않다는 의식의 소산인 셈이다.

그런데 여기서 놀라운 사실 하나를 기억할 일이다. 역사에 기록된 바에 따르면 세종조에는 형벌을 받아 노비가 된 자도 60세가 되면 풀어주었다는 것이다. 오늘날 흉악범도 아닌 죄인, 특히 사상범을 30년씩이나 감옥에 가두어두는 것은 인권 측면에서 조선시대보다도 더 후퇴한 것이 아닌가 반문해볼 대목이다.

또 놀라운 사실은 노비에게도 출산 휴가가 있었다는 것이다. 비婢, 즉 여자 종은 출산 전 한 달, 출산 후 50일의 휴가를 받았으며, 그 남편에게도 산후 10일간의 휴가를 주었다. 이에 비해 오늘날 우리 사회는 어떤가? 신분증에 노비라고 씌어 있어야만 노비가 아니다. 인간 이하의 대접을 받으면 모두가 노비임을 기억해야 할 일이다.

그렇다면 현대를 살아가는 우리 모두는 노비를 우리와는 전혀 상관없는 인간 이하의 존재로 평가해도 괜찮은 것일까? 유감스럽게도 21세기를 살아가는 한국인 가운데 꽤 큰 비율이 노비를 조상으로 두고 있다고 보아야 하니, 그렇게 노비를 경원시해서는 안 될 것이다.

사실 조선시대의 신분 계층별 비율은 정확히 알려진 것이 별로 없다. 그 까닭은 아마도 임진왜란과 병자호란 등을 겪으면서 행정 서류들이 대부분

멸실되었기 때문일 것이다. 그런 까닭에 학자들은 일부 지방에 남아 있는 자료를 바탕으로 조선시대의 신분별 인구 비율을 추정하고 있다. 현재까지 알려진 바에 따르면 1690년대 대구 지방의 신분별 인구 비율이 양반 약 10퍼센트, 상인常人 약 50퍼센트, 노비 약 40퍼센트로 나타나고 있다. 1690년대만 해도 이미 임진왜란이 발발한 지 100여 년 후이니 양반의 비율은 상승하였을 것이고 노비의 비율은 하락했을 것이다. 왜냐하면 혼란기를 틈타 양반으로 올라가고자 하는 사람이 많았을 것이고, 노비로부터 벗어나고자 하는 중생도 많았을 것이기 때문이다. 실제로 임진왜란 당시 수많은 사람이 노비로부터 벗어날 수 있었다. 어떻게?

국가 재정이 허약해지기 시작한 조선 명종(재위 1545~1567)조부터는 일정량의 곡식(약 50~100섬)을 납부하면 면천免賤을 허락하였다. 이렇게 문란해지기 시작한 신분제는 임진왜란을 맞아 급격히 동요하기 시작하는데, 전쟁이 발발한 후에는 적의 머리 하나를 베면 면천을 해주었다. 또 일정량의 곡식을 납부하면 면천이 되는 것은 당연하였다. 전쟁이 장기화하면서 정부의 재정은 날로 피폐해졌을 테니까.

그런 까닭에 임진왜란 전, 그러니까 조선 중기 이전에는 양반의 비율이 5퍼센트 미만이었을 거라는 추측도 있다. 필자도 이 비율이 현실적일 거라고 여긴다. 그러니까 21세기를 살아가는 우리들 가운데, 집안에 몇 장의 교지敎旨나 잘 꾸며진 족보가 있다고 해서 "우리 집안도 양반 출신이야"라고 여기는 것은 안타깝게도 사실이 아닐 가능성이 무척 높다는 것이다. 적어도 양반 가문 출신임을 당당히 내세우려면 교과서에 조상의 이름이 등재되어 있거나, 지방 어딘가에 조상의 사당이 남아 있고 ○○ ○씨 고택古宅을 유지하고 있어야 한다는 것이다.

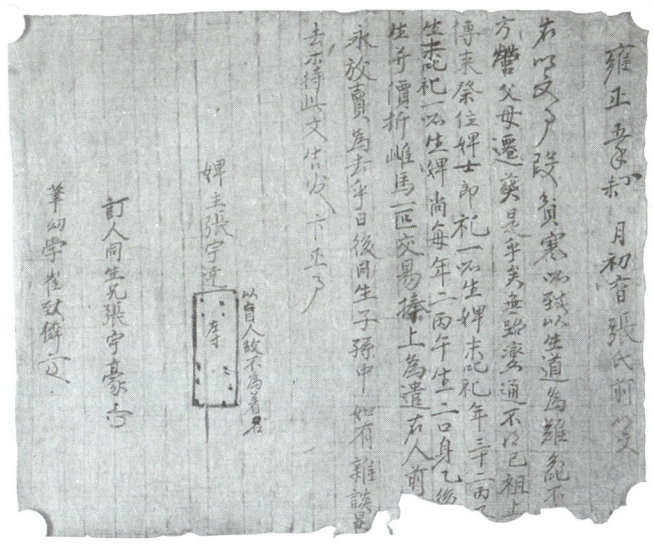

노비 매매 문서.
노비 주인 장우달이 노비 두 명을 암말 한 필과 교환했다는 내용의 문서. 장우달은 맹인인 까닭에 수결 대신 좌촌(왼손 가운뎃손가락 첫째 마디와 둘째 마디의 길이를 잰 뒤 그림을 그려 넣는 것)을 기록했다. 이 문서를 통해서도 노비의 매매 가격이 소나 말 같은 가축보다도 훨씬 싼 값이었음을 알 수 있다.

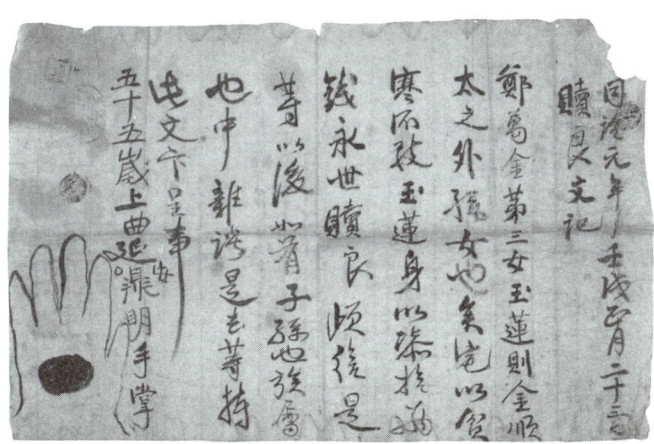

노비 해방 문서.
노비를 해방시켜 양민으로 삼는다는 문서로 그 내용은 다음과 같다(1862년). "정만금의 셋째 딸 옥련 玉蓮은 김순태金順太의 외손녀다. 그런데 집안이 빈한한 까닭에 옥련의 몸을 칠십냥 전으로 영구히 양민으로 풀어준다. 탈이 생기거든 이후에 만약 어떤 자손이나 집안사람 중에 시비를 거는 등 문제를 삼으면 이 문서로써 바로잡을 일이다."

그러나 그런다고 뭐가 달라질까? 조상이 양반이면 21세기를 살아가는 후손도 양반으로 대접받아야 할까? 그들은 노블레스 오블리주를 실천하고 있을까? 그러기는 힘들다. 오히려 양반입네 하면서 과거에 얽매인 채 현대의 쏜살같은 시대적 변화를 거부하고 있을지도 모른다. 이런 자세는 오히려 현대를 합리적이고 창의적으로 살아가는 데 장애가 될지언정 새로운 시대를 살아가는 데 약이 되기는 어려울 것이다.

각설하고, 다시 노비의 세계로 돌아가자.

노비의 종류에는 관청을 비롯한 국가 소유의 공노비와 개인이 소유한 사노비로 구성되어 있다는 사실을 모르는 분은 안 계실 것이다. 그런데 공노비는 다시 선상노비選上奴婢와 납공노비納貢奴婢로 나뉜다. 선상노비란 일정 기간 동안 신체를 관청에 맡기는 것이고, 납공노비는 몸으로 일하는 대신 면포 등을 납부하는 것이다. 그러니 선상노비보다는 납공노비가 더 선호되었을 것은 뻔한 사실이다.

공노비는 국가 입장에서는 매우 중요한 재정적 기반이기도 하였다. 당연한 것 아닌가? 아무 대가도 주지 않고 일을 시킬 수도 있고 공납을 받을 수도 있으니 말이다. 그래서 조선 건국 초기에는 사찰을 혁파하면서 사찰에 속해 있던 노비들을 모두 공노비로 복속시켜 정부 재정의 기반을 다지기도 하였다. 1484년, 그러니까 조선이 건국된 지 100년이 채 못 된 해에 공노비의 숫자가 35만에 달했다고 하니(그 시대의 총 인구는 정확하지는 않지만 500만을 밑도는 것으로 추정된다) 그 엄청난 숫자에 놀랄 만하다.

사노비는 잘 알려져 있다시피 주인집에서 기거하며 일하는 솔거노비와, 밖에서 살며 주인에게 공납을 하는 외거노비로 구분된다. 이런 까닭에 솔거노비는 자신의 삶을 스스로 영위해 나갈 기회를 갖지 못한 반면, 외거노비들은 재산 증식 등에서 솔거노비와는 판이하게 달랐고 오히려 양민들과 유사했다고 할 수 있다.

음, 이제 제목과 관련된 궁금증을 풀 때가 되었다. 앞서 노비는 상품처럼 사고팔 수 있다고 말한 바 있다. 맞다. 따라서 노비도 상품인지라 가격이 책정되어 있었음은 당연하다. 그렇다면 얼마쯤 될까? 이 또한 상품의 질에 따라 천차만별이었다.

노奴의 경우에는 튼튼하고 일을 잘한다면 비쌌을 것이고, 허약하고 게으르다면 값이 쌌을 것이다. 비婢의 경우도 마찬가지여서 얼굴이 반반하고 젊으면 비싼 반면, 외모가 떨어지고 나이가 들었다면 값이 쌌을 것이다. 특히 아이를 잘 낳을 것 같은 여자 종이 가장 비쌌다. 그러니까 황소보다 씨 좋은 암소가 더 비싼 현실이 노비의 거래에서도 그대로 적용된 것이다.

그렇다면 동물과 비교해서 노비의 가격은 어땠을까? 알려진 바에 따르면 말이나 소보다 더 쌌다. 당연한 거 아닌가? 밥 많이 먹지, 힘은 말이나 소에 비해 약하지, 게다가 감정이 있어서 저항할 수도 있고 도망갈 수도 있으며, 배신을 할 수도 있지 않은가 말이다. 반면에 소나 말은 흔해빠진 풀만 먹는 데다가 죽을 때까지 배신하지 않고 불만을 표출하지도 않으니 선호될 것은 분명한 이치다. 그리고 보면 인간들에 치인 사람들이 애완견(요즘에는 반려동물이라고 한다)을 기르는 심정을 이해할 만도 하다.

27

종교에 대하여

대한민국은 종교 공화국이다

"대한민국은 민주 공화국이다."

헌법 제1조 1항이다. 그런데 필자에게 대한민국은 민주 공화국이라기보다는 종교 공화국으로 비친다. 그것도 세계에서 유례가 없는 독특한 종교 공화국. 그리고 이러한 판단은 향후 한반도가 통일된 후에 닥쳐올 끔찍한 미래와 오버랩되어 우려를 넘어 공포를 낳는다. 왜 이런 터무니없는 생각을 하게 된 것일까?

필자가 몇 해 전 《세상의 모든 지식》이라는 터무니없이 두꺼우면서도 '가벼운' 책을 출간한 것은 단지 책 읽고 음악 듣는 게 낙樂인 한 사람으로서, 그렇게 얻게 된 지식을 사람들과 나누고 싶었기 때문이었다. 특히 시간이 부족하거나 또는 기회가 없어서 책을 가까이 하지 못하는 분들과 함께 말이다. 그리고 이 책 《한국의 모든 지식》도 마찬가지 이유로 집필을 시작하게 되었다.

그런데 비록 보잘것없는 책이나마 필자가 이렇게 책이랍시고 집필하고 출간할 수 있게 된 데는 기가 막힌 비결이 하나 있다. 궁금해 하실 분들을 위해 여기서 잠깐 소개해볼까 한다.

사실 필자의 독서는 온갖 종류의 백과사전에서 출발한다. 틈만 나면 백과사전을 잡고 아무 항목이나 읽기 시작한다. 그러다가 '가'부터 읽기 시작해 '힣'까지 다 읽는다('힣'자로 시작하는 항목이 뭘까 궁금하신 분들은 직접 집에 있는 백과사전을 펼쳐보시라). 그러다 보면 온갖 종류의 잡다한 지식을 얻게 되는데, 물론 퀴즈 대회에 나가고 싶어서 그런 건 아니다. 단지 재미있어서 그렇다. 새로운 지식을 얻게 되는 즐거움!

그런데 왜 종교 이야기를 하다가 갑자기 백과사전 이야기를 하는 것인가? 사실 백과사전을 읽다가 언젠가 의문이 든 내용이 있었다. 세계 대부분의 나라들이 종교적으로 주主 종교를 가지고 있다는 사실이었다. 물론 다양한 종교가 공존하는 나라가 대부분이지만 그중에서도 어느 한 종교가 주종을 이루고 나머지 종교는 부차적으로 존재하는 것이 일반적이라는 것이다. 그러다가 어느 순간 갑자기 우리나라 상황이 떠올랐다.

어떤가. 전혀 상관성이 없는 동양 종교 불교와 서양의 유일신교 개신교(기독교)가 거의 비슷한 비율로 공존하고 있다. 최근 들어서는 천주교의 교세가 급격히 확장되고 있다고 하니 천주교도 다양한 종교의 한 축을 차지할 것이다.

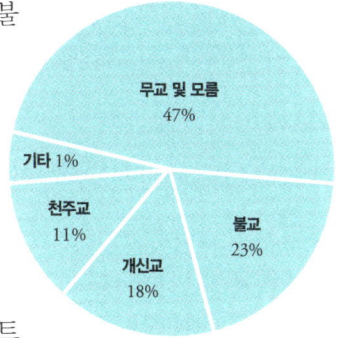

한편 '무교 및 모름'으로 분류된 47퍼센트

는 서양에서 말하는 무교, 불가지론자, 무신론자가 아니다. 우리나라의 '무교 및 모름'으로 분류된 47퍼센트 가운데 대부분은 조상의 제사를 모시는 유교적 전통(반드시 유교라고 볼 수는 없지만 그에 가까운)을 수용하는 사람들이다. 그런데 이 사람들의 생활철학은 불교와는 상통하고 천주교와는 공존하지만 기독교(극히 일부를 제외한다면)와는 대척점에 놓여 있다. 결국 우리나라의 종교 분포를 표로 그려본다면 이렇다는 결론에 도달한다.

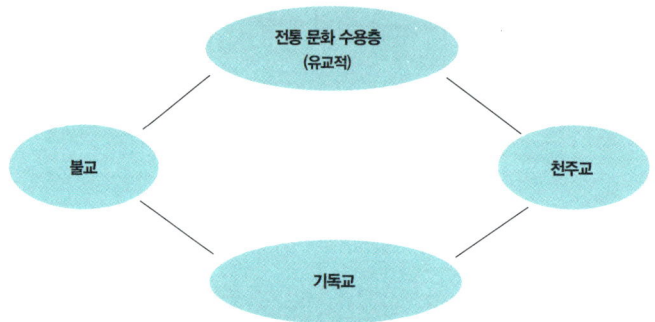

즉 네 가지 종교철학이 정립鼎立(세 사람 또는 세 세력이 솥발과 같이 벌여 섰다는 뜻)하고 있다는 것이다. 그런데 이 정립이라는 것이 한편으로는 대단히 바람직스러운 면이 있지만 다른 한편으로는 언제든 갈등이 폭발할 수 있는 잠재력도 내포하고 있는 것이다. 기본적으로 종교가 추구하는 평화와 사랑, 포용과 용서의 정신을 모든 종교가 경쟁적으로 추구한다면 우리 사회는 세계 어느 나라보다 더 평화롭고 용서하며 화해하는 세상이 될 것이다. 반면에 제한된 신도를 놓고 각 종교가 경쟁적인 교세 확장에 나서거나 타 종교와 비종교적인 방식으로 경쟁한다면 머지않은 장래에 커다란 불상사가 일어날 것이 분명하다.

이미 수많은 역사가 이를 증명하고 있지 않은가? 20세기 후반, 이념의 대립이 종식된 이후 세계에서는 이른바 '문명의 충돌'이 시작되고 있다. 그리고 문명의 충돌이란 것은 미사여구일 뿐 궁극적인 것은 서양 기독교 근본주의자들이 전 세계의 문화와 시장을 공략하여 세계를 하나의 시장, 하나의 국가, 하나의 종교로 만들려는 새로운 형태의 제국주의에 다름 아니다. 이미 이라크 전쟁이나 아프가니스탄 전쟁에서 세계는 그러한 본질을 파악한 상태다.

한편 이 책을 출간하기 직전에 실시된 미국 대통령 선거를 CNN을 통해 보다가 놀라운(이라기보다는 끔찍한) 사실을 하나 알게 되어 여기에 소개한다. 미국 유권자의 투표 행동 또한 우리와 크게 다르지 않은데, 연령이 높을수록, 농촌에 거주할수록 보수적인 공화당을 지지하고, 연령이 낮고 도시에 거주할수록 진보적인 민주당 지지자가 많은데, 그 비율은 공히 6 : 4 정도였다. 그런데 우리는 조사하지 않는 항목 하나가 눈에 띄었다. 그건 바로 '매주 교회에 나가는 사람'과 '절대 교회에 나가지 않는 사람'이란 조사 항목이었다. 그들의 지지 성향이 어땠는지 아시는가? 놀라지 마시라. 내 기억력이 늙어서 매우 작은 오차는 있겠지만 약 9 : 1이었다. 그러니까 매주 교회에 나가는 유권자의 90퍼센트가 공화당 지지, 교회에 절대 안 나가는 유권자의 90퍼센트가 민주당 지지로 나타난 것이다. 그런데도 종교는 단지 종교요, 정치와 무관한 하늘나라 이야기일까?

이런 상황에서 우리나라는 안타깝게도, 세계적 흐름을 연구하고 보다 나은 방향이 무엇인지에 대한 통찰은커녕 세계 대부분의 나라들이 극복하고자 노력하는 이념 대립, 종교 간 대립의 단계에 이제야 들어서고 있으니 참으로 안타까울 뿐이다.

이러한 문제에 대해 민속학자 주강현은 그의 저서 《21세기 우리 문화》에서 다음과 같이 울분을 토하고 있다.

"1945년 이후 분단과 더불어 미 군정기에 기초를 다지고 특히 한국전쟁을 거치면서 극단적 반공주의와 유기적으로 결합된 숭미사상崇美思想이 일반에 팽배되면서 이룩된 '아메리칸 드림, 미국의 신화'는 기독교와 미국 문화, 기독교와 제국주의에 관한 상호 연관성을 결부시킬 수 없도록 인식을 조작하였다. 여기에서 우리는 과거의 한국이 미·영·일의 합의 아래 일본 식민지로 낙착되었다는 점을 주목해야 하며, 따라서 한국의 기독교가 제국주의 세력과 무관하다는 논리는 성립될 수 없다."

"1907년에 일대 사건이 생겼다. 대부흥운동이 그것이다. 이는 한국 기독교 전개 과정에서 하나의 전환점이 될 만한 중요한 사건이다. 이 부흥운동에서 선교사들은 '죄의 고백과 회개의 기도'를 중심으로, '사랑과 용서'를 강조하는 종교의식을 통하여 죄의식을 불어넣었다. 이를 거쳐 나가면서 한국 기독교는 민족의 현실과는 유리游離되는 방향으로 나아갔다. 한국 교회와 교인들이 민족독립운동의 주체로 활동하게 될 경우 이는 선교사들의 복음주의, 경건주의적 신앙 노선에 배치될 뿐만 아니라 한국에 대한 일제의 식민지 지배를 통하여 국가 이익을 추구하고자 하는 미국의 정책에도 위배된다는 사실을 주한駐韓 선교사들이 점차 공감하게 된 것이다. 이러한 사정에서 한국 기독교인들의 민족적인 관심을 순수한 기독교 신앙으로 재무장시켜 독립운동과 같은 정치적 문제에서 영혼의 구원이라는 내세적 신앙으로 돌려놓기 위하여 선교사들의 주도로 대부흥운동이 시작된 것이다. 반면에 대부흥회를 통하여 선교사들의 한국 교회 지배는 더욱 강고해졌다."

위 글에 대해 불편해 하실 독자들이 많을 것이다. 그러나 그럴 필요가 전혀 없다. 원래 책을 통해 우리가 접하게 되는 많은 지식들은 우리를 즐겁게도 하지만 불편하게도 만든다. 다만 그러한 불편함은 의자의 불편함과 비슷해서, 의자를 더 편한 것으로 만드는 데 일조를 하게 된다. 따라서 이러한 글을 읽는 불편함을 통해 우리 기독교가 더욱 편안한 종교로 발전한다면 그보다 좋은 일은 없을 것이다. 여하튼 세 사람이 모이면 절대 금기시할 화제가 정치와 종교라는 속언俗言을 필자 또한 모르는 바가 아니나, 그렇다고 언제까지 말 그대로 모르쇠하면서 살아갈 것인가?

앞서 언급한 바 있듯이 사실 필자는 오늘을 우려하지 않는다. 언젠가 반드시 다가올 통일한국의 미래, 그때 어떤 일이 벌어질지 불을 보듯 분명하기 때문이다. 우리나라처럼 각 종교가 정립된 상태에서 새로운 무주공산(북한)이 나타난다면 즉시 모든 종교가 그곳에 자신들의 사랑과 평화를 보급하기 위해 물불 안 가리고 뛰어들 것이다. 그리고 그 과정에서 온갖 부작용이 양산될 것임은 삼척동자라도 알지 않겠는가?

앞서 살펴본 주강현의 글들은 결코 1900년대를 이야기하는 글이 아니다. 대부흥운동은 오늘날에도 각 지역의 새벽을 깨우고 있고, 시청 앞 광장에서 통성기도를 하는 이들은 손에 손에 성조기를 들고 미국을 외치고 있다.

이제 세계에서도 유일한 3교 정립의 대한민국에서 종교인들은 새로운 자세를 가다듬어야 할 때이다. 진정으로 자신들의 종교가 사랑과 평화, 공존과 화해를 약속해준다면 누구보다 종교인들부터 그 정신을 실천해야 한다. 종교의 무주공산이 있다면 다른 종교인이 먼저 들어가도록 길을 터주어야 한다. 그런 자비심과 양보심이 없는 자라면 석가건 예수건 마호메트건 공자건 자신들의 터전으로 받아들일 리가 없을 테니 말이다.

28

선교사와 사업가

운산금광의 불평등 계약

영어 "No touch!"에서 비롯된 '노다지'라는 단어는 아주 오래 전, 그러니까 기억하기도 힘들 만큼 오래 전에 있었던 지나간 현상에서 태어난 표현으로 우리는 기억한다. 그만큼 아무런 감흥도 느낌도 역사적 흔적도 남기지 않는, 그저 '쉽게 얻을 수 있는 큰 이익'을 가리키는 표현으로만 존재하고 있는 것이다.

그러나 바로 그 단어가 잉태된 곳과 잉태된 사건이 오늘날 한반도에까지 영향을 미치고 있다면 어떤가. 그럼에도 그저 오래 전, 기억할 필요조차 없는 한 사건에서 우연히 태어난 표현으로 치부하고 말 것인가.

알렌이라고 하는 미국인 선교사가 있었다. 그런데 그를 통해 예수 그리스도를 영접한 조선 백성들은 그를 선교사로 기억하겠지만, 조선 후기의 민씨 세도정치 속에서 중추적 역할을 한 민영익閔泳翊(1860~1914)은 그를 의사로 기억할 것이다. 훗날 갑신정변에서 개화파의 제거 대상에 올라 큰 부상을 입었던 민영익이 그의 치료를 받아 가까스로 목숨을 구했으니 말이다. 그런 가 하면 어떻게든 외세의 힘을 이용해 조선을 넘보는 다른 외세를 견제하고자 했던 고종高宗은 그를 미국의 탁월한 외교관으로 기억하면서 죽어갔을 것이다.

그러나 알렌 자신은 스스로를 분명 사업가라고 여겼을 것이다. 앞서 나열한 그의 직업들과 너무 안 어울린다고 생각하시는가? 하지만 어쩌랴. 다음에 살펴볼 파란만장한 사건들이야말로 선교사니 외교관이니 의사니 하는 직업과는 상당한 거리가 있었으니.

"어찌하면 조선이 미국 정부와 백성들로부터 관심을 끌어들여 청나라의 간섭에서 벗어날 수 있겠소?"

알렌을 외교관으로 판단한 고종이 1887년에 한 말이다.

"전하, 그를 위해서는 조선이 제공할 수 있는 이권을 미국의 회사에 부여하는 것이 최선의 방법입니다. 그 가운데서도 평안도 운산雲山에 있는 금광의 독점 채굴권을 준다면 미국과 조선은 정치·경제적으로 친밀한 이웃이 될 것입니다."

사업가 알렌은 머뭇거림 없이 해결책을 제시하였다. 이 무렵 알렌은 이미 민영익을 치료해줌으로써 그의 전폭적인 지지를 받고 있었고, 어느 정도 광산 이권에 대한 언질도 받아놓은 상태였다.

고종은 이 탁월한 외교관의 자문에 따라 즉시 알렌에게 금광 채굴권을 미국인에게 넘기는 권한을 부여하였다. 그리고 사업가 알렌은 이때부터 갖은 방법을 동원하여 미국인들 사이에서 운산의 금광 개발에 필요한 자금과 투자자를 모집하기에 이른다.

그러나 그 일은 쉽게 이루어지지 않았다. 당연한 일 아닌가. 자고로 사업가들은 매사에 철저한 법. 동양의 낯설고도 낯선 나라, 그것도 일본, 청나라, 영국, 독일 등 수많은 나라들이 호시탐탐 노리는 국가의 금광에 섣불리 투자했다가는 송두리째 날릴 수도 있을 테니 말이다.

그러나 알렌은 백절불굴百折不屈, 즉 백 번 꺾여도 굴하지 않고 다시 일어나는 집념의 소유자였다. 그 과정에서 수많은 투자자를 설득하기도 하고, 조선 내에서 다른 선교사들과의 마찰로 인해 미국으로 쫓겨나다시피 돌아갔다가 다시 외교관 신분으로 귀국하는 등 우여곡절을 겪게 된다.

그리고 이 철저한 사업가는 조선의 이권에 눈독을 들이는 일본을 견제하기 위해, 친일 내각을 친미 내각으로 대체하기 위한 책략까지 수립하고 이를 실행에 옮겼다. 급기야 고종은 친일파인 박영효를 실각시키고 주미 공사를 지낸 박정양을 총리대신으로 앉히는 개각을 단행하기에 이른다. 그때 알렌과 함께 미국에서 근무했던 인물들이 여럿 입각하는데, 그 가운데는 유명한 이완용도 포함되어 있었다.

그리고 마침내 1895년 7월 15일, 알렌은 자신이 오래 전부터 접촉해온 모스라는 투자가를 대신해 조선의 탁지부 대신 이하영과 공식적인 계약을 체결한다. 계약의 주요 내용을 살펴보면 다음과 같다.

1. 미국인 모스가 경영하는 조선개광회사朝鮮開鑛會社에서 운산금광을 채굴하기로 한다.
2. 채굴 기한은 계약일로부터 25년으로 한다.
3. 모스 또는 그의 대리인은 조선개광회사가 소유한 자본 중 100분의 25를 궁내부로 납부하여 왕실 수입으로 한다.

4. 운산금광에 설치할 기기와 그곳에서 생산되는 금과 소용되는 물건에는 세금을 부과하지 않는다.
5. 외국인을 해당 지위에 고용케 하되 외국인 보호를 우선으로 하고, 한국인을 다수 고용하면서 서양 근대 광법鑛法을 학습케 도와준다.

이 외에도 여러 조항이 포함된 총 20개 조의 계약서는 미국 측이 작성하고 조선 정부는 도장을 찍는 역할을 맡는 데 불과했다.

그런데 이렇게 조선 정부로서는 고맙기 한량없는 미국인을 위해 거저 주다시피 한 계약서가 훗날 두고두고 문젯거리가 될 것이라고는, 조선의 이권을 호시탐탐 노리던 외국인들을 제외하고는 누구도 몰랐을 것이다. 이후 조선과 계약을 체결하고자 하는 모든 외국 정부는 누구든 이 계약서를 표준 계약서로 제시하면서 동등한 계약을 요구하였다. 그리하여 이후 조선 정부는 이 터무니없는 불평등 계약을 모든 경우에 적용할 수밖에 없었던 것이다.

여하튼 이렇게 해서 동양 최고의 금광은 실질적으로 미국인들의 수중에 들어가게 된다. 물론 명목상으로는 조선 정부도 지분을 보유하고 있었지만 그것이 무엇을 의미하는지는 나중에야 알게 된다.

한편 계약이 체결된 후에도 운산금광 채굴은 원활히 이루어지지 않는다. 계약 체결일로부터 1개월여가 지난 8월 20일, 을미사변(명성황후 시해 사건)이 발생했기 때문이다. 하지만 그 이듬해인 1896년 3월 29일, 외부 대신 이완용과 농상공부 대신 조병식은 경인철도 부설권마저 미국인 모스에게 부여하고, 4월 17일에는 운산금광 조약 문서에 대한 재인가가 이루어진다. 내용은 전해의 계약과 대동소이하였다. 다만 채굴 기간이 1896년부터 25년간으로 개정되었고, 계약 이후 6개월 이내에 채굴에 착수한다는 내용이 추가 되었다.

그런데 알렌 외에 또 한 명의 봉이 김선달이 있었으니, 바로 알렌이 끌고 들어온 모스란 인물이었다. 그는 사실 운산금광 개발이나 경인철도 부설을 추진할 만한 능력도 자금도 없는 인물이었다. 그러나 알렌 덕분에 두 건의 엄청난 특혜를 받은 것이다. 그리고 그 특혜 가운데 하나인 경인철도 부설권은 일본의 경인철도인수조합에 팔아넘겨 막대한 이익을 남겼다. 또 하나의 특혜인 운산금광 개발권은? 당연히 이것도 3만 달러(오늘날 가치로 환산하면 1억 달러는 넘는 것으로 알려져 있다)라는 거액을 받고 1897년 헌트와 파세트라고 하는 정상배政商輩에게 넘긴다.

그러니까 모스가 한 일이라고는 중간에 돈을 챙긴 것뿐이었다. 왜? 계약도 일본에 머물고 있던 모스를 대신해 알렌이 체결했고, 그 후 그가 한 일이라고는 결과적으로 권리를 넘긴 것뿐이니까.

그럼 알렌은 그 과정에서 무엇을 했을까? 당연히 봉이 김선달인 모스로부터 대가를 받았고, 싼값에 운산금광 채굴권을 획득한 헌트와 파세트로부터도 톡톡히 대가를 챙겼다. 그리고 그 돈으로 선교사로서 교회를 짓거나 의사로서 병원을 짓는 대신 고향으로 돌아가 사업을 시작했다. 그러니까 알렌은 자타가 인정하는 사업가인 것이다.

아, 여기서 알렌 외에 또 한 명의 정상배를 언급하지 않을 수 없으니 바로 이완용이다. 그는 훗날 을사보호조약을 주동한 대가로 뇌물을 받아먹었지만, 그 이전부터 뇌물 받는 법에는 도가 튼 인간이었다. 즉, 아무 투자도 없이 이권을 팔아 막대한 이익을 챙긴 모스는 알렌의 조언에 따라, 자신을 물심양면으로 도와준 이완용에게도 큰 수익을 챙겨주었던 것이다.

그럼 자타가 인정하는 동양 최고의 금광, 운산금광의 운명은 어떻게 되었을까?

헌트와 파세트는 채굴권을 인수한 후 총 자본금 500만 달러의 동양광업개발주식회사를 설립하였다. 그리고 1897년에는 본격적으로 채굴을 시작했다. 그 무렵 운산금광의 생산량과 수익 등에 대해서는 아무도 알 수 없었다. 최대 주주인 헌트와 파세트는 그런 시시콜콜한 내용을 누구에게도 알리고 싶지 않았으니까. 다만 웰스라는 미국인 의사는 1898년도의 생산액이 50~100만 달러 정도라고 추측하고 있다(앞서 3만 달러가 오늘날 1억 달러를 넘는다고 언급한 바 있음을 상기하시길). 그러나 이것도 막연한 추측일 뿐 정확한 집계는 아니었다.

여하튼 1899년 3월 27일, 조선 정부의 궁내부 광무감독 이용익과 파세트는 모스가 맺었던 계약서를 수정하기에 이른다. 그 주요 내용은 다음과 같다.

1. 한국 국왕 소유의 주식을 20만 원에 모두 매입하고, 그 주식 대신 생산량의 다과에 관계없이 매년 25,000원의 세금이나 그와 동등한 대가를 지불한다.
2. 기한은 이 계약 수정일로부터 25년으로 확장하여 1924년까지 채굴권을 갖는다.

결국 25퍼센트의 지분을 소유하고 있던 조선 정부는 그마저도 잃고 만 것이다.

그런데 도대체 조선 정부에는 글을 읽는 자들이 있었는지, 생각을 하는 관리가 있었는지 의심이 드는 일이 연이어 일어난다. 즉, 1900년 4월 28일에 또다시 계약 수정이 있었는데, 조선 정부에 일시불로 12,500달러를 지불

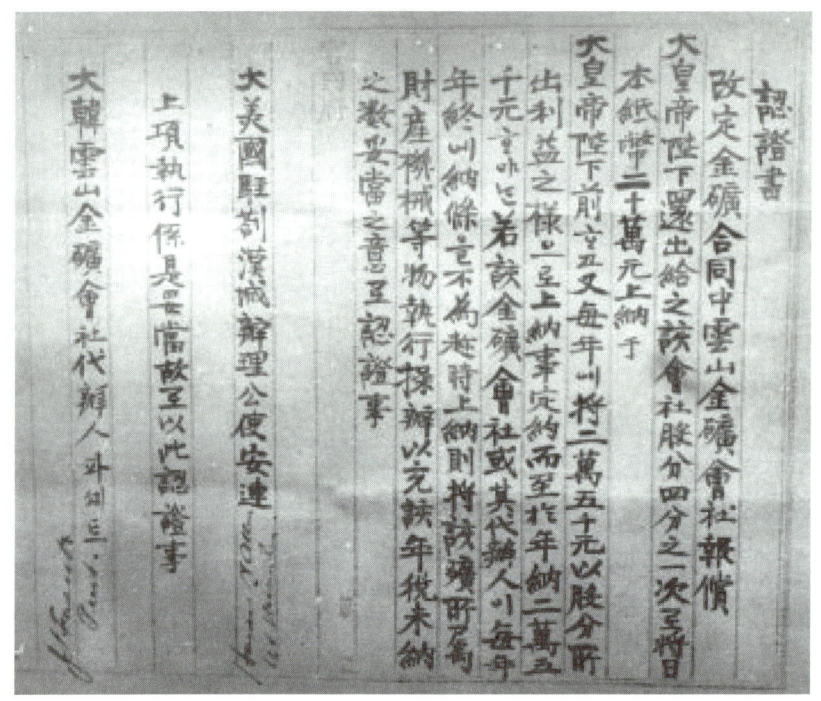

알렌과 파세트가 대한제국 황제에게 써준 인증서.
국왕 소유의 주식을 매입하는 대가로 20만 원을 지불하고 매년 25,000원을 납부하겠다는 내용으로 이루어져 있다. 이런 식으로 국가를 운영하고도 망하지 않으면 그게 불가사의한 일일 것이다.

하는 것으로 수정하고 계약 기간은 15년을 연장하여 1939년 3월 27일까지로 한 것이다. 게다가 광산 시설이 확장되어 더 많은 기간이 요구된다고 인정될 때는 15년을 더 연장할 수 있다는 내용까지 추가하였다.

한마디로, 이런 계약이 가능하다면 그 누가 재벌이 안 될 수 있겠는가. 그러나 그런 일이 가능했던 것이 구한말이요, 그런 정부였기에 결국 주권마저 빼앗기고 만 것이 아니겠는가.

그렇다면 운산금광에서 미국인들이 챙긴 수익은 과연 얼마나 될까?

운산금광은 앞서도 언급했듯이 동양 최대의 금광이었다. 그러나 오직 미국인들만으로 구성된 동양광업개발주식회사는 모든 사업 내용을 철저히 비밀에 부쳤다. 그리하여 운산금광의 1년 추정 생산액은 사람에 따라 10배까지 차이가 나기도 한다. 다만 운산금광 가운데 가장 큰 갱의 감독으로 있던 밀스E. W. Mills라는 사람의 논문에 따르면, 1897년부터 1915년까지 운산금광의 생산액이 약 5,000만 원이었다고 한다. 한일강제병합 당시 대한제국의 국가 채무가 총 4,500만 원이었으니, 그 액수가 얼마나 큰 것인지 알 수 있을 것이다. 한마디로 운산금광을 우리 정부가 가지고 있었다면 채무국에서 단숨에 채권국으로 도약할 수도 있었다는 얘기다. 후에 발표된 자료에 따르면, 미국이 운산금광에서 채굴을 종료한 시점인 1938년까지 총 생산액은 약 5,600만 달러에 이르는 것으로 확인되었다.

그렇다 하더라도 외국인 투자가 이루어지면 그 지역에도 다소간의 경제적 효과가 나타나는 것이 아닐까 하고 순진하게 생각하실 분들을 위해 한마디 덧붙인다.

우선 운산금광에서 생산되는 금은 거의 전량 해외로 송출되었다. 그뿐 아니라 이곳에서 거둔 수익 또한 조선 내에서 새로운 사업에 투자되거나 하는 일은 없었다. 전액 일본 또는 미국으로 송금된 것으로 알려져 있다. 다만 조선 땅에 남겨진 것이라고는 노동력을 제공한 노동자들에게 주어진 임금뿐인데, 이 또한 사실을 알고 나면 황당할 뿐이다.

이곳 광산에서 일한 사람들은 미국인, 일본인, 조선인, 중국인, 영국인 등이었다. 그 가운데 전문직은 미국인, 영국인, 일본인들인 반면, 중국인과 조선인은 잡역부로서 가장 단순하고 낮은 업무를 담당하고 있었다. 그러다 보니 당연히 조선인들의 급여 수준은 최하 수준이었다.

운산금광 전경.
동양 최대의 금광답게 그 규모가 대단하다는 사실을 한눈에 확인할 수 있다.

[각국 근로자들의 월 급여 내역]

미국·영국인　　　　　　300원 내외

일본인　　　　　　　　　50~120원

중국인 기술자　　　　　　20원

한국인 및 중국인 잡역부　15원 내외

15원도 한 달 내내 쉬지 않고 일했을 때나 받을 수 있는 금액이었으니, 해도 해도 너무한 수준이었다. 요즘으로 치면 미국인이나 영국인이 한 달 300만 원 월급을 받을 때 우리 조선 백성들은 15만 원을 받은 셈 아닌가.

이러한 광산 측의 처사에 분개한 박천 군수(노다지 사건에서 등장하는 거의 유일한 애국자)가 한국인 노동자들의 처우 개선을 요구하고 나섰다. 그러자 광산 회사에서는 알렌을 통해 조선 외부 대신 앞으로 항의 서한을 띄운다. 박천 군수를 사업 방해 혐의로 몬 것이다.

그러니 이런 상황에서 미국의 투자가 우리 백성이나 나라에 한 치라도 도움이 되었을 것이라고 여긴 분이 있다면 참으로 순진한 생각이라고밖에 말할 수 없다. 그런데 정말 그렇게 생각하는 분이 계시다.

"알렌의 기독교적 윤리관이 이들 노무자들에게 한 일이 금주禁酒 조치의 실시 의도였다. 금주 조치의 이유로서 알렌은 한국인이나 백인이 그들 직책 수행을 마비시키고, 시간은 물론 금액을 손실케 하며, 잦은 싸움과 소란을 야기시킨다는 사실들을 열거하였다. 실제 얼마 전에 한 백인이 구타당해 사망한 일이 있었다. 따라서 금주령을 이 일대에 실시하는 법의 제정을 외부에 요청하였던 것이다. 그 법의 실시로 한국인의 근면과 번영이 약속될 것이라 보았기 때문이다."

– 민경배, 《알렌의 선교와 근대 한미외교》

같은 사실을 놓고도 이렇게 달리 볼 수 있는 것이 사람임을 알면서도 필자는 어쩔 수 없이 '아전인수我田引水'와 '곡학아세曲學阿世'라는 말을 떠올린다. 기독교적 윤리관으로 무장한 인간이 자신의 친구(또는 자신)가 고용한 일꾼들에게 술을 못 마시게 공권력에 요청한다. 그런데 그게 그 일꾼들을 온순하게 만들어 아무 탈 없이 일하도록 하려는 의도가 아니라, 그들의 근면과 번영을 위한 것이다? 그리고 저임금을 받으면서 갱 속에서 일하는 일꾼들이 백인 관리자를 구타해 사망케 한 것이 오직 술 때문이었다? 그래서 이런 논리의 귀결은 이렇게 끝난다.

"이 운산 광구에서의 거대한 기업이 한국인들의 눈을 뜨게 하여서 그들 조국의 가능성에 대한 진실한 이상을 가지게 한 사실은 무시할 수 없었다. 다시 말하면 이 기업 때문에 이 지역의 물질적인 혜택이 구체적으로 향유되고, 사람이 일을 잘하기만 하면 그 결과가 손에 잡힌다는 근대적 정신도 터득할 수 있었던 것이다. 이런 것이 직접적으로 서북 교회의 자립적 발전의 한 사회경제적 요소이었음을 부인할 수 없다. 서북에서는 이처럼 상업과 금광과 기독교가 서구 기독교 문명의 한 구현으로서 엉켜 새로운 한국의 시대를 열어가고 있었다."

아하, 결국 말씀하시고 싶었던 이야기는, 대한민국 땅에 기독교 전파의 공을 세웠기 때문에 미국이 운산금광을 운영한 것이 참으로 축복이라는 말씀이군. 하신 말씀은 복잡하지만 필자의 판단에는 이렇게 요약되는 것이 잘못인가? 아무리 자신이 섬기는 신을 옹호하고 싶다 해도 이렇게 역사를 왜

곡시키는 것은 썩 바람직하지 않다. 인간이기에 잘못을 할 수도 있고 잘할 수도 있다. 잘못한 것을 잘못했다고 하는 것이 자신이 섬기는 신의 가치를 더욱 높이는 것이리라.

각설하고, 오늘날이라고 뭐 그리 다를 것인가. 자본의 논리는 간단하다. 이익이 있는 곳에 간다. 이익을 주기 위해 가는 것이 아니라 이익을 '얻기' 위해 가는 것이다. 물론 그 과정에서 경제학에서 말하는 부가가치가 창출됨으로써 지역에 부스러기를 남길 수도 있다. 그러나 더 이상 이익을 남길 수 없다고 판단되면 가차 없이 철수하는 것이 바로 자본의 논리다.

이제 결론을 내릴 때다.

운산금광은 계약에 따라 1939년까지 채굴된다. 만일 1939년 무렵 한반도를 지배하고 있던 당국이 일본인이 아니고 조선인이었다면 계약 단서 조항에 따라 1954년까지 연장되었을지도 모른다. 그러니 불행인지 다행인지, 1939년 미국과 조선 정부 사이의 운산금광 채굴 계약은 종료되고 이후 운산금광의 명성은 급속히 쇠퇴하고 만다. 이 또한 당연한 것이다. 자본의 속성이란 것이 자기 나라에서 얻을 수 있는 이익에 대해서도 끝장을 보는 것인데, 하물며 남의 나라에서 얻은 이권에 대해서랴.

역사에 있어 가정(If~)이란 것이 얼마나 무의미한 것인지는 필자도 잘 알지만, 그럼에도 불구하고 한 가지 안타까운 질문을 던져본다.

"만일 지금 운산금광이 그대로 남아 있다면?"

통일 비용이 아까워 통일을 주저하는 경제적 시민들에게 조금이라도 위로가 되지 않았을까.

29 남한산성

세 번 절하고 아홉 번 머리를 조아리다

"임금이 곤룡포 대신 천한 사람들이 입는 청의靑衣(푸른 옷)를 입으시고 서문으로 따라 나가실 때, 성에 가득 찬 사람들이 통곡하여 보내니 성안의 곡소리가 하늘에 사무쳤다.

한汗(청나라 황제)은 삼밭〔三田〕 남녘에 구층으로 단을 만든 후 단 위에 장막을 두르고 황양산을 받쳤다. (중략) 한이 황금 걸상 위에 걸터앉아 바야흐로 활을 타며 여러 장수들에게 활을 쏘게 하더니 활쏘기를 멈추고 전하(인조)로 하여금 걸어서 들어가게 하였다. 백 보 걸어 들어가셔서 삼공육경三公六卿(삼정승과 육조판서)과 함께 뜰 안의 진흙 위에서 배례하시려 할 때였다. 신하들이 돗자리 깔기를 청하는데 임금께서 '황제 앞에서 어찌 감히 스스로를 높이리오' 하고 말씀하셨다.

이렇게 세 번 절하고 아홉 번 머리를 조아리는 예(삼배구고두三拜九叩頭)를 행하시자, 저들이 인도하여 단에 오르셔서 서향하여 제왕 오른

쪽에 앉으시게 하였다."
-《산성일기》

    이것이 그 유명한 병자호란 때 남한산성에 피신했던 인조 임금이 청나라 황제에게 굴욕적으로 항복하는 장면이다. 《산성일기》란 책은 인조가 남한산성으로 피신한 직후부터 임금을 호종하던 누군가가 기록한 내용이다. 누가 썼는지 밝혀지지는 않았지만 조선 정부와 청나라 사이에 오고 간 수많은 문서, 그리고 조선 조정 내에서 벌어지는 주화파主和派와 척화파斥和派의 갈등 등을 세밀히 묘사한 것으로 봐서 상당한 고위직에 있었거나 임금의 지근거리에 있던 인물이 기록한 것으로 여겨진다.

    그런 까닭에 표현에 세심한 주의를 기울일 수밖에 없었을 터. 위의 글 가운데 '삼배구고두', 즉 세 번 절하고 아홉 번 머리를 찧는 청나라의 관습을 임금이 행하는 모습을 '머리를 조아린다'고 표현한 것이 특히 눈에 띈다. 여하튼 인조는 우리 역사상 두 번 다시 보기 힘든 굴욕적인 장면을 연출한 것이다.

    이 남한산성에서의 상황을 다룬 소설 가운데 김훈의 《남한산성》이란 작품이 있다. 그런데 허구보다 더 극적인 것이 사실이라고 했던가. 필자의 눈에는 허구의 소설보다 《산성일기》라는 사실의 기록이 훨씬 극적이고 가슴을 치는 느낌을 지울 수 없다.

    한편 이때 항복의 조건으로 청나라가 조선 조정에 요구한 조공 물품 목록이 《산성일기》에 전하는데, 그 상세 내역은 다음과 같다.

    황금 100냥, 사슴 가죽 100장, 담배 1,000근, 수달피 400장, 다람쥐 가죽 200장,

삼전도비 전경.
삼전도비의 공식 명칭은 '대청황제공덕비'이다. 비문은 이경석이 짓고 그 글을 비에 쓴 이는 오준, 글자를 새긴 이는 여이징이다. 이경석이 삼전도비의 비문 쓰기를 피하자 인조는 다음과 같이 설득했다고 한다. "경이 수치스러운 항복 비문의 작성을 피하는 충성심은 충분히 이해한다. 저들이 이 비문으로 우리의 항복한 속내를 헤아리고자 함이니, 단지 비문으로 의심한다면 나라가 위험하다. 사소한 문구에 구애됨이 없이 비문을 그들의 뜻에 맞추어주고 후일을 기약할 것이다. 경은 일신의 명예나 이해를 생각하지 말고 나라를 구하라. 월나라 구천은 회계산에서 오나라의 신첩臣妾 노릇을 하였지만 끝내는 오나라를 멸망시키는 공을 이루었다. 훗날 나라가 일어서는 것은 오직 짐에게 달려 있는데, 오늘 할 일은 다만 문자로써 그들의 마음을 맞추어 사세가 더욱 격화되지 않도록 하는 것이다."

후추 10말, 패도佩刀 26자루, 대호지(조선에서 나는 종이의 일종) 1,000권, 용무늬 돗자리 4채, 무늬 놓은 돗자리 40입, 흰 모시 100필, 색색의 명주 2,000필, 삼베 400필, 색색의 곱게 짠 베 10,000필, 베 1,000필, 쌀 10,000석.

이 정도 물자를 매년 보내야 했으니 안 그래도 임진왜란과 정묘호란, 그리고 이번 병자호란으로 피폐해진 조선 정부로서는 참으로 통탄을 금치 못할 일이었다. 그러나 한 나라가 다른 나라의 신하가 되었으니 이 정도에서 그친 것만 해도 다행이라 할 만한 것 아닌가. 훗날 일본 제국주의자들은 우리나라를 통째로 지배한 후 아예 나라를 없애지 않았던가.

여하튼 이렇게 아량을 베풀고 떠난 청 황제는 두 나라가 군신君臣 관계를 맺은 것을 기념하여 기념비를 세우라고 명한다. 자신들 입장에서야 기념비를 세우고도 남을 일이지만, 조선 정부로서는 잊어야 할 치욕을 아예 비에 새겨 후대에까지 남기라 하니 참으로 난감한 일이 아닐 수 없었을 것이다.

그러나 어쩌랴. 세우라면 세워야지.

결국 이경석(1595~1671)이 비문을 짓게 되었는데, 여기에는 복잡한 뒷이야기가 있다. 누가 역사에 길이 남을 치욕의 문장을 짓고 싶겠는가. 그래서 조정에서 비문을 지어 올리라는 명을 받은 장유, 이경전, 조희일, 이경석 4인 가운데 이경전은 "신으로 말하오면 나이 팔십에 정신이 혼미하여 두서를 종잡지 못하옵고 글로 말하오면 문자를 내버린 지 오십 년이나 되옵은 말씀드리지 않더라도 통촉하실 줄 아오니 바라옵건대 신의 이름을 빼주사이다" 하고 청하였는데, 바라는 대로 병이 들어 세상을 떠나고 말았다. 다음으로 조희일은 일부러 형편없는 글을 지어 올린 까닭에 제외되었다.

그렇게 해서 남은 두 사람, 즉 장유와 이경석이 지은 비문 초안을 청나라

삼전도비 탁본의 일부.
삼전도비는 전면과 후면에 같은 내용이 새겨져 있는데 전면에는 왼쪽에 몽골어, 오른쪽에 만주어가 새겨져 있고, 후면에는 한자가 새겨져 있다.

에 보내게 되었고, 청나라에서 이경석의 글을 채택하여 그가 비문의 작자가 된 것이다. 그러나 이경석 또한 결코 짓고 싶지 않은 글을 어쩔 수 없이 지은 것이니 그를 비난하는 일은 그 누구도 하지 않았다. 사실 이경석은 정묘호란 때도 의병을 모집하여 청에 항거하였고, 후에 효종의 북벌 계획을 김자점 일파가 청나라에 밀고하자 자신이 모든 책임을 뒤집어쓰고 백마산성에 감금당하기도 하였으니, 일신의 안위를 위해 국가의 굴욕을 이용한 자들과는 차원이 달랐다.

그러나 일반적으로 '삼전도비三田渡碑'라고 알려진 '대청황제공덕비大淸皇帝功德碑'로 인해 모욕을 감수해야 했던 이는 또 있으니, 이경석이 지은 글을 비에 쓴 오준吳竣(1587~1666)과 여이징呂爾徵(1588~1656)이 그들이다. 오준은 한석봉의 서체를 익혀 이미 명필로 이름을 날리던 인물이었기에 선택되었는데 그 또한 글을 쓰는 치욕을 견디기 힘들었을 것이다. 결국 그는 후에 오른손을 돌로 찍어 다시는 글을 쓰지 않겠다는 다짐을 하기에 이른다. 여이징은 훗날 선정을 베풀어 대사헌에까지 올랐다.

그렇다면 이런 우여곡절 끝에 세워진 삼전도비의 내용은 어떨까? 역사로부터 교훈을 얻는 자는 다시 역사의 보복을 받지 않을 것이나, 역사를 무시하고 자기 마음에 드는 기록만을 받드는 자는 언제든 다시 역사의 보복을 당하기 마련이다.

"대청 숭덕 원년 겨울 12월에 황제가 우리가 먼저 화친을 어겼다 하시며 크게 노하여 바로 두드려 동녘으로 오셨다. 가히 항거할 자가 없는 까닭에 우리 과군寡君(자기 나라 임금을 낮추어 부르는 호칭)이 남한산성에서 위태로움에 처해 봄여름까지 계속될까 두려워함이 거의 오십 일이다. 동남의 여러 도의 군병이 연이어 흩어지고 서북의 군사가 깊은 골짜기로 달아나서, 능히 한 걸음도 나오지 못하고 성안에 양식이 떨어졌다. 이때를 당하여 대병大兵이 성을 치기를, 서리와 바람이 가을 풀잎을 걷어치우고 화롯불에 기러기 털을 사르는 것과 같이 하였다. 그러하거늘 황제가 죽이지 않기를 위엄으로 삼고 오직 덕을 펴기를 먼저 하셨다. 그리하여 일찍이 칙서를 내리어 잘 타일러 이르기를, '오면 짐이 너를 완전케 하고 오지 않으면 치리라' 하셨다. 곧 용골대, 마부대 등 여러 대장이 황제의 명을 받들어 길에 서로 다다랐다. 이에 우리 과군이 문무 여러 신하들을 모아 이르기를, '내가 화친을 대방大邦(청나라)에 의탁한 지 십 년이다. 내가 사리에 어둡고 분별치 못하여 스스로 하늘이 치는 것을 재촉하여 만백성이 어육魚肉됨이 내 한 사람의 죄이다. 황제가 오히려 마구 치지 않고 글로써 잘 타이르니 내 어찌 공경히 받들어 위로는 종사를 완전케 하고 아래로는 목숨을 보전케 하지 않겠느냐' 하셨다. 대신이 합하여 도우니 드디어 수십 기로 달려가 군문에 가서 죄를 청하였다. 황제가 이에 예로써 대하고 은혜로 어루만져 한번 보고 마음 깊이 믿고 서로 생각하는 은혜는 총신寵臣에 미쳤다. 예를 마치자 즉시 우리 과군을 도성으로 들여보내고, 남쪽으로 내려간 군병을 즉시 부르고 군사를 서로 돌이킬 때 사악한 짓을 금하고 농사를 권하여 멀리 또는 가까이로 새, 짐승같이 흩어졌던 자들이 모두 자기 있던 곳으로 돌아오니 동쪽 땅 수천 리 강산이 즉시 전과 같아졌다.

서리와 눈이 변하여 따뜻한 봄이 되고 가뭄이 도리어 때맞추어 내리는 비가 된 것이다. 이미 망했다가 다시 얻고 이미 그쳤다가 다시 이으니, 이는 실로 옛날에는 없던 일이다. 한강 상류 삼밭 남쪽은 곧 황제가 머무시던 곳으로 단이 있으니 우리 과군이 공조工曹에 명하여 단을 더 높이고 크게 하며 돌을 베어 비를 세워 길고 오래도록 두리라. 황제의 공덕이 바로 조화와 함께 흐름을 밝히니 어찌 다만 우리 소방小邦(작은 나라)이 대대로 길이 힘입을 뿐이겠는가. 또한 대조大朝(청나라)의 어질고 위엄스럽기가 이로부터 말미암은 것이다. 돌아보건대 천지의 큰 덕과 일월日月의 밝은 것을 그림으로 그려도 족히 방불치 못할 것이로되 잠깐 대략을 기록하노라."

그리고 그 뒤에 청나라의 공덕을 기리는 글을 덧붙였다.

여하튼 이렇게 해서 세워진 삼전도비는 그 후 300여 년이 지나 청일전쟁에서 승리한 일본에 의해 땅속에 묻히게 된다. 일본으로서는 당연히 기분이 나빴을 것이다. 그런데 얼마 후 일본 당국은 다시 이것을 복원시켰으니 "조선 민족은 본래 스스로 살아갈 만한 능력이 없는 종족이다"라는 의식을 한민족에게 알리기 위한 의도에서였다.

광복된 후에는 다시 주민들에 의해 치욕의 상징이라 하여 매장되는 운명에 처하였으나 이후 또다시 복원되어 오늘날 그 자리를 지키고 있으며, 치욕의 역사 또한 역사의 일부이기에 사적史蹟 101호로 지정되어 관리되고 있다.

30

조선시대
거리 풍경

청결에 대하여

동양인이건 서양인이건, 흑인이건 백인이건, 그 누구도 피해가지 못할 것이 있으니 바로 배설하는 일이다. 먹으면 싸야 하는 것은 무릇 동물의 숙명이다. 그렇다면 옛날 사람들은 자신들의 배설물을 어떻게 처리했을까?

지금은 그리도 깨끗한 척하며 호화로운 화장실을 내세우는 서양인들도 중세에는 손꼽히는 부자가 아니면 화장실을 갖추고 사는 것은 어려운 일이었다. 똥오줌이 가득한 요강을 그냥 길바닥에 버리는 일은 특별히 비도덕적인 사람의 몫이 아니었다.

그러나 사실 분뇨 문제는 거리를 더럽히는 일부분에 불과했다. 죽은 개나 말의 사체가 거리에 버려지는 일도 흔해서 늘 동물 썩는 냄새가 거리를 진동했다. 덧붙여 교수형 당한 사람의 시신도 교수대에서 썩어나갔다. 푸줏간에서는 소나 돼지를 잡은 후 그로부터 나오는 피와 가죽을 거리에 방치했다. 거리에 쌓인 오물과 쓰레기, 분뇨더미가 오죽하면 수레가 지나가기 힘

조선시대 말기의 남대문 주변 모습.
말 그대로 사람과 가축이 함께 살아가는 일면 평화롭고 자연친화적인 모습 아닌가? 물론 청결이라는 측면에서 보면 오늘날과는 비교할 수 없겠지만.

들 정도였겠는가.

조선시대 거리도 이와 같은 서양의 중세와 별반 다르지 않았을 것이다. 다만 이 땅에서는 육식 대신 채식을 했고 한양 땅에서도 농사를 지었으니 분뇨 처리에 얼마간 숨통이 트였을 거란 정도는 추측이 가능하다.

"중국에서는 거름을 금처럼 아낀다. 재를 길바닥에 버리는 일이 없다. 말이 지나가면 삼태기를 들고 따라가면서 말똥을 줍는다. 도로변에 사는 백성은 날마다 모래밭에서 광주리와 가래를 가지고 말똥을 가린다. 산처럼 쌓은 거름더미는 네모반듯하며 간혹 삼각이나 육각으로 쌓기도 한다. 거름더미 밑바닥에 배수로를 파서 거름의 진국이 흘

19세기 중반 런던 뒷골목 풍경을 묘사한 도레의 판화.
이런 환경에서 위생이라는 단어는 사치에 불과했을 것이다.

러나가지 못하도록 하였다. 똥을 거름으로 쓸 때에도, 물을 타서 진한 흙탕물처럼 만든 다음 바가지로 퍼다 쓴다. 효과를 고르게 하려는 것이다.

우리나라에서는 마른 똥을 그대로 사용해서 효력이 떨어지고 완전하지 못하다. 또 성안에 있는 분뇨를 전부 수거하지 못해 더러운 냄새가 길에 가득하다. 냇가 다리의 석축 주변에는 인분이 덕지덕지 붙어서 큰 장마가 아니면 씻기지 않는다. 밭에는 항상 개똥이나 말똥이 밟힌다. 이것만으로도 백성들이 밭을 잘 가꾸지 않는다는 것을 알 수 있다. 분뇨를 수거해 가지 않고 재를 함부로 길에다 버려서 바람이 조금만 불어도 눈을 뜰 수가 없으며 이리저리 날려서 많은 집의 술과 밥을 더럽힌다. 사람들은 단지 그 불결함만을 탓할 뿐, 그것이 사실은 함부로 버린 재 때문에 생겼다는 것을 모른다."

"서울에서는 날마다 뜰이나 거리에 오줌을 버려서 우물물이 전부 짜다. 또한 버선은 가축의 배설물로 항상 더러워진다. (중략) 대략 한 사람이 하루에 배설하는 똥, 오줌으로 하루 먹을 곡식은 넉넉히 생산할 수 있다. 따라서 백만 섬의 똥을 버리는 것은 곧 곡식 백만 섬을 버리는 것과 같다."

실학자로 유명한 박제가의 《북학의》에 나오는 내용이다. 박제가는 조선시대 거리 풍경에 대해 언급하려고 한 것이 아니다. 그는 인분이 농사짓는 거름으로 얼마나 뛰어난 것인지, 그리고 그것을 어떻게 하면 효율적으로 활용할 수 있는지 중국의 사례를 들어 설명하고 있는 것이다.

그러나 우리는 이를 통해 조선시대 거리 풍경을 그려볼 수 있다. 서양과 얼마나 다르랴 싶지만 그래도 우리는 육식보다는 채식을 했으므로 동물의 피와 가죽이 난무하는 지옥은 피할 수 있었다. 다만 인간이라면 누구나 배설해야 하는 인분은 피할 수 없었을 텐데, 청나라를 다녀온 박제가의 눈에는 이것이 무척 아까웠던 모양이다.

사실 50년 전만 해도 우리나라 전역의 밭에서 인분을 거름으로 사용하였다. 그러니 40~50대 이상 되는 독자라면 인분으로 가득한 밭을 떠올리는 것은 어렵지 않을 것이다. 그러나 하루가 다르게 무럭무럭 키우는 성장촉진제가 듬뿍 들어간 화학비료의 등장과 더불어 이들은 분뇨 처리장으로 직행하게 된다. 그래서 거리는 깨끗해졌고 농촌은 살기가 좋아졌다. 다만 우리의 위장이 화학비료로 인해 고통을 받을 뿐.

31

서희의
담판

외교의 논리에 대하여

교과서에서 고려 장수 서희徐熙가 소손녕蕭遜寧을 상대로 담판을 지어 거란의 80만 대군을 물리치고 나아가 강동 6주를 얻었다는 내용을 배웠을 때, 독자 여러분의 심정은 어떠셨는가? 필자의 심정은 이랬다.

"소손녕이라는 거란 장수, 정말 대단한 인물이네. 어찌 적장의 주장이 합리적이라는 이유만으로 80만 대군을 거두어들이고 땅까지 내준단 말인가? 이 정도 태도를 견지할 정도라면 그를 거란 오랑캐라 부르기보다는 위대한 인물로 불러도 부족하지 않을 것이다."

그렇지 않은가? 서희가 위대한 인물임은 두말할 필요가 없겠지만 그의 상대역이었던 소손녕 또한 대단히 합리적이며 옳고 그름을 분별할 줄 아는 탁월한 인물임이 분명하지 않을까?

그렇지만 이후에도 여러 가지 의문이 들기는 마찬가지였다. 도대체 역사적으로 적대시하였던 두 나라 사이에, 그것도 한 나라의 군사력이 압도적인 상황에서 약소국의 합리적인 주장에 따라 문제가 해결되다니! 이런 일이 가능하다면 세상 천지에 전쟁이란 것이 존재할까?

결국 필자는 이 역사적 사실에 대해 좀 더 상세히 살펴보기로 하였고, 그 과정에서 학교에서는 배우지 못한 많은 사실을 알게 되었다. 그리고 역시, 역사적 사실에는 필연이 존재할 뿐 우연과 아량은 크게 작용하지 않는다는 과학적 분석을 또다시 확인할 수 있었다.

거란이 고려를 침략할 무렵 고려와 거란은 직접 국경을 맞대고 있지 않았다. 게다가 그 사이에는 여진족이 머무르고 있었고 중국 본토에는 송나라가 자리하고 있었기 때문에 동아시아의 상황은 꽤나 복잡한 상태였다.

그렇다면 왜 거란은 고려 공략에 나섰을까?

그 무렵 거란의 활동 무대였던 북방 유역에서는 거란에 의한 발해의 멸망, 여진족에 의한 송과의 교역, 고려의 북방 개척 의지 등이 뒤엉켜 복잡한 상황을 연출하고 있었다. 따라서 이곳의 주도권을 쟁취하려던 거란으로서는 중원 남쪽에 자리한 송나라를 견제함과 동시에 동쪽의 여진과 고려를 견제해야 했다. 특히 그 가운데서도 고려는 눈엣가시와 같은 존재였다. 고려는 거란국을 세운 야율아보기耶律阿保機가 서기 925년 발해를 멸망시킨 이후 거란에 대해 반감을 품고 있었던 것이다.

그 후 거란국은 중국 본토 진출을 시도하여 연운 16주를 획득한 후 국호를 '요遼'라 하고 국세를 과시하였다. 그럼에도 고려의 거란에 대한 반감은 가시지 않아, 942년 요나라에서 낙타 50필을 헌상하며 화의를 청하였으나 거란 사신을 섬에 유배시키고 낙타는 다리 아래 매어놓아 굶어 죽게 만들었으니, 이런 사태는 국제 외교사상 보기 드문 사례라 할 수 있다. 웃는 낯에 침 뱉은 격이니 말이다. 그러니 거란 또한 고려를 호의로 대하기는 힘든 일이었으리라.

그 무렵 중국 본토는 5대 10국 시대의 혼란기를 겪고 있었는데 이때도 고려는 지속적으로 그 지역에 연이어 건국되고 멸망하는 나라들과 교섭을 통해 거란 공략을 꾀하였다. 그러나 중국 본토의 여러 나라들은 고려의 제안을 받아들이기에는 역부족이었다. 자신들의 생존조차 풍전등화의 위기에 놓여 있는 상태에서 북쪽 거란족의 위협은 강 건너 불이나 마찬가지였으니 말이다.

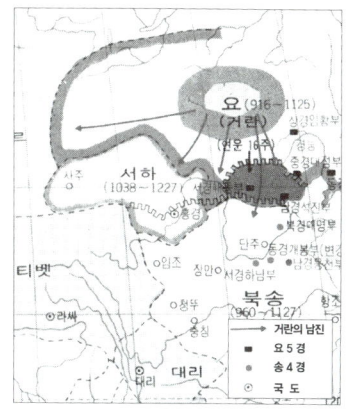

송과 요의 10세기경 세력 판도.
거란(요)은 중원 남쪽의 송나라를 견제함과 동시에 동쪽의 여진과 고려를 견제해야 했다. 특히 고려는 눈엣가시와 같은 존재였다.

그러나 이후 조광윤이 중원 지방을 평정하고 960년 송宋나라를 건국하자 상황이 급변하였다. 중원 통일에 성공한 송나라는 북방의 거란족 공략에 나섰으나 실패하고 말았다. 그리하여 송나라에서는 한국화韓國華란 사신을 고려에 보내 거란 정벌에 함께 나설 것을 요구하였다.

그런데 이때는 고려의 국가 정비 시기로 대외적인 공략에 나설 만한 상황이 아니었다. 그러나 송나라의 요청을 거절할 수 없었기에 송의 요청에 응하기로 하였다. 그러니 고려로서는 거란, 즉 요나라의 공격을 불러들인 셈이나 마찬가지였다.

송나라 건국 이후 동아시아의 정세가 급박하게 전개되자 거란으로서도 가만히 앉아 있을 수만은 없는 노릇이었다. 그리하여 송나라를 지원하는 세력 가운데 가장 강력한 고려를 최우선으로 공략하기로 결정하였다. 그러나 거란과 고려 사이에는 여진이 자리하고 있었다. 따라서 고려 공략에 앞서 여진을 공격해야 했고, 그 과정에서 거란은 압록강 주변의 여진에 대해 수차례 공략에 나서 상당한 전과도 거둘 수 있었다. 그러나 이 모든 것은 고려 공략의 전초전 성격을 띠는 것이었으므로 그 지역에 대한 통치는 여전히 여진 주민들에 의해 이루어지고 있었다.

드디어 993년 초겨울, 요나라 성종은 동경 유수 소항덕蕭恒德(《고려사》에는 소손녕으로 기록되어 있어 우리에게는 소손녕으로 알려져 있다)에게 고려 정벌을 명하였다. 말로는 건국 초기부터 거란 정벌을 통한 북방 개척 운운하던 고려였지만 이 무렵의 고려는 유약하기 그지없는 문치 국가로서, 압록강 주변에 있던 여진족이 사전에 거란의 공격 사실을 알려주었음에도 믿지 않았을 정도였다. 그러다가 거란의 공격이 실천에 옮겨진 후에야 비로소 전열을 정비하기에 이른다. 이때 시중 박양유가 상군사上軍使, 내사시랑 서희가 중군사中軍使, 문하시랑 최량이 하군사下軍使에 임명되었다. 그리고 고려 성종成宗은 스스로 나서 군사를 독려하기에 이른다. 그러나 80만 대군을 이끈 소손녕이 봉산군 공략에 성공하고 윤서안이 포로로 잡히자 성종은 발길을 돌렸다.

이 무렵 소손녕은 고려 조정에 통첩을 보낸다.

"거란이 이미 고구려의 옛 땅을 점유하였거늘 이제 네 나라가 강계를 침탈하므로 토벌코자 온 것이다. 우리가 사방을 통일하였는데 아직 귀부하지 않은 것은 기어이 소탕할 것이니, 속히 항복하여 오래 머물지 않게 하라. 80만 대군이 도착하였다. 만일 강을 건너와 항복하지 않으면 모두 멸할 것이니 고려의 군신君臣은 속히 우리 군 앞에 항복하라."

그러자 성종은 모든 신하들을 모아놓고 의논케 한다. 그 자리에서 나온 방안 가운데는 "임금께서는 도읍으로 돌아가시고 중신들로 하여금 군사를 거느리고 항복하는 게 좋겠습니다" 하는 '걸항론乞降論'(항복을 구걸함)과 "서경 이북의 땅을 떼어주고 황주에서 절령(자비령)에 이르는 지역을 국경으로 하자"는 '할지론割地論'(땅을 떼어줌)이 대세를 이루고 있었다.

황주에서 절령에 이르는 선을 국경으로 할 경우 평양과 원산 이남까지도 거란족에게 넘어가는 형국이었다. 그럼에도 성종은 할지론에 따르기로 한다. 나라 땅이 사라지는 것이야 견딜 수 있지만 항복의 치욕은 감수할 수 없다는 것이리라. 성종은 즉시 서경, 즉 평양의 쌀 창고를 열어 백성들에게 가져가도록 한다. 어차피 빼앗길 지역이니 그곳 쌀이 거란족의 손에 넘어가는 것을 방지하기 위한 방책이었다. 백성들이 쌀을 가져간 후에도 창고에 쌀이 쌓여 있자 성종은 다시 이 쌀을 대동강에 버리도록 명을 내린다.

그때 나선 이가 서희였다.

"식량이 충분하면 성은 지킬 수 있고, 싸움도 이길 수 있는 것입니다. 전쟁의 승패는 강함과 약함에 있는 것이 아니라 다만 기회를 보아 움직이는 데 있는 것이거늘 어찌 서둘러 쌀을 버리시나이까? 하물며 식량은 백성의 생명인데 차라리 적의 군량이 될지언정 헛되이 강에 버리는 것은 하늘의 뜻에도 맞지 않습니다."

서희는 이미 그 전에 봉산군 구원에 나섰다가 소손녕의 통첩을 받고는 "화의가 가능합니다"라는 판단을 내린 바가 있었다. 그러니까 적의 속내를 꿰뚫고 있었던 것이다. 서희의 상주는 계속 이어진다.

"거란의 동경으로부터 우리 안북부에 이르기까지 수백 리 땅은 모두 생여진生女眞(여진족을 구분하는 명칭으로 생여진과 숙여진이 있었다)이 점거했던 곳으로, 광종光宗께서 이를 취하여 가주와 송성의 성을 쌓으신 것인데, 지금 거란이 침략한 것은 이 두 개 성을 취하려는 데 불과한 것입니다. '고구려의 옛 땅을 취하겠다'고 떠들어대는 것은 실은 우리를 두려워하는 것입니다.

지금 그들의 병세兵勢가 크고 강하다 하여 급하게 서경 이북 땅을 떼어주는 것은 잘못된 계책입니다. 또 삼각산 이북은 모두 고구려의 옛 땅인데 저들이 후에 계속 요구한다면 이 땅 모두를 내어주시겠습니까? 더구나 땅을 떼어 적에게 주는 것은 만세의 수치입니다. 원컨대 임금께서는 서울로 돌아가시고, 신 등으로 하여금 저들과 한번 싸워본 후에 의논해도 늦지 않을 것입니다."

대꾸할 말이 없어진 성종은 서희의 의견에 따라 쌀의 투기投棄를 중단시킨다.

한편 자신의 항복 요구에 대한 답변을 듣지 못한 소손녕은 안융진 공략에 나선다. 그러나 그 싸움에서 소손녕은 패하였고, 더 이상 진격을 하지 않은 채 계속 사신을 보내 항복만을 요구하고 있었다.

사실 거란족의 전술은 초원 지대에 기반한 민족답게 기병騎兵 부대를 주축으로 삼은 단기전 중심으로 이루어졌다. 그래서 적의 성이 견고하게 방어하고 있으면 그 성을 함락시키는 데 힘을 쏟기보다는 그냥 지나치는 것이 일반적이었다. 그러면 성이 못 견디고 항복할 것이라 본 것이다.

그러나 고려의 성들은 달랐다. 오랜 기간을 견딜 만큼의 식량을 비축하고 있었으며, 성 밖은 황무지로 만들어 거란족의 식량 보급이 불가능하게 만들었다. 원래 말을 타고 빨리 달리며 주둔지에서 식량을 조달하는 관습을 가진 거란족으로서는 당황스러운 상황을 맞은 것이다.

그러니 소손녕이 사활을 걸고 안융진 공략에 나섰는지에 대해서는 의문이 드는 것도 사실이다. 80만 대군이 고려의 성 하나를 함락시키지 못해 물러섰다는 것도 그렇고, 또 적에게 항복을 받고자 하면서 작은 싸움에 패하고서도 그냥 물러난 것도 그렇다. 그러니 서희가 "화의가 가능합니다"라고 앞서 판단한 것이야말로 국면을 판단하는 탁월한 능력을 보여주는 것이라 하겠다.

어쩌면 이는 우리에게 알려져 있는 소손녕과의 역사적 담판보다 더 뛰어난 능력이었다고 할 수도 있는 것이다. 왜냐하면 그 담판 또한 서희의 예리한 상황 판단이 뒷받침되었기에 가능하였고, 이미 소손녕과의 심리 싸움에서 한 수 앞서 나가고 있있기 때문이다.

여하튼 고려 조정은 화전양면의 전술을 구사한 끝에 서희를 화의 사절로 파견하게 된다. 그런데 거란 진영에 도착한 서희는 또다시 소손녕과의 샅바싸움에서 유리한 위치에 자리하게 된다. 거란 진영에 도착한 서희가 만남의 절차를 묻자 소손녕이 답한다.

"나는 대국의 귀인이니 그대는 뜰에서 내게 절해야 한다."

그러나 그런 수에 넘어갈 서희가 아니었다.

"신하가 임금을 뵐 때는 뜰아래서 절하는 것이 예이다. 그러나 두 나라 대신이 만나는 자리에서 어찌 그럴 수 있겠는가?"

그렇게 대꾸한 서희는 숙소로 돌아와 누워버렸다. 실로 판단력과 용기를 겸비한 자만이 구사할 수 있는 행동이 아닌가.

결국 소손녕은 서희를 굴복시킬 수 없다고 판단하고 대등한 위치에서 만날 수밖에 없었다. 이로써 소손녕은 이미 서희에게 심리적으로 쫓긴 상태가 되었다고 볼 수 있다. 그러니 다음 수순에서도 소손녕은 계속 수세에 몰릴 수밖에.

"고려는 옛 신라 땅에서 일어났고, 고구려의 옛 땅은 우리 땅인데 당신들이 침식하였다. 또 우리와 접하고 있으면서도 바다 건너 멀리 있는 송나라를 섬기는 까닭은 무엇인가? 이런 까닭에 우리가 정벌에 나선 것이다. 그러므로 고려가 땅을 떼어 바치고 우리와의 국교國交를 회복한다면 무사할 것이다."

이러한 소손녕의 요구에 서희의 역사적 담판이 시작되었다.

"그렇지 않다. 우리 고려는 바로 고구려의 후계자이다. 그런 까닭에 나라 이름 또한 고려라 하고 평양을 국도로 정하였다. 경계境界 또한 귀국의 동경東京이 우리 국토 안에 들어와야 한다. 그럼에도 어찌 우리가 침식하였다고 하는가? 또 압록강 양편도 우리 땅인데 지금 여진이 중간을 점하고 있으면서 이곳저곳에 숨어 간악하게 노략질을 일삼는 바람에 부득이 육로 대신 바닷길을 이용하는 것이다. 그러므로 귀국과 국교가 통하지 못한 것은 전적으로 여진 때문이다. 만일 여진을 몰아내고 우리 옛 땅을 돌려주어 그곳에 성과 보루를 쌓고 길을 통하게 만든다면 어찌 귀국과 국교를 맺지 않겠는가?"

서희의 주장에 대꾸할 말을 찾지 못한 소손녕은 이 사실을 요나라 성종에게 보고하였고, 결국 성종은 군사의 철수를 명령하였다. 이때 양국이 합의에 이른 내용은, 고려는 요나라에 신사臣事(신하가 되어 섬김)하는 대신 요나라는 강동 280리 땅을 고려에 양여하기로 한 것이다.

그리하여 거란 진영에 들어간 서희가 일주일 만에 귀로에 오르자 소손녕은 낙타 10마리, 말 100필, 양 1,000마리와 비단 500필을 선물로 주어 환송하였다. 서희를 맞은 고려 성종의 기쁨이야 두말할 필요가 없을 것이다. 물론 고려가 거란에 신하를 청한 것은 어떤 면에서 굴욕이라고 할 수도 있을 것이다. 그러나 외교에서 그런 것은 중요한 것이 아니다. 어차피 나라 땅을 떼어주면서까지 화의에 응하려 했던 고려로서는 주인이 송나라 대신 요나라로 바뀐 것에 불과했으니 말이다.

그렇다면 고려가 고구려의 후계자라는 서희의 주장은 즉석에서 꾸며낸

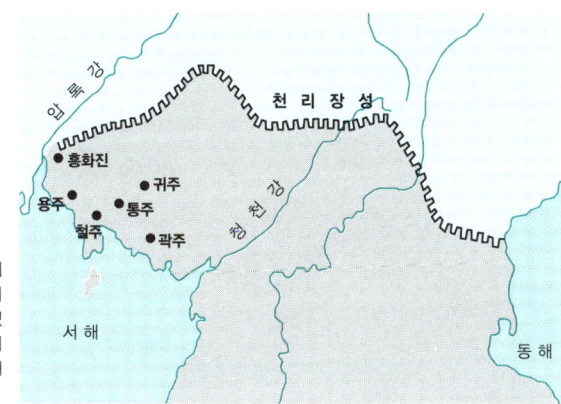

강동 6주.
강동 6주는 압록강 부근에 위치한 지역으로 여진족이 주둔하고 있어 고려의 북방 진출에 장애가 되던 장소였으나 서희에 의해 되찾음으로써 고려 북방 정책에 새로운 전기를 마련하게 된다.

주장일까? 물론 아니다. 중국 사서를 검토해보면 중국인들은 고구려와 고려라는 국호를 혼용하는 등 이미 고구려와 고려를 동일시한다는 사실을 여러 곳에서 확인할 수 있다. 따라서 서희는 사전에 이러한 사실을 염두에 두고 만반의 대비책을 세웠다고 보아야 할 것이다.

한편 서희의 주장이 아무리 합리적이고 그 행동에 용기가 있어 80만 대군으로도 감히 제압하기 힘든 위엄이 서려 있었다고 해도 소손녕이 쉽게 물러난 데는 또 다른 이유가 있다는 주장도 제기되고 있다. 거란의 침공 목적이 처음부터 고려 제압에 있었던 게 아니라, 고려-송의 교빙 관계를 고려-요로 바꾸려는 것이었다는 내용이다. 물론 그랬을 수도 있고, 또 앞서 살펴본 대로 거란 군대가 처해 있는 어려움 때문에 급히 화의를 수용했을 수도 있다. 그러나 무엇보다도 이러한 모든 상황을 정확히 판단해 적의 약점을 파고든 서희의 놀라운 능력이 아니었다면 이러한 결과는 거두기 힘들었을 것이다.

마지막으로 살펴볼 내용은 바로 강동 6주 문제이다.

강동 6주는 서희가 소손녕과의 담판을 통해 획득한 영토로 알고 있지만,

사실은 획득한 게 아니라 이 땅의 영유권을 확인받았다는 것이 더 분명한 표현이다. 왜냐하면 그 무렵 이 땅의 소유자는 거란이 아니라 여진이었기 때문이다. 따라서 소유하지도 않은 거란으로부터 이 땅을 반환받을 수는 없는 노릇 아닌가. 그러나 이 땅의 영유권을 주장하며 침공한 거란으로부터 영유권 포기를 확인한 이상 고려가 이 땅을 가만둘 수는 없는 노릇이었다. 게다가 고려는 건국 초기부터 북방 개척을 주장할 만큼 옛 고구려 땅 회복에 의지를 가지고 있었으니 말이다. 그리하여 거란과의 합의를 기화로 고려는 강동 6주의 회복에 나선다.

흥화진興化鎭 · 용주龍州 · 통주通州 · 철주鐵州 · 귀주龜州 · 곽주郭州로 이루어진 강동 6주는 지도에서 보는 바와 같이 압록강 아래쪽 땅으로, 그 무렵 고려의 경계는 이곳에 미치지 못하고 있었다. 그리하여 거란과의 합의가 끝나자 이곳을 차지하고 있던 여진족 공격에 나섰고, 평장사에 임명된 서희는 994년부터 3년간에 걸쳐 압록강 동쪽의 여진족을 몰아낸 뒤 그곳에 성을 쌓아 이 지역이 오늘날까지 우리 영토가 되도록 하는 데 커다란 공헌을 하였다.

강동 6주가 갖는 의미는 오늘날까지 우리 영토의 확정에 영향을 끼치고 있다는 것만으로도 확인할 수 있다. 그런데 이 땅의 영유권을 고려에 넘겨주었던 거란은 이내 자신들의 결정이 잘못되었음을 깨닫고, 훗날 계속 고려를 상대로 강동 6주의 반환을 요구하였으나 이미 돌이킬 수 없는 일이었다. 결국 1018년에는 소배압이 10만 대군을 이끌고 쳐들어왔으나 우리에게 잘 알려진 강감찬이 이들을 거의 전멸시키다시피 하였으니, 이 전투가 바로 '귀주대첩'이다.

32

정조의 분노

지름길을 찾아서 궁색하게 걷는다면

조선 제22대 왕인 이산^{李祘} 정조^{正祖}(1752~1800, 재위 1777~1800)는 최근 들어 가장 관심을 모으는 역대 제왕 중 한 사람이다. 모든 분야에서 늘 그렇지만 이렇게 관심을 모으게 되면 그 대상은 자신의 의지와는 상관없이 온갖 노리갯감이 된다. 심중^{深重}한 역사적 관심이나 교양적 관심의 대상이 된다면 두말할 나위가 없이 좋은 일이겠지만, 모든 가치와 판단이 돈으로 결정되는 21세기에는 그 정도에서 결코 멈출 수 없다. 자기계발에도 정조의 삶이 동원되고 경영에도 정조의 리더십이 동원된다. 만일 오늘날 정조가 살아 있다면 이곳저곳 기업체와 조직에 불려다니며 강연만 해도 엄청난 돈을 모을 것이다.

그러나 이러한 붐은 그 대상이 무엇이든 그에 대한 냉철하고 객관적인 판단을 어렵게 만든다. 그리하여 오랜 기간에 걸쳐 인정받고 우리 역사에 오래도록 기억되어야 할 대상조차도 어느 날 급작스러운 각광을 받고는 얼마

지나지 않아 모든 이들의 기억 속에서 사라지는 모습을 너무도 자주 보아왔다. 필자는 정조 또한 그러한 대상에 머물지 않을까를 걱정한다. 소중한 존재일수록 바닥을 드러낼 때까지 파헤치지 않는 것이 좋다. 아무리 좋은 음악도 수백 번 반복해서 들으면 싫증이 난다. 좋은 음악이야말로 아껴가며 듣는 태도야말로 소중한 것을 오래도록 간직하는 지혜일 것이다.

정조를, 그리고 그가 아꼈던 실학자들을 오래도록 기억하려는 필자의 바람은 다음과 같은 탐구로 이어졌다. 아, 이것도 시류에 편승하여 갖는 관심 아닌가? 독자들의 판단에 맡긴다.

정조가 당파를 초월하여 인재를 등용하기 위해 탕평책을 펼쳤고, 특히 그 무렵의 개혁 진영이었던 실학자들을 중용한 것은 잘 알려져 있는 사실이다. 그런 까닭에 정조 또한 개혁가로 명성을 날리고 있다. 그러나 우리는 세상의 모든 지혜를 배우고 있는 중이다. 배움은 세상 일이 그리 단순하거나 호락호락하지 않음을 끊임없이 우리에게 가르쳐준다.

"하루는 천신賤臣(임금 앞에 신하가 자신을 낮추어 일컫는 말)이 망령되게 패관잡기稗官雜記에 나오는 말을 사용하였다. 이에 상(임금)께서 하교하여 준절히 꾸짖기를, '문장이 비록 기예技藝 가운데 한 가지이기는 하지만, 위로는 다스리고 가르치는 수준을 점칠 수 있고 아래로는 성정性情의 그름과 바름을 엿볼 수 있다. 육경六經의 도는 지극히 크면서도 간략하고, 한漢·당唐·송宋의 문장은 바르고 우아하다고 일컬어진다. 오늘날 문장을 하는 자들은 학문이 재주를 따르지 못하여, 어렵다는 이유로 싫증을 내며 도리어 명·청의 소품小品을 배우고 거기에 푹 빠져 스스로 기뻐하는 것들이 대부분 잔달게 조잘거리는 말이니,

이 어찌 세도世道의 복이겠는가. 더구나 그대들은 집안에서 시를 전수받아 대대로 조칙을 관장해온 자들로서, 너무 앞서는 자는 조금 낮추고 모자라는 자는 좀 더 노력해서 자신의 재능을 다해야 할 것이다. 만의 하나라도 바른 도道를 버려두고 오랑캐의 패관잡기에 물들어, 지름길을 찾아서 궁색하게 걷고 날아가는 새를 보느라고 엉뚱한 대답을 한다면, 문장의 덕을 펴는 데 해를 끼치고 선조를 욕되게 하는 것이니, 어찌 모르고 저지른 작은 잘못에 그치겠는가' 하였다. 이어 내각에 명하여 함사緘辭(임금이 비밀스럽게 내린 말)를 내어 추문推問(죄상을 심문함)하게 하고, 또 자송문自訟文(반성문) 한 편을 지어 올려 감히 다시는 그렇게 하지 않겠다고 말하게 한 뒤에야 직무를 보도록 하였다."

위 글은 조선시대 문신인 남공철(1760~1840)이 기록한 문장이다. 내용을 살펴보면 중국의 옛 한나라, 당나라, 송나라 때의 전통적인 문장 표현 대신 그 무렵 새롭게 유행하는 명, 청나라 대의 문장, 즉 패관문학稗官文學적 글을 쓴 것을 엄히 나무라고 죄를 묻기까지 한 후에 다시는 그런 문장을 쓰지 않겠다는 반성문을 받고서야 용서하였다는 것이다. 어린아이들도 아니고 벼슬아치에게 반성문까지 쓰게 한 것을 보면 대단한 잘못을 한 듯한데, 그게 바로 문장의 표현 방식이 잘못된 것이라니. 아니, 잘못된 것이 아니라 자신의 마음에 들지 않는다는 말이 오히려 맞는 말일 것이다.

패관문학이란 게 무엇인가? 패관문학이란 패관稗官(중국 한나라부터 민간에 떠도는 이야기를 모아 기록하는 일을 맡아 하던 임시직 벼슬아치)들이 채집한 항간의 이야기들을 기록하고, 그것에다 기록하는 이의 뜻을 덧붙이고 다듬는 등의 과정을 거쳐 탄생한 문학이다. 그리고 이러한 패관문학이야말로 근대적

의미에서 소설의 탄생에 크게 기여한 것도 사실이다.

  물론 패관문학이 정통 문인들 입장에서는 공적公的인 문장도 아니요, 그렇다고 격식을 갖춘 시문詩文도 아니니 마음에 안 드는 게 사실이었을 것이다. 그러나 오늘날의 시각으로 보면 글의 형식이나 내용, 나아가 글투가 마음에 안 든다고 관료에게 벌을 내린다는 것은 상상하기도 힘든 일일 것이다. 그렇지만 그랬다. 만인지상萬人之上에 자리한 임금의 마음에 안 들면 무슨 일이든 당하는 게 왕조시대 아니던가!

  아, 현대에도 독재자 밑에서는 글의 내용이나 글투가 마음에 안 든다고 파면당할 수도 있다. 그러나 이런 일은 상식적인 사회에서는 용납할 수 없는 일이다. 그런 까닭에 마음에 안 든다고 시중에 나도는 책들을 불태우고(분서焚書), 선비들을 흙속에 파묻은(갱유坑儒) 진시황제는 그가 이룬 역사적인 업적에도 불구하고 희대의 독재자요 잔인한 인물로 기억되지 않는가 말이다(마음에 안 든다는 게 사실은 황제의 뜻에 비판을 가한 것이었으니 요즘으로 치자면 언론의 역할과 마찬가지였다).

  그런데도 불세출의 성군聖君으로 일컬어지는 정조가 이런 일을 저질렀다니 이해하기 힘든 독자도 많이 계실 것이다. 그렇다면 정조는 왜 이런 일로 그토록 성을 냈던 것일까?

  그 무렵 조선에서는 박지원朴趾源(1737~1805)을 중심으로 많은 인재들이 활약하고 있었다. 《청장관전서》로 역사책에 이름을 남긴 이덕무(1741~1793), 《발해고》를 남긴 실학파 역사가 유득공(1749~?), 《북학의》로 찬란한 이름을 남긴 박제가(1750~1805)는 모두 서얼 출신이면서 뛰어난 글재주를 지녔는데, 이들 모두가 박지원의 제자였다. 그러니 박지원의 영향력은 꽤나 컸다고 할 수 있을 것이다.

그러나 박지원은 개인적 이유로 오래도록 벼슬길에 나아가지 않았는데, 나이 44세가 되어서야 영조의 부마(사위)이자 그의 팔촌형인 박명원이 청나라에 정사正使로 파견되자 그의 자제군관 자격으로 동행하였다. 1780년 5월 25일 출발한 후 10월 27일에 한양에 돌아온 그는 그때의 경험을 바탕으로 《열하일기熱河日記》를 저술하게 된다.

《열하일기》는 잘 알려져 있다시피 26권 10책으로 이루어진 방대한 여행기다. 《열하일기》를 '연행기燕行記'라고도 하는데, 중국 북경北京을 연경燕京이라고도 부르기 때문이다.

박지원은 이 여행을 통해 상당한 문화적 충격을 받은 듯하다. 그리고 그 결과 자신의 사상에도 커다란 변화를 가져오게 된다. 《열하일기》는 그러한 개인적 충격과 더불어 새로운 문명에 대한 깨달음, 그리고 타국의 거울을 통해 본 자국의 모습을 다양한 형식과 문체로 표현한 우리 근대문학의 대표작이라 할 수 있다. 《열하일기》가 단순한 기행문이 아닌 까닭은 〈양반전〉, 〈호질〉 같은 동시대를 비판하면서도 탁월한 이야기 구조를 가진 다양한 작품들이 이 안에 포함되어 있기 때문이다. 사실 《열하일기》와 〈허생전〉, 〈양반전〉이나 〈호질〉을 각기 다른 작품으로 알고 있는 사람도 꽤 많다. 그러므로 《열하일기》의 놀라운 세계를 경험한 독자라면 모두 연암燕巖 박지원이라는 인물에 대해 새로운 눈으로 바라보게 되는 것이 사실이다.

그러나 이는 21세기를 사는 우리의 눈에 비친 연암의 모습일 뿐 그 시대의 주류 인사들에게는 전혀 다른 시각으로 보였음에 분명하다. 우선 연암은 《열하일기》에 각기 다른 작품으로 포함된 〈양반전〉, 〈허생전〉 등을 통해 그 시대 조선의 불합리한 사회 구조를 통렬히 비판하였다. 그뿐이랴? 그 시대에 아직도 오랑캐로 치부되던 청나라 문물의 선진성과 합리성에 대해 적극적인 수용 태도를 보임으로써 기득권 세력의 반감을 사고 있었다.

정조 또한 그 시대의 기득권 세력임에는 분명했다. 그가 아무리 연암을 인정했다 하더라도, 자신의 시대를 부정하고 새로운 시대를 준비해야 한다는 거침없는 비판에까지 고개를 끄덕이기는 쉽지 않았을 것이다. 물론 정조 자신이 연암의 이러한 비판 정신과 진보적 태도를 수긍하였다 해도 자신을 둘러싸고 있는 수구 세력의 저항마저 무시하기는 힘들었을 거라는 의견도 있다. 그 어느 쪽이든 정조로서는 새롭게 성장하는 비판 세력이자 진보 세력의 행동에 무조건적으로 순응할 수 없을 것임은 분명한 사실이다.

정조의 패관잡기 발언은 그러한 과정에서 나온 결과이다. 그리고 이런 발언은 여러 번에 걸쳐, 그리고 분명하게 이루어짐으로써 일과성 발언이 아님을 분명히 한다.

"평소에는 아무리 더워도 건巾과 버선을 벗지 않았는데, 병이 심해지자 스스로 벗어버렸다. 선생(이덕무)의 둘째아우가 집안사람들을 보고 울면서 말하기를 '공公의 병이 위중하다. 우리 형님은 아무리 더워도 건巾을 벗거나 발을 드러내지 않았는데 지금은 이상하다. 공의 병세가 위중한 줄 알겠노라' 하였다. 병세가 위독하여도 심히 걱정하지 않으며 자세와 언어가 태연하였다. 자식들이 약을 달여드릴 때마다 마다하며 '어찌 약을 쓸 일이냐' 하였다. 이때 상(임금)이 선생의 문장이 패관잡설稗官雜說에 가깝다 하여 자송문自訟文을 지어 바치라 하였는데, 운명하기 전날까지도 그에 응하지 못함을 걱정하며 때로 침통한 기색이 있었다."

- 이덕무,《청장관전서》

박지원의 제자 가운데 한 사람인 이덕무에게도 그 문장이 패관잡설에 가깝다며 반성문을 요구하였고, 이덕무는 죽음을 눈앞에 두고도 반성문을 쓰지 못함을 괴로워했다는 내용이다. 이뿐만이 아니다. 사서史書를 보면 박지원이 개척한 새로운 문장과 형식, 내용을 따른 후학들에 대해 반성문을 요구하고 징벌한 내용이 자주 등장하고 있다. 따라서 선비, 즉 글을 읽고 쓰는 이들이 이끌어가던 조선시대에 글의 변화와 글에 담긴 내용의 변화가 가져온 충격은 오늘날 우리로서는 여간해서 느끼기 힘든 것이었음이 분명하다. 그리고 이러한 시대적 상황이야말로 우리가 조선 중기 이후 성군으로 여기는 정조를 진정으로 이해하는 데 필요한 배경이 아닐까.

사족을 붙인다면 《열하일기》는 위에서 살펴본 바와 같이 출간 전부터 수많은 비판에 직면하였는데, 이는 그만큼 그 글이 사람들로부터 사랑을 받아 필사본으로 널리 읽혔기 때문이다. 《열하일기》는 이후에도 정식 출간이 이루어지지 않았고 1901년이 되어서야 비로소 한말의 탁월한 유학자 김택영(1850~1927)에 의해 출간된 것으로 알려져 있다.

33

판소리의 즐거움

100년 전의 열광은 다 어디로 갔을까

"판소리 좋아하십니까?"

이런 질문을 하는 것이 사실 생뚱맞기도 하다. 요즘 누가 판소리 듣는다고 이런 질문을 한단 말인가? 이건 마치 이런 질문과 흡사할 것이다.

"투호 좋아하십니까?"

투호가 무슨 놀이인지는 아실 것이다. 일정한 거리에 병을 놓고 그 안에 화살을 던져 넣는 놀이 말이다. 판소리를 듣는 것은 마치 투호를 하는 것만큼이나 21세기 대한민국과는 어울리지 않는 듯 보인다. 그런데 필자는 이 판소리란 형식을 떠올리다 보면 참으로 당황스럽기 그지없다. 왜?

조선시대 유진한柳振漢이란 선비가 자신의 문집인 《만화집晩華集》을 1754년인 영조 30년에 펴낸다. 그리고 그 문집 안에는 '가사 춘향가 이백 구歌詞春香歌二百句'라는 글이 포함되어 있었다. 이는 판소리 〈춘향가〉를 듣고 칠언장시七言長詩로 기록한 글인데, 현재 전하는 가장 오래된 판소리 기록으로 알려져 있으며, 일반적으로 '만화본 춘향가'라고 한다. 이 외에도 여러 판본의 〈춘향가〉가 전하여옴은 두말할 나위가 없다. 한편 유진한이 〈춘향가〉를 듣고 기록한 사실로부터 그 무렵에는 이미 판소리가 널리 퍼져 있었음을 알 수 있다.

또 우리가 판소리의 중흥조中興祖 또는 쉬운 말로 판소리의 아버지라고 부르는 신재효申在孝(1812~1884)가 그 무렵 전해오던 〈춘향가〉, 〈심청가〉, 〈박타령〉, 〈토별가〉, 〈적벽가〉, 〈변강쇠가〉의 판소리 여섯 바탕을 기록으로 남긴 것이 지금부터 백 수십 년 전의 일이었다.

위에서 살펴본 두 가지 사실을 종합해보면 판소리는 아무리 줄여 잡아도 약 300년 전부터 우리 민족에게 익숙하고 널리 유포된 문화 양식이었던 셈이다.

그런데 21세기인 오늘날 "판소리를 좋아하십니까?" 하는 질문은 잘못하면 상대방을 업신여기는 질문에 속할 만큼 판소리는 현실에서 잊힌 문화 분야가 되었다. 300년 전에 태어나 200년간 한 나라, 한 겨레의 마음과 몸을 온통 사로잡은 문화 양식, 그런 후 순식간에 사라져버려 이제는 어디서도 찾아보기 힘든 존재가 되어 '문화재'란 이름으로 겨우 명맥을 유지하는 문화 양식.

세계 어느 나라에 이런 문화 양식이 있을 것인가. 필자는 상념에 잠기곤 한다. 아무리 세상이 변하는 게 순식간이라 할지라도 판소리는 기본적으로 놀이였다. 그러니까 남녀노소, 양반 상놈을 가리지 않고 모든 백성에게 오직 즐거움과 재미를 안겨주던 놀이였던 것이다. 그런 놀이가 어느 날인가부터 갑자기 사라져버린 이 불가사의. 이는 잉카 문명이 어느 날 소리도 없이 순식간에 사라진 것만큼이나 불가사의한 일이 아닐 수 없다.

《기산풍속도첩》의 판소리 장면 부분.
《기산풍속도첩箕山風俗圖帖》은 조선 후기의 풍속화가인 김준근金俊根의 풍속 화첩으로, 그는 조선 후기 서민들의 삶을 묘사한 79점의 그림을 이 화첩에 남기고 있다. 이 그림은 모흥갑이라는 판소리꾼이 평양성을 배경으로 공연을 하는 모습으로, 모흥갑은 당시 조선의 8대 명창으로 불릴 만큼 명성이 높았다. 그런 까닭인지 평양감사가 그를 초청하여 대동강변에 위치한 연광정에서 공연을 가졌고, 그 모습을 그린 것이 이 그림이라 한다.

도대체 왜 그랬을까?

아무도 모른다. 필자가 판소리에 관심을 갖고 그 재미에 쏙 빠진 것도 벌써 수십 년 전의 일이고, 그때부터 이런 저런 책자를 뒤적이며 판소리에 대해 공부한 것도 오래 되었지만, 왜 판소리가 사라졌는지를 알려주는 책은 별로 보지 못했다. 다만 판소리의 학문적 의미와 역사, 유파와 내용 등 전문적인 내용으로 꾸며진 책이 대부분이었다. 그래서 그랬는지 모르겠지만 필자는 판소리의 즐거움을 전문가들의 해석이 아니라 전해오는 판소리 음반을 통해 느끼게 되었다. 그리고 판소리가 왜 우리에게 즐거움을 주는지, 그리고 왜 이리도 즐겁고 재미있는 판소리가 하루아침에 사라져버렸는지 고민하고 또 고민했다. 그런 후 어쭙잖은 결론에 도달할 수 있었다. 이 말은 필자의 의견이 전혀 학문적인 근거도 없고 사실도 아닐 가능성이 높다는 것이므로 독자 여러분도 그냥 한 귀로 듣고 다른 귀로 흘려버리는 편이 나을 거라는 뜻이기도 하다.

판소리가 재미있는 까닭은 요즘 텔레비전에서 자주 접할 수 있는 개그가 재미있는 것과 전혀 다르지 않다. 아니, 오히려 판소리가 요즘 접하게 되는 잡다한 개그나 연예인들의 신변잡기를 듣는 것보다 훨씬 재미있다. 왜? 판소리를 하는 소리꾼들은 개그맨이나 연예인들에 비해 훨씬 뛰어난 능력을 갖추었기 때문이다. 게다가 판소리 내용 자체가 요즘 개그나 연예인들의 형편없는 화젯거리보다 훨씬 재미있다. 그러니 판소리의 재미는 접해보지 못한 분은 감히 느낄 수 없는 탁월한 것이다.

"춘향아, 우리 둘이 업음질이나 하여보자."
"애고, 참 잡상스러워라. 업음질을 어떻게 하여요."

업음질 여러 번 한 것처럼 말하던 것이었다.

"업음질 천하 쉬우니라. 너와 나와 활씬 벗고 입고 놀고, 안고도 놀면 그게 업음질이지야."

"에고, 나는 부끄러워 못 벗겠소."

"에라, 요 계집아이야. 안 될 말이로다. 내 먼저 벗으마."

버선 대님 허리띠 바지저고리 활씬 벗어 한편 구석에 밀쳐놓고 우뚝 서니 춘향이 그 거동을 보고 뻥긋 웃고 돌아서며 하는 말이

"영락없는 낮도깨비 같소."

"오냐, 네 말 좋다. 천지만물이 짝 없는 게 없느니라. 두 도깨비 놀아보자."

"그러면 불이나 끄고 놉시다."

"불이 없으면 무슨 재미 있겠느냐. 어서 벗어라. 어서 벗어라."

"에고 나는 싫어요."

도련님 춘향 옷을 벗기려 할 제 넘놀면서 어룬다. 첩첩이 싸인 산속 늙은 범이 살찐 암캐를 물어다 놓고 이는 빠져서 먹진 못하고 흐르릉 흐르릉 아웅 어루는 듯, 북해 흑룡이 여의주를 물고 구름 간에 넘노는 듯, 춘향의 가는 허리를 담쑥 안고 기지개 아드득 떨며 귓밥도 쪽쪽 빨며 입술도 쪽쪽 빨면서 주홍 같은 혀를 물고 비둘기같이 꾹꿍 끙끙 으흥거려 뒤로 돌려 담쑥 안고 젖을 쥐고 발발 떨며 저고리 치마 바지 속곳까지 활씬 벗겨놓으니 춘향이 부끄러워 한편으로 잡치고 앉았을 제, 도련님 답답하여 가만히 살펴보니 얼굴이 상기하여 구슬땀이 송실송실 앉았구나. 춘향이 부끄럼을 못 이기어 한편으론 잡치고 이만하고 앉은 모양, 짓거리에 못 이기어 머리도 좀 부푼 듯하고 살거리가 너틀너틀 도담도담한 게 퍽 어여쁘게 생겼구나. 도련님 좋아라고,

"네가 뉘 간장을 녹이려고 저리 곱게 생겼느냐."

"애고, 부끄러워."

"부끄럽기는 무엇이 부끄러워. 이왕에 다 아는 바니 어서 와 업히거라."

"건넌방 어머니가 아시면 어떻게 하실려고 그러시오?"

"네 어머니는 소싯적 이보다 훨씬 더했다고 허드라."

춘향을 업고 치키시며

"어따 그 계집아이 똥집 솔찮이 무겁다. 네가 내 등에 업히니까 마음이 어떠하냐?"

"한껏나게 좋소이다."

"좋냐?"

"좋아요."

　춘향이와 이 도령이 처음 만난 밤에 옷 벗고 업으면서 노는 모습을 그린 대목인데, 만일 이런 내용을 개그나 연예인들이 나와서 떠들면 그날이야말로 그 프로그램 막 내리는 날이 될 것이다. 그렇지만 이런 대목 공연한 국악 프로그램 문 닫았다는 말 들어본 적 없으니 얼마나 좋은가 말이다. 살찐 암캐 물어다 놓았지만 이빨이 다 빠져버려 이리저리 돌리기만 하는 호랑이의 안타까운 모습을 생각만 해도 재미있지 않은가? 음, 재미없다는 분이 많이 계시는 듯. 그렇다면 어쩔 수 없는 일.

　이 대목을 읽은 분이라면 이제까지 추상적으로 떠올리던 춘향이의 모습이 크게 잘못되었음을 깨달았을 것이다. 그렇다. 고작 열대여섯 살 먹은 춘향이지만 성적인 면에서는 여러분의 상식을 뛰어넘는다. 그러니 춘향이를 단순히 요조숙녀로 여기면 안 된다. 춘향이도 그 시절 시집가고 아기 낳던 엄연한 처녀인 것이다. 그런데 다음 대목을 보면 더욱 놀라실 것이다.

첫째 낱 딱 붙이니,

"일정지심一貞之心 있사오니 이러하면 변하리오."

"매우 쳐라."

"예이."

딱!

"이부二夫 아니 섬긴다고 이 거조는 당치 않소."

셋째 낱 딱 붙이니,

"삼강이 중하기로 삼가 본받았소."

넷째 낱 딱 붙이니,

"사지를 찢더라도 사또의 처분이오."

다섯째 낱 딱 붙이니,

"오장을 갈라주면 오죽이나 좋으리까."

여섯째 낱 딱 붙이니,

"육방 하인 물어보오. 육시하면 될 터인가."

일곱째 낱 딱 붙이니,

"칠사七事(일곱 가지 역사서) 중에 없는 공사, 칠대로만 쳐보시오."

여덟째 낱 딱 붙이니,

"팔면 부당 못 될 일을, 팔짝팔짝 뛰어보오."

아홉째 낱 딱 붙이니,

"구중분우九重分憂(구중궁궐에 머무는 임금과 근심을 함께 나눔) 관장되어 궂은 짓을 그만 하오."

열째 낱 딱 붙이니,

"십벌지목十伐之木(열 번 찍어 안 넘어가는 나무 없다) 믿지 마오. 씹은 아니 줄 터이오."

위 대목은 변 사또에게 잡혀온 춘향이가 곤장을 맞으면서 부르는 '십장가'란 대목인데, 특히 여러분이 눈여겨보실 대목은 마지막 열 번째 곤장 맞으면서 부르는 곳이다. 뭘 아니 준다고? 너무 심하다 생각하시는가? 놀라지 마시라. 이 대목은 훗날 관객에게 재미를 주기 위해 붙인 대목이 아니라 판소리의 중흥조인 신재효 선생께서 정리하신 〈춘향전〉에 나오는 대목이니까.

그만큼 판소리는 백성들과 호흡하고 웃고 우는 내용으로 이루어져 있다. 이러니 어찌 재미가 없겠는가. 게다가 판소리를 하는 소리꾼들의 능력은 또 얼마나 뛰어났는가? 소리꾼들은 오늘날로 치면 혼자서 대여섯 시간 동안 관중을 사로잡으며 놀던 개그맨이자 사회자이자 가수였다!

옛날 사람들 울고 웃기는 것이 오늘날 관중 울고 웃기는 것보다 훨씬 쉬웠을 거라고 생각하실지 모르겠으나, 그 정도에 있어서는 별 차이가 없었을 것이다. 게다가 판소리밖에는 즐길 수단이 없던 시절이라면 여러 번 들은 판소리로 울고 웃기란 더욱 어려웠을지도 모른다. 그러니 소리꾼들의 능력이 얼마나 뛰어났을지는 요즘 사람들이 상상하기 어려울 것이다.

그런데, 그런데 왜 이리도 재미있는 판소리가 하루아침에 사라졌을까? 필자는 이렇게 판단한다.

판소리가 급격히 쇠락한 것은 일제강점기 때였다. 판소리란 기본적으로 놀이판을 필요로 한다. 한마디로 판소리는 소리꾼과 청중이 함께하는 예술 형식인 셈이다. 따라서 판소리를 위해서는 소리꾼과 청중, 그리고 그들이 함께할 장소가 필요하다. 그런데 일제강점기에는 사람들이 모이는 것은 금기시되는 일이었다. 게다가 판소리란 것이 우리 민족 고유의 놀이 아닌가? 그러니 일본 관리들 입장에서는 조선 민족이 모여서 조선 고유의 문화를 조선말로 즐기고 한마음 한뜻이 되는 것은 무척 불만스러운 일이었을 것이다.

그래서 판소리를 고유의 방식으로 즐기는 기회는 갈수록 줄어들었다.

물론 여기에는 시대적 변화에 따른 이유도 있었을 것이다. 예를 들면 유성기, 즉 전축의 보급에 따라 판소리를 직접 듣지 않고 집에서 혼자서도 들을 수 있게 된 것이다. 그러나 이런 판소리의 보급 확대는 아이러니하게도 판소리의 진면목을 점차 사라지게 만들었을지도 모른다. 소리꾼과 청중이 함께 모여 추임새를 넣으면서 한마음이 되는 기회가 사라지고, 일방적으로 소리꾼이 녹음한 소리를 혼자 듣는 것. 이는 판소리의 참된 재미를 반감시키는 결과를 가져온 것이다.

그 외에도 근대적 의미의 노래가 급속히 보급된 것도 우리 고유의 소리를 멀리하는 결과를 초래했을 것이다. 그러나 1960년대 초반까지도 판소리가 꽤나 널리 불렸던 사실을 상기해보면 이런 것 외에 또 다른 이유가 있을 것이다.

필자는 이를 급격한 산업화에서 찾는다. 산업화란 삶에서 여유와 멋, 즐거움을 빼앗아가는 과정이다. 산업화 과정에서는 게으른 사람, 재미를 찾는 삶을 용납하지 않는다. 게으른 사람은 나쁜 사람이라는 등식이 성립하고 재미를 추구하는 사람은 격이 낮은 인간이라는 등식이 성립한다. 특히 산업화 과정에서 새롭게 탄생한 형식이 아닌, 낡은 형식의 대상에서 재미를 추구하는 것이야말로 산업화와 근대화 과정에서 살아남기 힘든 행동이다. 그리고 판소리는 이 두 가지를 두루 갖춘 양식이었다. 그러니 판소리가 사라지는 것은 시간 문제였던 셈이다.

잘살아보자고 외치며 새벽부터 밤까지, 아니 밤을 새워가며 일하는 삶이 애국이요, 참된 인간적 삶이라 추앙받던 시절에는 3분짜리 유행가면 충분했다. 몇 시간씩 계속되는 판소리를 왜 듣는단 말인가? 그런 건 없애야 할

구습舊習이었다. 머리도 기르면 안 되었다. 사실 기계를 만지고 노동을 하는데 긴 머리는 불편했다. 따라서 긴 머리는 정부에서 금했다. 짧은 치마도 안 되었다. 모든 행동과 옷차림, 삶은 오직 노동에 어울리는 것만이 허용되었다. 그런 시대가 1960년대부터 대한민국을 지배하기 시작한 것이다. 그리고 판소리를 위시한 전통 예술은 벽장 속으로 사라지기 시작하였다. 그러고는 그들에게서 청중을 빼앗아가는 대신 문화재란 딱지를 붙였다.

문화재란 함부로 길에 나오면 안 되는 존재 아닌가? 조심스럽게 박물관 안에 모셔져 있어야 하는 존재 말이다. 그래서 모든 문화는 문화재가 되는 순간 우리 곁에서 사라지고 만다. 그런데도 문화재로 지정받으면 즐거워하는 문화인들이 있으니 답답할 뿐이다.

필자는 오늘도 임방울의 '쑥대머리' 한 대목을 들으며 답답한 속을 푼다. 다른 대목은 몰라도 '쑥대머리'는 여러분께서도 익숙하실 것이다. 그 소리는 들어본 적 없어도 '쑥대머리'란 표현은 여기저기서 사용되고 있으니 말이다. 다듬지 않아서 꼭 쑥밭처럼 엉망이 된 머릿결을 가리키는 '쑥대머리'는 춘향이가 옥에 갇혀 한양으로 떠난 이 도령을 생각하며 부르는 슬프디슬픈 노래이다. 앞서 살펴본 춘향이의 모습과는 전혀 다른 열녀 춘향이의 모습을 보여주는 대목이다.

쑥대머리 귀신형용鬼神形容 적막옥방寂寞獄房 찬 자리에 생각난 것이 임뿐이라
(쑥처럼 흐트러진 머리 귀신 모습 적막한 감옥 찬 자리에 생각나는 건 오직 임뿐이라)
보고 지고 보고 지고 한양 낭군 보고 지고
오리정 정별情別 후로 일장 수서手書를 내가 못 봤으니
(오리정에서 정 떼며 이별한 후로 편지 한 장 내가 못 받았으니)

부모 봉양 글공부에 겨를이 없어 이러는가

여인신혼與人新婚 금슬우지琴瑟友之 나를 잊고 이러는가

(신혼 맞아 부부의 정 나누느라 나를 잊고 이러는가)

계궁항아桂宮姮娥 추월秋月같이 번듯이 솟아서 비치고저

(달 속 궁에 있는 선녀 가을 달처럼 번듯 솟아서 비치고저 하나)

막왕막래莫往莫來 막혔으니 앵무서鸚鵡書를 내가 어이 보며

(오도가도 못하고 막혔으니 보내신 편지 한 장을 내가 어이 보며)

전전반측輾轉反側 잠 못 이루니 호접몽胡蝶夢을 어이 꿀 수 있나

(이리 뒹굴 저리 뒹굴 잠 못 이루니 나비의 꿈을 어이 꿀 수 있을까)

손가락에 피를 내어 사정으로 편지 허고

간장의 썩은 눈물로 임의 화상을 그려볼까

이화일지梨花一枝 춘대우春帶雨에 내 눈물을 뿌렸으면

(배꽃 한 가지에 매달린 봄비에 내 눈물을 뿌렸으면)

야우문령夜雨門零 단장성斷腸聲에 임도 나를 생각할까

(문에 고요히 떨어지는 밤비 애끓는 소리에 임도 나를 생각할까)

추우오동秋雨梧桐 엽락시葉落時에 잎만 떨어져도 임의 생각

(가을비에 오동잎 떨어지면 그때마다 임의 생각)

녹수부용綠水芙蓉 채연녀採蓮女와 제롱망채엽提籠忘採葉의 뽕 따는 정부貞婦들도

(푸른 물 머금은 연꽃 따는 여인들과 뽕잎 따다 멀리 떠나간 낭군 생각하는 여인들도)

낭군 생각은 일반이나 날보다는 좋은 팔자

옥문 밖을 못 나가니 뽕을 따고 연 캐겠나

내가 만일에 임을 못 보고 옥중원혼이 되거드면

무덤 근처 있는 나무는 상사목想思木이 될 것이요

무덤 앞에 섰는 돌은 망부석이 될 것이니

생전사후 이 원한을 알어줄 이가 뉘 있드란 말이냐

퍼버리고 앉어 설리 운다

앞부분은 원래의 내용, 괄호 부분은 필자가 해석한 내용이다. 어떠신가? 이처럼 해학과 한, 기쁨과 슬픔이 교차하는 예술 형식이 바로 세계 어디에도 없는 우리 소리, 판소리다.

이 글 이후 단 한 분의 독자라도 판소리의 참된 모습을 즐길 수 있다면 필자의 바람은 실현된 것이니 덩실덩실 춤을 출 것이다.

34

'노걸대'와 '박통사'

고려·조선시대 외국어 학습의 베스트셀러

예나 이제나 외국어는 골치 아픈 존재다. 주변 나라 또는 민족과 교류를 안 하면서 살 수는 없는 노릇 아닌가. 그러니 두 나라가 같은 언어를 사용하는 운이 좋은 경우가 아니라면 서로 말이 통하지 않는 답답한 상황은 늘 문제가 아닐 수 없는 것이다. 오늘날처럼 세계 여러 나라와 동시적으로 교류를 해야 하는 상황이라면 그 정도가 더 심할 것이다.

그러나 세계가 각기 독자적 문화권으로 분리되어 있던 과거라고 해서 그러한 문제가 발생하지 않는 것은 결코 아니었다. 아니, 오히려 더할 수도 있다. 왜냐하면 교류의 대상이 일정하게 정해져 있기 때문에 그 나라 문자를 모른다면 이거야말로 우물 안 개구리 신세를 못 면할 테니까 말이다. 게다가 그 나라와 통하지 않는다면 그건 완전히 독립적으로 살아야 함을 의미하니 심각하지 않겠는가?

한반도에 존재했던 나라들이 그러했다. 우리 민족은 숙명적으로 중국을 통하지 않고는 다른 민족과 교류를 할 수가 없었다. 그것이 정치적인 것이건 군사적인 것이건 경제적인 것이건 마찬가지였다. 따라서 중국어는 우리 민족에게 다른 문화와 접할 수 있는 거의 유일한 수단이었던 것이다.

오늘날에야 영어를 하거나 중국어를 하거나 일본어를 하거나 독일어를 하거나 아랍어를 하거나, 한 가지 언어만 하면 세계 여러 나라와 교류를 할 수 있다. 그러나 고려인들이나 조선인들은 무조건 중국어를 해야 했다. 일본어? 그것도 필요했겠다. 그러나 일본어를 하지 않으면 왜인들이 답답했지 우리 민족이 답답했겠는가? 반면에 중국어는 우리가 답답해서 배웠을 것이다.

그렇다면 우리 민족은 외국어를 어떻게 배웠을까?

요즘과 그리 다르겠는가? 유학 가서 몸으로 부딪치며 배우는 길이 가장 바람직했을 터이지만 그건 그리 쉬운 방법은 아니었을 것이다. 그렇다면 외국어 학원을? 글쎄 고려나 조선에 외국어 학원이 있었다는 기록이 남아 있지 않으니 그런 방식은 사용하지 않은 것 같다. 그럼 어떤 방법을 사용했을까?

가장 쉬운 방법으로 교재를 사용하지 않았을까? 그 어떤 민족보다 기록하기를 즐겨한 민족이고 인쇄술도 세계 최고 수준이었으니 '중국어 문법 1개월 완성' 같은 책을 사용하지 않았을까?

맞다. 그랬다. 세계 어느 나라에서도 찾아보기 힘든 외국어 학습 교재가 우리나라에 있었다는 사실을 아는 분은 그리 많지 않다. 그것도 현대인들이 만든 교재와 흡사한 방식으로 말이다.

'노걸대老乞大'란, 老+乞大로 이루어진 단어다. 앞의 老는 중국어에서 상대방을 높이는 호칭이다. 반면에 乞大는 몽골족이 중국인을 가리켜 부르는 호칭이다. 따라서 이를 한자로 '걸대'라고 읽는 것이 아니라 만주어인 '키타'로 읽어야 올바른 호칭이라 하겠다. 여하튼 이렇게 보면 노걸대란 중국인을 부르는 경칭敬稱인 셈이다. 한마디로 "중국인 선생!" 정도라고나 할까.

그리고 바로 이 호칭이 붙은 책이 있었으니 바로 《노걸대老乞大》란 중국어 회화 학습서였다. 《노걸대》는 그 내용으로 추정컨대 고려시대에 편찬된 것으로 보인다. 왜냐하면 내용 가운데 이런 것이 있기 때문이다.

중국인 : 귀하는 어디에서 오셨습니까?
고려인 : 나는 고려의 왕경인 개성에서 왔습니다.
중국인 : 이제 어디로 가십니까?
고려인 : 나는 북경으로 갑니다.
중국인 : 당신은 언제 왕경을 떠났습니까?
고려인 : 나는 지난 달 초에 왕경을 떠났습니다.

내용이건 형식이건 전형적인 외국어 회화 학습서 아닌가? 그리고 그 내용 가운데 고려 도읍인 개성이 나오는 것으로 보아 고려시대에 편찬된 것이 분명해 보인다.

전체적으로 고려 상인이 특산품인 인삼 등을 싣고 북경에 가서 팔고 그 돈으로 중국의 특산품을 사서 돌아올 때까지의 내용을 담은 《노걸대》의 전체 구성은 다음과 같다.

1. 만남
중국어 공부에 관한 내용과 아울러 중국인과 동행하는 과정에 필요한 회화로 구성되어 있다.

2. 와점瓦店에서의 숙박

숙박할 곳에서 필요한 회화와 길에서 강도를 만났을 때 필요한 회화. 말을 다루는 방법에 관한 회화 등으로 구성되어 있다.

3. 자, 대도大都로!

북경에 가는 길목에서 필요한 회화를 배우는 절로, 민박하기 위한 회화, 식사와 관련된 회화. 술집에서 필요한 회화 등으로 이루어져 있다.

4. 대도大都에서의 장사와 생활

북경에 도착한 고려 상인이 여관에 거처를 잡은 후 가지고 온 인삼을 이용해 상거래를 하는 과정. 인삼을 판 후 그 돈으로 옷감과 활, 마구 등을 사고 중국 요리를 맛보는 내용으로 구성되어 있다.

5. 사람 사는 도리

친구를 사귀고 아이를 가르치며, 방탕한 생활을 하는 자식을 통해 사치스러운 물품과 생활을 소개하고 있다.

6. 고국을 향하여

인삼을 팔고 그 돈으로 귀국길에 필요한 물품을 사며 작별 인사를 하는 과정으로 이루어져 있다.

위에서 볼 수 있듯이 《노걸대》는 수박 겉핥기식으로 구성되어 있는 현대판 회화책과는 달리 무척 구체적이고 세부적이며, 그 내용이 상당히 심도

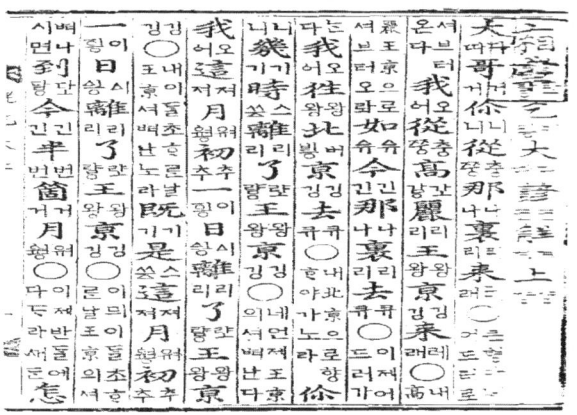

《노걸대 언해》
《노걸대》는 세계 어느 나라에서도 찾아보기 힘든 외국어 학습 교재였다. 내용을 보면 고려 시대에 편찬된 것으로 보이지만 현재 전해오는 가장 오래된 판본은 조선 초기의 것이다. 사진은 《노걸대》의 언해본. 언해란 한글로 해석해놓았다는 뜻이므로 《노걸대언해》는 한글이 창제된 이후에 편찬된 것이 분명하다.

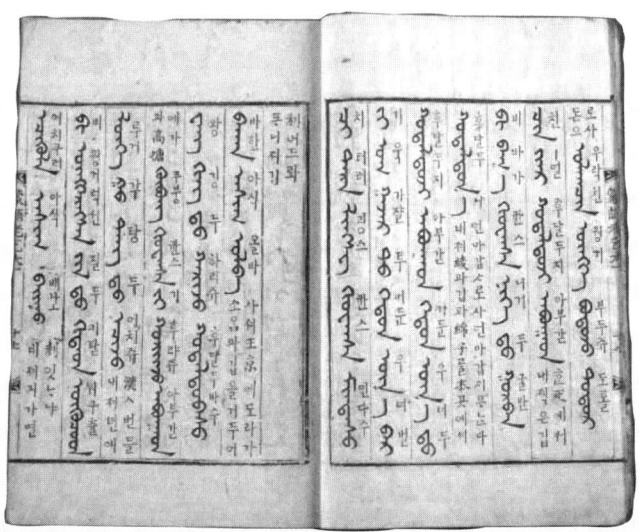

《몽어노걸대》
《노걸대》는 중국어뿐만 아니라 몽골어판도 출간되는 등 그 시대 외국어 학습의 베스트셀러로 자리매김하였다.

있게 이루어져 있다. 따라서 이 정도 책을 익힌다면 중국인들과 웬만한 대화가 가능했을 것으로 판단된다.

《노걸대》는 고려시대에 편찬된 것으로 판단되지만 현재 전해오는 판본은 세종 대에 만들어진 것이라 하는데 그것도 확실치는 않다. 그리고 《노걸대》도 여느 학습 참고서처럼 시간이 지나면서 새로운 내용으로 수정, 보완되었다. 또 조선 중종 대에 와서는 최세진이라는 이가 《노걸대》를 번역해서 출간했는데, 이를 《노걸대언해 老乞大諺解》라고 한다. '노걸대를 언문으로 해석'했다는 의미로, 이 책은 국어학사 연구에 무척 중요한 자료로 쓰이고 있다. 왜냐하면 중세 한글의 표기법 연구 자료가 드문 현실에서 그에 관한 많은 자료를 전해주기 때문이다. 게다가 이 책 자체가 한자어 학습서이기 때문에 중국어와 한글의 소리 연구에 특별한 자료가 되기도 한다.

고려와 조선시대에 배워야 할 외국어가 중국어만 있었던 것은 아니다. 그리하여 조선시대에 들어서면서 《몽어노걸대 蒙語老乞大》가 출간되었으니 이는 몽골어 회화 학습서인 셈이다.

한편 《노걸대》 외에 또 다른 중국어 학습서가 있었으니 바로 《박통사 朴通事》라고 하는 책이 그것이다. 박통사란 '박씨 성을 가진 역관 譯官'이란 의미이다. 역관이란 오늘날의 통역관을 가리키니까 "통역사 박씨"라고나 할까. 그러니까 통역사가 되고자 하는 이들을 위한 중국어 학습서라고 할 만하다. 따라서 《박통사》는 《노걸대》에 비해 좀 더 전문적이고 난이도가 높다고 보는 편이 맞을 것이다. 《노걸대》가 상업 활동가를 위한 무역 중국어라면 《박통사》는 통번역대학원 수준의 생활 중국어라고 할 수 있다.

물론 일상생활이라고 해서 단순히 밥 먹고 여행하는 정도에 그치는 것이 아니라 중국 문화 및 풍속, 문물에 관한 내용 등 무척 전문적인 내용으로 이루어져 있다. 그 가운데는 전당포에서 돈을 빌리는 내용, 목욕탕 요금과 때밀이, 건축 공사에 필요한 내용 등 요즘 말하는 생활회화와는 한참 거리가 먼 내용도 많다. 그러니 《박통사》는 단순한 회화 학습서라기보다는 중국 문물과 언어를 동시에 학습하는 고급 과정이라고 하겠다.

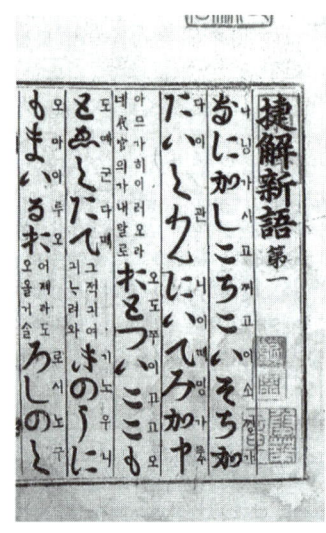

조선시대 일본어 학습서인 《첩해신어》. 히라가나 오른쪽에 한글로 발음을 표기하고, 문장 말미에 번역문을 실었다.

마지막으로 살펴볼 책이 한 권 더 있으니 바로 《첩해신어捷解新語》라는 책이다. 이 책 또한 외국어 학습서인데 다름 아닌 일본어 학습서이다. 책의 제목을 살펴보면 '빠를 첩捷, 풀 해解, 새 신新, 말 어語', 즉 '새로운 말을 빨리 배운다'는 뜻이다. 그렇다면 도대체 어느 나라 말이 새로운 말일까? 바로 일본어다.

사실 임진왜란 이전까지 일본어는 우리에게 썩 필요한 언어가 아니었다. 공식적인 국교 관계를 맺고 있는 것도 아니었고, 그렇다고 우리가 일본과 교류해야 할 만큼 아쉽지도 않았으니 그럴 만도 했을 것이다. 그러나 임진왜란 이후에는 상황이 변했다. 임진왜란 당시 수많은 조선인이 일본으로 끌려갔을 뿐 아니라 조선 땅에도 많은 일본인이 남아 있었다. 그뿐이랴? 이제는 일본이라는 나라를 그저 무시만 하고 있을 수가 없었다. 그만큼 일본이라는 국가의 존재가 조선에 영향을 끼치게 된 것이다.

그러한 시대적 요청에 따라 편찬된 책이 바로 《첩해신어》인데, 이 책의 저자 강우성康遇聖 또한 임진왜란 당시 일본인에게 끌려갔다가 10년 만에 귀국한 인물이었다. 그는 일본어와 풍습을 능숙하게 익힌 후 돌아와 이 책을 지은 것으로 알려져 있다. 《첩해신어》의 구성 역시 《노걸대》와 썩 다르지 않으니 상거래에 필요한 회화, 사신으로 활동할 때 필요한 회화 등으로 구성되어 있다. 그 후 일본어는 1678년부터 역관을 선발하는 과거인 역과譯科의 시험 과목이 되었으니 일본어가 외국어로 인정받은 역사가 꽤나 오래된 것임을 알 수 있다.

35

비석을 찾아서

추사 김정희의 문화재 훼손

요즘은 그런 기사가 별로 보이지 않지만, 얼마 전까지만 해도 북한의 금강산이나 묘향산 등 절경지의 바위에 새겨진 북한 지도자들의 이름과 선전 구호를 비난하는 기사가 종종 눈에 띄곤 하였다. 사실 이런 짓은 터무니도 없는 짓이다. 자연이란 한번 훼손되면 영원히 복구되지 않는다. 그러니 자연에 자신의 이름을 새김으로써 자신의 명예가 영원토록 지속될 것이라고 믿는 것은 오만방자한 행동일 뿐 아니라 영원히 악명을 남기는 일이기도 하다.

그런데 이보다 더 귀한 유적에 자신의 이름을 새기고서도 악명은커녕 빛나는 이름을 후세에 남긴 인물이 있다면 어떨까? 혹시 그 사례를 통해 후세 사람들도 자신의 이름을 이곳저곳에 남기는 것은 아닐까?

"훼손 행위는 순간이고 남는 이름은 영원하다."

이런 판단 하에 말이다.

조선 중기에 세간에는 이런 소문이 전해오고 있었다.

"북한산에 비석 하나가 세워져 있는데, 이를 '무학대사비'라고 한다. 무학대사가 이성계를 도와 한양에 도읍을 정하고자 산줄기를 따라 내려오다가 이 봉우리에 이르러 '무학이 이곳을 잘못 찾아 닿았다'라는 글이 새겨져 있는 비석을 발견하고 발길을 돌렸기 때문이다."

한마디로 무학대사가 올 것을 알고 그 내용을 새기고 있던 비석이라는 말이니 이는 단지 전설일 뿐이리라. 그렇지만 젊고 머리가 좋으며 호기심도 많은 데다 그 무렵 단단한 돌이나 물질에 새겨진 명문銘文을 연구하는 학문인 금석학金石學에도 조예가 깊었던 한 사람은 이 전설을 그냥 지나치지 않았다. 그러고는 그의 나이 서른한 살 되던 1816년, 드디어 이 전설 속 비석을 찾아내고야 만다.

그런데 이상도 하지. 분명 비석에 새겨져 있어야 할 내용인 무학대사니 뭐니 하는 글자는 없고 도대체 알 수 없는 글자들만이 새겨져 있는 게 아닌가. 물론 그 비석은 전부터 '무학대사비'라는 명칭 외에도 '몰자비沒字碑', 즉 '글자가 없는 비'라고도 불릴 만큼 새겨져 있는 글자는 흐릿했지만, 금석학에 조예가 깊었던 그는 그곳에 새겨져 있는 글자를 한눈에 알아보았던 것이다.

이것이 '추사체'니 '세한도'(국보 제180호)니 하는 단어와 연결되어 불후의 이름을 남긴 김정희金正喜(1786~1856)와 진흥왕순수비眞興王巡狩碑의 첫 만남이었다.

여기서 잠깐! 한자어의 한글 표기와 관련하여 몇 가지 짚고 넘어가야 하겠다.

필자는 어려서부터 한자 공부에 익숙해서 한자라면 웬만한 사람들에게 뒤지지 않는다고 자부해왔다. 그래서 그런지 이상한 한자어가 나타나면 그냥 넘어가지 않았다. 그런 사례 몇 가지를 살펴보기로 하자.

우선 구축함驅逐艦이다. 해군이 보유한 배 가운데 한 종류인 구축함 말이다. 그런데 이 배가 무슨 배인지 아시는가? 뭐 대부분 아실 것이다. 그러나 모르는 분을 위해 설명한다면 '적의 공격으로부터 아군의 배를 보호하는 역할을 하는 선박'을 가리킨다. 전문가들이라면 이보다 더 복잡하고 상세한 설명을 하겠지만 전쟁을 혐오하는 평화인이라면 이 정도로만 알아두어도 될 것이다. 여기서 중요한 것은 전쟁이 아니라 '구축驅逐'이라는 단어니까.

구축? 도대체 무슨 말이야? '구축' 하면 특정한 시설을 쌓아 올려 만드는 '구축構築'이 떠오르는 사람들에게는 구축함도 뭔가를 만들어내는 배로 연상될지 모른다. 그러나 사실 구축함驅逐艦은 '무언가를 쫓아 몰아내는 배'라는 의미다. 그러니까 아군의 배를 위협하는 적함을 쫓아내는 배라는 말이다. 이 '구축'이란 단어는 '악화가 양화를 구축한다'는 그레샴의 법칙에서도 쓰이는데, 이때도 '악화가 양화를 만든다'는 의미로 착각하기 쉽다. 사실은 '악화, 즉 질이 낮은 화폐가 좋은 화폐를 몰아낸다'는 의미인데 말이다.

또 《삼국유사》와 《삼국사기》라는 두 역사서의 제목에 대해서도 유심히 살펴보아야 한다. 두 책 모두 고려시대의 역사서이자 역사를 보는 시각에서 대립적인 사관을 나타낸다고 배웠기에 '삼국유사' 하면 '삼국사기'가 떠오르고, '삼국사기' 하면 '삼국유사'가 떠오르는 게 사실이다. 그런데 정작 중요한 것은 두 역사서에 공통으로 들어 있는 '사' 자가 다른 글자란 점이다. '삼국유사'는 '三國遺事', 즉 '삼국에 관해 전해오는 사실들'이란 의미의 제목이다. 반면에 '삼국사기'는 '三國史記', 즉 '삼국의 역사 기록'이란 의미다. 따라서 《삼국사기》가 정통 역사서의 형식을 띠는 반면 《삼국유사》는 재야 역사가의 기록으로 볼 수 있다. 이는 《삼국유사》의 저자가 일연이라는 스님인 반면, 《삼국사기》의 저자는 김부식이라는 정치가이자 역사가, 학자라는 사실에서도 그 차이를 느낄 수 있을 것이다.

이 외에도 한자어를 알고 나면 그 단어가 갖는 의미를 깊이 이해할 수 있는 사례는 부지기수이다. 그럼에도 우리는 단어에만 집착할 뿐 그 단어가 어떻게 탄생했는지에 대해서는 관심을 갖지 않는다. 아니, 그런 관심은 쓸데없는 것으로 치부되기 일쑤다. 그러나 과연 그럴까?

진흥왕순수비! 이건 무슨 비일까? 만일 당신이 한자를 전혀 모를 뿐 아니라 학교에서 국사 시간에 이에 대해 배우지 않았다면 '아, 진흥왕이 다른 사람의 힘에 의지하지 않고 순수하게 만든 비구나'라거나 '진흥왕이 자신의 순수한 심경을 피력한 문학적 비문인가?' 하고 의문을 품을지 모른다. 그러나 한자를 조금만 아는 분이라면 국사 시간에 배우지 않았다 하더라도 '순수비巡狩碑란 순행할 순, 사냥할 수, 비석 비로 이루어진 단어니까 여러 곳을 순행하고 그 자취를 남기기 위해 세운 비구나'라고 금세 파악할 것이다.

이 외에도 수많은 역사 용어가 어려운 한자어로 이루어져 있다. 그리고 그 한자어에 대해서는 누구도 가르쳐주지 않는다. 그래서 우리는 갑오경장甲午更張이 '갑오년에 나라의 제도를 새롭게 확장시키고 바꾼 것'이라는 의미는 잊은 채 무조건 외워야 한다. 뭐라고? 이렇게. '동학농민운동의 결과 개화파 내각에 의해 추진된 근대적 제도 개혁.'

각설하고 다시 진흥왕순수비로 돌아가자.

진흥왕은 자신이 영토를 확장시킨 것을 오래도록 기리기 위해 땅 끝까지 순수巡狩하였다. 왜 그냥 순행하지 않고 사냥까지 했느냐고 물으신다면 "그 시대에는 임금이 거둥하기 위해서는, 특히 흔히 가지 않는 낯선 길을 가기 위해서는 호랑이니 늑대니 곰 같은 맹수의 공격에 대비해야 했습니다. 그래서 임금의 순행에는 반드시 사냥이 동반되어야 했지요"라고 답할 수밖에 없다. 뭐 틀릴 수도 있다. 그렇지만 순수巡狩라는 단어가 처음 사용된 중국에서도 아주 오래 전부터 사용했기 때문에 그럴 것이라고 추측할 뿐이다.

여하튼 진흥왕은 북한산 외에도 경상남도에 창녕비, 함경남도에 황초령비와 마운령비를 남겨놓았다. 그 가운데 북한산비는 국보 제3호, 창녕비는 국보 제33호로 지정되었다.

처음 김정희가 북한산을 오른 것은 앞서도 살펴본 바 있듯이 무학대사비에 새겨진 내용을 확인하기 위해서였다. 그런데 놀랍게도 그 비에는 터무니도 없어 보이는 전설 대신 실제적인 역사 기록이 새겨져 있었던 것이다!

처음 이 사실을 발견했을 때 김정희가 얼마나 황홀했을지는 상상이 가고도 남는다. 그런데 사실 이 비가 김정희가 발견하기 전에 이미 다른 사람에 의해 발견되었다는 설도 있다. 바로《발해고》를 펴낸 실학자 유득공의 아들인 유본학(1770~?)이 김정희에 앞서 발견했다는 것이다. 유본학은 김정희에 비해 나이가 열일곱 살이나 많은 인물로 그 무렵 김정희와 함께 금석학에 관심을 가졌던 것으로 알려져 있다.

그런데 이러한 설에도 불구하고 김정희가 역사에 기록된 것은 바로 김정희의 오만방자한 행동 때문이었으니, 다음 기록을 보자.

此新羅眞興大王巡狩之碑丙子七月金正喜金敬淵來讀, 丁丑六月八日金正喜趙寅永同來審定殘字 六十八字

내용인즉, "이 신라 진흥왕순수비를 병자년 7월 김정희와 김경연이 와서 읽다. 정축년 6월 8일, 김정희와 조인영이 함께 와서 남은 글자 68자를 살펴 정했다."

그러니까 병자년, 즉 1816년 7월 김정희는 처음 김경연과 함께 와서 이 비의 실체를 확인하고 읽은 후, 이 듬해에는 조인영과 함께 다시 와서 확인 가능한 68자를 살피고 뜻을 정했다는 것이다.

그런데 김정희는 얼마나 자랑스러웠는지 이 내용을 순수비 옆면에 스스로 새겨놓았다. 도대체 말이나 되는가 말이다. 오늘날 누군가가 광개토대왕비 옆면에 "내가 이 비를 처음 발견했고 내용을 해석했소" 하고 새겨놓았다면 그는 아마 교도소로 직행했을 것이다.

북한산 진흥왕순수비 탁본.
오른쪽에 추사 김정희가 새겨 넣은 글자가 선명하다.

그런데 김정희는 그런 행동을 서슴지 않고 했다는 것이다. 게다가 무지한 백성도 아니고 금석학에 조예가 깊었다는 양반이자 학자인 그가 말이다. 그럼에도 그의 이러한 행동 때문에 북한산의 진흥왕순수비를 처음 발견하고 해석한 사람이 김정희라는 사실이 역사에 기록되고, 이로 인해 금석학자 김정희의 명성이 영원토록 이어질 것이니 이런 아이러니가 또 있을까. 그리고 만에 하나라도 유본학이 김정희에 앞서 이 비를 발견한 것이 사실이라면, 우리 후손들은 역사에 농락당하는 꼴이 되고 마는 것 아닐까.

그렇다면 지금 진흥왕순수비는 어디에 있을까? 당연히 북한산에는 없다.

국립중앙박물관에 소장되어 있는 진흥왕순수비.
1,400여 년 전에 세워진 것이라 마모가 심하기도 하지만, 더욱 안타까운 것은 6·25전쟁 중에 생긴 것이 분명한 총탄 자국이다. (사진제공: 국립중앙박물관)

북한산에는 모조품이 자리하고 있고 진품은 국립중앙박물관에 소장되어 있다. 진흥왕순수비는 진흥왕의 재위 기간인 서기 540년에서 576년 사이에 건립되었을 테니 적어도 1,400년 전에 세워진 것이다. 그런 만큼 마모가 된 것이 당연한 일일 것이다. 그러나 더욱 안타까운 것은 6·25전쟁 중에 생긴 것이 분명한 총탄 자국이 선명하다는 것이다. 그리고 그 선명한 총탄 자국이 악질적인 흔적이라는 사실은 이것이 전투 중에 생긴 것이 아니라 누군가가 그 비석을 과녁 삼아 총질을 해댔음이 분명하기 때문이다. 그렇지 않은가? 북한산 꼭대기에서 전투가 벌어졌다는 사실도 없고 그곳까지 올라가서 싸울 까닭도 없기 때문이다.

36

흥타령

한과 신명, 우리의 소리를 찾아서

독자 여러분께서는 '흥타령' 하면 어떤 장단이 떠오르시는가? 신명나는 소리, 흥에 겨운 소리가 떠오르는 분이 대다수이실 것이다. 물론 성격이 이상한 분이라면 '흥'이라는 소리에 우울하고 가슴속을 찢는 듯한 한을 느끼시겠지만.

필자는 머리가 커가면서부터 그저 재미로 우리 소리를 들어왔다. 아, 그렇다고 이상하게 여기지는 마시길. 본래 타고난 자질이 한량 기질이라 트로트부터 시작해 온갖 가요를 섭렵하고 고전음악이라 불리는 서양 음악, 그리고 판소리와 민요에 이르는 모든 소리를 즐기고 있으니까.

그런데 정말 신기한 일이 있었다.

"우리 음악은 예로부터 신명나는 소리였다."

"우리 민족은 한을 표현하는 탁월한 능력이 있었지."

어떤 게 맞는 건가? 세상에 둘도 없이 빠르고 신나는 타악으로 구성된 사물놀이가 우리 음악의 진수인가, 아니면 슬프고도 슬퍼 눈물 없이는 들을 수 없는 한의 소리가 우리 음악의 진수인가?

필자가 하고자 하는 말은 바로 이런 이분법적 사고 또는 개념화의 오류에 대해서다. 필자의 개똥철학 상식에 의하면 비트겐슈타인도 이런 개념화의 오류를 지적했다고 한다.

여하튼 우리 음악도 다른 나라 음악과 마찬가지로 신명나는 면이 있는가 하면 그 무엇으로도 풀어내지 못했던 고달픈 한을 한 올 한 올 풀어내는 면도 갖추고 있다. 여기까지는 우리 음악도 다른 민족의 음악과 그 탄생과 발전에 있어서 다른 면이 별로 없는 듯 보인다.

그런데 〈흥타령〉에 이르면 생각이 달라진다. 도대체 우리 선조들은 어떤 생각을 품으셨던 분들일까? 그분들의 철학과 삶의 방식은 어떻게 달랐던 것일까? 이런 의문이 드는 것이다. 왜? 다음에 그런 의문을 품게 된 까닭을 살펴보자.

필자는 전자책을 썩 좋아하지 않는데 이럴 때는 전자책이 있었으면 좋겠다는 생각이 든다. 전자책이 있으면 음악과 글을 동시에 즐길 수 있을 테니까. 물론 글만 있어도 된다. 왜냐하면 글에서 어찌할 수 없는 호기심이 발동한다면 당연히 어떤 수단을 통해서라도 음악을 들을 테니까.

〈흥타령〉이라는 제목에서 대부분의 독자들은 흥겨운 타령, 민요를 떠올리기 십상이다. 만일 그렇지 않은 분이 있다면 그분이 이상한 심리 상태라고 하겠다. 그런데 우리 선조들이 바로 그런 분들이었다. 필자 또한 예전에 경기민요 가운데 〈태평가〉니 〈창부타령〉, 〈군밤타령〉, 〈닐니리야〉 같은 곡을 들으면서 그 흥겨움에 반한 적이 있었다. 물론 경기민요 가운데도 〈한오백년〉 같은, 한을 풀어내는 곡도 있지만 말이다. 그래서 남도민요 가운데

〈홍타령〉이 있다는 말을 듣고 "음, 남도민요의 흥겨움은 어떨까?" 하고 〈홍타령〉이 수록된 음반(요즘은 사용하지 않는 LP음반)을 사서 턴테이블에 올려놓았다. 그러고는 어깨를 들썩일 준비를 하고 있는데, 아뿔싸 이게 뭐람. 도대체 왜 이런 노래에 제목을 '홍타령'이라고 붙였는지 도무지 이해가 가지 않았다.

헤~ 박랑사博浪沙 중 쓰고 남은 철퇴鐵槌를
천하장사 항우를 맡기어 이별 별 자別字를 깨뜨려볼 거나
아이고 데고 허허 음 성화가 났네 헤~

아이고 데고 허허 음 성화가 났네 헤~
꿈이로다 꿈이로다 모두가 다 꿈이로다
너도 나도 꿈 속이요 이것 저것이 꿈이로다
꿈 깨이니 또 꿈이요 깨인 꿈도 꿈이로다
꿈에 나서 꿈에 살고 꿈에 죽어가는 인생
부질없다 깨려는 꿈은 꾸어서 무엇을 할 거나
아이고 데고 허허 음 성화가 났네 헤~

아이고 데고 허허 음 성화가 났네 홍~
서리 맞아 병든 잎은 바람이 없어도 떨어지고
님 그리워 썩은 간장은 병 아니 들어도 불견이로구나
아이고 데고 허허 음 성화가 났네 헤~

아이고 데고 허허 음 성화가 났네 헤~
천하천지 이 몹쓸 사람아 이내 가슴을 병들여 놓고
너만 홀로 떠났느냐
아이고 데고 허허 음 성화가 났네 헤~

아이고 데고 허허 음 성화가 났네 헤~
구름같이 오셨다가 번개처럼 가시는 님을
생각한 것이 내 그르제
쓸쓸한 빈 방안에 애를 태우니 병이 안 될소냐
아이고 데고 허허 음 성화가 났네 헤~

〈홍타령〉이라고 해서 모든 〈홍타령〉의 가사가 같은 것이 아니다. 음률은 같은데 가사는 다르다. 부르는 소리꾼에 따라서도 가사는 달라진다. 그렇지만 그 내용은 대동소이함을 밝혀둔다.

자, 그런 사전지식을 가지고 위 가사를 살펴보자. 우선 가장 독특한 것이 각 절마다 후렴구가 노래 시작할 때 나온다는 것이다. 이런 경우는 극히 드물다. 그런데 〈홍타령〉에서는 그렇다. 그런데 그 후렴구라는 게 "아이고 데고 허허 음 성화가 났네 헤~"다.

〈홍타령〉이라고 해서 신나는 소리나 가사를 기대했던 사람을 낙담시켜도 유분수지, 시작부터 "아이고 데고" 하면서 죽는 소리를 하다니! 아니, 가사만 그런 게 아니다. 소리 또한 느리디느린 중모리 장단으로 맺힌 한을 다 담아낸다. 그러니 첫마디부터 이미 '일어날 홍興'과는 사뭇 거리가 멀다.

시작이 반이라고 했던가. 후렴구가 끝나고 시작되는 첫 소절의 소리 또한 후렴구와 다르지 않다. '흥타령'은커녕 '한타령'이라고 불러도 모자랄 듯싶은 처절한 소리, 심장을 긁어내는 소리. 이제는 더 이상 보이지 않는 곳으로 떠나버린 임을, 더 이상 잡을 수 없이 흘러가 버린 세월을, 돌이키려야 돌이킬 수 없이 끝에 닿아버린 삶을 절망의 손길로 잡으려는 마지막 몸부림 같은 소리가 오랜 시간 이어지는 노래가 바로 〈흥타령〉이다.

그렇다면 왜 이런 처절한 소리에 '흥타령'이라는 제목을 붙인 것일까? 알려진 바에 따르면 앞에 나오는 후렴구 마지막의 '~헤'가 사실은 조흥助興, 즉 흥을 돋우는 부분이기 때문이다. 그러니까 '~헤'는 '~흥'이 변한 셈이다. 그런데 이 후렴구란 부분이 흥을 돋우기는커녕 한을 풀어내는 부분이니 '~흥'이라고 부르기는 좀 불편했을지 모른다.

또 하나는 우리 선조들의 한풀이와 흥겨움은 우리가 생각하는 그런 단순한 것이 아니었기 때문일지 모른다. 현대를 사는 우리는 무척 단순해지고 있다. 생존하기 위한 노력이 너무 힘겨워 예술, 즉 삶의 놀이에서까지 고민하고 사색하지 않으려 한다. 그런 것을 즐기는 순간에는 모든 것을 잊고(심지어 삶과 나 자신도 잊고) 바보처럼 단순해지고 싶어지는 것이다. 영화건 노래건 책이건 갈수록 쉬워지고 단순해지고, 폭력이나 섹스 같은 말초적인 쾌락과 단순한 리듬을 추구하는 것은 이러한 사회적 상황과 관련이 있을 것이다.

그러나 옛날 전통 사회에 살던 선조들은 정말 단순한 삶을 살았다. 아침에 일어나 논과 밭에 나가 일하고 들어와 쉬고, 가을에 추수하면 겨울에는 몇 개월을 내내 놀았다. 그러면서 사람들은 삶과 인생, 스스로에 대해 현대인들보다 훨씬 깊이 고민했을지 모른다. 그분들 또한 바보가 아니었으니까. 그런 연후의 깨달음이 바로 이런 모습으로 드러난 것은 아닐까.

"그래, 흥겨움에서 내 가슴의 슬픔이 풀리는 것이 아니라 슬픔에서 비로

소 슬픔이 풀려 나가는 것이야."

이걸 정화라고 하는가? 슬픔을 통해서야 비로소 슬픔을 극복할 수 있다는 역설. 이것이 '흥타령'을 천만뜻밖에 가장 처절한 '한타령'으로 만든 까닭이 아닐까.

사족 하나. 경기민요 가운데도 〈흥타령〉이라 불리는 노래가 한 곡 있다.

> 천안삼거리 흥~ 능수야 버들은 흥~
> 제멋에 겨워서 흥~ 축 늘어졌구나 흥~

이렇게 시작되는 노래인데 '천안삼거리'라고도 하고 '흥타령'이라고도 한다. 이 노래는 제대로 흥겹다. 그래서 '흥타령'이라고 불리게 되었는지 모른다. 그러나 필자는 이 노래의 제목을 '천안삼거리'로 알고 있었다. 언제부터 '흥타령'이라고 불렸는지는 잘 모르겠다. 누군가는 이런 흥겨운 노래가 흥을 돋운다고 여길 것이고, 누군가는 처절한 소리가 흥을 풀어낸다고 여길 것이다. 여하튼 우리 민요는 깊고도 깊은 샘물 같다. 퍼내면 금세 바닥을 드러내는 웅덩이 물이 아니라, 퍼낼수록 더 맑고 차가운 새 물이 솟아나는 옹달샘. 그래서 들으면 들을수록 더 좋아지는 것 아닐까?

37
천재의 길

구용구사, 인간이 갖춰야 할 아홉 가지 행동과 생각

'천재天才'란 단어가 있다. 어원만 보면 '하늘이 내린 재능'이란 뜻인데, 사실 그 정도로 간단히 언급하기에는 부족함이 있다. 역사 속에서 천재라고 하면 자신의 타고난 능력을 발휘하여 세상을 바꾼 인물을 가리킨다. 그러니까 능력만 뛰어나서도 안 되는 것이고, 반드시 세상에 무언가 자취를 남겨야만 천재로 인정받을 수 있었던 셈이다.

그런데 이 천재라는 게, 역시 눈에 보이는 현실적인 것보다는 눈에 보이지 않는 형이상학적인 것에 뛰어났던 것 같다. 하기야 하늘이 내린 재능을 갖춘 인간이 고작 고시 공부에 열을 올려 합격한 후 급여 많이 주는 로펌에 들어가거나 경영학을 배워 돈 버는 데 그 재능을 썼겠는가? 그런 인간은 천재가 아니라 성공을 위해 노력한 인간이리라. 반면에 같은 고시 공부를 해도 능력과 자신을 바쳐 세상을 바꾼 인간이야말로 진정 천재라 할 것이다.

그런 까닭에 우리가 천재라고 익히 알고 있는 인물은 대부분 과학이나 수학, 철학이나 예술 분야와 같은 기초 학문 분야에서 활동한 듯하다. 반면에 법이니 경제니 하는 따위의 현실 학문에서 두각을 나타낸 인물은 천재라기보다는 성실한 인물이라고 보는 편이 보다 합당할 듯하다.

그렇다면 우리 역사상 뛰어난 천재로는 누가 있을까? 조선시대에 황진이는 화담 서경덕과 박연폭포, 그리고 스스로를 칭하여 '송도삼절松都三絕'이라고 했다 하니, 무생물인 박연폭포를 제외하고 서경덕과 황진이를 천재라고 할 수 있을지 모르겠다.

한편 일제강점기에는 이광수와 최남선, 그리고 《임꺽정》의 작가이자 월북 정치인인 홍명희 세 명을 일컬어 '조선 3대 천재'라고 부르기도 했는데, 아마도 나라 잃은 백성들이 한이 맺혀 조선 땅의 뛰어난 인재를 내세워 일본인들에게 대항하기 위해 선정한 듯하다. 필자가 세 사람의 글을 읽어본 결과, 셋 가운데 가장 앞자리에 두어야 할 인물은 아마도 최남선이 아닐까 싶었다. 이는 필자의 취향 때문인 듯도 한데, 이광수와 홍명희가 소설을 쓴 데 비해 최남선은 인문학적 글쓰기에 뛰어났기 때문이다.

그렇다면 조선시대 최고의 천재는 누구였을까? 글쎄, 미술 분야에서는 혜원 신윤복, 단원 김홍도, 긍재 김득신 세 명을 일컬어 '조선 후기 3대 화가'라고도 하고, 안견, 김홍도와 더불어 '조선 3대 화가'로 일컬어지는 이가 오원 장승업이라고도 한다. 어떤 분류에 따르더라도 늘 포함되는 인물이 김홍도이니, 김홍도가 조선의 천재에 해당하는 것은 분명해 보인다. 아, 그리고 보니 예술의 모든 분야에서 탁월한 성과를 낸 추사 김정희야말로 조선의 대표적인 천재가 아닐까 하는 생각도 든다.

그러나 조선의 천재 하면 결코 빠뜨릴 수 없는 이가 있으니 바로 율곡 이이(1536~1584)다. 물론 율곡 외에도 수많은 천재가 있었음은 두말할 나위가 없겠지만, 필자가 율곡 이이를 지목한 것은 바로 그와 관련해 남겨진 기록 때문이다. 이런 기록에 의해 천재를 선정하는 방식에 필자가 100퍼센트 동의하는 것은 아니지만, 그 외에도 율곡은 천재가 갖추어야 할 지성과 혜안, 창의력을 갖추었기에 필자는 그 천재성을 의심하지 않는 것이다.

그렇다면 그가 남긴 천재로서의 기록은 무엇일까?

먼저, 아홉 번 과거에 응시해 아홉 번 장원을 하였다는 사실이다. 그게 얼마나 어려운 일인지 우리는 잘 모른다. 그러나 조선시대 사람들은 잘 알았다. 그래서 그에게 '구도장원공九度壯元公'이라는 별명까지 붙여주었다.

하기야 온 나라 선비들이 장원은 고사하고 과거에 말석으로라도 급제하려고 젊음을 바치는 마당에 아홉 번에 걸쳐 장원, 즉 전국 1등을 했다니 천재라는 칭호가 무색하지 않을 듯싶다. 게다가 우리가 기억하는 그의 다양한 업적에도 불구하고 고작 49세를 일기로 세상을 떠났으니 참으로 천재로서의 삶을 살았다고 할 수 있겠다.

그런데 필자가 그를 거론하는 것은 그가 천재였다는 사실을 확인하고자 함이 아니다. 아무리 그가 천재였다고 하더라도 그가 세상을 떠난 지 불과 8년 후 임진왜란으로 인해 조선 땅이 초토화되었으니, 정치인이자 행정가였던 그가 남긴 모든 성과가 보잘것없는 것으로 여겨질 수도 있기 때문이다.

그러나 선비로서 그가 남긴 성과는 오늘날까지도 이어지고 있으니 돌아볼 만한 가치가 있지 않을까.

그는 제왕학 교과서인《성학집요聖學輯要》, 처음 학문의 길로 들어서는 아이들을 위한 지침서인《격몽요결擊蒙要訣》등을 남겼는데, 필자가 주목하는 것은 그 가운데서도《격몽요결》이다. 왜? 혹시라도 그의 가르침대로 행동하다 보면 한참 모자란 우리 또한 천재가 될 수도 있지 않을까 해서이다.

《격몽요결》은 '우매한 사람을 깨우쳐주는 요체가 되는 비결'이란 의미이다. 요즘 말로 하면 '바보를 천재로 만들어주는 책'이라고나 할까. 이쯤 되면 벌써 이 책에 군침을 흘리는 분들이 많을 것이다. 그러나 꿈을 깰 일이다. 조선시대 선비의 길은 오늘날 수많은 이들이 바라는 성공의 길과는 사뭇 달랐으니 말이다. 그러나 이 책에서 주는 가르침은 시간과 공간을 뛰어넘어 기억할 만하니, 그 가운데서도 가장 핵심이 되는 내용을 소개하는 것으로 천재의 길을 마무리하겠다.

구용구사九容九思
(인간이 갖추어야 할 아홉 가지 행동과 아홉 가지 생각)

몸과 마음을 거두어들이는 방법 가운데는 구용九容보다 더 가까운 것이 없고, 배움을 더하게 하고 지혜를 더 깊게 하는 방법 가운데는 구사九思보다 더 가까운 것이 없다.

구용九容, 즉 아홉 가지 행동은

첫째, 발의 움직임을 무겁게 하고

-가볍게 행동하지 않음이다. 어른 앞에서 바삐 움직여야 할 때는 이에 구애받지 않아도 된다.

둘째, 손을 공손히 모으고

-손을 함부로 흐느적거리지 않음이다. 빈손일 때는 마땅히 단정히 손을 모으고 함부로 움직이지 않는다.

셋째, 눈을 단정히 뜨고

-눈동자를 안정시켜 마땅히 시선을 바르게 할 것이요, 흘기거나 곁눈질해서는 안

된다.

넷째, 입은 꼭 다물고

-말을 하거나 음식을 먹을 때가 아니면 입은 움직이지 않는다.

다섯째, 목소리는 조용히 하고

-목을 깊고 넓게 가다듬어, 가래를 뱉거나 트림 따위의 잡소리를 내서는 안 된다.

여섯째, 머리는 바르게 세우고

-머리를 바르게 세워 몸을 곧게 해야 하며, 머리를 이리저리 기울여 돌리거나 한쪽으로 치우치도록 해서는 안 된다.

일곱째, 숨쉬기는 조용히 하고

-호흡을 고르게 하여 소리가 나게 해서는 안 된다.

여덟째, 서 있을 때는 덕을 갖춘 모습을 지녀야 하고

-똑바로 선 채 한쪽으로 치우치지 않아서 엄숙하면서도 덕스러운 기상을 지녀야 한다.

아홉째, 얼굴 모양을 위엄 있게 하는 것이다.

-얼굴빛을 단정히 하여 태만한 기색이 없어야 한다.

구사九思, 즉 아홉 가지 생각은

첫째, 바라볼 때는 오직 볼 것을 생각하고

-사물을 바라볼 때 시선에 가리는 바가 없으면 보지 못하는 것이 없다.

둘째, 들을 때는 오직 들을 것을 생각하고

-들을 때 막히는 바가 없으면 듣지 못하는 것이 없다.

셋째, 얼굴은 온화한 빛을 띨 것만을 생각하고

-얼굴빛을 온화하고 부드럽게 하여 화를 내거나 사나운 기색이 없어야 한다.

넷째, 태도는 공손할 것만을 생각하고

-자신의 태도가 단정하고 씩씩한 기운을 띠도록 한다.

다섯째, 말은 진실하게 할 것만을 생각하고

-단 한 마디라도 신실하지 않음이 없게 한다.

여섯째, 일은 신중하게 할 것을 생각하고

-단 한 가지 일이라도 신중하고 조심하도록 한다.

일곱째, 의심이 나면 질문할 것을 생각하고

-마음속에 의심이 일면 반드시 스승에게 자세히 물어서 모르는 채로 내버려두지 않는다.

여덟째, 분할 때는 잇따를 환란患難을 생각하고

-분노가 일면 스스로 경계함으로써 이겨내야 한다.

아홉째, 얻을 것을 보면 의로움을 생각하여야 한다.

-재물을 마주했을 때는 반드시 정의와 이익을 구분하여, 정의에 부합된 뒤에야 취한다.

이렇게 늘 '구용'과 '구사'를 마음속에 붙잡아 둠으로써 스스로 경계하여 순간이라도 놓아버리지 말 것이요, 또 이를 앉는 자리 곁에 써 붙여놓고 때때로 눈을 들어 보아야 할 것이다.

38

고등어, 굴비, 명태

밥상의 위기에 대하여

필자는 육류를 썩 좋아하지 않는다. 그렇다고 채식주의자는 아니다. 생선을 좋아하는 것만 보아도 그렇다. 그렇다면 필자는 왜 육류보다 생선을 좋아할까? 필자의 혀가 남다르기 때문이 아니라 어려서부터 생선을 즐겨 먹으며 자랐기 때문일 것이다. 물론 성장기, 그러니까 육류를 한창 즐길 나이에 집안 사정 때문에 육류를 섭취하지 못했기 때문일지도 모른다. 고등학교 시절, 쇠고기 맛이 어떤 건지 모를 정도였으니까.

그렇지만 특별히 불만은 없다. 요즘 보면 생선이 육류보다 훨씬 값비싸고 건강에 좋은 먹을거리로 인정받고 있으니 말이다. 그런데 최근 들어 필자의 만족도가 급격히 감소하고 있다. 생선 값이 너무 오르고 있기 때문이다. 이러다가는 오징어만 먹고 살아야 할지도 모르겠다. 왜 그런 걸까?

2050년경이면 남획으로 인해 전 세계의 해양 어종 모두가 멸종할 수도 있다는 보고서가 〈사이언스〉지에 실린 것이 2006년이니까, 필자의 후세대들이 생선 대신 '값싸고 안전한' 미국산 쇠고기로 단백질 섭취를 대신해야 할 날이 멀지 않았다. 얼마나 잡아들였으면 이 정도에 이르렀을까?

전 세계에서 생선을 가장 즐겨 먹는 나라는 중국, 일본, 한국 등 동양 3국인 것으로 알려져 있다. 우리나라야 인구가 남북한 합해도 1억이 안 되지만, 1인당 생선 소비량이 세계 최고 수준인 일본은 인구가 1억을 훌쩍 넘고, 생선 요리의 천국이라 할 수 있는 중국 또한 1인당 소비량은 낮지만 인구가 워낙 많은 까닭에 엄청난 소비량을 기록하고 있다. 그래서 동양 3국의 생선 소비량이 전 세계 소비량의 절반 가까운 것으로 알려져 있다. 그런데 중국이 뜨고 있지 않은가? 경제적으로 뜨다 보면 당연히 고급 음식에 손이 갈 것이고, 그러다 보니 생선 소비량 또한 기하급수적으로 증가하고 있다. 현재 중국의 어획량은 연간 2,000만 톤 가까운 수준으로 독보적인 세계 1위를 차지하고 있다.

자, 더 이상 우울한 소식에서 눈을 거두자. 지금은 우리 뱃속이 더 다급하니 말이다.

우리나라에서 생선 하면 떠오르는 종류 가운데 대표 주자는 아마도 고등어일 것이다. 물론 회를 좋아하는 분들이라면 넙치를 꼽으실 테고(최근에는 넙치를 광어廣魚라고들 부르는데, 사실 넙치가 옳은 호칭이다. 왜 좋은 우리말을 두고 새로 생긴 한자어를 쓰는가? 일본인들이 그렇게 부르기 때문인가? 필자는 잘 모르겠다), 돈 많은 분이라면 굴비를 꼽으실 것이다. 그 외에도 명태나 임연수어, 그리고 오징어를 꼽는 분도 계실 것이다.

아무튼 최근 들어 고등어의 인기는 하늘을 찌를 듯하다. 그리고 그 화제의 중심에는 자반고등어가 있다.

자반이란 '좌반佐飯'이란 한자어에서 유래한 듯한데, 밥상을 보좌한다는 의미다. 한마디로 '밥도둑'이란 말인 듯싶다. 우리나라에는 밥도둑도 참 많은데, 사실 자반고등어야말로 진정한 밥도둑이라 할 만하다. 왜? 짜니까. 너무 짜니까 많은 밥과 함께 먹지 않으면 고통스럽다. 그러니 밥 한 그릇을 뚝딱 해치울 만하다.

그렇다면 자반에는 고등어만 있는 걸까?

당연히 그렇지 않다. 자반이란 말뜻이 사실은 '생선·해물·채소 등을 저장하여 먹을 수 있도록 소금에 절이거나 튀기거나 말려 먹는 전통음식'이다. 그러니까 소금에 절여 오래 먹을 수 있도록 처리한 음식은 모두 자반이 가능한 것이다. 그래서 자반고등어 외에도 자반준치, 자반갈치, 자반연어, 자반밴댕이 같은 생선은 물론 미역자반 같은 해초 음식도 있다. 그러나 최근 자반 하면 고등어가 떠오르는 것은, 그만큼 자반고등어가 대중적인 인기를 끌고 있고 다른 생선의 어획량 감소로 자반을 만들기가 어려워졌기 때문일 것이다.

이러한 근거로는 굴비를 들 수 있다. 사실 굴비도 조기의 자반이라 할 수 있다. 물론 만드는 과정은 고등어와 다르지만 소금에 절여 오래 먹을 수 있도록 처리한 것에서는 다름이 없다. 그럼에도 굴비 값은 자반고등어와는 비교를 할 수 없다. 아니, 자반고등어는 물론 그 어떤 생선과도 비교할 수 없다. 아마도 요즘 같은 시절이 계속된다면 굴비를 평생 입에 못 대보는 이웃도 생겨날지 모른다. 백화점에 가보면 어른 손바닥만 한 굴비 한 마리에 수만 원을 호가하는 모습을 어렵지 않게 볼 수 있으니 말이다.

굴비는 소금에 절여서 통째로 말린 조기를 가리키는 말이다. 배를 갈라 절이는 고등어와 달리 통째로 절인다는 것이 다르다. 어떻게 통째로 절이는 것일까?

　조기의 아가미를 헤치고 조름(아가미 안에 있는 빗살 모양의 호흡기관)을 떼어낸 후 깨끗이 씻어 물기를 뺀다. 그런 다음 아가미 속에 소금을 가득 넣고 몸 전체에 소금을 뿌려 항아리에 담아 이틀쯤 절인 후 꺼내어, 보에 싸서 하루 정도 눌러놓았다가 자연에서 빳빳해질 때까지 말리는 것이다. 특히 좋은 굴비를 만들기 위해서는 좋은 소금과 바닷바람이 필수라고 한다. 그래서 그런지 우리나라에서는 전라남도 영광 지방에서 나는 굴비를 최고로 친다.

　영광 지방은 해안가에 위치해 천일염 산지와 가깝고 바닷바람을 맞을 수 있는 데다가 오래 전부터 조기의 산지인 서해안에 위치해 있는 등 최적의 자연 조건을 갖추고 있다. 이런 기록은 오래 전부터 전해오고 있는데, 고려시대에 이자겸이 영광에 귀양 가서 굴비 맛을 보고는 왜 이곳에 살지 않고 개경에 살았나 하며 한탄했다는 이야기가 전해올 정도다. 벼슬보다 굴비 맛이 더 좋다니 그 맛이 일품임은 알겠다.

　그런데 이렇게 비싸고 맛있는 굴비도 오래 전에는 그리 귀한 생선이 아니었다. 서해안의 대표적인 생선이자 가장 많이 잡히는 것이 바로 조기였다고 하니 말이다. 그래서 "매년 봄과 여름의 고기 잡는 계절이 되면 각 고을의 장삿배들이 구름이나 안개처럼 모여들어 바다 위에서 사고판다. 주민들은 이로 인하여 부유해져서 집과 의복을 다투어 다듬는데 그 호사스러움이 육지 백성보다 심하다"는 내용이 조선 후기 실학자인 이중환의 인문지리서 《택리지》에 기록되어 있다. 그래서 조기로 담근 젓갈로 김치를 담글 정도였다고 하니 꽤나 흔했던 것으로 여겨진다.

명태잡이 배와 명태 손질하는 장면.
과거 동해 북부 바다에서는 명태가 무척 많이 잡혔다. 그런데 최근 들어 무분별한 남획과 지구 온난화 등의 영향으로 명태가 '금태'가 되어가고 있다.

한편 과거에는 고등어보다도 더 싼 값으로 서민들의 벗이었지만 최근에는 서민으로부터 점차 멀어지는 생선이 있으니 바로 명태다.

명태는 한반도에 사는 우리에게는 참으로 고맙고도 고마운 생선이다. 다른 생선도 마찬가지겠지만 명태야말로 버릴 것이 하나도 없는 쓸모 많은 생선이었다.

우선 명태 간장은 기름을 만드는 데 쓰였다. 명태 알이 명란젓임을 모르는 분은 안 계실 것이다. 그러나 명태 창자로 만든 젓갈이 창난젓이라는 사실은 모르는 분도 계실 것이다. 또 노가리라는 술안주가 명태 새끼 말린 거라는 사실도 모든 분이 아는 사실은 아닐 것이다.

그러나 모든 사람이 잘 알고 있는 사실이 있으니, 명태明太 말린 것이 북어北魚라는 사실이다. 북어는 북쪽 생선이라는 뜻이니, 본래 명태 산지가 한반도 동해의 북부이기 때문에 그런 이름으로 불린 듯한데, 왜 갑자기 명태 말린 것이 북어가 되었는지는 잘 모르겠다.

여하튼 이 정도만 해도 명태가 얼마나 우리 민족과 친근한 생선인지는 아실 것이다. 그러나 이 정도에서 끝나는 것이 아니다. 갓 잡은 싱싱한 명태는 생태生太, 얼린 명태는 동태凍太라고 불린다. 그 외에 명태를 반건조 상태로 말린 것은 북어라 하지 않고 코다리, 겨울철 찬바람 속에서 오래도록 말린 것은 황태라고 한다. 이만큼 우리 민족과 친근한 까닭에 제사상에도 명태를 말려 만든 북어는 반드시 올려야 할 제수품 목록에 올라 있기도 하다.

명태가 이만큼 다양한 방식으로 가공되었다는 것은 다시 말하면 그만큼 명태가 흔했다는 말과도 통한다. 그런데 최근 들어 이런 명태가 귀한 '금태'가 되어가고 있다.

1980년대에는 어획량이 10만 톤을 웃돌면서 우리나라 대표 어종 가운데 하나였던 명태가 1990년대 들어서면서 1만 톤 이하로 줄어들더니, 2002년에는 200톤 수준으로 떨어졌다. 한마디로 돌이 금으로 변한 것이다. 그렇다면 최근에는 좀 나아졌을까?

천만에다. 이젠 우리나라 영해에서 잡히는 명태는 1톤에도 미치지 못하는 것으로 알려져 있다. 한마디로 다이아몬드가 된 것이다. 물론 그렇다고 명태 값이 그만큼 오른 것은 아니다. 러시아산 명태가 수입되기 때문이다. 여하튼 이제 명태는 우리나라 어종 목록에서는 삭제될 위기에 처한 것이다.

이렇게 명태가 우리 영해에서 자취를 감춘 까닭은 우선 과거의 남획을 꼽을 수 있다. 노가리가 인기를 끌며 명태 새끼를 남획한 결과다. 또 다른 이유로는 지구 온난화를 꼽을 수 있다. 대표적인 한류寒流 어종인 명태가 점차 따뜻해지는 우리나라 동해안을 찾지 않는다는 분석이다(그러나 이에 대해서는 다른 의견도 있다. 심해의 온도는 오히려 낮아졌기 때문이다). 또 다른 이유로는 러시아, 일본 등의 200해리 경제수역 설정에 따라 우리 해역에 들어오는 명태가 줄어들었다는 사실을 들 수 있다.

조선 초기까지만 해도 명태란 단어는 문헌에 등장하지 않는데, 아마도 그 무렵에는 너무 흔해서 먹지 않은 게 아닐까 하는 설과, 대구와 비슷한 생김새 때문에 대구로 잘못 알고 먹지 않았을까 하는 설이 있을 정도인데, 이후로는 너무 많이 잡혀서 포구마다 명태가 땔나무처럼 쌓여 있고 값을 매기기도 힘들 만큼 싸게 전국에 팔려 나갔다고 하니 오늘날 사라진 명태를 떠올리면 새삼 격세지감을 느끼게 된다.

그런 의미에서 앞으로는 아무리 술맛이 난다 해도 노가리는 자제하시는 게 어떨까 싶다. 환경론자이기 때문이 아니라 특히 해장국으로 탁월한 효능을 가진 북어국을 오래도록 먹기 위해서라도 말이다.

　사족 하나.

　명태 새끼가 노가리라면 고등어 새끼는 뭐라 부르는지 아시는가?

　맞다. 고도리.

39

무등산 타잔

어느 살인마의 최후 진술

그는 지긋지긋하게도 가난한 집안에서 태어났다. 게다가 운도 따르지 않았다. 위인전을 보면 가난한 집안에서 태어났음에도 주위 도움으로 학업을 마치고 결국 훌륭한 사람이 되어 이웃들을 위해 봉사하는 경우도 많은데.

그는 초등학교를 졸업하고 중학교 입학시험을 치렀다. 요즘에는 중학교 입시가 사라져서 이해하기 힘든 독자도 많겠지만, 예전에는 중학교부터 입학시험을 치러야 했다. 그리고 그는 고향의 중학교 입학시험에서 수석을 차지한다. 그러니까 주위에서 그를 도울 수 있는 여건은 충분히 마련된 셈이었다.

그러나 그에게 위인전 속 행운은 따르지 않았다. 그리고 결국 중학교 입학을 포기한다. 폐결핵을 앓던 아버지는 그가 초등학교 6학년 때 돌아가셨고 이듬해에는 형마저 세상을 떠났으니, 구멍가게 하나로 남은 아이들과 자신의 생계를 책임져야 했던 그의 어머니를 생각하면 당연한 귀결이었다.

그런 후 그는 고향을 떠나 광주로 이사를 한다. 그리고 가족의 생계를 위해 열쇠 수리공이 된다. 그러나 그는 상황의 노예로 남지 않았다. 수리공으로 일하면서도 공부를 게을리 하지 않았고, 중학교 졸업자격 검정고시에 합격하였다. 그런 후 그는 열일곱 살 되던 해부터 고등학교 졸업자격 검정고시와 사법고시를 함께 준비하기 시작한다. 검정고시는 살아가는 데 밑천이 될 것이었고, 사법고시는 어려서부터 겪어왔던 사회 속 불의를 제거하는 데 수단이 될 것이라고 믿었기 때문이다.

그런데 그가 만 스물한 살 되던 해에 전혀 예상치도 못한 일이 벌어진다. 그 무렵 그는 광주 무등산 기슭 덕산골이라는 풍치 좋은 곳에 움막을 짓고 가족과 함께 살고 있었다. 집이 아니라 움막임을 기억하자. 집이라 하면 최소한의 시설이 갖추어져 있어야 하지만, 움막이란 그저 비와 눈만 피하면 되는 곳을 뜻하기 때문이다. 그곳에서 그는 어머니와 여동생, 남동생과 함께 기거하면서 살고 있었다. 그렇다면 호구지책은 어떻게 해결했을까? 그 풍치 좋은 무등산 기슭에는 많은 사람들이 치성致誠을 올리기 위해 찾아왔고, 그들을 상대로 제물祭物을 팔기도 하고 일을 도와주기도 하면서 푼돈을 버는 것이 전부였다. 물론 그곳에는 그들 외에도 꽤 많은 사람들이 그와 비슷하게 하루하루 삶을 이어 나가고 있었다. 그런 까닭에 그 마을은 '무당골'이라는 이름이 붙게 되었으니 무당이 아닌 그들로서는 억울하기도 했을 것이다.

그렇다면 전혀 예상치 못한 일이란 무엇일까? 바로 무등산 일대에 정화 사업이 벌어진 것이다. 예나 이제나 본래 사람들이 살던 지역을 깨끗이 치우고 새로운 건물을 짓거나 지역을 정비하는 것은 비인간적인 일이다. 그런 까닭에 이른바 선진국이라고 하는 나라에서는 도시 재정비니 재개발이니

하는 단어가 사라진 지 오래다. 그러나 오직 겉으로 드러나는 모습에만 관심을 갖는 천박한 사회에서는 이런 단어를 좋아한다. 머리를 채우기보다 가슴을 키우기 좋아하고 생각의 힘을 키우기보다 코에 힘을 주고자 하는 사람들 덕분에 우리나라 의사들은 세계 최고 수준의 성형수술 전문의로 성장 중이지 않은가.

여하튼 겉모습에 목숨 건 독재자들은 예나 이제나 자신들의 눈에 보기 좋지 않은 것은 싹 쓸어버리고 그곳에 보기 좋은 모습을 그리기로 하였다. 다만 그 좋은 모습이 늘 아파트라는 것이 희한하기는 하지만.

그리하여 무등산 움막 지대도 청소 대상이 되었다. 그리고 그들에게는 철거와 강제이주라는 명령이 떨어졌던 것이다. 그런데 그가 머물던 움막 지대는 다른 어떤 지역보다 신속하게 청소가 이루어져야 했다. 다름 아닌 전국체전이 광주에서 개최될 것이기 때문이었다. 전국에서 몰려온 운동선수들에게 무등산 기슭에서 돼지처럼 살아가는 대한민국 시민은 제거의 대상일 뿐이었다.

결국 1977년 4월 20일, 그가 가족과 머물던 지역에도 철거반원들이 들이닥쳤다.

"내일이면 집이 뜯기게 되는가. 걱정뿐이다. 공부는 다음으로 미뤄야겠다."

그의 4월 11일자 일기 내용이다. 그리고 그는 자신의 집, 아니 움막이 철거될 것이라 판단하고 더 위쪽에 토굴을 파기 시작했다. 우선 비는 피해야 하지 않겠는가. 그러니 이젠 움막도 사치스러운 거처일 뿐이다.

그리고 운명의 4월 20일, 철거반장을 위시한 7명의 철거반원이 오후 1시 30분 그의 집 앞에 도착했다. 집에는 그의 어머니인 심금순(51세), 누이동생

(18세), 그리고 21세의 그와 두 명의 남동생이 철거반원을 기다리고 있었다.

철거반원들은 우선 심씨의 움막에서 세간을 모두 꺼냈다. 이때까지 그 누구도 철거반원의 행동에 반발하지 않았다. 이미 철거를 각오하고 있었기 때문이리라.

그런데 세간이 얼추 철거되자 갑자기 철거반원 가운데 한 사람이 "집에 불을 지르라"고 외쳤다. 깜짝 놀란 그는 "지붕 위에 쳐놓은 천막이라도 걷은 후에 불을 지르라"고 말한 후 지붕 위로 올라갔다. 천막 값 1만 5,000원도 그들에게는 큰돈이었기 때문이다.

"불은 안 지를 테니 내려오라."

철거반장의 말에 그는 안심하고 지붕에서 내려왔다. 그러나 그는 양심보다는 효율을 앞세우는 공권력의 속성을 너무 몰랐다. 하기야 스물한 살밖에 안 된 청년이었으니.

"집을 다시 지을 수 없도록 나무까지 다 모아서 불태워."

이미 집은 불길에 휩싸인 상태였다. 이젠 그도 자포자기 상태로 그 모습을 지켜볼 수밖에 없었다. 그 순간 갑자기 어머니가 외마디 소리와 함께 불타는 집안으로 뛰어들었다.

"천장 안에 내 돈 30만 원이 들어 있어!"

은행 거래도 할 수 없었던 어머니가 한푼 두푼 모아놓은 돈이 불타는 천장 안에 놓여 있었던 것이다. 그러나 이미 불길은 타올랐고 가족의 목숨 같은 돈 30만 원은 한줌 재로 변한 상태였다. 어머니 심금순 씨는 그 자리에서 실신했다. 자식들은 어머니를 붙잡고 오열했다.

그러나 반장을 제외하면 일용직 망치부대인 철거반원들에게 국가가 버리고 사회가 외면한 한 여인의 실신 따위가 안중에 들어올 리 없었다. 그들은 곧장 50여 미터 떨어진 다른 집으로 향했다. 그곳에는 일흔이 넘은 노부부가 살고 있었다.

"이러다가는 할머니 할아버지도 위험해. 내가 가봐야겠어."

여동생에게 소리친 그는 이미 올라간 철거반원의 뒤를 따랐다. 그리고 곧이어 노부부의 집을 철거하고 되돌아선 철거반과 마주치게 되었다.

"당신들이 약속을 어기고 우리 집을 태웠어?"

그는 소리를 지름과 동시에 자신이 만든 사제 총을 들고 한 발의 공포를 쏘았다. 총소리에 깜짝 놀란 철거반원들이 몸을 피하려는 순간 그는 다시 한 발을 쏘았다.

"도망가면 모두 쏴 죽이겠다."

그런 후 그는 총알 한 알 들어 있지 않은, 소리만 나는 총을 철거반장에게 겨누며 철거반원들을 위협했다.

"철거반원 모두 이곳으로 모이도록 하라."

철거반장은 도망친 철거반원들을 모두 불러 모았다. 결국 네 명의 철거반원은 그의 앞에 나타났고, 두 명은 현장을 빠져나와 경찰에게 신고를 하러 갔다.

그리고 그 후의 사태에 대해서는 여러 진술이 혼란스러워 정확한 내막은 알려져 있지 않다. 다만 그의 여동생이 사태가 심각함을 깨닫고 시청에 신고를 한 것, 그리고 현장을 빠져나간 철거반원의 신고를 받은 경찰이 현장에 도착하여 사태의 전말을 확인한 것은 분명해 보인다. 그렇다면 그는 자신의 앞에 나타난 철거반원들을 어떻게 했을까?

상황을 재현해보면, 그는 철거반원들을 자신이 공부방으로 사용하기 위해 파놓은 토굴로 끌고 갔다. 그런 다음 철거반원들이 휴대한 철거용 망치로 뒤통수를 쳐서 네 사람의 목숨을 빼앗고 한 사람을 중상에 빠뜨렸다. 그리고 그는 현장에서 몸을 감추었다.

키가 1미터 65센티미터에 불과하고 나이는 스물한 살인 그의 이름은 박흥숙이었다. 그리고 그는 이후 '무등산 타잔'이라는 신화적인 수식어와 함께 살인마의 낙인이 찍히게 된다. 당연한 일이리라. 네 명을 죽였으니까. 그것도 망치로 뒤통수를 쳐서.

그런데 그에게 '무등산 타잔'이라는 수식어가 붙은 것은 상업주의 언론이 만들어낸 탁월한 연금술이었다. 이 사건이 터지자 박정희 15년 독재에 기를 못 펴고 있던 언론들은 정치면에서 풀지 못한 스트레스를 스물한 살 된 이 괴력의 청년에게 몽땅 풀어내려고 작정한다.

스물한 살의 청년 박흥숙.
철거반원들의 폭력 진압이 아니었다면 그가 '한국판 이소룡', '무등산 독수리', '무등산 타잔' 등 수많은 악의 대명사를 걸머멘 흉악무도한 살인마가 되지는 않았을 것이다.

"박흥숙은 무당골에서도 가장 뛰어나 굿거리 10여 개를 몽땅 가지고 있어 다른 사람보다 월등히 수입이 많고 그동안 절약하여 광주 시내에다 집을 샀다."
(전남매일 4월 21일)

"철거반원에 대항해 낫과 몽둥이로 주민들 집단 난동." (동아일보 4월 21일)

313

"전남의 제1호 도립공원이자 광주의 상징인 무등산이 사이비종교의 아성으로 말썽을 빚더니만 끝내 살인극." (한국일보 4월 22일)

"광주 무등산 중턱에 무당·점쟁이·박수 등 미신 집단이 모여 무당촌을 형성."
(중앙일보 4월 21일)

"풍치 좋은 계곡이 바로 사이비종교 단체가 집단을 이루고 있는 덕산계곡."
(전남일보 4월 21일)

 그러면서 언론과 정부의 왜곡 보도는 클라이맥스를 향해 달려간다.
 그 시각, 기차를 타고 여수로 피신했던 박흥숙은 그곳에서 묘한 사람을 우연히 만난다. 그는 '인민공화국'이니 '남조선'이니 하는 따위의, 그 당시로서는 충분히 의심받을 만한 어휘를 남발했고, 이를 수상히 여긴 대한민국의 선량한 시민 박흥숙은 그와 함께 서울로 올라와 중앙정보부를 찾아간다. 그리고 자신이 무등산에서 철거반원을 해친 박흥숙이라고 자수를 하며, 동시에 자신과 동행한 인물이 수상한 언행을 한다며 간첩 혐의로 신고한다.
 그리고 그는 후에 진짜 간첩으로 판명된다. 박흥숙은 현실적으로는 팔자를 고칠 만한 보상금이 주어지는 간첩 신고를 함으로써 정신적으로도 매우 합리적인 국가관을 확립하고 있었음이 확인된 것이다.
 그러나 중앙정보부(후에 안전기획부라는 이름을 거쳐 국가정보원으로 불리는데, 여전히 시민들에게는 멀게만 느껴진다)는 자수한 박흥숙을 체포했다고 발표하고 22일 밤 광주 수사본부로 압송한다. 자수와 체포는 하늘과 땅 차이다. 특히 재판정에서는. 그러나 현실은 그러한 일을 모두 사소하며 무의미한 일로 치부했다. 결국 박흥숙은 피도 눈물도 없는 살인마로 기소되었고, 이후 아무 의미 없는 재판이 진행되었다.

그리고 이 과정에서 대한민국 언론은 박흥숙(그는 선고 전에는 무죄추정원칙에 따라 무죄의 선량한 시민이었다)을 이미 살인마이자 중앙정보부의 탁월한 요원에 의해 체포된 인물, 게다가 무등산을 날아다니고 앉은 자리에서 붕붕 뜨는 도인으로 묘사하고 있었다. 그 누구도 박흥숙의 말에 귀를 기울이지 않았다. 그들은 중앙정보부가 발표한 대로 '서울 동대문구 청량리 이모 집에서 박흥숙 검거'라는 내용만을 앵무새처럼 되뇌었다. 물론 그 과정에서 정부측 인사들은 끊임없이 박흥숙 관련 뉴스에 관심을 기울였고, 유신시대 말기에 그러한 정부의 행동에 거슬리는 기사를 쓸 기자는 찾아보기 힘들었다. 그렇게 박흥숙은 희대의 살인마가 되어 죽어가야 했다.

그런데 그의 삶 마지막 순간에 운명은 그를 세상에서 버린 후 역사에 기록하기로 결정했다.

박흥숙 사건을 보도한 1977년 4월 21일자 〈서울신문〉.
박흥숙 사건 아래 부분에 '철거에 민원民怨 없도록' 하라는 내무부 장관의 지시가 내려졌다는 기사가 오히려 눈길을 끈다. 참으로 아이러니하지 않은가. 이런 것을 사후약방문이라고 하는데, 오늘날에도 같은 일이 끊임없이 반복된다는 사실은 우리 모두가 잘 알고 있는 사실이다.

그 무렵 조선대학교 공대 학생이던 김현장이라는 젊은이는 박흥숙 사건

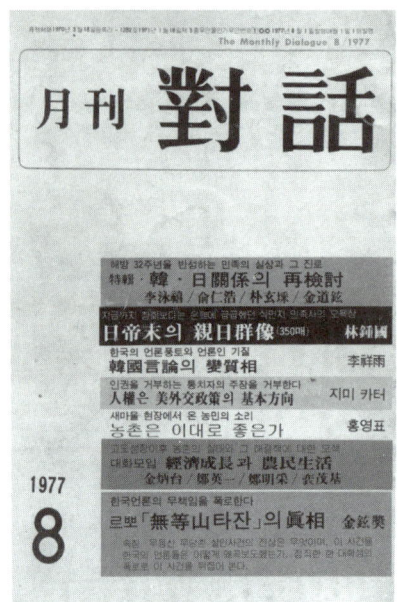

박흥숙 사건에 관한 김현장의 르포 기사가 실린 《월간 대화》 1977년 8월호 표지.

김현장의 노력이 없었다면 박흥숙은 한낱 잔인무도한 살인마로 이름도 없이 사라졌을 것이다. 한편 기독교가 우리나라 민주주의 발전에 큰 기여를 한 것은 잘 알려진 사실인데, 특히 유신시대에 강원룡을 비롯한 진보적 기독교 지도자들의 역할은 심대한 것이었으며, 《월간 대화》는 그 과정에서 탄생한 중요한 사회적 발언 수단이었다.

이 단순한 살인 사건이 아니라 도시 빈민 문제의 해결 과정에서 불거진 폭력적 철거와 그에 저항하는 시민의 행동이라는 시민운동 단체들의 해석을 접하게 되었다. 그리고 그는 단신으로, 그 누구도 만나려 하지 않았고 그 누구와도 만나려 하지 않았던 박흥숙의 남겨진 가족들을 만난다. 그리고 그 취재를 통해 '무등산 타잔의 실상'이라는 글을 쓴 후 당시 크리스천아카데미(원장 강원룡 목사)에서 발행하던 《월간 대화》 8월호에 게재한다. 그리고 이를 계기로 박흥숙 사건이 단순한 살인 사건이 아니라 사회 내부에 잠재되어 있던 폭력적 공권력과 무력한 시민 사이에 불거진 사회 문제로 인식되기 시작한다.

박흥숙의 첫 재판은 1977년 7월 25일 광주지방법원에서 열렸다. 그리고

1심에서 사형을 선고 받았다.

두 번째 재판은 8월 28일 열렸다. 이때 박흥숙의 여동생은 다음과 같이 증언하였다.

"당시 서울에는 이모네 가족이 살고 있지도 않았어요. 그런데 어떻게 이모네 집에서 잡혀요?"

"사건 직후 저와 어머니가 광주경찰서에 잡혀 있었는데 오빠는 우리 둘을 풀어주는 조건으로 자수를 했다고 면회에서 말했습니다."

"또 중앙정보부에서 있었던 일은 밖에서 말하지 않기로 각서를 썼다고도 했어요."

박흥숙 사건의 재판이 진행될수록 박흥숙의 범죄에 대해 다양한 시각이 나타나기 시작했다. 그리고 1심 결심공판이 끝난 직후인 1977년 9월 12일 박흥숙 사건은 세상의 이목을 집중시키기 시작했고, 이듬해인 1978년 2월에는 '박흥숙 구명을 위한 회'까지 조직되었다. 이 회에는 그 무렵의 정치계 원로인 박순천, 이화여대 총장을 지낸 김옥길 등 63명의 인사가 참여하였다. 무소불위의 권력 소유자인 박정희의 딸인 박근혜에게도 탄원서를 보냈다.

그러나 예나 이제나 법은 법이다. 박흥숙은 항소심에서도 사형 언도를 받았고, 상고를 포기한 박흥숙은 사형수가 되어 죽을 날만을 기다리는 신세가 되었다.

그러나 감방 안에서도 박흥숙은 "미래는 중국의 시대가 될 것입니다. 그러니 중국어 공부를 해야 합니다" 하며 중국어 공부에 매달리기도 했으니, 그는 자신에게 주어진 운명에 그저 순응하는 인간은 아니었던 듯싶다.

그리고 결국 1980년 12월 24일, 한 번에 다섯 명을 상대할 만한 무술 실력을 독학으로 익혔고 중고등학교 졸업장과 판사 임명장마저 혼자 힘으로 따내려던, 머리 좋고 추진력 뛰어나며 효자이자 불의를 보면 결코 못 참는 스물네 살의 젊은이는 한 통의 최후 진술을 남긴 채 저세상으로 떠났다. 그리고 무등산에 묻어달라는 그의 유언도 실행에 옮겨지지 않았으니, 그가 자리할 곳은 이 재개발과 뉴타운의 세상은 아니었을 것이다.

여기에 24세 청년이 남긴 유일한 기록을 수록한다. 24년의 삶은 한 인간이 역사에 기록될 만한 흔적을 남기기에는 너무 짧은 시간이다. 그러나 필자는 이 글을 접하고는 역사가 기억할 충분한 이유가 있다고 여겨 여기에 수록하기로 하였다. 인간이 타고난 상황에 순응하면서 살아가야 한다고 믿는 분들은 읽지 않으셔도 좋다. 그러나 인간이라면 자신에게 닥쳐오는 어떤 현실의 물결도 헤쳐 나갈 용기와 의지를 갖추어야 한다고 믿는 분이라면 한 번쯤 되새겨볼 만한 글이 될 것이다. 24세가 넘은 독자분들은 한 가지 더 선물을 받으실 것이니, "내가 이 정도 글을 쓸 수 있을까?" 하는 반성의 거울이 마련될 것이다.

"나는 무등산 덕산골에서 살다 77년(1977) 4월 20일 철거반 공무원 피습사건의 주인공으로 '한국판 이소룡', '무등산 독수리', '무등산 타잔' 등등 수많은 악의 대명사를 걸머멘 그야말로 끔찍하고 흉악무도한 살인마로 알려진 박흥숙입니다.

신성한 이 자리를 빌려 저의 지난날을 뼈저리게 뉘우치고, 저의 울분 때문에 아깝게 희생돼버린 그분들의 영령을 위로하며 삼가 명복을 빕니다. 또 많은 물의를 일으켜 국민 여러분께 죄송하고 유가족 여러분에게 너무나도 큰 죄를 지었습니다. 사랑하는 부모, 사랑하는 자식, 사랑하는 형제를 잃고 애통해하는 유가족들의 모습이 자나깨나 눈앞에 어른거려 날이 갈수록 괴롭고 괴롭습니다.

나의 죄는 죽어 마땅할 것입니다. 그 애통해할 유가족들을 생각한다면, 그 어디에 비할 수 없는 커다란 슬픔에 잠긴 유가족들을 생각한다면, 어찌 백 번 죽는다 한들 죄닦음이 다 될 수 있겠으며 무슨 말로 위로의 말씀을 드릴 수 있겠습니까? 그저 죄송하고 죄송할 뿐입니다. 그러기에 이렇게 신성한 자리에서 재판장님께 나의 고충 일부나마 말씀드릴 수 있게 해주신 데 대해 나라와 국민 앞에 심심한 감사를 드립니다.

원인이야 어떻게 됐건 죄의 대가를 달게 받아야 하는 중대한 몸으로서 무슨 말이 필요하겠으며 무슨 말을 더할 수 있겠습니까? 구구한 변명이 앞선다는 것은 사내자식으로 도저히 취할 바 아니라는 것을 나 자신도 잘 알고 있으며, 이 말씀을 드리는 자신이 온전한 정신인지 마친 짓인지 극과 극이 현존하는 현실에서 오락가락하는 내 정신을 내가 알 바 아닙니다. 미친 정신병자의 개소리라 해도 좋고 빗나간 영웅심이며 궤변이라 해도 좋습니다. 나 자신이 바라는 바는 다음에는 이 같은 불상사가 되풀이되지 않는다면 죽어가는 몸으로서 무엇을 바라겠습니까.

잘사는 사람들은 모르겠지만 그날그날 고달픈 인생을 살아가야 하는 그야말로 영세민들에게는 안식처가 될 보금자리가 사활에 관계된다 해도 절대로 과언은 아닐 것입니다. 우리가 처음 영광에서 그곳 덕산골로 이사를 왔을 때는 그 마을 산지기로 있는 이모네를 연줄로 하여 남의 집 셋방살이라도 할 수 있었지만, 그 후 말 못할 불행이 생겨서 어머니와 나와 동생들은 사방으로 흩어져야 했고, 나는 돼지움막보다도 못한 보잘 것 없는 집이지만 짓지 않으면 안 되었습니다. 방 한 칸 의지할 곳이 없어서 남의 집 변소를 들여다보지 않고 남의 집 처마 밑을 들여다보지 않으신 분은 지금 말씀드리고 있는 나의 고충을 조금도 이해하시기 어려우리라 알고 있습니다. 내가 처음 집을 지을 당시 허가 없이 지었다는 것을 알고 있었지만 그곳이 개발제한구역이라는 것은 꿈에도 생각하지 못했으며, 또 그 당시 나이가 어린 탓으로 그런 점에 무관심이었던 것도 사실입니다. 나중에야 이 사실을 알았지만 당장 이사 갈 곳도 없고 참으로 피와 땀의 결정이라 해도 과언이 아닐 고생고생 그 고생을 해서 지은 집을 차마 내 손으로 부술 수는 도저히 없었습니다. 당국에서도 지난겨울 1차 계고 당시까지는 집을 지은 지 5~6년이 지나도록까지 말 한마디 없었으며 우리들도 그처럼 그런 산골까지 계고장이 나오리라고는 신이 아닌 다음에야 어찌 예전에 미처 상상이나 했겠습니까? 그렇다고 자진 철거하라는 당국의 명령을 받고 이를 묵인하여 그냥 앉아 있지만은 않았으며, 그 마을 모두가 그렇듯이 시내로 나가 방을 알아보았고 또 어디 적당한 곳에 천막 칠 자리라도 없나 하고 몇 날을 두고 찾아 돌아다녀 보기도 하였습니다. 또 그 밑 마을 신림부락은 그런 종이쪽지가 일곱 번이나 나왔어도 아직껏 무사하다고 하기에 조금은 마음이 놓였고 설마 했던 것도 사실입니다.

새삼 말하지 않아도 잘 알고 계실 터이지만 지난겨울의 추위는 오십 년 만에 처음 있는 추위로 보리가 다 얼어 죽었을 정도로 4월 초까지 눈이 왔고 눈이 쌓여 있었지 않았습니까? 추위에 떨고 가난에 떨어야 했던 그 산골에서는 이 혹독한 추위 때문에 날씨가 풀어지도록까지 이러지도 저러지도 못했습니다. 그런데 당국에서는 아무런 대책도 없이 그 추운 겨울에 꼬박꼬박 계고장을 내 추위가 채 풀리기도 전인 4월 6일의 마지막 계고로 이를 응하지 않았다고 그 마을 사람들을 개 취급했고, 집을 부숴버리는 것까지는 좋았는데 당장 올 데 갈 데 없는 우리들에게 불까지 질러 돈이며 천장에 꽂아두었던 봄에 뿌릴 씨앗 등 정신이 헝클어져 미처 생각 못한 것들을 깡그리 태워버리고 말았습니다.

요즘 세상에는 형제간에도 일가족을 데리고 가서 방 한 칸 빌려달라면 낯살을 찌푸리는 세상입니다. 하물며 당국에서까지 이처럼 천대와 멸시를 받아야 하는 우리들에게 누가 방 한 칸 내줄 수 있겠습니까? 이런 사정을 모르면서 당국이라고 자처하지는 못할 것입니다. 옛말에 '태산은 한 줌의 흙도 거부하지 않았으며 대하 또한 한 방울의 물을 마다하지 않았다(사마천의 역사서 《사기》에 나오는 글로 진나라 천하 통일의 주역인 재상 이사가 한 말이다)'고 하였습니다. 세상에 돈 많고 부유한 사람만이 이 나라의 국민이고 죄 없이 가난에 떨어야 하는 사람들은 모두가 이 나라 국민이 아니란 말입니까? 나는 내 선조가 무식하고 가난했기에 그런 전철을 되밟지 않으려고 최선을 다해 노력했습니다. 그 사람들이 약속을 어기고 불을 지를 때 우리의 불쌍한 그 마을 사람들은 우선 천막 칠 비닐조각 하나라도 건져보기 위해서 그렇게까지 애걸복걸했어도 '상부의 명령이다', '이런 것들을 놔두면 또 집을 짓는다' 하면서 끝까지 외면하고 모조리 태워버렸던 것입니다. 자기네들이 계고장을 돌렸으니까 한푼 대책이 없고 올 데 갈 데 없는 줄 번연히 알면서 세상에 그럴 수 있겠습니까. 아무리 돈에 환장병이 걸렸더라도 친부모 형제가 사는 집이었다면, 사랑하는 처자가 사는 집이었다면 그렇게까지는 못하리라고 믿습니다. 세상에 올바른 두뇌를 가지고 올바른 양심을 가진 자들이라면 그런 비인간적인 행위를 명령하지는 못하리라고 믿습니다. 그 마을 사람들이 모두가 무식하고 등신같이 생겨서 인간 대우를 받을 수는 없다고 할지라도 자기 것을 가지고 그렇게까지 사정을 하고도 끝내 외면을 당해야 옳단 말입니까? 허물어진 담장을 부여잡고 울부짖는 그들은, 타오르는 불길 속에 발을 동동 구르며 이러지도 저러지도 못하고 안타까이 허둥대는 그들은 국민이 아니란 말입니까? 반 넋이 나가 버린 채 초점 잃은 눈으로 멍청히 바라보시던 어머님을 지금도 잊을 수 없습니다. 말인즉 그렇지 아비규환을 이루는 그 당시를 생각만 해도 눈물이 앞서고 이가 갈리는 그 당시를 어떻게 말로 다 표현할 수 있겠습니까?

사고가 나자 당국에서는 그 마을을 무당촌이라고 했고 그 마을 사람들을 모조리 무당이라고까지 했습니다. 생각 망각한 온갖 추악하기 짝이 없는 것들을 나에게 뒤집어씌우는 것만도 부족해, 말 못하고 쫓기는 짐승처럼 선량하고 불쌍한 그 마을 사람들을 모조리 무당이라고까지 하다니. 이 무슨 비열한 짓입니까? 이 더럽고 비열하기 짝이 없는 덜된 수작은 무엇을 의미한단 말입니까? 그래도 마음에 켕기는 것이 있었던지 자기네들의 실책을 호도해보려고, 사고 때문에 중단된 일을 나중에야 절이라고 하기에는 너무도 허술한, 전부터 말썽이 되어왔던 그 마을 집 두 채를 보란 듯이 그대로 두었다고 합니다. 이야말로 속이 뻔히 들여다보이는 우스운 장난이 아니고 무엇입니까? 우리 마을의 산수가 그야말로 아름답고 호젓한 산골이라서 조용한 곳을 찾아 치성을 드리러 오는 사람들이 있기는 하지만, 산 좋고 물 좋은 무등산 어느 골짜기 이 사람들이 푸닥거리 않는 곳이 어디 있단 말입니까? 이왕 말이 났으니 말이지만 무등산은 등산객들이 많아 해마다 연례행사처럼 겨울과 봄철만 되면 자주 일어나는 산불도 팔구십 퍼센트는 그 산골 사람들이 꺼왔다는 사실은 모를 것입니다.

물론 산골에 살다 보면 산림에 피해가 전혀 없을 수는 없을 것입니다. 허나 굳이 따져 말한다면 당국에서까지 그처럼 학대를 받고 쫓겨나야 할 만큼 큰 잘못은 없다고 생각합니다. 동정은 못 해줄망정 세상에 그럴 수가 있겠습니까? 그래도 당국이라고 믿었던 우리가, 그래도 조금은 대책을 바랐던 우리가 어리석었을 뿐입니다.

내가 교도소에 있는 동안 흉악범이라고 낙인이 찍히고 말만 들어도 몸에 서리가 처져야 할 판인데 생판 낯모르는 시민들까지 삼삼오오 면회를 오고 있으며, 그중에서는 나를 보고 눈물을 흘리시는 분들까지 있습니다. 이것은 나의 생각이지만 우리들 경우처럼 억울하게 철거당한 마을이 하나 둘이 아닐 것입니다. 물론 당국에서는 국가의 백년대계를 위해서 어쩔 수 없다고 말할는지는 모르나 이는 오로지 손톱 밑에 비접 드는 줄만 알지 염통에 굉기는 줄은 모르는, 백성이야 죽건 말건 명분 세우기에 급급한 파렴치한 소인배들의 옹졸한 생각이라고밖에 더할 수가 있겠습니까? 이런 알량하고 옹졸한 소인배들로서야 어떻게 국가의 백년대계가 세

위질 수 있겠으며, 만인의 고통을 염려하고 만인의 고통을 보살필 수 있단 말입니까?

이를 견제해야 하는 관계 당국에서마저 시세에 편승해버린 것이 아니면 송판에 뚫린 나무구멍처럼 밥벌이나 다루는 동전벌레들이었는지 도무지 알 수가 없습니다. 아직도 미지근한 소리들이 계속 들려오고 있는데 더 이상 우를 범하지 말아야 할 것이며, 반항아 아닌 반항아들을 만들지 말아야 할 것입니다. 자기네들의 실책을 솔직하게 인정할 줄 아는, 옳은 것은 취하고 그른 것은 버릴 줄 아는 용감한 미덕을 발휘해야 할 것입니다.

생각해보십시오, 재판장님!

구국선인들의 뜨거운 피가 뒤엉킨 한 많고 눈물 많은 단군 반만년 역사 위에 이번 당국에서 행한 처사가 과연 용납될 수가 있다고 생각하는지 묻고 싶습니다. 이야말로 시대적인 착오이며 역사적인 심판을 면치 못하리라 믿습니다. 우리가 무엇 때문에 내 나라를 위해서 싸우는가, 무엇 때문에 마지막 피 한 방울을 다 바쳐 총칼을 부여잡고 쓰러져야 하겠습니까? 진정으로 내 나라를 위하고 겨레의 앞날을 걱정하는 뜻있는 국민이라면, 진리를 사랑하고 이상을 추구하는 양심적인 학도들이라면 이 어찌 하늘을 우러러 통탄하지 않으리오……. 마지막으로 조국의 무궁한 번영을 빌고 나의 이웃들의 건강을 기원하면서 내가 가야 할 곳을 향해 아무런 미련 없이 떠나갈까 합니다. 모두 안녕히 계십시오."

40
그림에 대하여

화가는 45억 원이 슬프지 않았을까

필자는 책 속에서 산다. 혹자는 말할 것이다.

"얼마나 좋을까. 자기가 좋아하는 책 보고 책 만들고 책 쓰면서 살아가니. 그런 삶이야말로 신선의 삶이 아닐까?"

또 다른 사람도 말할 것이다.

"그 시간에 열심히 노동을 해서 사회에 이바지하는 사람도 있는데, 뭐 잘났다고 맨날 책만 읽고 쓰고 만든단 말이야. 지가 무슨 선비야? 아무리 선비연해 봐야 넌 잘난 체하는 먹물일 뿐이다."

그 곁에 있는 사람도 말한다.

"야, 대단하다. 난 책만 펴면 잠이 오던데. 무슨 책을 그리 읽는 거야? 눈도 안 아픈가. 게다가 시간도 많네. 여하튼 신기한 사람이야."

글쎄, 필자는 주위 사람들의 시선에 별로 신경 쓰지 않는다. 그리고 솔직히 말하면 책을 읽는 데 흥미를 느끼고 책과 함께 살아온 과거를 썩 기쁘게 생각지 않는다. 단도직입적으로 말하면, 책을 많이 읽고 그 과정에서 얻은 지식이나 안목, 비판력(만약 그런 게 있다면) 등이 책을 읽을 때 느끼는 기쁨보다 더 괴롭기 때문이다.

   필자도 세상 돌아가는 흐름에 몸을 맡긴 채 하루하루 행복을 느끼며 살아가고 싶다. 그러나 책을 통해 평생(평생이란 뜻이 태어나서 세상을 떠나는 날까지를 의미하니 아직 언감생심이지만) 얻은 지식과 사고력은 오늘의 세상에 만족하라고 가르치지 않는다. 만족은커녕 이 삶이란 것이 얼마나 불안정하고 불완전한 것인지를 가르쳐줄 뿐이다. 게다가 독자 한 사람의 힘만으로 불안정과 불완전을 해소시킬 수 있는 방법은 하늘 아래 없다. 그러니 노력을 한다 해서 기쁨을 얻기도 힘들다.

   그렇다면 책을 읽지 않으며 살아간다면 정말 하루하루 행복을 느끼며 살아갈 수 있을까? 그건 사람마다 다를 것이다. 그러나 이른바 지도층이라고 자부(필자는 자부라고 생각하지 않고 폭력이라고 여기지만)하는 이들이 순박한 백성들을 이리 끌고 저리 끌고 다니며 자신들의 입맛에 맞추어 이용하다가 마침내 방기放棄하는 모습을 보면, "내 그래도 책 몇 권 읽은 것이 있어 다행이군. 저런 녀석들에게 이용당하지는 않으니" 하는 안도의 한숨을 내쉬기도 한다.

   그렇다. 책을 읽는 것은 다른 이들의 손아귀에서 놀아나지 않기 위해서다. 수많은 경험과 지혜, 지식과 사고력이 감추어져 있는 책을 읽다 보면 적어도 나를 이용하려는 자들의 얕은 수 정도는 깨달을 수 있다. 한번 사는 삶인데, 그런 자들의 수에 넘어가서는 안 되지 않을까?

   지금부터 이야기하려는 그림 때문에 서론이 길어졌다. 바로 박수근(1914~1965)이 그린 〈빨래터〉(가로 72㎝×세로 37㎝)라는 그림이다. 2008년 서울의 한 미술품 경매장에서 국내 미술품 경매 최고가인 45억 2,000만 원에 낙찰되어 화제를 모은 작품이다.

그런데 똑같은 화가가 그린 똑같은 제목의 작품이 하나 더 있다. 이 작품도 박수근의 〈빨래터〉(가로 111.5㎝×세로 50.5㎝)로서, 다만 현존하는 것은 아니고 박수근 작품집에 수록되어 있는 것이다.

따라서 현재 세상에 존재하는 〈빨래터〉라는 작품은 단 한 점이다. 그런데 이 작품을 둘러싼 진위眞僞 공방이 뜨거워 세상에 널리 알려졌다. 작품집에 수록된 작품과 다르므로 현존하는 〈빨래터〉는 위작, 즉 가짜라고 주장하는 사람이 나타난 것이다.

필자는 미술 감정인도 아니고 미술 애호가도 아니다. 음악이면 혹 모를까 미술에 대해서는 문외한에 가깝다. 그런데 왜 할 말이 많을까? 그건 미술이 단순히 미술이 아니기 때문이다. 이 작품이 진품이건 아니건 필자는 관심이 없다. 필자가 관심이 있는 것은 가로 1미터 남짓, 세로 50센티미터 남짓한 그림 한 점이 45억여 원에 거래되었다는 사실이다.

알려진 바에 따르면 박수근은 가난한 집안에서 태어난 까닭에 초등학교밖에 다니지 못했다고 한다. 그리고 부두 노동자, 미군부대 초상화가 따위로 삶을 이어 나갔다고 한다. 훗날 유명해진 후에는 국전 심사위원을 지내기도 했으니 그 무렵에는 좀 더 나은 삶을 살았을지도 모르겠다. 그러나 그가 산 세월이 고작 51년 정도였으니 호강을 했으면 얼마나 했고 명성을 누렸으면 얼마나 누렸겠는가. 그럼에도 그는 살아서 이런 말을 했다고 한다.

"나는 가난한 사람들의 어진 마음을 그려야 한다는 극히 평범한 예술관을 지니고 있다."

참 아름다운 예술관이요, 쉽고도 소박한 철학의 소유자였던 듯하다.

그런데 지금 천국에서 이젤을 앞에 두고 더 나은 예술에 몰두하고 있을 그가 21세기 자신의 고향에서 벌어지고 있는 이 모습을 보면 어떤 마음이 들까. 가난한 사람들의 어진 마음을 그린 그림이 한 점에 수십억 원에 팔리고, 게다가 그림을 사이에 두고 가짜니 진짜니 하면서 자신의 작품 한 점 한 점에 온갖 형이상학적 미사여구와 분석을 갖다대는 인간들을 보면서 어떤 마음을 품겠는가 말이다. 적어도 예술, 아니 인간을 단 한 번이라도 고민해본 사람들이라면 이런 진창에 발을 들여놓지는 않을 것이다. 그러니까 지금 박수근을 둘러싸고 일어나

박수근의 생전 모습.
"나는 가난한 사람들의 어진 마음을 그려야 한다는 극히 평범한 예술관을 지니고 있다"라는 그의 말처럼, 그는 가난한 집안에서 태어나 부두 노동자, 미군부대 초상화가 등으로 삶을 이어 나갔지만 참으로 고귀하고 아름다운 예술관을 끝까지 잃지 않았다. 그러니 그의 사후 일어나는 위작 시비들은 참으로 그의 가슴을 아프게 할 것이 분명하다.

는 모든 일들은 박수근이 꿈꾸었던 세상과는 너무나 멀리 떨어져 있는 세상의 일임이 분명하다.

오늘날 미술은 예술이 아니라 장사요, 장사 가운데서도 가장 투기적이고 사술邪術이 범람하는 품목이다. 박수근의 작품을 45억 원에 구매한 분이 누군지는 잘 모르겠지만, 그분이 오직 작품이 주는 인간 정신의 고양에 매료되었다면 꼭 그 작품을 가져야만 자신의 정신이 고양됨을 느끼겠는가? 필자는 아니라고 단언한다. 물론 실물을 보면 좀 더 감흥과 충격이 더할지 모르겠지만 실물이 아니라도 최근의 뛰어난 사진과 복사 실력이라면 한 작품이 주는 감동의 대부분은 전달될 것이라고 믿는다. 아니, 실물을 보아야만

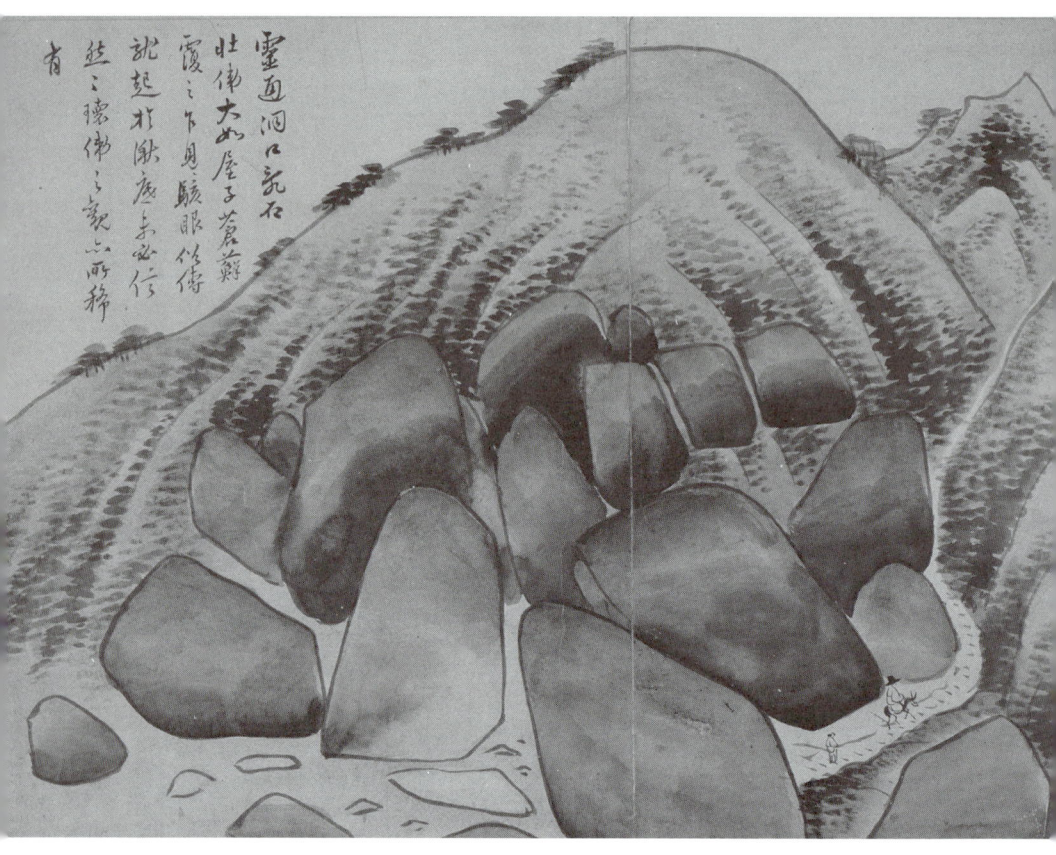

강세황의 〈영통동구〉.
개성 부근 오관산에 자리한 영통동 입구의 바위 계곡을 그린 이 그림을 자세히 보면, 말을 타고 계곡을 오르는 자신과 그 뒤를 따르는 시종이 아주 조그맣게 나타난다. 그리고 그림 왼쪽에는 강세황이 직접 써 넣은 작품 소개가 적혀 있다.
(사진제공: 국립중앙박물관)

참된 감흥이 일어난다면, 그리고 그 작품의 가치를 진정으로 알아차렸다면 그 작품은 당연히 세상사람 모두를 위해 박물관에 전시되도록 할 것이라 믿는다.

그러나 지금처럼 대부분의 미술 작품이 누군가의 손에 들어간 뒤 모습을 감춘다면 그건 그 작품을 생산한 작가의 정신을 흠집 내는 것일 뿐이다. 왜 작가가 전달하고자 했던 가치를 혼자 소유함으로써 타인에게 전달되지 못하게 하는가? 왜 박수근이 우리에게 전달하고자 했던 가난한 사람의 마음을 통한 정화와 깨달음을 방해하는가? 왜 혼자 그 그림을 가져야만 하는가?

필자가 그 이유를 몰라서 이런 질문을 한다고 여기는 독자는 안 계실 것이다. 자본주의는 이미 그림을 예술로서가 아니라, 이후에는 결코 발행되지 않을 '유일화폐'로 여길 뿐이다. 세상에 오직 한 장뿐인 화폐. 끝없이 한국은행에서 발행되어 쏟아져 나오는 화폐도 인간 사이에 뿌려지면 서로 죽이고 물어뜯고 사기치고 인생을 바꾸는 요술램프가 되는데, 세상에 단 한 장인 화폐라면 그 힘이 어느 정도가 될 것인가. 그러니 언제든 쏟아져 나오는 화폐 대신 이 단 한 장의 화폐, 즉 유일화폐를 자손에게 넘겨주는 것이 더 확실한 상속의 수단이라고 여기는 사람들이 없다고 어찌 단정 지을 수 있겠는가.

이제 조선 후기의 문신이자 화가인 표암豹菴 강세황姜世晃(1713~1791)의 〈영통동구靈通洞口〉란 작품을 보자. 그는 단원 김홍도의 스승으로도 알려져 있는데, 이 그림은 그의 《송도기행화첩》, 즉 개성을 여행한 후 풍경을 그린 그림을 모아놓은 작품집에 나오는 것이다. 그림 왼쪽에는 다음과 같은 작가의 작품 소개가 적혀 있다.

"영통동구에 어지러이 서 있는 바위들이 어찌나 큰지 집채만 하고, 바위에는 푸른 이끼들이 끼었는데 눈을 깜짝 놀라게 한다. 세상에 전하기를 못의 밑바닥에서 용이 나왔다고 하는데 믿을 만한 것은 못된다. 이 넓은 장관은 보기 드문 모습이다."

이 작품에 대해서는 여러 평이 존재한다. 독자 여러분도 우리 그림에 대한 몇 권의 책만 펼쳐보면 이에 대한 수많은 감상평과 해설을 접할 수 있을 것이다. 그러나 그게 무슨 의미란 말인가. 그림을 보는 순간 느낌이 오지 않는가. 우리가 익히 보아왔던 산수화와는 조금 다르면서도, 산을 이루고 있는 바위가 우리 정신 속에 어떤 의미를 주는가 말이다.

이 작품은 세로 32.8센티미터, 가로 53.4센티미터의 썩 크지 않은 작품이다. 그럼에도 그림이 주는 느낌은 우리 눈과 마음을 압도하고도 남는다. 글쎄, 이 그림이 얼마인지는 모르겠다. 국립중앙박물관에 소장되어 있으니 영원히 경매에 나오지 않을 것이고, 따라서 그 가격도 정해지지 않을 것이다. 그러나 그림이 우리에게 주는 인간성에 대한 고양이라는 가치에는 아무런 변화도 없다.

"이 사람이 누구인가? 수염과 눈썹은 새하얗고 머리에는 오사모烏紗帽(벼슬아치들이 쓰는 모자)를 쓰고 몸엔 평상복을 걸쳤구나. 아, 마음은 산수간에 가 있으나 이름은 조정에 걸려 있음을 나타낸 거로구나. 가슴엔 만 권의 학문을 품었고 붓 한 자루로 세상 큰 산 뒤흔들 수 있으나 사람들이 이를 어찌 알리오. 내 스스로 즐거움을 위해 한 일이러니. 이 늙은이 나이 일흔이요, 호號는 노죽露竹인데, 제 모습을 제가 그리고 글 또한 스스로 지었다."

강세황 자화상의 윗부분에 적혀 있는 글이다. 본인이 직접 쓴 자기소개이자 작품의 변인 셈이다. 노죽露竹, 즉 '이슬 맺힌 대나무'는 표암 외에 강세황의 또 다른 호인데, 벼슬길에 나아가지 않다가 60세가 넘어서야 비로소 왕의 부름을 받고 조정에 나아간 선비의 자부심과 삶에 대한 긍지가 자화상뿐 아니라 그가 쓴 찬문撰文에도 고스란히 드러나니, 이 어찌 감동스러운 그림

강세황의 자화상.
그림뿐만 아니라 거기에 적혀 있는 글귀에서조차 인간성의 고양이라는 숭고한 감동을 느끼게 해준다.

이 아니겠는가. 어찌 이런 그림을 '소유'해야만 인간의 정신이 고귀한 것임을 느낄 수 있겠는가.

필자는 그림을 모를 뿐 아니라 한국화는 더더욱 모른다. 그럼에도 강세황의 그림에서 받은 충격이 너무나 컸기에, 나아가 돈이 아니라 그림 그린 사람의 정신이 오롯이 후세에 전해지기에 예술이 인간을 이만큼 성장시켜온 요소임을 참으로 깨닫는다. 그리고 그러한 사실을 여러분과 함께하기 위해 이 글을 쓴다.

41

망국의 왕자

두 개의 길, 의친왕과 영친왕

조선의 최후를 맞이한 임금은 순종純宗(1874~1926)이다. 그러나 순종을 실질적인 조선 최후의 왕으로 보는 시각은 별로 없어 보인다. 한마디로 명목상 왕이었던 셈이다. 그런 시각은 다음 두 가지 이유 때문이다.

첫 번째는 순종이 왕위에 오른 것이 자연스러운 양위가 아니라 순종의 아버지, 즉 선왕인 고종이 엄연히 살아 있는 상태에서 이루어졌기 때문이다. 잘 알려져 있다시피 고종은 헤이그 밀사 사건으로 인해 그 무렵 한반도에서 실질적인 통치권을 행사하고 있던 일본 당국에 의해 강제 양위하고 태황제 太皇帝로 물러나야 했다.

두 번째로는 그렇게 해서라도 왕위(그때는 이미 대한제국이 선포된 후이므로 황제위라고 해야 옳을 것이다)에 올랐으면 왕권을 행사해야 했는데, 순종이 왕권을 행사할 수 있는 여지는 거의 없었다. 당연한 사실이지만 부친인 고종도 살아 있고 자신을 왕위에 올린 일본이 그 권력을 점차 강력하게 행사하고 있는 시점에서 순종의 입지는 거의 없었다고 보는 편이 맞을 것이다.

이에 대해서는 대부분의 독자께서 잘 알고 계실 것이다. 따라서 필자는 이러한 역사적 사실에 대해 언급할 마음은 없다. 다만 고종과 순종, 그리고 그 뒤로 이어지는 조선 왕조의 후예들에게 전적으로 주어진 망국의 책임이 과연 옳은 것인지에 대해 첨언하고자 한다.

순종은 고종과 명성황후 사이에 태어난 적자이다. 따라서 그가 세자가 되는 것은 당연한 일이었다. 그러나 순종에게는 이복형이 있었다. 고종이 명성황후와 혼인하기 전에 아끼던 궁녀 출신인 귀인 이씨 사이에 낳은 완화군完和君(1868~1880)이 그 주인공이다.

그런데 명성황후가 왕비로 간택되어 혼인한 것이 1866년 음력 3월 20일이다. 따라서 완화군은 고종이 혼인하기 전에 사랑하던 연인과의 사이에서 태어났지만 태어난 시점은 혼인 뒤다. 그러니 명성황후의 심기가 편할 리 없음은 명약관화한 사실이다. 그리고 결국 완화군은 열세 살의 나이로 세상을 떠났으며, 그의 모친인 귀인 이씨 또한 아들을 잃은 충격으로 실어증에 걸려 시름시름 앓다 세상을 떠났다. 사실 흥선대원군은 완화군을 세자에 봉하려는 의지를 가지고 있었다고 전해지는데, 저간의 사정이 명성황후의 질투심을 부추겼을 것이다. 그리하여 세간에는 완화군의 죽음에 명성황후가 개입되었다는 소문이 퍼지기도 하였다.

그런 와중에 순종이 태어났으니 명성황후의 기쁨이 오죽했겠는가. 물론 순종을 얻은 후에도 고종과 명성황후 사이에는 아들 둘이 더 태어났으나 모두 일찍 죽어 명성황후의 순종에 대한 애정은 날이 갈수록 깊어만 갔다. 그러나 비극이 싹트기 시작했으니 순종의 건강 문제였다.

전하는 바에 따르면 1898년 김홍륙金鴻陸이란 자가 고종과 황태자에게 해를 가하기 위해 두 사람이 마시려던 커피에 다량의 아편(독약)을 넣었다고 한다. 김홍륙은 러시아어 담당 역관譯官으로 아관파천 후에는 고종의 통역을 담당하기도 하였다. 이후에도 고종의 총애를 받아 궁궐을 임의로 출입하였는데, 후에 러시아와의 통상 과정에서 거금을 착복한 사실이 드러나 흑산도 유배가 결정되었다. 그러자 이에 앙심을 품고 전선사주사典膳司主事 공홍식과 궐내보현당고직闕內普賢堂庫直 김종화를 매수하여 고종의 생일에 일을 도모한 것이다.

그러나 커피를 마시는 순간 맛이 수상함을 감지한 고종은 즉시 내뱉었으나 순종은 그냥 마셨다고 한다. 그리고 이 후유증으로 이가 모두 빠지고 오랜 기간 앓아누웠다고 하는데, 그 과정에서 치명적인 상처를 입은 듯하다.

세자에게는 음위陰痿 증세가 있었다. 타고난 고자라고도 하고, 어린 시절에 궁녀가 그 생식기를 빨아 한번 나온 뒤로 수습이 되지 않은 것이라고도 했다. 나이가 차츰 많아지는데도 생식기가 오이처럼 늘어져 발기될 때가 없었고, 아무 때나 소변이 저절로 나왔다. 언제나 자리를 적셔 하루에 한 번은 요를 갈았고, 바지도 두 번 갈아입혔다.
혼례를 치른 지 몇 년이 지나도 부부관계를 갖지 못해 명성이 한탄하며 몹시 조급해했다. 한번은 궁비를 시켜 세자에게 부부관계를 가르치게 했다. 명성이 문밖에서 큰소리로 물었다.
"잘되느냐?"
궁비가 대답했다.
"잘 안 됩니다."
명성이 몇 차례나 한숨을 쉬다가 가슴을 치며 일어났다. 사람들은 이를 완화군을 죽인 업보라고 했다.

조선 말기의 충절^{忠節}인 매천^{梅泉} 황현^{黃玹}(1855~1910)이 남긴 《매천야록》에 나오는 대목이다. 그러니까 순종이 김홍륙 사건으로 인한 후유증인지 아닌지는 모르겠지만 여하튼 고자였다는 말이다. 당연히 순종은 후사를 볼 수 없었고, 이에 대한 모친 명성황후의 아쉬움이야 오죽했겠는가. 그러나 어쩌랴, 세상 일이 그러한 것을.

> 세자가 이미 양도^{陽道}를 펴지 못해 치료할 수 없게 되자 명성은 대를 이을 희망이 없게 된 것을 한탄하고, 왕자 이강^{李堈}이 아들 낳기를 기다려 세자의 뒤를 잇게 하려고 했다. 이에 이강을 조금도 박대하지 않았으니, 완화군을 대하던 것과는 아주 달랐다. 신묘년(1891) 겨울에 임금에게 일러 이강을 의화군^{義和君}으로 봉했다.
> – 황현, 《매천야록》

왕자 이강은 우리에게 의친왕^{義親王}(1877~1955)으로 알려져 있는 인물인데, 모친은 귀인^{貴人} 장씨^{張氏}였다. 귀인 장씨 역시 명성황후의 질투 대상이 되었으니, 장씨가 의친왕을 낳은 것은 명성황후가 고종과 혼인한 후 10년이 지나서였기 때문이다.

그러나 귀인 장씨에 대한 질투와 박해와는 별도로 의친왕은 앞서 살펴본 이유로 인해 명성황후의 총애를 받았다. 의친왕은 뒤에 살펴볼 영친왕^{英親王}에 비해서는 우리에게 잘 알려져 있지 않은 인물이다. 그러나 의친왕은 그 존재를 우리가 망국인 조선의 왕족이라는 이유를 내세워 잊어도 좋을 만큼 사소한 인물이 아니다.

의친왕의 젊은 시절 모습.
의친왕 이강은 고종의 다섯째 아들로 태어났으며, 어머니는 귀인 장씨였다.

의친왕 이강은 일본을 거쳐 미국에 건너가 공부하였다. 그리고 1905년 29세의 나이에 귀국한 이강은 겉으로는 주색잡기에 빠진 인물 행세를 하였지만 보이지 않는 곳에서는 독립투사들과 접촉을 이어가며 독립운동 지원에 정력을 다하였다. 그 대표적인 사건으로는 1919년 대동단에 의해 계획되었다가 미수에 그친 의친왕 상해 망명 사건을 들 수 있다.

> 제목 : 세 명은 공소 기각, 한 명은 면소免訴, 두 명은 집행유예, 두 명은 복역
> 우리 독립운동의 한 기관으로 조직된 대동단大同團은 재작년 겨울에 의친왕義親王을 상해로 데려오려다가 적에게 발각되어 체포된 전협씨全協氏 일파는 적의 제1심 판결을 불복하고 다시 공소하였더니 지난 22일에 아래와 같이 판결되었더라.
> 이을규李乙奎, 이건호李建鎬, 유경근劉景根(이상 세 명 공소 기각)
> 장현식張鉉軾, 김상열金商說 각 징역 1개월(각 2년간 집행유예)
> 박원식朴源植, 윤종석尹鍾奭 각 징역 1개월(각 미결 구류 일수 이백 일 통산)
> 민강閔懨 징역 6개월(미결 구류 일수 이백 일 통산)
> 송재호宋在鎬 면소
> ─〈독립신문〉 1921년 4월 2일자

의친왕은 1919년 대동단원大同團員 전협全協, 최익환崔益煥 등과 모의하여 상해 임시정부로 망명할 것을 결심하고, 그해 11월 조국을 탈출해 압록강을 건너 중국 안동安東에 도착했으나 일본 경찰에 붙잡혀 강제로 송환되었다. 이 사건으로 인해 국내에서는 저항 시위가 계획되기도 하였으나 미수에 그치는 등 큰 물의를 일으켰다. 물론 이때 실패했다고 해서 의친왕의 독립운동을 향한 의지는 꺾이지 않았으니, 이후에도 일본의 끊임없는 회유와 압박

에 굴하지 않았다.

다음의 글은 1920년 1월 1일 상해에서 발행된 〈독립신문〉(구한말 개화파가 발간한 〈독립신문〉과는 다른 신문이다)에 게재된 의친왕의 '독립선언서'인데, 1919년 불발에 그친 상해 망명에 실패하고 강제 송환되면서 발표한 내용으로 여겨진다.

"반만 년 역사의 권위와 이천만 민중의 성충誠衷을 의지하여 우리 국가의 독립국 됨과 우리 민족의 자유민 됨을 천하 만국에 선언하며 이에 증언하노라.
근역청구槿域靑邱는 사람의 식민지가 아니며 단군의 자손이자 고구려족은 사람의 노예가 아닐 터이니라. 나라는 동방의 군자 나라요 민중은 앞서 나가는 선인善人이라 운이 꽉 막혀 있어 나라가 난리에 닥쳐 있을 때 밖에서는 삼키고 강제로 이웃하고 안에서는 병든 나라에 간악한 역적이라. 오천 년 신성한 역사와 이천만 예의 민족과 오백 년 황제 종족이 하루아침에 사라지니 조정에서는 순국지신이 넘치고 재야에서는 순절하는 민중이 넘치나 하늘이 불쌍히 여기지 않고 국민이 복이 없어 황제 성명에 황급히 폐천되는 욕을 당하고 선비와 백성들이 의거하였으나 문득 멸족의 화를 입으며, 외람된 세상과 가혹한 법과 노예로 학대를 받음에 민족이 살아남기 어려울세라. 불평을 외치면 강도의 법으로 살육을 일삼으니 충성스러운 혼을 가진 뭇 백성이 잔인한 자의 칼 아래 사라진 이가 기천, 기만이 넘어 한을 삼키며 고통을 받고 와신상담한 지 십여 년이라.
음이 다하면 양이 오고 고통이 가면 태평이 오는 것은 하늘의 좋은 운이며, 죽을 곳에서 삶을 구하고 엎드리면 일어설 것을 생각하는 것은 인간의 도리일세. 세계 개조의 민족자결론은 천하에 드높고 우리나라의 독립과 자유의 소리는 우주에 가득하노라. 3월 1일에 독립을 선언하고 4월 10일에 정부를 건설하려니 완악한 일본이 세상의 변함을 돌아보지 아니하고 범과 이리의 야만성을 행사하여 방자함으로 억압하매 맨손으로 일어선 민중들을 총으로 쏘아 쓰러뜨리고 마을과 촌락을 불로 태우니 이 어찌 인류의 양심이 견딜 일인가. 우리 민족의 일편단심 충성과 뜨거운 피는 결코 이 바르지 못한 압박에 위축될 바가 아니요, 나날이 정의로운 인간의 도리로써 용감히 매진할 뿐이다. 만일 일본이 끝내 후회하지 않는다면 우리 민족은 부득이 3월 1일의 공약에 의하여 최후의 일인까지 최대의 성의와 최대의 노력으로 혈전을 불사코자 이에 선언하노라."

대한민국大韓民國 원년元年 11월

의친왕義親王 이강李剛, 김가진金嘉鎭, 전협全協, 양정楊楨, 이정李政, 김상렬金商說, 전상무田相武, 백초월白初月, 최전구崔銓九, 조형구趙炯九, 김익하金益夏, 정고교鄭高敎, 이종춘李種春, 김세응金世應, 정의남鄭義南, 나창헌羅昌憲, 한기동韓基東, 신도안申道安, 이신애李信愛, 한일호韓逸浩, 박정선朴貞善, 노홍제魯弘濟, 이직현李直鉉, 이래수李來修, 김병기金炳起, 이겸용李謙容, 이소후李霄吼, 신태련申泰鍊, 신영철申瑩徹, 오세덕嗚世德, 정규식鄭奎植, 김횡진金宏鎭, 염광록廉光祿

한편 다음의 자료에 나오는 멸치 어장 강제 탈취 사건도 일본 정부의 의친왕 말살 정책 가운데 하나로 보이는데, 이로 인해 의친왕은 경제적으로 커다란 타격을 입게 된다.

이건공 가문 어장 문제의 진상

장관과 차관, 급거 동경으로 건너가 궁내탁무에 진정.
사건은 또다시 문제될 듯. 이왕직도 불평이 가득.
당시 의친왕에게 한 고종의 하사품인 어장의 유래가 어떠한가.
12,000원 들여 백만 원 이익의 권리만 가지고 남에게 빌려만 주어도 사만 원씩을 앉아서 먹게 되었다. 직영과 전대로 큰 이익.
이건공께 청하는 중에 의외의 해결 전보, 전전고문이 전하의 분부를 듣고서 동경에 가서 여쭈는데 벌안간 해결. 사건은 급전직하.
공의 집안에서 입찰을 공고, 배 튀기고 있는 향퇴씨 각방으로 암중 비약.
- 〈동아일보〉 1930년 9월 10일자에서 발췌 요약

쉽게 말해, 의친왕이 소유한 100만 원 상당의 멸치 어장을 일본인이 단돈 만여 원에 탈취하고자 정부를 상대로 로비를 벌이고 급기야 순식간에 넘어가고 말 것이라는 신문기사다.

의친왕이 동경 행을 강경히 거절.
공적인 호칭을 버리고 평민이 되어 고국에서 죽기를 원함.
중미통신사 경성통신
- 〈독립신문〉 1920년 4월 13일자

경성에 사는 옛 사람들은 나날이 광복을 기도하고 또 의친왕을 추대하여

의로운 깃발을 들고자 하는데, 일본 정부는 이에 대하여 갖은 수단을 동원하여 저지하는 가운데 의친왕을 동경으로 강제 압송하여 일생을 가두어두고자 했다. 그 진상이 어떠한가는 아래 여러 종류의 편지를 통해 가히 추정할 수 있을 것이다.

원경에게 씀.
"지난번에 드린 편지는 보셨을 것이며 며칠 전 경관이 갑자기 와서 동경으로 이사하기를 촉구하고 또한 내가 스스로 하도록 밀어붙이니 이러한 까닭을 참으로 이해하기 어렵고 그러한 대우는 죄수와 다를 바가 없으니, 이처럼 오갈 데 없는 상황은 이보다 더 심할 수가 없고 존귀함이 이처럼 상처받고 욕됨이 극에 달하니 놀라고 당황스러움을 이길 수 없도다. 삼가 생각하옵건대 통찰하여 이 비천한 이름을 공작의 명단에서 지움으로써 평민으로 숨어나 이어갈 수 있도록 하면 참으로 나의 큰 바람이로다."

궁내대신께 씀.
"전에 보내드린 글은 읽으셨을 줄 아오며, 무너진 언덕에 틀어박힌 채 엎드려 친절하게도 허용해주실 것을 기다렸으나 갑자기 경관이 들어와 제게 동경으로 이사하며 또 스스로 하기를 강경하게 밀어붙이니 가슴 속에서 원하는 바를 말하라 함은 무슨 이유인가. 경관이 대하기를 죄수와 같이 하니 참담함이 극에 달하도다. 내 원하건대 부족하여 존귀한 영광을 욕되게 하였도다. 지난번에 간절히 청한 것을 거듭 말하오니 높은 분께 아뢰어 비천한 이 인간을 공작 명단에서 삭제하여 없앤 후 평민으로 여생을 조상의 땅에서 끝내게 하심을 천만 번 원하나이다."

국민에게 권고하는 글.

"합심 단결하여 나랏일에 일치 진력하며 사사로운 감정 대신 근신하여 신용을 잃지 말고 스스로 자랑하고 만족치 말고 상벌을 분명히 하여 인심을 모으고 백성의 기운을 널리 펼쳐 재능을 받고 능력을 사용하여 양반과 상놈의 권세 따위를 돌아보지 말고 오직 공공의 일만을 주로 한 채, 공적과 욕심은 잊은 채 근원을 펼치고 단계별로 나아가 신중함과 비밀을 근본으로 하여 매사에 성공하기를 밤낮으로 희망하나이다."

위 내용은 일본 정부가 의친왕을 반강제로 일본에 입국시켜 자신들의 의지대로 활용하려는 데 대해 분연히 반기를 든 의친왕의 모습을 보도한 기사로, 의친왕은 끝까지 일본 정부에 대한 협조는커녕 침묵이나 암묵적 동의가 아니라 분명한 반기를 표시함으로써 조선 왕조의 일원으로서 일본의 침략 행위에 저항하였던 것이다.

그러나 이러한 의친왕의 행동은 거의 알려지지 않은 것이 사실이다. 이는 아마도 자신들의 침략에 저항한 의친왕 대신, 암묵적인 동의를 보내면서 특히 자신들이 정해준 여인과 혼인까지 하며 일본에서 삶의 대부분을 보낸 영친왕을 전면에 부각시킴으로써, 조선 왕조가 일본의 침략에 동의한 듯한 인상을 주려는 일본 정부의

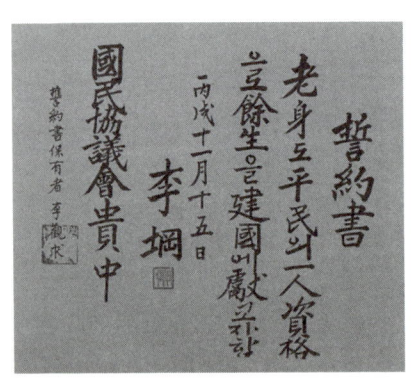

의친왕의 서약서.
의친왕 이강이 1946년 11월 15일자로 국민협의회에 제출한 서약서. 평민 자격으로 남은 삶을 건국에 바치겠다는 내용이다.

철저한 책략의 결과일 것이다. 물론 광복 후 대한민국의 정치, 언론, 학계를 지배하게 된 친일파들의 입장에서도, 의친왕보다는 영친왕이 부각되는 것이 자신들의 친일을 합리화하는 데 적절했기 때문이기도 할 것이다.

그리하여 일본의 지배에서 벗어난 대한민국 땅에서도 의친왕은 설 자리 없는 망국의 잊힌 왕자로서 말년을 보내다가 1955년 쓸쓸히 생을 마감하고 말았다.

반면에 영친왕英親王(1897~1970, 이름은 은垠. 고종의 일곱째 아들로, 어머니는 귀비貴妃 엄씨嚴氏다)은 1907년 이복형인 순종에 의해 불과 열한 살의 나이로 황태자로 책봉되었으니 이로써 대한제국의 마지막 황태자가 되었다. 그리고 그해 이토 히로부미와 함께 일본으로 건너가게 되었으니 한마디로 인질이 된 셈이다. 그리고 스물네 살 되던 해에 일본의 조선 왕조 흡수 정책에 따라 일본 왕족 나시모토 노미야梨本宮의 딸 마사코方子(이방자)와 정략결혼을 하기에 이른다.

이 무렵 영친왕에게는 간택된 세자빈이 있었으니, 바로 민갑완閔甲完이라는 이였다. 명성황후와 같은 집안인 여흥 민씨 민영돈의 딸이자, 영친왕 이은과 생년월일이 같은 인물이다. 그러나 두 사람의 인연은 맺어지지 못했고, 영친왕은 민갑완이 세자빈으로 간택되던 바로 그해에 이토 히로부미를 따라 일본으로 향했던 것이다.

이후 민갑완은 우여곡절을 겪게 되는데, 당연한 귀결이었다. 영친왕을 정략결혼시킨 일본 당국으로서는 민갑완이라는 여인을 하루라도 빨리 잊힌 인물로 만들고 싶었을 테니까. 그러나 민갑완은 상해 망명을 단행하면서까지 자신에게 닥쳐오는 수많은 파란을 이겨 나갔고, 결국 광복과 더불어 귀국길에 오를 수 있었다.

그러나 오랜 망명 생활 끝에 귀국한 세자빈 민갑완을 기억해주는 사람은 없었고, 그는 1968년 71세를 일기로 세상을 뜨고 만다. 그가 세상을 떠나기 5년 전, 이방자와 함께 귀국해 언론의 관심을 받은 영친왕 이은과는 단 한 번의 해후도 이루지 못한 채 말이다.

다음 기사는 그 시대에 의친왕과 영친왕의 삶을 대비시켜 보여주는 좋은 자료라 여겨 수록한다.

"아버지를 죽이고 어머니를 강탈해간 의붓아버지의 홍패를 둘러매고 기뻐 춤추는 놈을 보아라. 대낮에 나온 도깨비의 자식이 아니면 어찌 사람의 탈을 쓴 놈이 차마 할 일일까 보냐!

이은은 만고에 결코 없을 큰 불효자요 불충한이라. 명성황후는 이은의 모후요 광무황제(고종)는 이은의 부황제라 부황제·모황후가 왜적에게 시해당하였고, 대한제국은 이은의 나라요 이조 종묘사직은 이은의 가문이라 오백 년 종사와 삼천리 강산을 왜적에게 멸망당하였으니, 왜적은 이은의 부모를 죽인 원수요 망한 가문 망한 나라의 원수라. 이은이 과연 타고난 양심이 갖추어진 자라면 와신상담하여 불구대천의 원수인 왜적의 간과 피를 꺼내 역대 조종과 부황제·모황후의 영혼에 제사지냄이 마땅하니라.

그러하거늘 이 아이는 올해 스물여섯에 혈기방장한 신체와 육군대학에 재학 중인 상당한 교육을 받은 자이니, 불구자도 아니요 건강한 자며, 타고난 바보도 아니요 총명한 자라. 비록 왜적의 포로가 되어 일거수일투족을 자유롭게 행동치 못하고 말 한마디 행동 하나에도 구속을 받는다 하더라도 허리에 삼척 장검을 왜놈 황제 면전에서 차는 처지이기에 원수를 갚고 치욕을 씻는 좋은 기회에 놓인 자라. 그 형 의친왕은 충효강개하여 깊이 닫힌 궁에서 나와 독립군 대본영에 지원하여 하늘과 땅에 쳐놓은 모든 그물을 돌파하여 위험을 무릅쓰고 출국하여 한편으로 선언서를 널리 배포하여 원수를 갚겠다는 대의를 밝혔거늘, 이은 이 자는 주구의 더러운 명령을 안타깝게도 받아들이고 새장 속의 구차한 편안함을 탐하면서 안락공 유선이 즐긴 진나라 음악을 잘못 즐기고 에도 요부의 아름다움에 혹하는구나.

융희황제(순종)는 선천적으로 병자라 그 정신상태가 일반인과 크게 다르니 거론할 것이 못되거니와 이은은 십 년간 검술 공부가 오늘날 저 모양이 되니 어찌 가련하고 가증스럽지 아니하리오. 이은은 왜나라 황제의 질녀 방자와 결혼하고 죄의 유산인 이진을 얻은 지 이미 몇 년이라. 오늘날 소위 종묘 보고의 제전을 행하며 가례 피로연을 거행한다 하여 왜나라 여자 방자와 그 혼혈아 이진을 대동하고 한성에 돌아와 덕수궁에 머문다는데, 왜나라 위아래는 이로써 한일 친선의 표징이요 양국 일가의 모범이라 하며 적군 총독은 '봉영'의 축하표를 올리고 적군 신문은 '봉영'의 축하사를 실으며 한국에 머무는 적국인들은 '봉영'의 행렬을 거행한다 하며, 동시에 혹시나 우리 한국 남자의 의분이 일어나 폭발탄으로 축포를 대신하고 육혈포로 환영의 놀라운 뜻을 표할까 두려워하며 적군 적 경찰은 한편으로는 덕수궁을 철통같이 에워싸고 보호하며 다른 한편으로는 뜻있는 청년들을 무조건적으로 끌고 가 투옥시키고 있다 한다.

이은아, 네가 부산에 상륙하여 남대문에 도착할 때와 남대문에서 덕수궁에 도착할 때까지 왜놈 헌병 행렬이 엄밀히 경위함을 너는 어떻게 생각하였느냐? 네 지위가 일본 육군중위이므로 일본 병사가 보호하는 줄 아는가? 네가 방자와 더불어 덕수궁에서 동침할 때 부황의 음독 시해하던 커다란 변고를 추억하면서 오히려 원수 방자와 운우지락을 나누며 원한 맺힌 원앙을 즐겼는가. 네가 종묘에 배알할 때 왜나라 황제의 질녀 사위가 된 네 몸으로 원수 여자를 데리고 혼혈아를 앞에 세우고 어떤 면목으로 조종의 위패를 대하려느냐? 구천 아래 잠드신 부황과 모후가 한을 머금고 하늘로 떠나셨거늘 사람의 자식 된 자로서 원수를 갚지 못함도 금수만 못하거니와, 하물며 원수의 여자를 처로 삼고 의기양양하고 희색이 만면하여 고국에 돌아와 조종을 대하려 하니 기가 막힌 일이라. 네게 장차 무슨 말로 책임을 물어야 할지 모르겠노라.

이은아, 오늘날 너는 오직 죽음으로써 천하에 사과할 뿐이니 이것이 네게 최선의 일일 따름이라. 네가 죽음으로써 부모와 가문, 나라의 적에 대한 복수를 시행하면 오늘날 지은 큰 죄를 면제받을 것이지만, 만일 안락에 빠져 괴이한 여자에게 탐닉하여 이 산하는 망각하고 높은 곳의 운우지정만을 즐기다가는 우리 독립대군이 현해탄을 넘고 에도를 함락하는 날에는 불효불충한 네 목을 먼저 참하여 천하 후대에 사람의 자식 된 자, 신하 된 자를 경계하려 하노라."

-〈독립신문〉 1922년 5월 6일자

이러한 영친왕이었음에도 광복과 동시에 귀국을 원했으나 이런저런 이유로 귀국할 수 없었다. 일본 측의 의도 또한 조선 왕조의 공식적인 후계자가 귀국해서 조선의 독립을 선언하는 모습이 썩 달가웠을 리는 없을 것이다. 그러나 누구보다도 대통령을 꿈꾸던 이승만이야말로 조선 왕조의 후계자가 귀국하는 모습을 보고 싶지 않은 인물 가운데 대표였을 것이다.

어쩌면 영친왕은 잃었던 나라를 다시 찾아 선조들처럼 자신 또한 그 나라의 왕위에 오르는 꿈을 꾸었을지 모른다. 그러나 영친왕은 되찾은 나라의 지도자로서는 모자라도 한참 모자랐을 거라는 판단이 든다. 물론 오스트리아 출신 여성(이승만의 부인인 프란체스카)이 퍼스트 레이디가 된 대한민국이나 침략자의 왕족이 국모國母가 되는 대한제국이나, 오랜 세월 동안 참된 통일독립국가를 염원하던 백성들에게는 성이 안 차는 나라였음이 분명했겠지만.

42

조선의 궁궐

영욕의 역사를 보다

　조선의 궁궐은 너무나 유명해서 새삼스럽게 언급할 만한 것인가 하는 의문이 들 정도다. 그럼에도 조선의 궁궐에 대해 살펴보기로 한 것은 필자 개인의 취향도 작용했지만, 사실 우리가 안다고 느끼고 있는 것들 가운데 분명히 알지 못하는 것이 너무나 많다는 사실을 다시 한 번 확인하기 위해서이기도 하다.

　필자에게는 조선의 궁궐도 그러하다. 혹시라도 누군가가 "조선의 궁궐에 대해 설명해보아라" 하고 묻는다면 쉽게 말문이 트일 것 같지가 않다. 고작 생각나는 게 임진왜란 때 불타 없어졌다가 대원군에 의해 중건된 경복궁, 그리고 과거 일본인들에 의해 동물원으로 이용되었던 창경궁, 필자가 다닌 초등학교 이름과 같은 덕수궁(덕수국민학교를 다닌 필자의 첫 번째 소풍 장소가 바로 덕수궁이었다), 그리고 비원으로 알려져 있는 창덕궁 정도가 전부인 듯하다. 물론 그 궁 하나하나의 역할이나 역사에 대해서는 깜깜하고.

그러니 한 번쯤은 그에 대해 살펴보는 것도 나쁘지 않을 듯하다. 게다가 조선시대 궁궐 외에는 우리에게 남아 있는 궁궐도 없지 않은가 말이다.

조선이 건국되고 한양으로 천도한 후 가장 먼저 시작한 일이 바로 왕이 머물 집을 짓는 일이었다. 그리고 그 집이 바로 경복궁景福宮이었다. 경복궁은 궁의 여섯 종류 가운데 정궁正宮에 해당한다.

여섯 궁, 즉 육궁六宮은 임금이 머무는 정궁正宮, 왕비의 침전인 중궁中宮, 세자의 침전인 동궁東宮, 대비의 침전인 서궁西宮, 왕의 후궁이 머무는 빈궁嬪宮, 그리고 세자빈이 머무는 빈궁嬪宮의 여섯을 가리킨다. 그리고 이 여섯 궁이 모두 갖추어져 있는 곳을 비로소 정궁正宮이라고 부른다. 조선시대 궁궐 가운데는 경복궁만이 이러한 자격을 갖추고 있어 유일한 정궁이기도 하였다.

한양의 북쪽에 위치해 북궐北闕이라고도 불린 경복궁景福宮이란 이름은 《시경》〈대아〉편에 나오는 문장인 "기취이주旣醉以酒 기포이덕旣飽以德 군자만년君子萬年 개이경복介爾景福"에서 따와 붙인 것이다. "이미 술은 취하였고, 이미 덕으로 배부르니, 모두들 영원토록 큰 복을 받으리라."

그러나 '영원토록'이란 단어가 무색하게 되었으니 실제로는 별궁인 창덕궁에 비해 왕들이 머문 기간이 훨씬 짧았던 것이다. 세종 대에는 풍수가들 사이에 경복궁 터가 좋지 않으므로 궁을 옮겨야 한다는 건의가 잇따르기도 하였다. 그럼에도 세종은 경복궁을 굳건히 지켰고, 이로써 경복궁은 조선의 정궁으로 자리 잡을 수 있었던 것이다.

그러나 조카인 단종을 제거하고 왕위에 오른 세조는 경복궁에서 나가 창덕궁에 머물렀다. 그 이후에도 경복궁에는 여러 번의 화재가 나서 명종 8년에는 강녕전, 사정전, 흠경각이 모두 타기도 하였다. 그리고 결국 임진왜란을 맞아 경복궁은 완전히 사라지고 만다.

〈경복궁도〉.
경복궁을 처음 설계한 사람은 고려의 환관 출신인 김사행이란 인물로 알려져 있다. 그는 고려시대부터 건축 설계에 뛰어난 것으로 인정받아 훗날 조선이 건국된 후에도 경복궁 설계와 건축을 담당했다고 한다. 그러나 이후 왕자의 난 때 이방원에게 죽임을 당하자 그의 이름은 역사의 뒤안길로 사라지고, 경복궁은 정도전의 작품으로 탈바꿈하였다고 전해진다. 이 그림은 1997년 뉴욕 소더비 경매에 출품된 〈경복궁도〉이다. 경복궁 본래의 모습에 영조 때 세운 친잠비와 채상대를 더해서 같은 시대에 그린 것으로 추정된다.

한편 임진왜란 때 경복궁이 불탄 것은 왜군에 의한 것이 아니라, 백성들과 종묘를 버리고 야음을 틈타 도망간 임금과 조정에 대한 분노였던 것으로 알려져 더욱 안타까움을 더한다. 이에 대한 자료를 《조선왕조실록》에서 살펴보자.

"적들이 충주에 도착하여 정예병을 아군처럼 꾸며 경성으로 잠입시켰다. 왕의 파천이 이미 결정되었음을 염탐한 뒤에 드디어 두 갈래로 나눠 진격하였으니, 일군一軍은 양지陽智, 용인龍仁을 거쳐 한강으로 들어오고, 나머지 일군은 여주驪州, 이천利川을 거쳐 용진龍津으로 들어왔다. 적의 기병 두어 명이 한강 남쪽 언덕에 도착하여 장난삼아 헤엄쳐 건너는 시늉을 하자 우리 장수들은 얼굴빛을 잃고 부하들에게 말에 안장을 얹도록 명하니 군사들이 다 흩어지고 말았다. 도검찰사 이양원 등은 성을 버리고 달아났고 김명원, 신각 등은 뿔뿔이 흩어져 도망하였으므로 경성이 텅 비게 되었다. 적이 흥인문興仁門 밖에 이르러 문이 활짝 열려 있고 시설이 모두 철거된 것을 보고 의심쩍어 선뜻 들어오지 못하다가, 먼저 십수 명의 군사를 뽑아 입성시킨 뒤 수십 번을 탐지하고 종루鍾樓에까지 이르러 한 사람의 군병도 없음을 확인한 뒤에 입성하였는데, 발들이 모두 부르터서 걸음을 겨우 옮기는 형편이었다고 한다.
이때 궁궐은 모두 불탔으므로 왜적 대장 평수가平秀家는 무리를 이끌고 종묘宗廟로 들어갔는데, 밤마다 신병神兵이 나타나 공격하는 바람에 적들은 깜짝 놀라 허둥대며 서로 칼로 치다가 시력을 잃은 자가 많았고 죽은 자도 많았다. 그래서 수가秀家는 할 수 없이 남별궁南別宮으로 옮겼다."

사실 그 전에 신하들 사이에 궁을 버리고 파천播遷하자는 논의가 있었으

구한말의 경복궁 전경.
조선시대의 유일한 정궁으로, 영원토록 큰 복을 받기를 기원하는 이름이 무색하리만치 여러 차례의 화재와 전란, 국권 찬탈을 겪으며 영욕의 세월을 함께했다.

나 선조 임금은 결코 나가지 않겠다며 신하들을 설득하였다. 그러나 입에 침도 마르기 전에 선조는 궁을 빠져나갔고, 그렇게 임금 일행이 빠져나간 궁문에는 자물쇠도 채워지지 않았다. 그리고 얼마 안 가 임금이 도망친 것을 알아챈 백성들이 경복궁으로 몰려와 불을 지르고 약탈을 행한 것으로 알려져 있다.

이렇게 해서 조선 왕조의 정궁은 세상에서 자취를 감추었으니, 이미 이때 조선 왕조는 생명을 다했다고 해도 과언이 아니다. 사실 임진왜란에 대한 역사는 우리에게 지나칠 정도로 많이 알려져 있는 편이다. 그러나 매우 중요한 사실 하나는 별로 알려져 있지 않은 듯해서 이 기회에 덧붙이기로 한다.

임진왜란은 동북아시아의 주요 3국, 즉 일본, 조선, 명나라가 모두 관련되어 있고 나아가 모두가 참전한 전쟁이었다. 또한 그 시대는 동북아시아의 기존 질서에 커다란 변화가 다가오고 있던 시기이기도 했다. 북방에서는 중화민족이 아닌 만주족이 세력을 키워 중화사상에 물들어 있던 명나라를 위협하고 있었고, 일본에서는 숱한 제후들이 난립하던 시대에 도요토미 히데요시라는 인물이 천하통일을 이룸으로써 새로운 시대를 향해 나아가고 있었던 것이다.

그렇다면 조선은 어떠했을까? 약 200년 전에 건국된 조선은 그 시대에 이르러 문약해졌고, 사회 질서는 점차 혼란기에 접어들면서 국가의 통치력이 한계를 드러내고 있었다.

결국 동북아시아는 일촉즉발의 상황에 놓이게 되면서 새로운 세계의 도래를 기다리고 있는 형국이라고 할 수 있었다. 그리고 그 촉매제 역할을 한 것이 바로 임진왜란이었던 것이다. 누구나 알다시피 전투는 장수 개인의 성향에 의해 벌어질 수 있지만 전쟁은 지도자 한 개인의 성향으로 개시되는 일은 거의 없다. 시대가 그 전쟁을 요구하는 것이다.

그리고 그 결과 동북아시아는 일대 전기를 맞이하게 된다. 우선 가장 강대한 중국에서는 명나라가 멸망하고 그 뒤를 청나라가 잇게 된다. 명나라가 중세 수구 세력을 대변한다면 청나라는 새로운 근대를 준비하는 나라였던 셈이다. 그리고 그 후 국가 경영 전략을 보더라도 청나라는 이전의 명나라와는 사뭇 다른 방향으로 나아갔다. 물론 19세기 들어 서구 열강에 유린당하기 전까지는 말이다.

한편 일본에서도 도요토미 히데요시라는, 무력으로 일본 전역을 통일했던 인물은 임진왜란의 실패와 더불어 역사 속으로 사라지고 만다. 그리고 그 뒤를 근대적 지도자인 도쿠가와 이에야스가 잇는다. 그리고 이때부터 일본은 과거 동북아시아의 최후진국으로부터 탈피하여 최근대국으로 나아가는 기반을 마련하게 되는 것이다.

그렇다면 조선은? 아이러니컬하게도 임진왜란의 직접적 당사자이자 병란의 피해를 고스란히 맞은 조선만이 이 와중에 살아남는다. 그리고 200여 년을 더 부지하다가 결국 다시 일본에게 패망하고 만다. 한마디로 조선은 역사에서 두 번 일본의 식민지가 된 셈이다. 이는 근세의 초입에서 중세의 유산을 정리하고 새로운 질서로 나아가야 했던 조선이 그 기회를 놓치고 똑같은 체제를 고집함으로써 일어난 필연적인 사건이었다고도 할 수 있는 것이다.

여하튼 경복궁은 이렇게 사라졌다. 그리고 경복궁이 다시 세상에 선을 보인 것은 대원군의 경복궁 중수 건설 후였다. 경복궁은 동문인 건춘문建春門과 서문인 영추문迎秋門, 남문인 광화문光化門, 북문인 신무문神武門 등 4개의 문을 통해 드나들었다.

한편 창덕궁昌德宮은 임금이 정궁을 떠나 출유出遊할 때 머물기 위해 지은 이궁離宮으로 태종 때 조성되었다. 왕자의 난을 평정한 태종은 살상 행위가 벌어진 경복궁으로 돌아가 사는 것이 내키지 않았던지 창덕궁을 새로이 조성하였다. 그러나 창덕궁 또한 임진왜란 때 불타 없어졌다가 1607년 다시 짓기 시작하여 1610년에 완공하였다.

경복궁과 창덕궁이 모두 불타 사라졌음에도 한양으로 돌아온 선조가 창덕궁을 먼저 중수한 것은 정궁인 경복궁에 비해 창덕궁은 그 규모가 작아 하루라도 빨리 개수하여 사용할 수 있기 때문이었다. 그 후 왕들은 창덕궁에 머무는 것이 일반적이어서 조선시대를 통틀어 왕이 가장 오래 머무른 궁은 바로 창덕궁이었다. 대원군에 의해 경복궁이 중창된 후에도 고종은 창덕궁에 머물기를 즐겼으며, 조선 최후의 왕인 순종 또한 창덕궁에서 말년을 보냈다.

창덕궁은 한양의 동쪽에 위치해 동궐東闕이라고도 불렀으며, 우리에게 잘 알려져 있는 정원인 비원秘苑은 창덕궁과 창경궁이 공동으로 사용하던 정원이었다. 창덕궁의 정문은 돈화문敦化門이다. 한편 창덕궁에는 낙선재樂善齋라는 건물이 있는데, 고종과 순종 모두 이곳에 머무른 기록이 있다. 또한 조선시대 최후의 황후인 순정효황후가 이곳에서 숨을 거두었으며, 영친왕과 그의 부인 이방자, 덕혜옹주 등이 모두 이곳에서 숨을 거두었으니, 조선시대 왕가와는 가장 밀접한 관계를 맺은 궁이라 하겠다.

창경궁昌慶宮은 세종에 의해 건축된 궁인데, 사실은 태종을 위해 지은 것이다. 태종은 52세 되던 1418년, 재위 18년 만에 아들인 세종에게 양위하고 물러난다. 그 후 그는 4년을 더 살다 56세 되던 1422년에 세상을 떠난다.

따라서 태종이 경복궁에서 물러난 후 머물 곳이 필요해지자 세종이 부친인 태종을 위해 지은 궁이 바로 창경궁인 셈이다. 창경궁의 처음 명칭은 '수강궁壽康宮'이었는데 부친의 만수무강을 염원하던 세종의 뜻이 담겨 있었다.

그 후 창경궁은 단종과 세조 등이 머무르기도 하였다. 이후 성종 때에 이르러 대왕대비가 이곳에 머물기를 원하자 성종은 이곳을 중수하기로 결정하고, 1484년 수강궁을 확대 중수하여 창경궁을 건축하였다. 창경궁이란 이름은 그 당시의 대학자인 서거정이 성종의 명을 받들어 지어 올린 것이다. 한편 창경궁에는 왕대비를 위시한 세 분의 대비가 옮겨 머물게 되었다.

창경궁 또한 임진왜란 때 불타 없어지는데, 환도한 광해군은 창경궁 중수를 단행하였다. 그러나 창경궁은 한 번 더 화를 당하게 된다. 바로 1624년 발생한 이괄의 난 때였다. 이후 1633년 중건되었으며, 1656년에는 요화당瑤華堂, 난향각蘭香閣, 취요헌翠耀軒, 계월각桂月閣 등 4개의 전각을 지어 효종의 네 공주를 머물게 하기도 했다.

이후 일제 침략 시기인 1909년, 일제는 창경궁 안에 동물원과 식물원을 만들고 다시 박물관을 지은 후 '창경원昌慶苑'이라고 격을 낮추어 불렀다. 그리고 현대에 이르러 1984년, 일제에 의해 철거되었던 문정전文政殿 등을 복원한 후에야 다시 '창경궁'이라는 명칭을 되찾게 되었다.

덕수궁德壽宮은 본래 명칭이 '경운궁慶運宮'이다. 한양에 위치한 다섯 궁 가운데 규모가 가장 작은데 거기에는 그만한 이유가 있다.

본래 경운궁 터는 성종의 형이자 세조의 큰손자인 월산대군의 사저였다. 그런데 임진왜란 발발로 한양을 떠났던 선조가 환도했을 때 모든 궁은 성난 백성들에 의해 불태워진 후였다. 따라서 선조는 한시도 머물 곳이 없었던 것이다. 결국 선조는 월산대군의 사저에 임시 행궁을 마련하였고, 이후 이곳을 넓히는 공사를 하여 1607년 무렵에야 가까스로 궁으로서의 모습을 갖출 수 있었다.

그러나 16년 동안 이곳에 머물며 구차한 생활을 꾸려가야 했던 선조는 1608년 숨을 거두고 말았으니 그의 말년은 고단했음에 틀림없다. 선조의 뒤를 이어 즉위한 광해군은 1611년 창덕궁 중수가 마무리되자 창덕궁으로 옮겨갔고, 그 뒤 다시 경운궁을 찾았으나 다시 창덕궁으로 옮겨 살았다. 그리고 1618년 인목대비가 이곳에 유폐되면서 서궁西宮으로 불렸으니 참으로 파란만장한 궁이기도 하다.

그 후 경운궁은 창덕궁에 밀려 궁으로서의 명맥만 유지했으나 조선시대 말 아관파천이 일어난 후 왕태후와 왕태자비가 이곳에 머물렀으며, 러시아 영사관에서 돌아온 고종도 이곳에 머무르면서 궁궐로서의 면모를 일신하게 되었다. 또한 고종이 대한제국으로 국호를 바꾸고 황제위에 오른 곳도 이곳으로, 이때부터 대한제국의 정궁이 되었다.

한편 오늘날 '대한문大漢門'으로 불리는 정문은 본래 명칭이 '대안문大安門' 이었는데 1905년 '대한문'으로 변경되었다. 1907년 일제에 의해 강제로 순종에게 왕위를 이양한 고종은 그대로 이곳에 머물렀고, 그때부터 경운궁은 '덕수궁德壽宮'이라는 명칭으로 불리기 시작했다. 사실 '덕수궁'이라는 명칭은 고유명사가 아니라 보통명사다. 즉, 상왕이 생존해 있는 상태에서 자식이 왕위에 오른 후 상왕을 모신 궁을 '덕수궁'으로 부른 예는 또 있기 때문이다. 조선이 건국된 후 상왕인 태조가 정종에게 양위하고 개성으로 물러나자 정종은 태조를 위해 개성에 덕수궁을 건설한 적이 있었던 것이다.

한편 1900년에는 조선 정부의 재정고문인 브라운이라는 영국인이 고종

1900년대 초반의 거리 풍경.
사진 위에 보이는 무지개다리가 경운궁(덕수궁)과 경희궁을 이어주는 다리이다.

고종황제 즉위식 모습.
경운궁(덕수궁)의 정문인 대안문大安門(오늘날의 대한문) 앞에서 거행된 고종황제 즉위식 장면이다.

에게 석조전 건립을 건의하였다. 강력한 힘을 행사하던 일본에게 조선 정부의 권위를 보여주자는 의도였다는데, 참으로 답답한 노릇이었다. 결국 석조전은 10년이라는 긴 세월에 걸쳐 완공되었으니 조선 정부에 무슨 돈이 있었겠는가. 게다가 이 서양식 건물은 조선 궁과의 부조화만큼이나 꾸어다놓은 보릿자루 같은 존재였으니, 후에 이왕직 미술관으로 사용되다가 6 · 25 후에는 국립현대미술관으로 사용되기도 하였다.

경희궁慶熙宮은 한양의 다섯 궁 가운데 임진왜란 이후 지어진 유일한 궁궐이다. 따라서 가장 완벽한 모습을 갖추고 있어야 할 듯한데도 오히려 가장 본 모습을 잃은 궁이 되고 말았다.

경희궁은 본래 광해군 9년인 1617년, 인왕산 아래에 왕기王氣가 서려 있다는 부사府使 신경희의 말에 따라 왕기를 억누르기 위해 궁궐 공사를 시작하면서 건축되었다. 공사를 시작한 후 3년 만인 1620년에 완공된 경희궁의 본래 이름은 '경덕궁慶德宮'이었다. 경덕궁에서는 인조가 정사를 보기도 하였고, 그 후로도 여러 임금이 이곳에서 머물거나 즉위식을 올리는 등 궁궐로서의 역할을 충실히 하였다.

한편 영조는 인조의 아버지인 원종元宗의 시호인 '경덕敬德'과 이름이 같다는 이유로 명칭 변경을 지시하여 경희궁으로 변경되었다. 그 후로도 헌종이 즉위하는 등 궁으로서의 역할을 충실히 하였으나 철종 이후에는 빈 채로 남겨지게 되었다.

그렇다면 오늘날 경희궁은 어디로 사라졌을까? 경희궁은 완공 이후 그 규모가 상당하여 동궐인 창덕궁과 대비하여 서궐西闕로 칭해질 정도였다. 그러나 일제가 침략을 시작한 이후 경희궁은 수난을 당하기 시작한다. 1908

년 일본인 자식들이 다니는 중학교를 짓기 위해 경희궁의 터를 이용하면서 경희궁은 조선시대 궁 가운데 가장 큰 피해를 보게 되었다. 오늘날 경희궁 터는 '서울고등학교 터'라는 명칭으로 오히려 더 잘 알려져 있을 정도이니, 학교가 강남으로 이전하기 전인 1970년대까지 이곳에는 서울고등학교가 자리 잡고 있었던 것이다. 따라서 그 시대를 살던 사람들은 경희궁의 존재는 전혀 모른 채 단지 서울고등학교로만 알고 있었을 것이다.

그 후로도 궁의 동쪽 부지를 분할하여 전매국 관사를 지었고, 1926년 이후로는 경희궁에 남아 있던 주요 건물들을 이리 저리 뿔뿔이 이전하는 일이 벌어졌다. 참으로 황당한 일이 아닐 수 없었으니, 숭정전은 동국대학교 구내로, 흥정당은 광운사로, 황학정은 사직단 뒤로, 흥화문은 박문사의 산문으로 이전되고 나자 남은 것은 아무것도 없었고, 그 자리를 서울고등학교가 차지하고 있었던 것이다.

오늘날 복원 공사 중인 경희궁은 본래의 경희궁과는 비교할 수 없을 만큼 축소된 형태임이 분명한데, 전하는 바에 따르면 경희궁이 본래 모습을 갖추고 있을 무렵에는 덕수궁과 담을 맞대고 있을 정도였다니 그 규모를 상상할 수 있을 것이다.

43

사상계

광복 이후 가장 커다란 영향을 미친 책

광복 60주년을 맞아 각 분야별 학자 100명을 대상으로 한 조사에서, 광복 이후 가장 크게 영향을 미친 책으로 《사상계》가 꼽혔다. 40대 독자 가운데도 《사상계》 구경해본 적 없는 분이 대다수일 터이고, 30대 이하 분들 가운데는 《사상계》라는 명칭조차 낯선 분이 대부분일 터이니, 많은 분들이 이 조사 결과에 반신반의하거나 경천동지하실 것이다.

그러나 《사상계》와 함께 젊은 날을 보낸 적이 있는 분이라면 썩 놀랄 일도 아니다. 필자의 경험을 말하라면 이렇다.

필자는 선진국이란 경제적으로 부강한 나라가 아니라 문화적으로 부강한 나라라고 믿는다. 경제적으로 부강한 나라가 선진국이라면 카타르, 쿠웨이트, 사우디아라비아, 아랍에미리트공화국 같은 나라들처럼 1인당 GDP에서 상위에 위치한 나라들이 그에 해당할 것이다. 그러나 그렇게 믿고 받아들이는 사람은 흔치 않은 듯하다.

왜 그럴까? 선진국先進國, 즉 앞서 나아가는 나라란 경제적으로만 앞서 나아가는 게 아니라 정치, 사회, 문화 전반에 걸쳐 앞서 나아가는 나라란 의미일 테니까 말이다. 이는 개인에게도 정확히 해당되니, 부동산 투기로 돈 번 자를 지성인이니 문화인이니 하며 사회적 대우를 하지 않는 대신, 가난하지만 지성을 갖춘 분에 대해서는 함부로 대하지 못하는 까닭이 여기에 있다.

그렇다면 문화적으로 부강한 나라는 빈곤에 허덕여도 선진국이라고 할 수 있을까? 그렇지 않다. 아무리 문화적으로 부강하더라도 하루하루 빌어먹어야 할 정도라면 선진국이라고 할 수 없다. 앞서 말했듯이 선진국이란 경제를 포함한 모든 면에서 인간으로서 갖추어야 할 요소를 두루 갖추어야 하기 때문이다.

지금으로부터 약 2,500년 전, 그러니까 우리나라로 치면 고조선시대일 텐데, 그 시대에 중국에 살던 관중이란 사람은 이런 말을 했다.

"창고가 차야 예절을 알게 되고, 의식이 넉넉해야 명예와 치욕을 알게 된다."

무슨 말인가? 기본적인 물질이 확보되어야만 예의와 명예, 염치를 알게 된다는 것이니, 삶에 필요한 물질적 토대가 확보되지 않으면 문화고 뭐고 기를 여력이 없다는 말이다. 참으로 놀라운 말 아닌가? 2,500년 전에 이런 판단을 했으니 말이다.

그런데 이때 관중의 말을 오해하지 말 일이다. 관중은 자신의 말에서 방점을 뒤편에 찍었다는 사실을 기억해야 한다. 그러니까 창고가 차는 것이 급선무지만, 창고를 채우는 것이 목적이 아니라 명예와 치욕을 깨달아 참된 인간으로 살기 위해 창고를 채워야 한다는 것이다. 즉, 물질은 문화를 갖추기 위한 수단일 뿐이라는 말이다. 그렇지만 머리를 채우기보다는 배를 채우고 싶어 하는 자들은 창고를 채우는 일이 목적이라고 생각한다. 이러니 인간으로 사는 일은 어려운 일이다.

"나는 배부른 돼지로 살기보다는 배고픈 소크라테스가 되겠다."

영국의 철학자 존 스튜어트 밀의 말이다. 이 세상에 돼지가 얼마나 많으면 이런 말까지 했겠는가. 돈이면 다 된다고 믿는 사람들이여, 거울 앞에 서 보라. 그곳에 콧구멍 뻥 뚫린 돼지 한 마리 서 있지 않은지.

여하튼 관중의 말을 상기해보지 않아도 문화와 예술, 예의와 염치를 논하려면 기본적인 물적 토대를 갖추어야 한다. 그러니 문화와 예술, 예의와 염치 같은 요소를 갖춘 인간이라면 당연히 물적 토대는 갖춘 상태인 셈이다. 따라서 필자의 주장대로 문화적으로 부강한 나라는 자연스럽게 선진국이 되는 것이다. 즉, 경제적 요소는 선진국에 필요조건이지만 필요충분조건은 아닌 반면에 문화는 선진국에 필요충분조건이다.

필자는 왜 문화선진국론을 이렇게 장황히 설파한 것일까? 그건 다름 아닌《사상계》때문이다.

우리나라가 종교적 국가임은 만천하가 다 아는 사실이다. 그런데 필자가 보기에 우리나라에서 가장 강력한 종교는 박정희교다. 박정희교, 이 교파의 특징은 경제지상주의(말로는 그럴듯하지만 본질은 돈이 최고다. 뭐 이런 내용 아닐까?), 결과지상주의(과정은 어떻든 모로 가도 서울만 가면 된다는 것, 따라서 그가 무슨 짓을 어떻게 했든 그는 우리를 가난에서 벗어나게 해준 인물이므로 위대하고 신봉할 만하다), 행동지상주의("생각은 지도자인 나만 할 테니 너희 백성들은 내가 지휘하는 대로 행동만 하면 된다" 즉, 이 긴 말을 줄여서 "하면 된다"고 외쳤고, 백성들은 그 말을 열심히 따랐다)로 요약된다.

속세에 "모임에서 정치와 종교 이야기는 하면 안 된다"는 말이 있다. 그런데 박정희교는 정교일치政敎一致가 원칙이다. 따라서 박정희교 신자와는 아무런 말도 하면 안 된다. 토론은 불가능하고 오직 아집만 있을 뿐이니. 비극이다. 인간의 삶을 규정짓는 가장 중요한 두 요소, 즉 정치와 종교 분야에서 한 사회 구성원들 사이에 건설적인 토론이 불가능하다는 사실은 역설적으로 우리 사회의 후진성을 여실히 보여주는 사례라 할 것이다.

그리고 이러한 전통 역시 박정희가 우리에게 전해준 것이다. 그는 모든 민주적 과정을 무시했고 토론이야말로 쓸데없는 형식이라고 했다. 생각과 목표는 오직 자신이 세울 뿐이었다. 백성들은 그가 이끄는 대로 따라야 했고, 그 결과 당근이 주어졌다. 배고픈 시대의 비극이리라.

지금이라도 박정희 시대의 신문을 펼쳐보기 바란다. 필자가 과격한 인간인지 박정희가 과격한 인간인지. 특히 그가 남긴 가장 위대한 정치적 자취인 긴급조치 1호부터 9호까지를 살펴볼 일이다. 지금 보면 웃음밖에 안 나올 내용들일지 모르지만, 그 시대를 살던 사람들은 아침에 일어나 그 내용을 신문과 방송을 통해 통보받는 순간 온몸이 오싹거리며 제대로 숨도 쉬지 못했다.

그런 공포의 화신이 이제 겨레의 구원자로 칭송받고 있다니! 아무리 인간이 망각의 동물이라고 해도 이건 너무했다. 인간의 뇌가 멸치나 개구리 정도라면 모를까, 상식적인 뇌의 무게를 가진 인간이 박정희 시대를 살고도 박정희교를 신봉한다면 이야말로 21세기의 불가사의 가운데 하나가 될 것이다.

다음은《사상계》1957년 3월호 목차다. 뭐 특별한 이유가 있어서 이 호를 선정한 것이 아니라 필자 손이 간 책이 이것이기 때문이다. 다른 호도 대동소이하다.

권두언 : 다시 맞는 삼일절 – 장준하

혁명의 이론과 역사
- 부르주아 혁명 – 민석홍
- 프롤레타리아 혁명 – 김학엽
- 종교혁명 – 김성근
- 산업혁명 – 오덕영
- 아시아 민족해방운동 – 김준엽

평론
- 삼일 이상론 – 백낙준
- 정치 이데올로기와 세력균형 – 이건호
- 농촌경제의 현실과 그 번영책 – 주석균
- 현대행정론 – 정인흥
- 이것이 아메리카다 – 코우웬 호븐
- 국제정치에 있어서의 정의(속) – 정태섭
- 중공의 현실 – C. M. 장

할 말이 있다 – 함석헌

인류의 지성
- 현대교육의 비판 – 퓨시
- 명일의 예술가 – 로망

움직이는 세계
- 잠을 깬 좌익 인테리들
- 이집트의 인구 문제
- 헝가리 인민의거 시말

교양

- 현대의 사상적 과제 – 하기락
- 과학과 현대 – 오펜하이머
- 사상과 생애(8) : 베이컨 – 안병욱
- 고전 해설(16) : 군주론 – 김경수
- 인생노트(11) : 인생잡기 – 이재훈
- 경제사상사(3) : 고전학파 – 성창환
- 과학사(2) : 과학의 세기 – 권영대

아가페와 에로스 – 지동식

수필

문학

- 전후의 독일문학 – 박종서
- 국문학사 서술방법론 – 백철
- 피난회상기 – 김동명
- 톨스토이론 – 모옴

시

창작

- 해랑사의 경사 – 정한숙
- 날이 밝으면 – 김팔봉

어떤가? 이런 내용으로 이루어진 책이 10만 부 가까이나 나갔다는 게 이해가 가시는가? 그것도 1950년대, 60년대에 말이다. 오늘날 우리 사회에 10만 부 나가는 잡지가 있는지 모르겠지만 이 정도 내용을 싣고 있는 월간

지라면 한 달에 1,000부 나가기도 힘들 것이다. 그런데 오늘날과 같이 의식이 풍족한 시대도 아니고 굶지 않으면 다행이었던 시대에 이런 내용을 읽는 사람이 그렇게 많았다는 사실이 도대체 무얼 말하는 것일까?

《사상계》는 1953년 4월 창간되어 1970년 5월호, 그러니까 205호를 내고 폐간됐다. 발행인은 장준하張俊河(1918~1975). 그는 27세이던 1944년 6월 일본군에 의해 학도병으로 징집되어 중국 전선에 배치되자 이내 탈영하여 광복군에 가담했고, 미 육군 군사교육을 받은 후 특수공작원으로 국내 밀파를 기다리다가 광복을 맞은 인물이다. 그 후 대한민국 임시정부 요인의 수행원으로 입국하여 김구의 비서 등을 역임하였다.

그의 이력을 보면 알다시피 그는 철저한 반공·친미·우익 인사였다. 그런 까닭에 통일운동가 정경모는 〈한겨레〉 신문 연재에서 "《사상계》가 미 중앙정보부의 대변지로 발족했다고 해도 과언이 아니다"라는 내용을 언급하기도 하였다. 여러 사람 사이에 이론異論이 있을 만한 이 말을 필자가 인용하는 까닭은, 장준하는 결코 좌익이 아니라는 말이다. 이는 장준하가 목사를 부친으로 두었고 그 또한 죽을 때까지 철저한 기독교인이었다는 사실만으로도 입증이 가능하다.

그런데 그런 장준하가 평생토록 증오의 칼날을 들이민 인간이 있었으니 바로 박정희였다. 장준하는 왜 그토록 박정희를 증오했던 것일까?

앞서 언급했듯이 장준하는 일본군에 징집된 후 탈출하여 무장 독립운동에 투신한 인물인 반면, 박정희는 독립군 토벌이 주 임무였던 만주군 장교였다. 그러한 사실을 누구보다 잘 알고 있던 장준하로서는 세상사람 누구나 대한민국의 대통령에 오를 수 있으나 단 한 사람, 박정희만은 안 된다고 믿었다.

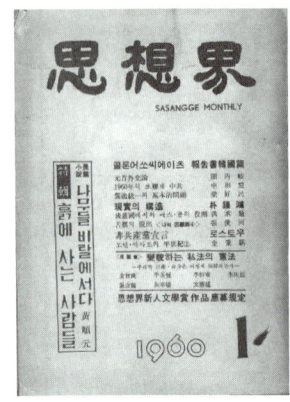

1960년 1월호 《사상계》 표지.
책 좀 읽었다는 필자가 봐도 어려워서 읽기 싫은 내용이 가득하다. 아, 한 가지 눈에 익은 제목이 보이니 바로 황순원의 《나무들 비탈에 서다》란 작품이 실려 있다는 것. 그런데 어떻게 이런 책이 그리도 많이 팔려 나갔다는 말인가? 그리고 우리는 불과 50년 만에 어찌 이렇게 책 안 읽는 대한민국으로 전락했단 말인가?

게다가 장준하는 미국식 민주주의의 훈련을 받은 인물이었다. 그런 까닭에 이승만 독재 치하에서 그렇게 집요하게 민주주의 확립을 위해 투쟁하였던 것이다. 그런데 만주군 장교가 대통령에 오르자 그보다 더한 독재 체제가 시작된 것이다. 그러니 설상가상이라고나 할까. 장준하로서는 백 번 양보해도 박정희를 대통령으로 인정할 수 없었던 것이다.

이후 장준하는 반反박정희, 반反유신, 반反독재 투쟁을 지속적으로 벌이면서 수도 없는 투옥과 석방을 거듭하다가 결국 1975년 8월 17일, 경기도 포천 약사봉에서 실족사했다고 전해진다. 이런 표현을 쓰는 것은 장준하가 실족사하였다고 믿는 사람은 이 사실을 발표한 정부 관계자뿐이기 때문이다.

여하튼 《사상계》는 광복 후 귀국한 장준하가 문교부 기관지인 《사상》을 인수해 시작한 월간지인데, 그가 인수하기 전에도 장준하가 실질적인 발행을 책임졌기 때문에 형식적으로만 인수한 것이지 실제로는 그에 의해 탄생한 잡지인 셈이다. 음, 《사상계》가 초기에는 정부의 지원과 관리 하에 있었다는 사실이군. 그러니 《사상계》가 반정부 좌파 잡지가 아님은 점점 더 분명해진다.

그런데도 왜 《사상계》는 광복 후 우리 지식인 계층에게 가장 큰 영향력을 행사했을까? 그리고 최고의 판매 부수를 자랑할 때는 거의 10만 부, 평소에도 5만 부를 상회하는 상상하기 힘든 매체가 어떻게 이렇게 흔적도 없이 사라지고 만 것일까?

그건 바로 박정희 체제와의 싸움에서 패했기 때문이다. 필자는 분명 박정희 체제라고 했다. 박정희 체제, 그건 한마디로 표현할 수 있는 것이 아니다.

첫째로 박정희 체제는 친일·독재 체제였다.

그런 까닭에 장준하는 어떤 싸움도 불사했고 그 결과 온갖 탄압을 받았다. 세무 사찰부터 필자에 대한 압력, 발행인 장준하에 대한 투옥 등 가능한 모든 탄압이 주어졌다. 그러고도 살아남을 수만 있다면 얼마나 좋을까. 그러나 그건 독재 체제에서는 불가능한 일이다.

두 번째로 박정희 체제는 경제지상주의 체제였다.

박정희는 집권하자마자 모든 정치, 문화, 역사 체제를 경제 중심 체제로 전환시켰다. 한마디로 정치도, 문화도, 역사도 물질 앞에서는 쓸모없는 장애물에 불과했다. 수많은 시민의 항거에도 불구하고 박정희가 밀어붙인 한일 국교 정상화도 경제 발전에 필요한 돈을 얻기 위한 것이었다. 우리와는 역사적으로 그 어떤 갈등도 없었던 베트남에 전투병을 파병한 것도 결국 미국으로부터 물질적 원조를 받기 위한 '위대한 결단'이었다.

그리하여 우리는 고엽제 피해와 2만 명이 넘는 사상자, 그리고 10억 달러가 넘는 경제적 성과를 거두게 된다. 그러나 오늘날 박정희교 신자들은 오직 민족적 자부심과 인간으로서 갖추어야 할 도덕성을 포기한 대가로 얻은 경제적 성과만 기억할 뿐이다.

"박정희 아니었으면 우리는 모두 굶어 죽었어. 박정희를 반대하는 인간들은 필리핀이나 북한처럼 살기를 바라는 거야?"

그러니 무조건 "고맙습니다" 하고 고개를 숙일 수밖에 없을까. 그러나 반드시 알아야 할 사실이 하나 있다. 값싼 노동력을 기반으로 외자를 유치해

1946년 겨울, 서울 우이동 화계사에서 백범과 함께한 장준하 선생.
그는 일본군 학도병으로 징집되었다가 탈영하여 광복군에 가담했고, 광복 후에는 김구의 비서 등을 역임하기도 했다. 1953년 4월 《사상계》를 창간한 이후 평생을 반독재 투쟁에 헌신하였다.

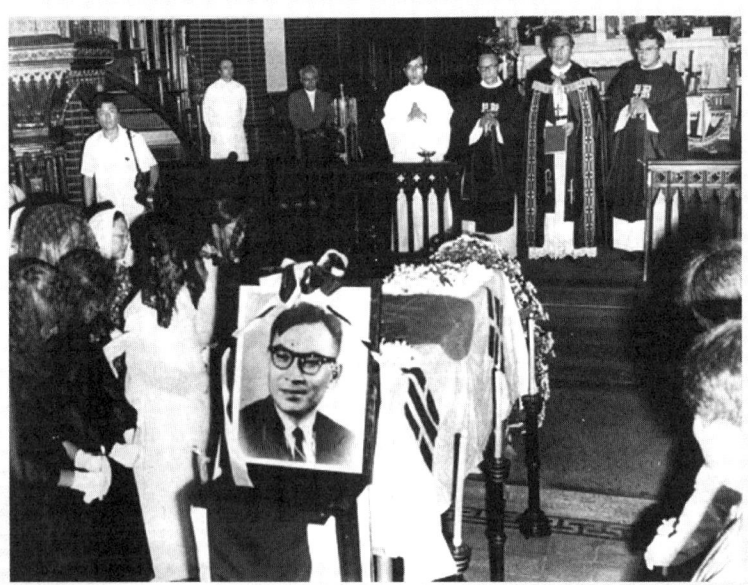

실족사한 것으로 발표된 장준하 선생의 장례식 미사 모습(1975년).
2012년 8월, 잊힐 뻔한 장준하 선생의 의문사가 유골 발굴을 계기로 드러나기 시작했다.

서 경제 발전을 이룬 나라들은 지도자 덕이 아니라 경제 시스템 덕분이라는 사실. 다만 누가 먼저 그런 방식을 채택하느냐가 문제일 뿐이다.

오늘날 세계를 보라. 중국이나 인도, 말레이시아, 베트남 모두 우리보다 늦었을 뿐 우리와 똑같은 방식으로 눈부신 경제 성장을 거두고 있다. 그럼 과거 중국의 지도자들은 모두 못났고 후진타오가 잘나서 그런가? 아니다. 경제가 밑바닥에 있다가 가장 기본적인 방식으로 시장 경제에 진입하면 초기에는 눈부신 성장을 이루기 마련이다. 그러다 일정 수준에 오르면 그때부터는 성장률이 급격히 떨어진다. 우리나라도 그런 과정에 있다. 노무현이 못나서가 아니라 경제 시스템이 그 단계에 왔기 때문이다. 그런데도 만일 오만방자한 지도자가 나타나서 "나는 다르다. 나는 7퍼센트 성장을 이룰 수 있다"고 외친다면 이는 국가의 불행이 된다. 가능하지 않은 목표를 달성하려면 무리한 방식을 도입해야 하고, 경제는 너무나 정직한 시스템이라 반드시 그에 상응하는 대가를 치르게 하기 때문이다.

세 번째이자 마지막으로 박정희 체제는 가시적 성과만을 중시하였다.

필자는 개인적으로 이 세 번째 체제를 가장 증오한다. 그리고 필자의 우둔한 판단인지는 모르겠지만 이 체제 때문에 우리 민족은 향후 상당한 대가를 치를 것이라고 생각한다.

가시적 성과. 설명은 쉽다. 성과란 눈에 보이기 마련이다. 눈에 보이지 않는 것이 무슨 성과란 말인가? 하지만 과연 그런가? 우리 민족이 박정희의 '위대한 영도력' 하에 눈부신 '한강의 기적'(낙동강의 기적, 영산강의 기적, 금강의 기적도 함께 이루었으면 좋았으련만)을 이룬 것은 맨땅에 헤딩하는 게 아니었다. 그 이전부터 우리 민족에게는 그런 성과를 거두기에 충분한 지적·문화적 능력을 갖추고 있었던 것이다. 하루에 한 끼를 먹어도 《사상계》를 통해 지적 훈련을 하고 문화적 토양을 가꾸며 국제 정세와 철학을 논해야 인간으로 사는 것이라는 사실을 수백 년에 걸쳐 배우고 익혀온 민족이었던 것이다.

그런데 안타깝게도 이러한 훈련은 빠른 시간 내에 눈에 보이는 성과를 가져다주지 못한다. 그래서 박정희는 인문학이나 기초과학 대신 응용과학, 나아가 실용적인 기술만을 중시하기 시작했다. 그 결과 우리 사회는 가시적 성과를 가져다주지 않는 모든 것을 경시하게 되었다. 오늘날 대학에 철학이나 역사, 문학이나 미학을 공부하러 간다고 하면 웃는다. 대신 개 머리 감겨주는 과부터 손톱 손질해주는 과, 발 마사지 해주는 과가 대학에 개설되어 있다. 아마 세상에 이런 것을 대학, 즉 보편적 진리를 추구하는 University에서 가르치는 나라는 우리나라밖에 없을 것이다. 하기야 우리나라처럼 국민의 대다수(80퍼센트가 넘는다)가 대학에 진학하는 나라도 드물지.

혹자는 이렇게 물을지도 모른다.

"그게 뭐가 문제지요? 독문학 안 해도 사는 데 전혀 지장 없잖아요. 철학? 그거 들어도 무슨 말인지 모르는데 왜 수많은 젊은이가 그걸 공부해야 하지요?"

맞다. 이게 박정희교도들의 전반적인 주장이다. 그러나 사회의 역동적 발전, 즉 단순히 기계를 조립하고 물건을 팔고 월급을 계산하는 데는 이런 지식이 필요 없지만 새로운 문화를 창조하고 모두가 함께 만족하는 기업 문화를 창달하며 삶에 대한 원대한 조망을 통해 새로운 세계에 대한 분석을 하기 위해서는 이와 같은 지식이 필수적이다.

현대는 정보화 사회요, 창의력이 가장 중요한 덕목이 될 것이며, 세계 문화에 대한 이해와 미래에 대한 예측 없이 기업 활동을 하는 것은 한계가 있다고 모두들 말하지 않는가? 도대체 우리 사회에 그러한 자원을 누가 공급할 것인가? 아무도 철학을 공부하지 않고, 아무도 역사를 공부하지 않으며, 아무도 미학을 공부하지 않는다면. 요즘 뛰어난 젊은이들이 몰린다는 법관이? 회계사가? 아니다!

    필자는 단언한다. 이제 수천 년에 걸쳐 가꾸어온 민족 문화가 공급해왔던 문화적 토양은 바닥을 드러냈다. 왜? 박정희 집권 이래로 토양에 퇴비는 공급하지 않고 오직 수확물만 거두어들였으니까. 따라서 특히 제조업 중심이 아니라 서비스업, 문화산업 같은 창조적 능력을 필요로 하는 우리 사회에서는 향후 경제 분야에서도 위기를 맞을 것이다.

    그렇다면 어떻게 해야 하는가? 지금이라도 다시 눈에 보이지 않는 문화적 토양에 거름을 주어야 한다. 겉으로는 보이지 않겠지만 땅은 거짓말하지 않는다. 속에 온갖 유기물질을 품고 있는 땅은 작은 씨앗을 뿌려도 크게 꽃을 피운다. 반면에 단물만 쪽쪽 빨아먹고 남은 흙에는 커다란 나무를 심어도 실한 열매 하나 맺지 못한다.

    장광설長廣舌을 늘어놓은 단락을 맺을 때가 되었다. 《사상계》는 우리 사회에 인문학적 거름을 충분히 공급해온 놀라운 매체였다. 이 매체가 있었기에 오늘날의 우리가 있음을, 학자들은 《사상계》를 가장 영향력 있는 매체의 첫머리에 놓음으로써 확인시켜주었다.

    그러나 장준하가 꿈꾸었던 지성의 세상, 문화의 세상은 이제 풍전등화의 위기에 처해 있다. 어찌할 것인가? 계속 지갑 안의 카드와 월급 명세서만 계산하고 있을 것인가, 아니면 머릿속에 하나 둘 자리 잡아가는 지혜와 문화의 조각들을 맞추어 온전한 인간답게 생각하고 창조하며 비판하고 고뇌할 것인가. 오늘을 사는 우리 모두가 결단할 일이다.

44

무령왕의 무덤

혼돈에서 영광으로

 자연은 한번 상처를 입으면 그걸로 끝장이다. 지구가 태어난 지 50억 년 가까이 되었다니 자연도 그 나이가 50억 년 가까이 된 것이다. 물론 중간에 다양한 자연현상에 의해 변화를 겪어왔지만 여하튼 자연의 나이는 50억 년이다. 그런데 우리는 그렇게 존재해온 자연을 너무나 쉽게 처리한다.
 "도로를 내야 합니다."
 "내라고."
 "그런데 중간에 산이 있어서 힘듭니다."
 "산? 그거 밀어버려."
 "그래도 자연인데."
 "이 사람아. 우리나라에 산이 얼마나 많아. 그 산 없어도 아무 문제 없어. 그냥 밀어버려."
 "예입."

그렇게 해서 경기도에만 120개가 넘는 골프장이 운영 중이거나 건설 중에 있다. 허허벌판이 끝없이 이어지는 나라에서 그 땅을 이용해 운동하려고 고안된 골프가 우리나라에 들어와서는 멀쩡한 산을 쓸어버리고 만들어지는 것이다. 이제 우리 후손들은 대한민국은 삼면이 바다이고 국토의 70퍼센트가 (산이 아니라) 골프장이라고 지리 시간에 배울 것이다. 물론 우리 전통 가옥은 아파트고.

그런데 자연 외에도 한번 상처를 입으면 그걸로 끝장인 것이 또 있다. 바로 무덤이다. 영면永眠, 즉 영원히 잠드시라고 만들어놓은 것이 무덤일진대 그 무덤을 파헤치는 것은 영원히 잠든 분을 깨우는 일이다. 그래서 무덤은 파헤쳐지는 순간 끝장이다.

그렇지만 이렇게 파헤쳐지면 끝장인 무덤도 종종 어쩔 수 없이 파헤쳐지는 때가 있다. 우선 후손에 의해 파헤쳐지는 경우다. 이는 여러 가지 이유로 인해 선조의 무덤을 파서 다른 곳으로 옮겨야 할 때이다. 예를 들면 공공의 이익을 위해 개발이 되어야 할 때, 또는 후손의 입장에서 더 나은 지역으로 옮겨드리거나 다른 선조 곁으로 옮겨드리고자 할 때 이장移葬이 이루어진다.

다른 하나는 무덤의 주인공이 공적인 인물일 때다. 현실에서도 공인公人들은 사인私人들에 비해 특정 분야에서는 감수해야 할 의무가 있다. 그런데 이러한 의무는 세상을 떠난 후에도 마찬가지다. 그래서 과거 우리 역사에 길이 남을 인물들의 경우에는 어쩔 수 없이 역사를 위해 자신의 영원한 집을 포기해야 할 때가 있다. 그러나 그러한 경우에도 후손들은 자신의 집을 포기해야 하는 선조의 마음을 헤아려야 한다. 그저 물건 다루듯이 다루어서는 안 된다는 말이다. 그래서 '투탕카멘의 저주'라는 말까지 생겨난 것이 아닐까. 사실 투탕카멘의 무덤을 발굴한 사람들이 정말 스무 명 가까이 죽었는지도 불분명하고, 설령 그렇다 해도 그것이 2,000여 년 전에 사망한 이집트의 어린 파라오 투탕카멘의 저주 때문일 거라고 믿는 현대인은 거의 없을 것이다. 그렇지만 그만큼 무덤을 여는 데는 신중에 신중을 기해야 한다는 정서를 대변하는 문구일 것이다.

그런데 그런 면에서 대한민국인이라면 결코 잊을 수 없는 사건이 하나 있으니 바로 '무령왕릉 발굴'이다.

무령왕武寧王(462~523, 재위 501~523)은 백제 제25대 왕으로 이름은 사마斯磨다. 무령왕이 즉위할 무렵 백제는 혼란기를 거치고 있었다.

21대 개로왕(455~475 재위)
22대 문주왕(475~477 재위) - 개로왕의 아들
23대 삼근왕(477~479 재위) - 문주왕의 맏아들
24대 동성왕(479~501 재위) - 문주왕의 아우 곤지의 아들
25대 무령왕(501~523 재위) - 동성왕의 아들이라는 설과 동성왕의 이복형이라는 설이 있는데, 이복형일 가능성이 더 높다.

위에서 볼 수 있듯이 개로왕이 고구려 군에게 참살당한 후 백제는 웅진으로 천도하게 된다. 그러나 이곳에서도 백제 왕실은 안정을 찾지 못하였고, 개로왕의 뒤를 이어 즉위한 문주왕은 그 무렵 남쪽에 터를 잡고 있던 마한계 세력에 맞서 백제의 정통 귀족 출신인 해구解仇를 병관좌평兵官佐平에 임명하였다. 그러나 해구는 이 정도에 만족할 수 없었고, 급기야 문주왕을 살해하기에 이른다. 그리고 그 뒤를 이어 즉위한 삼근왕은 고작 열세 살이었으니 아무런 실권이 없을 것은 뻔한 이치였다.

해구는 드디어 때를 만났다고 여겨 반란을 일으켰다. 그러나 세상이 그리 쉽게 돌아갈 리 있겠는가? 해구는 다른 귀족인 진씨 세력에 의해 진압되고 만다. 그런 후에도 혼란은 쉽게 아물지 않아 삼근왕은 즉위한 지 2년 만에 세상을 떠나고 그 뒤를 이어 동성왕이 즉위한다. 동성왕은 백제가 오랜만에 만난 왕다운 왕이었고, 그는 왕권 강화를 위해 힘을 기울인다. 그러나 이러한 왕권 강화책은 과거 허약한 조정을 좌지우지하면서 시절을 보냈던 귀족들의 반감을 샀고, 그는 결국 백가라는 귀족이 보낸 자객에 의해 목숨을 잃고 만다. 결국 백제는 21대부터 24대에 이르는 왕들이 모두 제 명에 죽지 못하는 비극을 맞이한 셈이다.

무령왕이 즉위한 것은 바로 그 순간이었다. 그리고 무령왕은 이전 왕들이 걷던 전철을 밟지 않았다. 무령왕 대에 들어서 백제는 과거 치욕의 역사에서 서서히 벗어나게 된다. 우선 국내를 안정적으로 통치하게 된 무령왕은 이후 눈길을 해외로 돌려 중국 남부의 양梁나라와 교류를 이룸으로써 백제에 새로운 시대를 열기에 이른다. 그리고 무령왕이 기초를 닦은 백제 중흥의 기틀은 이후 성왕 대에 이르러 꽃을 피우게 되는 것이다.

그런데 이런 훌륭한 무령왕의 무덤에 도대체 무슨 일이 있었기에 도저히 잊을 수 없단 말인가?

1971년 7월 5일, 충청남도 공주 송산리 6호 고분 배수로 공사장에서 일하던 인부 한 사람의 삽에 무언가 딱딱한 물체가 부딪혔다. 그리고 이내 그것이 벽돌임을 알 수 있었다. 대한민국 고고학의 영광과 오욕의 역사가 기록되는 순간이었다.

땅속에 깊게 묻힌 벽돌은 쉽게 넘길 물건이 아니다. 인간의 자취이니까.

그로부터 벽돌 주위의 발굴이 시작되었는데, 이튿날이 되자 그 벽돌은 벽돌로 쌓아올린 아치의 일부임이 확인되었다. 따라서 이는 송산리 6호 고분이 아니라 또 다른 고분의 입구임이 분명해진 것이다. 그러므로 작업이 계속되면 송산리 6호 고분의 배수로 공사가 아니라 새로운 고분 발굴 작업이 되는 것이다. 따라서 이 순간부터는 전혀 새로운 세계가 펼쳐지기 마련이었다.

작업에 참여했던 사람들은 잠시 일손을 놓고 향후 대책을 논의하였는데, 이 과정에서 문화재관리국이 본격적인 발굴에 나서기로 결정되었다.

한편 계속된 작업은 밤을 새워 진행되었고, 7월 7일에는 이미 백제 왕릉 발굴 사실이 공공연하게 퍼져 나가기 시작하였다. 그리고 이튿날인 7월 8일 새벽에는 조사단과 보도진이 왕릉 입구로 몰려들었다. 그리고 이날 오후 4시에는 발굴을 고하는 위령제와 함께 무덤 개장이 시작된다.

그런데 이 개장이 치명적인 결과를 가져올 것임을 아는 사람이 한 사람도 없었다는 것이 신기하기만 하다. 왜? 수백 년 동안 밀폐된 상태로 유지되던 공간이 어느 순간 바깥 공기와 만나게 되면 갑자기 산소가 공급돼 시신이 급속히 부패하거나, 급격한 온도 변화로 인해 수증기가 생성되고 이 때문에 벽화나 유물에 치명적인 손상을 입힐 수도 있다는 사실은 잘 알려진 것이기 때문이다.

물론 그 무렵 우리나라 고고학 기술이 낙후되어 있는 것도 사실이었겠지만 해도 너무했다. 이런 식으로 고고학 발굴이 이루어진다면 남아날 유물이 어디 있겠는가? 우리에게 잘 알려진 중국 진시황의 병마용 발굴은 1974년 발굴된 이래 10년에 걸쳐 이루어졌고, 2차 발굴은 그로부터 24년이 지난 2008년에야 재개되었다. 또한 무령왕릉에 비해 늦은 시기에 조성된 일본의 후지노키 고분은 1차 조사에만 4개월 이상이 소요되었다. 그리고 그로부터

3년 이상이 지나 2차 조사가 시작되었는데, 이때는 파이버스코프라고 하는 내시경 비슷한 물체로 내부를 촬영, 분석하였다. 그리고 다시 반 년 가까이 지나서야 비로소 무덤이 개장되었다. 1차 조사로부터 발굴까지 3년 이상이 소요된 것이다.

그런데 무령왕릉은? 그렇다. 발견으로부터 발굴까지 이틀이 소요되었다. 그것도 사전조사는 아무것도 없이. 이는 사인私人들이 조상의 묘소를 이장할 때도 저지르지 않는 만행이라 할 수 있다.

여하튼 앞에서는 참외와 수박 몇 조각으로 위령제를 지낸 문화재관리국 요원들이 무덤 입구를 개봉하고, 뒤에서는 기자들이 "빨리 여시오!" 외치는 상황이 전개되었다. 그리고 그러한 혼란 속에서 드디어 1,000여 년간 잠들어 있던 무령왕릉은 잠에서 깨어난다. 아늑한 잠자리에서 아침 햇살을 받으며 눈을 뜨는 평안함 대신 무령왕 부부의 영혼을 깨운 것은 온갖 무기로 무장한 희대의 강도단인 셈이었다.

처음 무덤에 들어간 사람은 당시 국립중앙박물관장이던 김원용과 부여박물관장 김영배, 두 사람이었다. 그리고 두 사람은 20분 만에 이 무덤이 백제 25대 왕인 무령왕릉임을 확인하고 나온다. 그들이 이 무덤의 주인을 이토록 빨리 확인할 수 있었던 것은 바로 입구에 놓인 다음과 같은 내용의 석판 때문이었다.

寧東大將軍百濟斯麻王年六十二歲
癸卯年伍月丙戌朔七日壬辰崩到
乙巳年八月癸酉朔十二日甲申安厝登冠大墓立志如左

영동대장군 백제 사마왕이 62세 되던
계묘년 5월 7일에 붕어하셨다.
을사년 8월 12일에 올려 모셔 대묘에 기록하기를 다음과 같이 한다.

丙吾年十二月百濟國王大妃壽復終居喪在西地
己酉年二月癸未朔十二日甲吾改葬還大墓立

병오년 12월 백제 왕대비가 돌아가시니 서방에 매장했다가
기유년 2월 12일에 개장하여 다시 대묘로 돌아오니 이렇게 기록한다.

錢日万文右一件乙巳年八月十二日
寧東大將軍百濟斯麻王以前件錢訟
土王土伯土父母上下衆官二千石
買申地爲墓故立券爲明不從律令

전錢 일만 문一萬文의 우건右件에 대하여 을사년 8월 12일
영동대장군 백제 사마왕은 이전 건件의 전錢으로
토왕과 토백, 토부모, 상하 이천 석 이상의 뭇 관리에게
신지를 매입해 묘를 만들고 권(매지권)을 작성하여 분명히 하며 세상의 율령에 따르지 않는다.

앞의 두 구절은 무령왕과 무령왕비의 지석誌石(죽은 이에 대한 내용을 적어 무덤에 함께 묻는 돌)에 기록된 내용이고, 뒤의 야릇한 내용은 이른바 매지권

무령왕릉에서 출토된 왕(왼쪽)과 왕비의 지석.
모두 국보 제163호로 지정되었다. 왕의 지석은 '영동대장군 백제 사마왕(무령왕)이 62세 되던 계묘년 5월 7일에 붕어하여, 을 사년 8월 12일에 올려 모셔 대묘에 기록한다'는 내용이며, 왕비의 지석도 비슷한 내용으로 이루어져 있다. (사진제공: 국립공주 박물관)

買地券이라고 하는 것이다. 매지권이란 죽은 자의 무덤을 만들면서 그 땅을 토지신으로부터 샀다고 하는 내용을 토지에게 고하는 내용의 형식적인 땅문서인 셈이다.

한편 사마왕은 무령왕을 가리키는데, 무령왕의 생전 이름이 사마였기 때문이다. 또 영동대장군은 백제와 교류하던 중국 양나라 황제가 내린 작호이다.

그런데 이 석판의 존재는 그 순간부터 오늘에 이르기까지, 그리고 앞으로도(아마도 영원히) 태산과 같은 무게로 우리에게 다가온다. 사실 우리나라 고대 무덤 가운데 그 무덤의 주인공에 대한 기록이 이처럼 분명하게 남아 있는 것은 거의 없다. 그리고 남아 있다 해도 여러 가지 유물과 주변 상황을 감안해 추정하는 것이 일반적인 데 비해, 무령왕릉은 한자 해석이 가능한 국사학자라면 누구나 알 정도로 분명하게 기록되어 있었던 것이다. 따라서 이렇게 분명한 근거를 남기면서도 단 한 점도 도굴되지 않은 상태로 발굴된

왕릉은 찾아보기 힘들다. 그러니 이러한 왕릉 하나가 후대에 전해주는 역사적 사실과 그로부터 추론 가능한 상상력의 크기는 실로 상상하기 힘들 정도이다.

그런데 이렇게 상상하기 힘들 만큼 중요한 유적이 발견되었다는 사실이 역설적으로 소중한 역사적 자료를 훼손시키게 되었으니 이야말로 아이러니 아닐까.

무덤에서 나온 두 사람은 자신들이 확인한 내용을 모여 있는 보도진과 군중들을 향해 발표하였고, 이때부터 현장은 통제 불가능한 상황 속으로 빠져들고 만다. 그 과정에서 청동 숟가락이 누군가에게 밟혀 부러지고 무령왕릉의 상징물인 석수石獸의 뿔이 떨어져 나가는 일까지 벌어졌으니 무지와 탐욕이 얼마나 무서운 죄악인지 알 수 있다.

무령왕릉에서는 총 108종 2,906점의 유물이 발굴되었다. 그런데 이 유물이 1,500년 가까이 잠들어 있던 무덤에서 밖으로 운반되는 데는 고작 10여 시간이 소요되었을 뿐이다. 그러니 현대판 포장 이삿짐센터보다도 더 신속하게 운반한 셈이다. 여하튼 이렇게 해서 역사적인 무령왕릉 발굴은 개봉부터 청소까지 17시간 만에 종료되었다. 어쩌면 이는 그 시대 '하면 된다'는 구호를 앞세우면서 북한의 '천리마 운동'이니 '새벽별 보기 운동'이니 따위를 거론하며 '잘살아보자'고 외치던 박정희 정권의 생리와 잘 맞아떨어진다고도 볼 수 있다. 사실 코미디 같지만 그런 일이 종종 벌어지기도 하였으니까.

삼선개헌이라는 불법적 절차를 통해 세 번째 대통령에 당선되고(이때도 부정선거라는 의혹이 숱하게 제기되었다) 불과 일주일여 전에 취임식을 거행한 박정희는 무령왕릉 발굴 보고를 받는다. 그는 즉시 "보고 싶다"고 연락을 했다(고도 하고, 과잉 충성자가 그에게 "보시라"고 권했다고도 한다). 그리하여 출토된 주요한 유물들이 갑자기 고속버스 편을 통해 청와대로 운송되었고, 박정희가 이 물건들을 유심히 관찰하는 모습이 TV를 통해 전국에 전해졌다.

여하튼 박정희는 정말 위대한 인물이다. 발굴된 문화재를 자기 방에서 개인적으로 감상한 인물이 그 외에 또 있다는 말을 들어본 적 없으니 말이다.

그런데 이 화면을 본 공주 시민들은 위대한 지도자에 대한 존경의 표시는커녕 자신들의 고향에서 발굴된 유물이 자신들도 보기 전에 서울로 반출된 데 대해 분노를 표시하였다. 그리하여 유물을 임시로 보관하고 있던 공주박물관 뜰로 돌이 날아드는 상황에까지 이르렀다. 이러한 분노는 당시 국무총리이자 부여 출신인 김종필이 새로이 공주박물관을 건립하여 그곳에 보관하겠다고 약속한 후에야 가라앉았다. 그리고 그 약속대로 무령왕릉의 모습을 본뜬 공주박물관이 후에 건립되어 오늘에까지 이르고 있는 것이다.

그렇다면 무령왕릉이 갖는 의미는 도대체 얼마나 될까? 우선 누구나 궁금하게 여기는 것이 있다.

"그 안에서 국보급 문화재가 얼마나 나왔나요?"

속된 관심사일지도 모르지만 중요한 관심사이기도 하다. 국보로 지정되었다는 것은 그만큼 역사적인 중요성을 띤다는 것이기도 하니까.

놀라지 마시라. 국보만 12종 17점이 나왔으니 아래 목록이 그것이다.

154호 금제관식金製冠飾(왕)

155호 금제관식金製冠飾(왕비)

156호 금제심엽형이식金製心葉形耳飾(왕) - 귀걸이

157호 금제수식부이식金製垂飾附耳飾(왕비) - 귀걸이

무령왕릉 내부 석실의 모습.
벽돌로 축조한 것이 특징이다. (사진제공: 국립공주박물관)

158호 금제경식金製頸飾(왕비)

159호 금제뒤꽂이(왕)

160호 은제팔찌(왕비)

161호 청동신수경靑銅神獸鏡 - 거울

    (1) 청동신수경靑銅神獸鏡

    (2) 의자손수대경宜子孫獸帶鏡

    (3) 수대경獸帶鏡

162호 석수石獸

163호 지석誌石

164호 두침頭枕 - 베개

165호 족좌足座(왕) - 발 받침대

그 외에도 수많은 장신구와 구슬 등이 출토되었는데, 사실 나머지 유물들 가운데도 국보급 가치를 지닌 것들이 얼마나 더 있는지 모른다. 그러나 더욱 안타까운 것은 이후에도 무령왕릉에 대한 연구가 더디기만 하다는 사실이다.

무령왕릉이 발굴된 후 우리 학계의 놀라움이야 당연하다 하겠지만 일본 학계의 놀라움은 우리를 능가하는 것이었다. 그리하여 우리 학계보다 훨씬 적극적으로 무령왕릉과 관련한 연구가 진척되었고, 그 결과 일본 천황이 자신에게 무령왕의 피가 흐르고 있다는 선언을 하기에 이른다. 그뿐인가? 일본인들은 자신들의 연구를 발판으로 《일본서기》의 내용이 사실이라는 주장을 내세우기도 한다. 그러나 우리 학계의 대응은 아직 미지근할 뿐이다.

사실 무령왕릉에서 출토된 유물들 가운데는 단순히 소중한 유물로서만이 아니라 그 시대 중국의 양나라와 백제, 그리고 일본 간의 국제적 역학관계와 정치·문화적 교류 등을 밝혀줄 다양한 요소들이 내포되어 있다. 그러나 단 하루도 안 되어 발굴되고 깨끗이 청소되어버린 무령왕릉 내부처럼 현재 우리에게 남겨진 학술적 성과는 별로 없다.

 무령왕릉 발굴이 이루어진 후 그 작업에 참가했던 고고학자들은 잘 모르던 시절에 자신들이 저지른 졸속적인 발굴에 대해 천추의 한이 된다는 뜻을 표명하였다. 그러나 그보다 더 안타까운 것은 그러한 선학들의 한을 풀어줄 후학들이 별로 보이지 않는다는 사실이다. 이미 엎질러진 것은 할 수 없다. 이미 세워진 골프장을 아무리 마음 아파한들 그곳에 다시 산이 세워지지는 않을 테니 말이다. 그렇다면 우리가 할 일은 무엇인가? 더 이상 그러한 우를 범하지는 말아야 하지 않겠는가.

 그러나 필자는 이러한 말장난에 넌더리가 날 정도다. 정치인, 문화인을 비롯한 이른바 배운 자들은 늘 말로 다 한다. 오늘도 정치인들은 경제, 경제, 잘살게 해주겠다는 말만 되풀이한다. 그래야 대통령도 되고 국회의원도 될 것이다. 교육 관계자들은 기초학문 육성 어쩌고 말만 할 뿐, 대학 교육의 내실화를 위해 경영대, 공대, 의대, 법대 따위 취직 잘 되는 학과를 육성해야 한다고 외친다. 이런 걸 교육 경쟁력이라고 한다나 어쩐다나!

 언론 또한 마찬가지다. 대학 서열은 취직률로 매기고, 그것도 모자라 고등학교 서열은 일류대학 진학률로 매겨 발표에 나서고 있다. 이제 수월성교육秀越性敎育(무슨 말인지도 잘 모르겠지만 여하튼 우수한 능력을 가진 인간을 육성하는 교육인 듯하다)을 내세우는 사람들이 판을 치고 있으니 이런 흐름은 갈수록 더할 것이다. 곧이어 중학교 서열화가 이루어질 것이고 다음에는 초등학교, 그 다음에는 유치원 서열화가 이루어질 것이다. 아, 이미 이루어지고 있다. 서민인 우리들만 모를 뿐이지, 어느 지역에서 유명한 영어 유치원에 들어가려면 밤을 새워야 한다느니 어쩌느니 하는 것이 어제 오늘 이야기가 아니지 않은가.

무령왕릉의 졸속 발굴은 우리 문화계에 커다란 상처로 남아 있다. 그리고 그러한 우는 앞으로도 되풀이될 가능성이 매우 높다. 우리가 오직 눈에 보이는 물질과 돈의 노예로 사는 한. 그리고 만 년, 아니 천만 년 이상 지속될 자연 파괴에 오직 경제 논리를 내세우는 한 말이다.

밀실의 약속도 약속인가

가쓰라와 태프트, 그리고 루스벨트

밀실에서 아무도 모르게 둘이서만 한 약속도 약속인가? 당연하다. 물론 약속한 것을 뒤집는 것이 여반장如反掌(손바닥 뒤집기)인 세상인지라, 금전과 관련된 계약이나 약속 같은 경우에는 법적인 보호를 받기 위해서 자격을 갖춘 제3자로 하여금 증명토록 하는 '공증公證'이란 제도를 사용하기도 한다.

그런데 이러한 약속이나 제도들은 모두 당사자들이 당사자의 문제를 약속하는 것이다. 그러니 아무도 모르게 했건 공증의 방식을 채택했건 약속한 자들은 알고 있을 것이다. 돈을 갚기 싫어서 "난 약속한 적 없어요"라거나, 결혼하기 싫어서 "난 결혼을 약속한 적 없어요" 하고 잡아떼는 인간이 없는 것은 아니겠으나 그들 또한 양심은 알고 있을 것이다.

그렇다면 나와 관련된 문제를 제3자끼리 약속했다면 그 약속도 효력이 있을까? 그러니까 갑돌이가 갑순이에게 돈을 빌리면서 갑돌이 아들이 갚기로 약속했다면, 갑돌이 아들은 채무의 의무가 있느냐 이 말이다. 없을 것 같은데. 하기야 법이란 게 워낙 복잡해서 후에 상속 재산이 발생한다면 의무가 발생할 수도 있을 듯하고. 여하튼 잘 모르겠다. 그런데 그런 일이 국가 간에 발생했다면? 이거야말로 정말 중대한 문제다. 한 나라의 정부는 전혀 모르는 상태에서 다른 나라들끼리, 그 나라를 어떻게 처리한다는 내용을 약속했다면 도대체 이게 말이 될까? 21세기를 살아가는 우리들 상식으로는 도저히 이해가 가지 않는 일이다. 그런데 그런 일이 20세기에는 가능했던 모양이다.

1905년 7월 29일, 도쿄에서 일본의 수상 가쓰라 다로桂太郎(1848~1913)와 미국의 육군장관 윌리엄 태프트(1857~1930)는 자신들과는 전혀 관계없는 두 나라에 관한 약속을 한다. 이른바 '가쓰라-태프트 밀약'이라고 불리는 것인데, 도대체 얼마나 황당한 조약이면 국가 간에 맺은 약속을 밀약密約이라는 음모 냄새 가득한 용어로 부르겠는가.

게다가 이 밀약의 당사자가 음모나 꾸미는 그런 인간들이 아니었다는 데 더욱 문제가 있다. 가쓰라는 일본의 군인이자 정치가로서 청일전쟁에서 큰 공을 세운 후 타이완 총독을 지내기도 하였다. 그리고 이토 히로부미 내각에서 시작해 이후 이어지는 내각에서는 육군대신, 즉 국방부 장관을 지낸다. 이후 1901년에는 총리에 취임하고 이후에도 여러 차례에 걸쳐 총리직에 올라 거의 8년여를 지낸 인물이다. 1910년 한일강제병합이 이루어지던 해에도 그는 일본 총리로 활동했으니, 사실 밀약 같은 음습한 단어를 사용하기에는 너무도 대단한 인물이다.

그렇다면 태프트는? 태프트는 더 말할 나위가 없다. 그의 부친 또한 육군장관과 법무장관을 지낸 명문가 출신인데, 그도 1901년 필리핀 총독에 올라 뛰어난 능력을 발휘하여 필리핀인들로부터 상당한 인기를 끌었다(필리핀 사람들은 품성이 우리와는 전혀 다른 듯하다. 이렇게 잘 다스려만 준다면 외국인을 총독, 즉 지도자로 모시는 것에 전혀 구애받지 않고 오히려 환영하니 말이다. 하기야 우리도 한일강제병합 이후에 훌륭한 조선총독이 왔다면 환영했을 사람이 많지 않았을까? 요즘 들어 드는 생각이다).

그 후 그는 루스벨트 대통령 정부에서 육군장관을 지냈고, 이후에는 루스벨트의 지원에 힘입어 미국 제27대 대통령에 당선된다. 그 후에는 연방대법원장도 지냈는데, 그 무렵에는 미국이란 나라도 참 희한한 나라였던 듯하다. 대통령을 지낸 이가 대법원장을? 삼권분립이 민주주의의 기본인데 한 사람이 행정부의 수장을 지내고 다시 사법부의 수장을 지내다니, 인물이 없기는 없었나 보다.

여하튼 이렇게 살펴보면 가쓰라-태프트 밀약은 그저 일개 공무원들 사이에 맺어진 것이 아니라 두 나라를 책임진 고위 인사 간에 맺어진 제대로 된 조약인 셈이다. 그렇다면 그 내용도 두 강대국 고위 인사 사이에 맺어질 만큼 당당했을까?

① 일본은 필리핀에 대하여 하등의 침략적 의도를 품지 않고 미국의 지배를 승인할 것
② 극동의 평화를 유지하기 위하여 미·영·일 3국은 실질적으로 동맹관계를 확립할 것
③ 러일전쟁의 원인이 된 한국은 일본이 지배할 것을 승인할 것

위 내용이 바로 두 고위 인사 사이에 맺어진 약속의 주요 내용이다.
결국 이 협약은 일본이 영일동맹의 갱신으로 한국에서 얻은 지위를 미국

이 보장하는 대신, 일본은 미국의 필리핀 점유를 묵인한다는 교환조건으로 이루어진 것이었으니, 결국 우리 민족에게는 치욕적인 한일강제병합으로 가는 진입로였던 셈이다.

그럼에도 고종은 을사늑약이 일본의 압박에 의해 이루어질 무렵, 당시 미국 대통령이던 루스벨트에게 1882년 체결된 조미수호통상조약朝美修好通商條約에 의거, 미국이 조선을 일본의 침략으로부터 지켜줄 것을 믿는다는 내용의 서한을 띄우기에 이른다.

"나는 귀하가 귀하의 삶에 있어서 소중히 여겨온 가치인 아량과 냉철한 판단력으로 이 문제를 심사숙고해주실 것을 바라며, 우리나라가 멸망의 위기에 처한 이 시점에서 귀하께서 조선과 미국 사이에 맺은 약속에 따라 언행일치를 이룰 수 있도록 우리를 도울 수 있는 바가 무엇인지 깊이 성찰해주시기를 바랍니다."

조미수호통상조약은 조선과 미국 사이에 체결된 수교와 통상에 관한 조약으로, 조선 정부가 서양 정부와 맺은 최초의 조약이었다. 그렇다고 조약 체결에 이르는 과정에서 조선이 독자적인 영향력을 행사했다는 것은 아니다. 조선과 미국 사이의 조약이지만 그 상세한 내역은 사실 청나라와 미국 사이에서 결정된 것이나 다름없었으니 말이다. 왜냐하면 미국은 조선과의 조약 체결을, 그 무렵 러시아의 남하를 저지하고자 부심하고 있던 청나라의 이홍장李鴻章에게 의지하고 있었는데, 이홍장 역시 러시아의 남하를 방지하는 동시에 일본의 조선 침략을 견제하는 일석이조의 수단으로 활용하고자 했던 것이다.

그리고 그 결과 이홍장과 미국 정부의 권한을 위임받은 슈펠트 사이에 조선과 미국의 조약에 대한 세부 내용과 절차가 진행되었고, 마지막에 조선은 이미 결정된 내용에 도장만 찍는 거수기로서 자신의 미래를 결정하기에 이른다. 그렇지만 이 조약은 일본 등과 맺은 조약과는 비교가 안 될 만큼 합리적이라는 평을 받고 있다. 하기야 지키지도 않을 조약인데 무슨 말을 못하랴.

고종이 미국의 지원을 기대한다는 내용은 바로 조약 내에 있는 '제3국으로부터 불공경모不公輕侮하는 일이 있을 경우에 필수상조必須相助한다'는 규정에 의한 것이었다. 즉, 조약 당사국이 다른 나라로부터 경시당하거나 모멸당하면 반드시 서로 도와야 한다는 내용에 따라 고종은 민주적인 서양의 신사(미국인)들이 조선을 일본의 침략에서 구해줄 것이라고 믿었던 것이다. 그러니 사람은 배워야 한다. 배우지 못해 순진한 인간은 노회한 인간들에게 늘 당하면서 살게 된다. 물론 배우고 순진한 인간이 가장 바람직스러울 것이나, 배우지 않고 순진해서 당했다고 외쳐봐야 살벌한 인간 사회에서 어느 누구의 동정도 바라기 힘들다.

그러나 루스벨트는 꺼져가는 등불 같은 조선과의 케케묵은 조약 따위는 잊은 지 오래였다. 대신 그의 머릿속에는 아직 잉크도 마르지 않은 가쓰라-태프트 밀약이 떠올랐으니, 을사늑약이야말로 당연한 귀결이었다.

그렇다면 1906년 노벨 평화상을 받은 시어도어 루스벨트 대통령은 그 무렵 도대체 무슨 생각을 가지고 있었을까?

루스벨트는 태프트를 일본에 보내 밀약을 맺게 할 즈음 자신의 딸 앨리스를 조선에 보낸다. 그리고 앨리스가 온다는 소식에 조선의 조정에서는 미국, 아니 루스벨트가 조선에 우호적인 약속을 지킬 것이라는 기대에 한껏 부풀어 오른다. 음, 자신은 너무 바쁘니까 딸을 보내서 우리를 안심시키는

구나, 뭐 그 정도 생각하는 것에는 무리가 없어 보인다. 그리고 앨리스는 조선 조정의 융숭한 접대를 받게 된다. 그런데 융숭한 대접을 받은 앨리스는 여행이 끝나자 아무 말도 없이 떠났다. 어, 왜 그냥 가지? 아버지가 보낸 서한이나 구두 약속이나 뭐라도 언급이 있어야 하는 기 아닌가? 그러나 앨리스는 그저 '이상한 나라의 앨리스'일 뿐이었다.

사실 루스벨트는 조선에 대해서는 동정심은커녕 아무런 관심도 갖고 있지 않았다. 오히려 조선이라는 나라는 참으로 미개하고 거북한 존재로 여기고 있을 뿐이었다.

"1900년 이래로 한국은 자치 능력을 갖추지 못하고 있으므로 미국은 한국에 대해 책임을 져서는 안 되며, 대신 일본이 한국을 지배하여 한국인에게 불가능했던 법과 질서를 유지시키고 효율적으로 통치한다면 만인을 위해 보다 좋은 것이라고 확신한다."

위와 같은 논리를 내세우며 일본의 조선 침략을 합리화, 아니 위 내용을 살펴보면 합리화가 아니라 적극적으로 지원한 듯한데, 사실 루스벨트는 자신이 적극적인 친일파라고 공공연히 떠들고 다녔다.

그뿐만이 아니다. 최근 밝혀진 자료에 따르면 루스벨트는 1904년 발발한 러일전쟁에서 일본 측을 지원하기 위해 미국과 영국의 대기업들로부터 엄청난 금액의 전쟁 차관을 조달한 것으로 알려졌다. 그 금액은 총 약 7억 엔, 오늘날 가치로 환산하면 14조 원에 달하는 막대한 금액인데, 이 돈은 카네기, J. P. 모건 등으로부터 조달하였다.

그리고 러일전쟁에서 일본이 승리를 거두자 루스벨트는 일본을 위해(?)

윌리엄 태프트와 앨리스 루스벨트.
루스벨트가 파견한 밀사 태프트와 루스벨트의 딸 앨리스가 함께 아시아 순방길에 나서 모종의 행사장에 입장하는 모습.

고종을 알현하러 가는 앨리스 루스벨트.
프랑스의 신문 〈르 프티 파리지앙〉 1905년 10월 8일자에 실린 삽화. 여행을 좋아해서 세계 각국을 돌아다닌 앨리스는 특히 조선 조정의 융숭한 접대를 받았는데, 당시 조정의 고위 관리들은 앨리스를 통해 한미수호동맹을 맺기를 기대했었다.

왕릉을 호위하는 석상에 의기양양하게 올라탄 앨리스.
사진은 고종이 명성황후의 묘소 근처에서 앨리스를 위해 개최한 만찬장에 먼지 폭풍을 일으키며 말을 타고 입장한 앨리스가 묘소를 호위하는 상징물로 조성한 코끼리 석상에 올라탄 후 늠름하게 포즈를 취한 모습을 찍은 것이다. 그곳에 모인 왕실 관계자들이 혼비백산했을 것은 당연한 일인데, 이러한 상황에는 아랑곳하지 않고 앨리스는 차려놓은 음식과 술을 마신 후 의기양양하게 그곳을 떠났다. 이러한 내용은 조선 궁정에서 근무하던 독일 여성 에마 크뢰벨이 1909년에 출판한 책 《내가 어떻게 조선의 궁정에 들어가게 되었는가》에 상세히 기술되어 있다.

포츠머스 조약을 체결토록 조정에 나선다. 사실 이때 루스벨트는 세계 평화에 기여했다는 공로로 노벨 평화상을 받았기 때문에, 어쩌면 자신도 일본을 위해서 나선 것이 아니라 세계 평화를 위해 나섰다고 생각할지 모른다. 인간이란 처음에는 자신의 양심의 소리를 듣지만 주위에서 계속 "당신이야말로 구세주요, 세계의 양심입니다" 하고 추켜세우면 "정말 그런가?" 하면서 스스로 최면에 걸리는 존재이기 때문이다.

아무튼 포츠머스 조약은 1905년 8월 10일 미국 뉴햄프셔 주 포츠머스에서 열렸는데, 이때는 앞서 살펴본 가쓰라-태프트 밀약이 이미 맺어진 후였다. 따라서 만주와 조선을 사이에 두고 벌인 러시아와 일본의 전쟁에서 미국과 영국의 지원을 받은 일본이 승리를 거두었으니 만주와 조선의 운명이 어떻게 될 것인지는 불을 보듯 뻔한 것이었다.

① 러시아는 한국에 대한 일본의 지배권을 인정한다.
② 뤼순, 다롄의 조차권, 창춘 이남의 철도부설권을 일본에게 할양한다.
③ 배상금을 청구하지 않는 조건으로 북위 50도 이남의 남사할린 섬을 일본에 할양한다.
④ 동해, 오호츠크 해, 베링 해에 있는 러시아령 연안의 어업권을 일본에 양도한다.

위 내용은 회담이 개시된 지 한 달 가까이 끌던 포츠머스 조약이 체결된 1905년 9월 5일 발표된 주요 내용이다.

그런데 우리 민족의 운명을 가른 이 조약 체결 과정에서 일본과 러시아 사이에 밀고 당기는 가장 큰 문제는 조선에 대한 지배권 문제가 아니었다. 이것은 회담 개시와 함께 이미 결정 난 사실이었다. 그 대신 만주와 사할린,

배상금 문제가 주요 의제였으니 조선이라는 존재가 강대국들에게 어떤 존재였는지 능히 짐작이 가능하다.

이로써 일본의 조선 지배에 장애가 되는 요소는 모두 제거된 셈이었다. 그리고 그해 11월 17일, '을사늑약'이라고 불리는 '제2차 한일협약'이 체결되기에 이른다.

아, 과거에는 을사조약이라고 했는데 왜 최근에 을사늑약이라고 부르는지 아시는가? 조약條約은 두 나라 사이에 합법적이고 공식적으로 맺은 약속인 반면, 을사년에 이루어진 한일협약은 강제와 불법으로 이루어진 것이기에 조약이 아니라 늑약勒約, 즉 강제로 이루어진 약속이라고 부르는 것이다. 어떻게 부르든 그것은 개인의 뜻이다.

그렇다면 을사늑약의 주요 내용은 무엇이었을까?

① 일본국 정부는 재 동경 외무성을 경유하여 한국의 외국에 대한 관계 및 사무를 감리·지휘하며, 일본국의 외교 대표자 및 영사가 외국에 체류하는 한국인과 이익을 보호한다.

② 일본국 정부는 한국과 타국 사이에 현존하는 조약의 실행을 완수하고 한국 정부는 일본국 정부의 중개를 거치지 않고 국제적 성질을 가진 조약을 절대로 맺을 수 없다.

③ 일본국 정부는 한국 황제의 궐하에 1명의 통감을 두어 외교에 관한 사항을 관리하며 한국 황제를 친히 만날 권리를 갖고, 일본국 정부는 한국의 각 개항장과 필요한 지역에 이사관을 둘 권리를 갖고, 이사관은 통감의 지휘 하에 종래 재 한국 일본영사에게 속하던 일체의 직권을 집행하고 협약의 실행에 필요한 일체의 사무를 맡는다.

④ 일본국과 한국 사이의 조약 및 약속은 본 협약에 저촉되지 않는 한 그 효력이 계속된다.
⑤ 일본국 정부는 한국 황실의 안녕과 존엄의 유지를 보증한다.

그리고 을사늑약이 체결되자마자 기다렸다는 듯이 루스벨트는 조선에 있던 미국 공사관 폐쇄를 지시하였다. 참으로 루스벨트의 한국 사랑은 지극하니, 무지하고 더러운 조선을 위해 뛰어난 일본인들을 보내주기에 이른 것이다. 우리 모두 영원히 기억할 일이다.

46

"폐하!"
"난 전하다."

각하에 대한 단상

여러분은 대통령을 부를 때 뭐라고 부르시는가? ○○○대통령? 아니면 그냥 ○○○? 그것도 아니라면 ○○○대통령님이나 ○○○대통령 각하? 뭐라고 부르건 상관없다. 다만 그 호칭에도 여러분이 민주주의를 이해하는 시각이 드러난다는 사실만 깨달으신다면.

그런데 이 호칭이 사인私人의 수준을 뛰어넘으면 문제가 된다. 한마디로 언론이나 공적인 자리에서 어떤 호칭이 사용되느냐는 개인을 넘어 그 사회의 민주적 수준을 드러내기 때문이다. 물론 호칭만이 그런 것은 아니지만 호칭도 그 요인 가운데 하나인 것은 틀림없다.

요즘 우리 언론에서는 ○○○대통령이라고 부르는 것이 일반화된 듯하다. 그리고 그에 대해 이의를 제기하는 사람도 없다. 그런데 이 또한 우리나라 민주주의 성장 과정에서 일어난 중요한 변화임을 알고 계시는가?

"○○○대통령 각하께서는······."

"○○○대통령께서는······."

"○○○대통령은······."

필자가 기억하는 아나운서의 멘트 변화다. 이 외에 다른 멘트가 있었을 수도 있고, 또 위 멘트가 약간 달랐을지도 모른다. 하지만 큰 줄기는 위와 같다. 최근 성년이 되어 뉴스를 시청하거나 청취하고 신문 기사를 읽는 독자라면 맨 아래 멘트가 너무나 당연한 것으로 여겨질 것이다.

"○○○대통령 각하라니? 이게 무슨 말이야?"

그러나 여러분의 부모, 아니면 삼촌 세대에도 그런 멘트를 들어야 했다. 아니, 듣기만 한 것이 아니라 부를 때도 그렇게 불러야 했다. 그렇게 부르지 않을 때는 낯말을 누가 듣는 것은 아닐까 주위를 살펴야 했다.

알려진 바에 따르면 대통령 주위 사람들까지 "각하"라는 호칭을 쓰지 않기 시작한 것은 김대중 대통령 때부터였다고 한다. 김대중 대통령은 "각하"라는 호칭 대신 "대통령님"이라고 부르면 좋겠다는 의견을 피력했다. 그리고 그때부터 "각하"라는 호칭은 역사의 유물이 되었다.

요즘도 청와대 안에서는 "대통령님"이라고 부르지 않을까 싶다. 만일 "각하"라는 호칭을 쓴다면? 에이, 그럴 리가 없다. 만에 하나라도 그렇다면 그건 정말 아니다. 왜?

조선시대에는 왕을 "전하"라고 불렀다. 그러나 삼국시대와 고려시대 전기에는 "폐하"라고 불렀을 것이다. 그렇다면 폐하와 전하 사이에는 어떤 차이가 있을까?

폐하陛下는 일반적으로 황제, 즉 왕 중의 왕을 부르는 호칭이다. 왕이면 왕이지 왕 중의 왕이라니!

그렇다. 우리나라에서는 왕 외에 다른 왕이 있어본 적이 없으니 그런 의문이 드는 것이 당연하다. 그러나 처음 이러한 호칭이 시작된 중국의 경우에는 조금 달랐다.

중국의 역사가 기록되기 시작한 춘추전국시대에 중국에서는 천자天子의 나라인 주周나라가 중심에 자리하고 있었고, 주나라에 의해 제후諸侯에 봉해진 여러 제후국들이 있었다. 따라서 주나라의 왕은 여러 제후국의 왕들을 통솔하는 명실상부한 천자였던 셈이다. 물론 세부적으로 들어가면 제후국들은 초기에는 왕王이라는 호칭 대신 공公을 썼고, 이때 왕은 제후국의 지배자인 공들을 통솔하는 지배자였다. 따라서 중국에는 왕 중의 왕과 그냥 왕이 있었던 셈이다. 그런 까닭에 왕 중의 왕과 그냥 왕을 구별하는 호칭이 필요했던 것이다.

이러한 필요성은 훗날 주나라 왕실이 쇠약해지면서 제후국들이 오히려 강대해져 서로 왕을 칭하면서 더욱 커졌다. 그리하여 중국 전역을 처음으로 통일한 진시황은 스스로를 왕이 아닌 황제皇帝라고 부르도록 하였고, 이때부터 왕 중의 왕은 황제로, 제후국의 지배자는 왕이라고 불리게 된 것이다.

그렇다면 폐하陛下는 무슨 뜻일까? 폐하는 섬돌 폐陛, 아래 하下로 이루어져 있다. 이는 '섬돌 아래'라는 뜻인데, 폐하를 접견할 때는 섬돌 아래서 허리를 굽혀야 한다는 의미이다. 따라서 폐하는 저 높은 곳에 머무는 분임을 의미한다 하겠다.

반면에 전하殿下는 큰집 전殿, 아래 하下로 이루어진 단어다. 따라서 '집 아래'에서 허리를 굽혀 뵌다는 뜻이니, 폐하보다는 좀 더 가까이 갈 수 있는 존재인 셈이다. 섬돌은 집에서 약간 떨어진 곳에 놓여 있는 것이니 말이다. 일반적으로 전하는 왕이나 황태자, 영주 등에게 사용하던 호칭이다.

여기서 한 가지 더 살펴볼 것이 있다. 바로 태자와 세자의 차이다.

잘 아시겠지만 태자太子는 황제의 후계자를 가리킨다. 반면에 왕의 후계자는 세자世子라고 불렀다. 그렇다면 태자를 전하라고 불렀다면 세자를 부를 때는 무어라고 했을까? 저하邸下라고 불렀다. 집 저邸, 아래 하下. 큰집을 가리키는 전殿보다는 작은 집을 가리킬 때 저邸라고 하니까 합리적인 셈이다.

그렇다면 폐하와 전하 외에는 호칭이 없을까? 당연히 있다. 앞서 역대 우리나라 대통령도 사용한 바 있는 '각하'가 있다.

각하閣下는 전각 각閣, 아래 하下로 이루어진 단어다. 따라서 전하보다 더 가까이 다가갈 수 있는 존재다. 각하와 같은 의미를 갖는 단어로 '합하閤下'가 있는데, 이는 쪽문 합閤, 아래 하下로 이루어진 단어다. 둘 다 전하보다 낮은 지위의 지배자를 가리키는 호칭인데, 사전에는 귀족이나 고위 관리 등을 가리키는 호칭이라고 하였다. 조선시대에는 왕세손, 즉 세자의 아들에게 쓰기도 했다.

각하보다 더 낮은 직위에 사용하는 호칭으로 '막하幕下'가 있다. 막하는 군막 막幕, 아래 하下로 이루어진 단어이니, 장군 휘하의 장수나 지휘관 아래 직위를 가리킬 때 사용하였다.

한편 대등한 사이에 서로를 존중해줄 때 사용하는 호칭으로 '족하足下'가 있다. 그러니까 위에서 살펴본 호칭이 상위 직위에 있는 사람에게 사용하였다면, 족하는 대등한 지위의 사람끼리 사용한 호칭인 셈이다. 따라서 옛 사람들의 편지를 보면 편지를 받을 상대방을 족하足下라고 칭하는 글을 쉽게 찾을 수 있다. 족하는 '발아래'라는 뜻이니 같은 자리에서 만나는 사이라는 의미이기도 하다. 그런데 재미있는 사실이 하나 있으니, 우리가 요즘 자주 사용하는 '조카'라는 단어가 바로 족하에서 유래했다는 것이다. 흐음, 조카는 나보다 더 어린 사람에게 쓰는 것 아닌가? 여하튼 그렇게 변모해왔다고 한다.

족하와 유사한 의미를 지닌 표현으로 '좌하座下'가 있다. 이는 주로 편지 글에서 상대방을 높여 부를 때 사용하였다. 뜻은 자리 좌座, 아래 하下. 따라서 '자리 아래'. 그러니 서로 마주앉을 정도의 사이란 의미일 것이다.

그 외에 자주 사용하는 것으로 '귀하貴下'라는 표현이 있는데, 모르는 분은 안 계실 것이다. 귀하는 '귀한 분'이란 의미로 좌하와 유사하다.

이쯤에서 확인하고 넘어갈 것이 있다. 앞서 고려시대 전기까지는 우리도 폐하라고 불렀다고 한 바 있다. 그렇다면 어느 때부터 전하라고 불렀을까? 확인하기는 힘들지만 원나라의 침략을 받은 후, 그러니까 왕의 묘호廟號(시호諡號. 왕이 죽은 뒤 그의 공덕을 칭송하여 종묘에 신위를 모실 때 올리는 칭호)가 원나라의 명에 의해 '충○왕'으로 바뀐 후부터는 폐하를 사용하지 못했을 것이 분명하다. 잘 알려져 있다시피 원나라는 고려를 속국으로 만든 다음 원나라에 충성을 맹세하는 의미에서 왕의 묘호에 '충성 충忠'자를 넣도록 강요했으니 말이다.

그러나 그 이전에도 고려의 정치 체제는 약간 복잡했다. 고려에서는 태자니 태후니 하는 식으로 황제 체제에 걸맞은 호칭을 사용했다. 따라서 왕도 폐하라고 불렀을 것이다. 그런데 대외적으로 왕에 대해서는 황제라고 칭하지 않았다. 왜 그랬을까? 이는 그 무렵 동아시아의 종주국으로 행세하던 중국과의 외교적 마찰을 피하기 위해서였을 것이다. 즉, 내적으로는 황제국을 내세우고 있었지만 대외적으로도 그러기에는 중국과의 관계가 너무 부담스러웠던 것이다. 그런 까닭에 황제국이면 당연히 사용해야 할 독자적인 연호年號도 사용하지 않고 대신 중국의 연호를 사용했다. 연호란 단기니 서기니 하는 연도 표시가 없을 때 한 해를 규정짓는 것이기 때문에, 연호를 독자적으로 사용하지 않는다는 것은 독립국임을 포기하는 것이나 마찬가지라고 할 수 있을 정도다. 따라서 중국의 연호를 사용했던 고려, 조선, 나아가 과거 일본 같은 경우 모두 중국의 영향력 아래 있던 나라들이라고 해도 지나친 말이 아닐 것이다.

그렇다면 묘청이란 승려를 아시는가? 다 아실 것이다. 그럼 묘청이 일으킨 난, 즉 묘청의 난도 아실 것이다. 묘청이 개경을 근거지로 한 보수파에 저항해 일으킨 서경 천도 운동이 실패로 돌아가자 서경, 즉 평양을 근거로 삼아 개경 세력에 저항했던 사건 말이다. 이를 독립운동가이자 역사학자인 단재 신채호는 "조선 역사상 일천년래 제1대 사건"이라고 한 바 있다. 한마디로 우리 역사에서 가장 주요한 사건이라는 말이다. 실패한 난을 두고 그는 왜 그런 말을 했을까?

묘청은 우리 역사상 처음으로 칭제건원稱帝建元, 즉 황제를 칭하고 독자적인 연호를 사용해야 한다고 주장했는데, 이는 형식적으로 중국의 영향력 아래서 벗어나려는 최초의 움직임일 뿐 아니라, 사상적으로도 중국 유학을 기반으로 형성된 고려의 기득권 세력을 타파하고 한반도 고유의 사상을 기반으로 완전한 독립 국가를 세우려 했다는 의의를 갖기 때문이다.

물론 역사에 가정은 없다. 필자가 늘 주장하는 바이지만 역사는 필연의 산물이지 로또는 없다. 따라서 묘청의 난은 실패할 수밖에 없는 역사적 필연성이 있었을 것이다. 그리고 이는 곧 동아시아에서 중국의 영향력에서 벗어나 독자적인 국가로 존립한다는 것이 얼마나 어려운 일인지를 보여주는 사례라고 할 수도 있을 것이다.

사실 중국을 둘러싸고 있는 국가 가운데 중국과의 끊임없는 교류와 대립 속에서 오늘날까지 영토와 문화, 언어를 온전히 유지하고 있는 나라는 대한민국과 베트남, 그리고 몽골을 제외하고는 거의 없다. 일본은 자신들이 중화 문화권에서 가장 먼저 독립해 개화한 나라라고 말하고 싶겠지만, 사실 일본은 자신들의 독자적인 문화가 박약했기에 바다를 사이에 두고 있던 먼 나라 중국의 영향력 아래 놓여 있었다고 보아야 할 것이다. 오죽하면 언어도 한자가 없이는 존립하기 힘들겠는가? 그러니까 바꾸어 말하면 우리 민족이 지정학적으로 일본 정도의 위치에 있었다면 중국의 영향력 아래 들어가기는커녕 더욱 뛰어난 독자적인 정치, 문화적 국가를 세웠을 수도 있다는 말이다. 안 그런가?

한 가지 덧붙인다. 묘청의 난 이후 사그라진 칭제건원의 꿈은 결국 조선이 멸망의 길로 들어선 1897년 10월에 이르러서야 이루어진다. 하지만 이때는 건국 이래 중국의 세력권 아래 머물러 있던 조선도 대외 열강의 침략으로 멸망의 길로 접어든 상태였고, 조선의 칭제건원을 가로막던 중국 역시 똑같은 처지에 있었으니 그때 칭제건원을 한들 무슨 의미가 있겠는가? 역시 고종이 자신을 황제皇帝로 칭하고 국호를 조선에서 대한제국大韓帝國으로, 그리고 연호를 광무光武로 세웠지만 세계 어느 나라도 이를 인정해주지 않았다.

그리고 광복 이후 우리는 가까스로 폐하도 아니고 전하도 아닌, 각하 소리 듣기를 고집하는 몇 사람의 독재자를 지도자로 받들어야 했다. 어차피 무소불위의 권력을 행사하려면 (일본 천황도 폐하를 고집하는데) 폐하라고 부르도록 하지 각하가 뭔가, 각하가? 이토 히로부미도 각하에 속하는데 말이다.

47

임신서기석?
임신서기석!

돌 하나가 전하는 말

'임신서기석'이라고 하는, 이름도 독특한 돌이 하나 있다. 그리고 이 명칭 또한 한자로 읽지 않으면 도무지 무슨 말인지 알 수가 없다. 필자가 누누이 주장하는 것이지만, 한자어로 이루어져 있는 대부분의 학술용어가 한자 없이 한글로만 표기되어 있는 한 우리나라 청소년들은 오랫동안, 어쩌면 영원토록 공부에 어려움을 겪을 가능성이 높다. 그러니 역사를 비롯한 학술용어를 하루 속히 한글로 바꾸거나, 그것이 힘들면 기초 한자를 가르치는 노력이 필요하다. 기초 한자 2,000여 자만 배우면 평생 모든 학습과 언어생활이 편해지는 데다가, 간체자와의 대비표만 하나 만들면 미래의 세계어가 될 중국어 학습에도 월등한 무기를 갖추는 셈이니 말이다.

　임신서기석이란 말을 듣고 무슨 말인지 알 수 있는 사람은 국사학자 외에는 흔치 않을 듯하다. 그러나 壬申誓記石이라고 적혀 있다면 이야기가 달라진다. 필자 정도의 한자 지식만 갖추어도, "아, 임신년에 맹세를 기록한

임신서기석.
1934년 경북 경주시 석장사 터 부근에서 발견된 돌 하나가 1,500여 년 전 젊은이들의 목소리를 우리에게 들려준다는 사실, 어찌 흥분되지 않겠는가.

돌이구나" 하고 상상이 가능하다. 물론 임신년이라는 게 워낙 많아서 어느 해인지는 전공한 학자들만 알겠지만.

임신서기석이란 임신년, 그러니까 약간 불분명한데 서기 552년(진흥왕 13) 또는 612년(진평왕 34)으로 추정되는 언젠가 신라의 두 젊은이가 맹세한 내용이 기록되어 있는 돌이다.

이런 돌의 존재를 알게 되었을 때 필자의 가슴은 두근거리는데, 참으로 흥분되는 일 아닌가? 1,500여 년 전에 우리와 같은 땅에서 호흡하던 젊은이들이 서로 이야기를 나누고 미래를 설계한 후 손수 두 사람의 뜻을 돌에 새겼는데 그 돌이 우리 손에 전해진다는 사실. 얼마나 생생하고 즐거운 일인가. 역사를 공부하는 사람들의 즐거움을 알 만하다.

그렇다면 이 돌에는 뭐라고 새겨져 있을까?

壬申年六月十六日 二人幷誓記 天前誓 今自三年以後 忠道執持 過失无誓 若此事失 天大罪得誓 若國不安大亂世 可容行誓之 又別先辛未年 七月廿二日 大誓 詩尙書禮傳倫得誓三年

결론적으로 위 내용을 해석하면 다음과 같은데, 보시면 아시겠지만 참

맹세도 여러 번 한다.

"임신년 6월 16일 두 사람이 함께 맹세하고 기록한다. 하늘 앞에 맹세한다. 지금부터 3년 이후에 충성스러운 도를 간직하고 과실이 없기를 맹세한다. 만약 이를 어기면 하늘에 큰 죄를 짓게 된다고 맹세한다. 만약 나라가 불안하고 커다란 난세가 올지라도 실행에 옮길 것을 맹세한다. 또 따로 앞선 신미년 7월 22일에 크게 맹세하기를 시詩·상서尙書·예禮·전傳을 3년 동안 차례로 습득할 것을 맹세한다."

그저 해석을 하면 되지 왜 필자는 '결론적으로'란 표현을 썼을까?
사실 길이 약 34센티미터, 위쪽 너비 11센티미터에 불과한 이 작은 돌은 우리 역사상 매우 소중한 존재다. 1934년 경상북도 경주시 현곡면 금장리 석장사石丈寺 터 부근에서 발견된 이 돌이 왜 그리 소중한 존재인가?

우선 이 돌에 새겨진 우리말 표기법 때문이다. 필자가 '결론적으로'라는 표현을 쓴 까닭이 여기에 있다. 단순히 한자 문장이라면 그냥 해석하면 되겠지만, 여기 새겨진 문장은 단순한 한문이 아니다. 우리말을 표기할 문자가 없는 고대에 어떻게 우리말을 표현했는가를 알 수 있는 중요한 자료로서, 여기 새겨진 표현법을 '서기체 표기'라고 한다. 그러니까 이 돌 하나의 발견으로 인해 고대 우리말 표기법에 대한 연구가 가능해졌다고 볼 수 있을 만큼 소중한 돌이라는 말이다. 따라서 이 내용을 해석하기까지 상당한 연구 과정을 거쳤을 것이고, 그래서 '결론적으로' 이런 내용임이 밝혀진 것이다.

그렇다면 '서기체 표기'란 어떤 표기법일까?
위 문장을 보면 한자가 가진 뜻을 사용한 것은 맞다. 天前誓를 예를 든다면, '하늘 천, 앞 전, 맹세 서'의 세 글자로 이루어져 있다. 따라서 그대로 해석하면 '하늘 앞에 맹세한다'가 되는 것이다. 그러나 중국 사람들은 이렇게 쓰지 않는다. 어렵게 살펴볼 필요 없이 우리는 중국어가 영어 문장 구조와 같다고 배운 바 있다. 세부적으로 들어가면 꼭 그렇지는 않겠지만 대표적으로 동사의 위치 때문일 것이다. 우리말에서는 동사가 뒤로 가는 반면 영어나 중국어에서는 동사가 앞에 나온다. 그리고 이게 우리가 느끼는 가장 큰 차이점일 것이다. 따라서 '하늘 앞에 맹세한다'를 중국인들은 분명 이렇게 쓸 것이다. 誓前天, 즉 '맹세한다, 하늘의 앞에서.'

그래서 위 표기법이 한자 표기법이 아니라 우리 조상들이 독자적으로 개발한 표기법임을 알 수 있는 것이다. 위 문장 전체가 이런 서기체 표기로 이루어져 있으니까. 그러나 이 책이 '국어학 개론'이 아니므로 이 정도에서 그치자.

다음으로 살펴볼 내용이 있으니 시詩 · 상서尙書 · 예禮 · 전傳이란 것이다. 이는 《시경》, 《서경(상서)》, 《예기》, 《춘추좌전》을 가리키는 것이다. 아는 분은 아시겠지만 이 책들은 모두 유학儒學에 속하는 교재로 이른바 오경五經에 속하는 책들이다. 오경은 사서四書와 더불어 유학 공부의 필수 서적임은 두말할 나위가 없는데 오경에는 위의 네 권 외에 《주역》이 포함되고, 사서는 《논어》, 《맹자》, 《중용》, 《대학》을 가리킨다.

따라서 위 내용에 의하면 신라시대 젊은이 두 사람이 유학 경전을 3년에 걸쳐 차례로 공부할 것을 맹세한 것이다. 음, 그렇다면 신라시대에 유학이 주요한 학문이었음을 알 수 있겠군. 그렇다. 이런 문장 하나에서도 그 시대의 여러 영역을 두루 이해하는 학문이 바로 역사다. 그래서 역사 공부가 재미있는 것 아니겠는가?

신라시대에 설치된 교육기관으로는 국학國學이 있었다. 그런데 이 기관은 통일신라시대인 서기 682년에 설치되었다. 따라서 두 젊은이가 국학에 입학하기 위해 입시 준비를 한 것으로 이해할 수도 있고, 그렇다면 이 돌이 새겨진 연대는 훨씬 후대로 내려오게 된다.

그러나 국가에서 설치한 교육기관에서 이런 과목을 개설하고 가르쳤다면 그 이전부터 그런 내용이 광범위하게 퍼져 있었음을 쉽게 추론할 수 있다. 그래서 학자들이 오랜 연구 끝에 임신서기석의 제작 연대를 앞서의 시기로 추측한 것이다. 그리고 그 연구에는 이 돌에 새겨진 문체와 글자체가 서기 591년에 제작된 남산신성비와 유사하다는 사실도 포함된다. 따라서 이 돌도 남산신성비와 비슷한 시기에 제작된 것이 아닐까 추측하는 것이다. 또 한 가지 이유로는 이런 맹세를 함께할 신라 젊은이들이라면 화랑이 아닐까 하는 점이다. 화랑 제도가 활성화한 시기는 통일신라 이전이기 때문에 이 돌의 제작 시기가 통일신라 이전으로 당겨진 것이다.

마지막으로 이 돌을 통해 추론이 가능한 내용 가운데는 신라시대의 정치 이념 변화도 포함된다. 위 글에 나타나듯이 두 사람은 유학 경전 공부에 전념한다는 내용을 맹세했다. 이는 신라 사회가 이미 유학 이념으로 통치되고 있음을 보여주는 사례인 셈이다. 우리는 신라가 골품제라는 신분제도에 따라 유지되었다고 배웠는데, 위 내용을 보면 공부를 통해서도 관리가 될 수 있음을 추론할 수 있다. 그런 까닭에 이 무렵이 되면 신라 사회도 점차 신분제 사회에서 관료 사회로 변화를 겪는 것은 아닐까 추측이 가능한 것이다.

1934년 밭을 갈던 농부의 발끝에 걸리던 돌 하나를 캔 것치고는 너무나 대단한 역사적 사실이 줄줄이 엮여 나오지 않았는가! 그러니 여러분도 산을 오르거나 밭을 갈 때 돌 하나, 나무 한 그루도 함부로 다루지 말 일이다. 이 한반도를 이루고 있는 모든 존재는 그렇게 소중한 가치를 지니고 있기 때문이다. 제발 한반도의 자연을 경제적 논리로 훼손하는 그런 일이 벌어지지 않기를…….

48

사명대사비

다시, 친일파 청산에 대하여

대한민국은 아무리 생각해봐도 세상에 드문 나라 가운데 하나임은 분명한 듯하다. 그 가운데 한 가지 요인은 바로 친일파 청산과 관련된 문제다.

자기 나라를 침략해 갖은 해를 끼친 적의 편에 빌붙어 일신의 영달을 꾀한 자들, 그리고 그들의 후손이 버젓이 나라의 근간을 이루는 나라, 그것도 모자라 이를 비판하는 사람들을 향해 적반하장으로 큰소리치는 당사자와 그의 후손들, 그리고 이들에 대해 참으로 관대한 백성들.

이런 현상이 이렇듯 평탄하게 여겨지는 나라가 과연 지구상에 있을까? 여하튼 '검은머리 짐승은 믿지 말라'는 속담을 만들어내기까지 우리 조상들이 겪었던 배신의 아픔이 충분히 느껴지는 대목이다.

경남 합천 해인사, 즉 우리나라 3대 사찰 가운데 법보 사찰로 유명한 이곳에 기이한 모습의 비가 놓여 있다는 사실을 아시는가? 기이한 모습이란 사진에서 확인할 수 있듯이 비가 네 조각 난 상태에서 다시 붙여졌기 때문

사명대사비.
해인사에 있는 사명대사 석장비의 모습. 비가 네 조각으로 파괴된 것을 훗날 복원한 것이다.

이다. 그렇다면 이 단단한 대리석으로 만들어진 비가 정확한 크기로 네 조각 난 사정은 무엇일까?

이 비는 정식 명칭이 '해인사 사명대사 석장비海印寺四溟大師石藏碑'다. 1612년 광해군 4년에 세워진 비인데, 내용을 쓴 이는 《홍길동전》으로 유명한 허균이고 그 내용은 사명대사의 일대기다.

허균이야 당대의 유명한 문장가이니만큼 내용 또한 불후의 것일 것은 당연한 일. 그 내용을 여기서 다 살펴보기에는 무척 길다. 따라서 중요한 부분만 발췌해서 살펴보기로 한다.

"너희들은 제각기 신령스러운 성품을 갖추었나니 도리어 구하려고 하여 일대사를 마칠 것인가. 부처도 내게 있는 것이다. 어찌하여 밖에서 구하느라고 세월만 보내겠는가?" 하고는 곧 제자들을 흩어버리고 홀로 선실에 들어가 입을 다물고 가부하고 앉아 열흘 동안을 나오지 않았다. 그래서 사람들이 창틈으로 엿보았더니 우뚝 앉아 있는데 마치 흙으로 만든 인형 같았다.

경인년에는 풍악산에서 세 여름을 안거하고 있었는데 임진년 여름에 왜적들이 영동에 들어와 유점사에까지 이르렀다. 그때 어떤 사람은 말하기를, "우리나라 사람이 길잡이가 되었다"고 하였다.

스님은 말하기를,

"만일 왜적만 있다면 글로써 타이르기는 어렵지만 우리나라 사람이 있다면 타이를 수 있을 것이다."

하고 10여 명의 제자를 데리고 바로 산문으로 들어가니 왜적이 모두 결박을 하였다. 스님은 홀로 중당中堂에 이르니 왜적의 괴수가 스님이 보통 사람이 아님을 알고 주인이 손님을 대접하듯이 대하면서 묶였던 그 제자를 풀어놓았다. 스님이 글을 써 주고 받고 하면서 깨우치니 왜적들은 모두 공손히 복종하고는 깊은 산속을 가리키면서 보내주었다.

스님은 제자들에게 말하기를,

"부처님이 세상에 나오심은 원래 중생을 구하기 위해서이다. 이 왜적들이 저렇게 잔인하니 우리 백성들을 함부로 죽일까 두렵다. 내가 마땅히 가서 저 미친 왜적들을 타일러서 흉한 무기를 쓰지 못하게 하는 것이 자비의 가르침을 저버리지 않는 것이다."

하고 곧 주석지팡이를 날리며 고성高城으로 들어가니 적의 장수 세 사람이 모두 예로써 대우하였다. 스님은 글을 써서 살생을 하지 말라고 권하였더니 세 장수는 다 합장하여 훈계를 받고 스님을 만류하여 사흘 동안 공양한 뒤에 성 밖까지 나와서 전송하였다. 영동 9군의 사람이 죽음을 면한 것은 이 모두가 스님의 공이었다.

선조宣祖가 서쪽으로 동진하시자 의로써 항거하려고 분연히 일어나 여러 중들에게 말하기를,

"우리들이 나라에 나서 먹고 쉬고 편안히 놀면서 여러 해를 지내온 것은 털끝만 한 것도 모두 임금의 은혜인지라. 그런데 지금 나라에 위급함이 이렇게 심한데 어찌 차마 가만히 앉아서 바라보고만 있을 수 있겠는가?"

하고 곧 수백 명의 승병을 모집하여 빨리 순안으로 달려갔더니 여러 의승義僧들이 모두 모여와서 무리가 수천 명이 되었다.

그때 청허대사는 조정으로부터 여러 도의 승병을 총섭하라는 명령을 받았다. 그러나 청허대사는 늙었으므로 사양하고 그 대신으로 스님을 천거하였다. 그리하여 스님은 드디어 대중을 거느리고 체찰사 류성룡을 따라 명나라 장수와 협동하여 이듬해 정월에 평양의 적을 격파하여 소서행장은 도망해 달아났다.

그리고 도원수 권율 공을 따라 영남으로 내려가서 의령에 주둔하고 많은 적을 죽였으므로 임금이 매우 가상히 여겨 당상의 품계를 제수하였다.

갑오년 봄에 유총병 정의 명령으로 스님은 부영釜營(부산의 진영)에 들어가서 기요미시를 타이르기 위하여 무릇 세 번이나 드나들면서 석의 요령을 모두 알았다.

기요마사가 묻기를,

"조선에 보배가 있는가?"

하므로 스님은 대답하여 말하기를,

"조선에는 없다. 보배는 일본에 있다."

하니 기요마사가,

"어찌 그런가?"

하므로 스님은 말하기를,

"방금 우리나라에서는 네 머리를 보배로 보고 있으니 이는 일본에 있는 것이다."

하니 기요마사는 깜짝 놀라며 탄복하였다.

신축년에는 부선성을 쌓고 내은산으로 돌아왔으며, 계묘년에는 임금의 명령을 받들고 서울에 와서는 갑진년에는 국서를 받들고 일본에 갔는데, 여러 왜인들이 서로 말하기를, "이 스님이 보배를 말하던 화상인가?" 하였다.

대마도에서 일본의 서울에 이르니 모든 장수들은 모두 믿고 약속을 지키게 하였으며, 중들이 몰려와서 가르침을 원하였으므로 스님은 낱낱이 가르쳐주니 모두 이마를 땅에 대고 절하면서 부처라고 일컬었다.

마침내 이에야스를 만나서는 말하기를,

"두 나라의 백성들이 오랫동안 도탄에 빠져 있으므로 나는 그들을 구제하기 위하여 왔노라."

하였더니 이에야스도 불교를 믿는 사람이므로 이 말을 듣고 신심을 일으켜 부처님같이 공경하였다. 그리하여 두 나라의 화호和好를 쉽게 성취하여 스님은 포로로 끌려갔던 우리 백성 남녀 3,500명을 도로 찾아서 데리고 돌아올 때에 스스로 양식을 마련하여 먹이면서 바다를 건너 돌아와 을사년에 복명하였다. 임금이 그 노고를 가상히 여겨 가의대부에 올리고 어마와 모시옷의 겉감과 안집을 내리어 포장하였다.

그런데 이러한 내용을 담고 있는 비석이 어떤 연유로 네 조각이 난 것일까? 그건 비문의 중간에 있는 다음 내용 때문이었다.

기요마사가 묻기를,
"조선에 보배가 있는가?"
하므로 스님은 대답하여 말하기를,
"조선에는 없다. 보배는 일본에 있다."
하니 기요마사가,
"어찌 그런가?"
하므로 스님은 말하기를,
"방금 우리나라에서는 네 머리를 보배로 보고 있으니 이는 일본에 있는 것이다."
하니 기요마사는 깜짝 놀라며 탄복하였다.

이 문장을 읽을 줄 알 만큼 뛰어난 학식을 자랑하던, 일제강점기 승려 가운데 하나인 변설호(후에 성하영차星下榮次로 개명)라는 자는 그 무렵 해인사

주지였다. 사실 그가 해인사 주지가 된 것도 참으로 놀라운 일이었다. 왜냐하면 그는 해인사에 아무런 연고도 없었고, 그 무렵 해인사 승려들은 두 번에 걸쳐 주지를 선출한 상태였기 때문이다. 그럼에도 조선총독부는 승려들이 선출한 주지를 승인해주지 않았으며, 결국 총독부의 총애를 받던 그가 해인사 주지에 당선되었던 것이다.

그런데 더욱 놀라운 일은 그 다음에 일어났으니, 해인사 강원에서 승려들을 지도하던 이고경 스님(이 분은 이전에 해인사 주지를 역임한 적도 있었다)과 임환경 스님이 경찰에 끌려간 것이다. 죄목은 불경뿐만 아니라 조선 역사까지 가르쳤다는 것이었는데, 이러한 세부적인 내용을 경찰에게 친절하게 알려준 이가 다름 아닌 변설호였다고 한다. 그러니까 쉽게 말하면 밀고자인 셈이다.

변설호는 아마도 이고경 스님이 자신의 재선에 걸림돌이 될 것이라고 여겨 그를 제거하기 위한 노력의 일환으로 밀고를 했을 것이다. 그리고 그의 계략은 맞아떨어졌으니 이고경 스님은 일본 경찰의 악랄한 고문에 못 이겨 큰 상처를 입었고, 이를 본 경찰은 스님을 석방했으나 석방된 지 며칠 지나지 않아 가부좌를 튼 채 세상을 떠나고 만 것이다.

이제 변설호, 아니 성하영차는 거칠 것이 없었다. 그는 위 비문의 내용이 영 꺼림칙했다. 가토 기요마사의 머리가 조선의 보배라니! 그렇다면 조선인의 적은 언제라도 베어질 운명에 놓인 것이 아니겠는가.

그는 이러한 문구를 도저히 두고 볼 수 없었다. 그는 즉시 합천 경찰서를 찾아가 서장 다케우라에게 이 석장비의 내용에 대해 문제를 제기했다. 그리고 이 비석을 파괴할 것을 제안했다.

이후의 행적에 대해서는 두 가지 설이 있다.

하나는 성하영차 자신이 경찰과 석수를 대동하고 가서 비석을 네 조각으로 난도질했다는 것이고, 다른 하나는 일본 경찰이 그렇게 했다는 것이다. 그러나 두 가지 모두 결과는 마찬가지이니 어떤 설이라도 상관은 없을 것이다.

여하튼 이렇게 해서 역사적으로도 드문 비석 파괴 사건이 일어난 것이다. 이런 일을 기록하는 기네스북은 없는가? 조각난 사명대사 석장비 가운데 한 조각은 해인사 내 경찰 주재소 정문 디딤돌로 사용하였으니, 부순 것만으로도 모자라 영원히 자신들의 발아래 두고 짓밟고 싶었던 것이다.

그러나 시간은 흘러 성하영차는 자신의 본 이름인 변설호라는 이름으로 반민특위(반민족행위특별조사위원회)에 체포되어 몇 개월간 옥살이를 하였다. 그러나 기독교 정신으로 무장한 사랑의 대통령 이승만은 이러한 친일파들을 모두 용서해주는 은혜를 베풀었고, 변설호 또한 잠깐 동안 타의에 의해 옥에서 좌선을 한 후 풀려나왔다. 그리고 이후 1975년에는 대한불교 총화종이라는 종단의 초대 종정으로 취임하기까지 했다.

총화종總和宗이라! 그 무렵 "국민총화國民總和"를 부르짖으며 자신의 뜻에 따르지 않는 자들은 무차별적으로 옥에 가두고 고문하며 제거해야만 속이 편했던 박정희의 뜻을 제대로 받드는 종단 명칭이 아닌가? 그리고 그는 이듬해 89세의 천수를 누리고 죽었다(이런 자들에게는 '세상을 떠났다'는 표현이 아깝다는 게 필자의 생각이다).

하나 더!

위에서 사명대사 석장비의 내용을 인용하였는데, 이 내용은 필자가 번역한 것이 아니라 신학상이라는 분이 번역한 것을 옮겨 적은 것이다.

신학상? 도대체 이분이 누구신데 이렇게 상세히 소개할까, 궁금하신 분이 계실 것이다. 이분은 우리에게 《감옥으로부터의 사색》이라는 책으로 잘 알려져 있는 신영복 선생의 부친이시다. 그분은 아들이 감옥에서 보낸 스무 해가 넘는 세월 동안 단 한 번도 벽에 등을 기대고 앉지 않으셨다고 한다. 참 무서운 아버지인 셈이다. 그런 부친을 두고 아들이 어찌 허투루 살아갈 수 있었겠는가 말이다.

한자에 밝으셨던 신학상 선생께서는 아들이 옥에 갇히자 봉직하고 있던 국사편찬위원회를 그만두고 저술에만 몰두하시며 아들의 옥바라지를 하셨다. 그렇게 해서 간행된 책이 《사명당실기》와 《김종직의 도학사상》인데, 《사명당실기》를 새롭게 다듬어 간행한 《사명당의 생애와 사상》에 실려 있는 글을 필자가 인용한 것이다.

그러니 이 글에는 참된 애국자와 '뼛속까지 매국노'가 함께 등장하는 셈이다. 이 또한 단순히 겨레의 비극으로 치부하며 잊고 말아야 할 것인가?

49

옛날, 전쟁은…

양만춘, 연개소문, 당 태종, 그리고 안시성 전투

고구려의 장수 양만춘은 안시성 전투에서 당 태종의 대군을 물리친 것으로 유명하다. 그러나 역사란 초등학생의 위인전처럼 단순한 것이 아니어서 우리가 한 줄로 기억하기에는 어려움이 있다. 필자에게 혹시라도 집필 철학이 있다면 그것은 편견과 주관, 독선과 기득권에 대한 끊임없는 질문이다. 모두들 그렇다고 믿는 것, 모두에게 믿으라고 주어진 것, 믿어야 편한 것을 받아들이기 싫어서 책을 읽고, 그로부터 얻어진 결과물이 있다면 그걸 이웃들과 공유하고 싶은 것이 필자의 집필 의도다.

양만춘과 안시성, 연개소문과 당 태종에 관련된 역사도 필자의 이러한 관심을 끄는 대목 가운데 하나였다. 역사적 사건이 어느 날 갑자기 하늘에서 떨어진 것이 아니라면 반드시 원인과 과정, 결과가 있을 것이다. 필자의 첫 번째 관심은 바로 여기서 시작되었다. 왜 안시성 성주 양만춘은 당나라의 대군과 맞부딪혔을까?

그 무렵 고구려는 당나라의 전신인 수隋나라를 물리치고 멸망에 이르게 한 상태였기에 정신적으로는 하늘을 찌를 듯한 자신감에 차 있었지만, 물질적으로는 잇단 전쟁으로 인해 꽤나 힘든 상태였다. 이런 까닭에 당나라가 출범하자 고구려로서는 당나라와의 대결은 피하고 싶은 일이었다.

그렇기에 고구려 제27대 왕인 영류왕榮留王 (재위 618~642) 시절에는 여러 모로 당나라에 화해의 손짓을 보냈다. 물론 당나라와 고구려 사이에 늘 화친의 기류가 흐른 것은 아니었지만 전반적으로는 긴장 속의 평화를 유지할 수 있었다.

그런데 연개소문淵蓋蘇文이 영류왕을 시해하고 정권을 탈취한 후부터 고구려와 당나라 사이에 이상기류가 흐르기 시작했다.

연개소문은 영류왕의 아우인 태양왕의 아들 장藏을 28대 왕(보장왕寶藏王, 재위 642~668)으로 옹립하고 그를 허수아비로 만든 후 권력을 농단하였다. 이렇게 힘으로 정권을 탈취한 연개소문이 갑자기 힘을 빼고 대외적인 유화정책을 펼 수는 없는 일. 이때부터 고구려는 강경책을 쓰기 시작했다. 당나라뿐 아니라 남쪽의 백제, 신라에 대해서도 결코 유화책을 펼치지는 않았다.

그러자 위기의식을 느낀 신라는 당나라에 구원을 요청하였고, 당나라는 고구려에게 신라에 대한 압박을 멈추라고 압력을 가하였다. 그러나 이런 압력에 굴복할 연개소문이 아니었음은 역사가 말해주고 있다. 결국 당나라는 고구려 침공에 나선다.

요동만에 위치한 안시성까지 오는 데는 시간이 그리 오래 걸리지 않았다. 서기 645년 3월에 출발한 당나라 군대는 4월 하순, 개모성을 함락시키고 10여 만 섬에 이르는 군량미까지 확보할 수 있었다. 그 다음으로 당나라 군대를 기다린 성이 요동성으로, 이 성이야말로 요동 지역 고구려의 최대 전략지였다. 따라서 연개소문도 이 성의 중요성을 잘 알고 있었다. 고구려에서는 이 성의 수성을 위해 4만여 명에 이르는 지원병을 파견하여 임전 태세를 갖추었다.

당나라에서는 태종이 직접 군사를 이끌고 출정하여 고구려 침공에 임하는 그의 태도를 잘 보여주고 있는데, 더욱이 요하를 건넌 후에는 도하 장비를 철거함으로써 이 싸움에 배수진을 쳤음을 만천하에 알렸다. 이는 수나라의 예를 들며 고구려 정벌에 반대하는 여론이 비등했음에도 자신의 결단에 따라 전쟁을 일으킨 당 태종의 비장함이 엿보이는 대목이기도 하다.

여하튼 이렇게 결사적으로 나선 당나라 군대는 요동성을 한 달도 채 못 되어 함락시키고, 수만 명의 포로와 50만 섬에 이르는 군량미를 확보하기에 이르렀다.

전쟁은 우리가 쉽게 떠올릴 수 있는 전투력 못지않게 군량미의 확보가 무척 중요하다. 게다가 옛날 전쟁은 현대적 의미의 전쟁과는 달리 전 국토에서 이루어지는 전면전이라기보다는, 각 지역에 건립된 성을 함락시키느냐 수성하느냐 하는 국지전의 성격을 띤다. 그리하여 도읍의 성이 함락되면 여타 지역의 상황과는 무관하게 그 나라는 멸망한 것으로 보는 것이다.

이러한 사례를 우리는 백제 멸망에서 분명히 확인할 수 있다. 백제가 황산벌 전투에서 계백의 분전에도 불구하고 나당 연합군에 패해 멸망하였다는 것은 우리 모두 잘 알고 있는 사실이다.

그러나 실제로도 과연 그랬을까?

역사는 이런 사실에 대해 의문부호를 붙이고 있다. 나당 연합군의 공격으로 사비성은 함락되었지만 그 무렵 백제의 여타 영토에 존재했던 수많은 성과 군사들은 이러한 사실을 쉽게 받아들이지 않았을 뿐 아니라 대부분의 군사력을 온전히 보존하고 있었다. 그래서 백제의 멸망과 더불어 오히려 백제 부흥 운동이 이곳저곳에서 벌어지게 된 것이다. 우리가 역사책에서 확인할 수 있는 흑치상지의 반발과 복신福信·도침道琛 등에 의한 백제 부흥 운동은 이런 맥락에서 가능했다. 더욱이 풍문으로 들려오는 나당 연합군의 잔인한 행위는 백제인들의 결사항전 태세를 더욱 강화시킬 뿐이었다.

그리하여 백제 부흥 운동은 백제 멸망 후에도 꽤 오랫동안 지속되었다. 역사적으로는 663년, 백강에서 벌어진 전투(이때 의자왕의 아들인 부여풍의 요청으로 왜국이 지원병을 보내왔다)에서 나당 연합군에 패하면서 백제 부흥 운동은 급속히 쇠락한 것으로 알려져 있다. 그러니까 백제 멸망 후에도 3년 가까이 백제인들은 신라와 당나라를 상대로 전국 각지에서 저항을 계속한 것이다. 따라서 백제의 완전한 멸망은 서기 663년으로 보아야 하겠지만, 역사책에는 도성인 사비성이 함락되고 의자왕이 항복을 선언한 660년에 백제가 멸망한 것으로 기록되어 있는 것이다.

이러한 옛 전쟁의 상황은 고구려와 당나라의 전투에서도 마찬가지였다.

요동성을 함락시킨 당나라 군사는 이어서 백암성을 점령하고(백암성은 전투에 의해 함락된 것이 아니라 성주가 투항하였다) 꽤나 멀리 떨어진 요동만의 안시성으로 향한다.

안시성의 성주로 알려져 있는 양만춘은 그 무렵 고구려의 권력을 쥐고 있던 연개소문과는 대척점에 서 있는 인물이었다(그런데 양만춘이 안시성 성주였다는 사실은 확인된 것이 아니다. 양만춘을 안시성 성주로 기록하고 있는 것은 송준길宋浚吉의 《동춘당선생별집同春堂先生別集》과 박지원의 《열하일기》가 전부이고, 나머지 역사서에는 안시성 성주에 대한 기록이 전하지 않는다. 특히 《삼국사기》에는 안시성 성주의 이름이 전해지지 않음을 안타까이 여긴다는 기록이 남아 있을 정도다). 연개소문이 영류왕을 시해하고 정권을 장악하자 양만춘은 안시성을 근거지로 연개소문 일파에 저항하였다. 그리고 연개소문이 이끄는 고구려 군은 안시성 공략에 나섰으나 결국 성공하지 못하고 양만춘을 다시 안시성 성주로 임명하면서 화의를 도모할 수밖에 없었다.

그러니 이미 안시성은 만만치 않은 곳이었고, 이러한 사실은 당나라 측에서도 알고 있었다. 그런 까닭에 당 태종은 안시성을 우회하는 것이 어떤가라는 의견을 낼 정도였다. 그만큼 안시성은 당나라에 위협적인 존재였던 것이다. 게다가 고구려 정부에서도 북부 욕살(전국을 5부로 나누어 각 부에 임명한 지방관) 고연수와 남부 욕살 고혜진으로 하여금 15만 대군을 이끌고 안시성 지원에 나설 것을 명령할 만큼 안시성 수성에 심혈을 기울였다.

수적으로 우세했던 고연수는 당나라 군과의 정면대결 전략을 택했지만, 개별적인 전투력에서 빼어났던 10만 당나라 군사에게 패하는 결과를 낳고 말았다. 그리고 고연수와 고혜진이 수만 명의 군사를 이끌고 당나라에 투항하자 안시성은 완전한 고립 상태에 빠졌다.

그러나 둘레가 2.5킬로미터에 불과한 안시성은 호락호락한 상대가 아니었다. 안시성의 고구려 군은 당나라와 정면대결을 피한 채 지연 전술을 펼쳐 나갔다.

잘 알다시피 옛 전투에서 함락시키기 어려운 성을 함락시키는 방법에는 제한적인 방법밖에 없었다.

첫 번째로 고려할 만한 것이, 성 안의 물자가 완전히 바닥날 때까지 기다리는 것이었다. 그러나 이 방법은 안시성처럼 북쪽에 위치한 지역에서는 추위 때문에 택하기 쉽지 않은 전략이었다. 게다가 10만이 넘는 병사들에 대한 지속적인 군비 조달 또한 쉽지 않았을 것이다.

그 다음으로 고려할 만한 것은 적극적인 전투였다. 이를 위해서는 공성攻城, 즉 성을 공략하기 위한 다양한 무기가 활용되어야 하는데, 압도적인 무기와 화력을 바탕으로 성의 일정 부분을 무력화시킨 후 그곳을 통해 성 안으로 진입하는 방식이 일반적이다. 그러나 이 또한 안시성에서는 불가능해 보였다. 안시성의 화력 또한 당나라 군대가 일방적으로 밀어붙일 만한 수준은 아니었기 때문이다.

결국 당나라 군대가 택한 전술은 안시성 앞에 안시성보다 더 높은 성을 쌓는 일이었다. 더 높은 성을 쌓으면 그곳에서 안시성을 내려다보면서 공격할 수 있으니 성을 함락시키기가 매우 수월해질 것이기 때문이었다.

그리하여 60여 일에 걸쳐 연인원 50만 명이 동원된 흙성 쌓기가 시작되었고 급기야 성이 완성되기에 이르렀다. 이때가 645년 9월 중순으로, 날씨가 점차 초겨울로 접어들 무렵이었다.

그런데 바로 그 순간 당나라에 예기치 않은 참화가 닥쳤으니 바로 흙성이 무너져 내린 것이다. 그것도 안시성 성벽 쪽으로 말이다. 그러자 고구려 군사들이 흙성 위를 점령하여 오히려 당나라 병사들을 향해 공격을 가하기 시작하였다.

이렇게 하여 당나라의 안시성 공략은 실패로 돌아갔다. 그리고 이 무렵에는 이미 안시성을 우회하는 전술은 불가능해졌다. 추위가 아니더라도 배후에 안시성 같은 강력한 고구려 거점을 둔 상태로 앞으로 전진하기란 위험하기 짝이 없는 일이었고, 더구나 겨울로 접어드는 계절은 병사들을 추위 속에 몰아넣고 군량미 조달에도 커다란 어려움을 가져올 것이기 때문이었다.

결국 당나라는 철수를 결정한다. 이때 당 태종은 안시성을 끝까지 지켜낸 불굴의 고구려인들에 대해 경의를 표하는 서신과 함께 비단 백 필을 선물로 보내는 도량을 보이기도 하였다. "적이지만 훌륭하다"고 인정한 당 태종의 도량 또한 중국 역사상 가장 뛰어난 황제 가운데 한 사람으로 꼽힐 만하다고 하겠다.

50

통신원
보고

황윤길 vs 김성일

임진왜란이 일어나기 얼마 전 조정에서는 일본의 정세 판단을 위해 통신사를 파견한다. 그리고 황윤길黃允吉(1536~?)이 통신사의 정사正使, 김성일金誠一(1538~1593)이 부사副使, 허성許筬(1548~1612)이 서장관에 임명되어 일본에 파견되었다가 돌아온다. 그런데 돌아온 이 세 사람의 입에서 나온 보고는 서로 달랐다. 황윤길과 허성은 일본이 쳐들어올 것이라고 보고한 반면, 김성일은 쳐들어오지 않을 것이라고 보고한 것이다. 게다가 도요토미 히데요시에 대한 보고도 상반되었으니, 황윤길은 "눈빛이 반짝반짝하여 담과 지략이 있는 사람"이라고 평한 반면에 김성일은 "그의 눈은 쥐와 같아 마땅히 두려워할 위인이 못됩니다"라고 보고한 것이다.

여기까지는 대부분의 독자 여러분이 아시는 바와 같다. 덧붙여 이렇게 상반된 보고를 한 까닭은 역시 조선시대의 당파싸움에 있다고 배운 적이 있다. 황윤길은 그 무렵 권력에서 소외된 서인西人에 속한 반면 김성일은 권력의 핵심이었던 동인東人이었기 때문이다. 그리고 이 때문에 황윤길의 보고는 무시되고 김성일의 보고가 채택되었기에 임진왜란에 대한 방비를 서두르지 않아 큰 피해를 입었다는 내용도 들은 적이 있을 것이다.

그런데 사실 세상일은 그리 간단치 않다. 황윤길이 정사, 그러니까 오늘날로 치면 대표이고 김성일이 부사, 즉 부대표로 파견된 것은 맞다. 그런데 서장관으로 동행한 허성도 무척 중요한 직책이었다. 서장관은 파견된 동안 매일 매일의 사건을 기록하고, 돌아온 뒤 왕에게 견문한 것을 보고하는 것은 물론 일행을 감찰하는 임무도 띠고 있었다. 그런데 그런 임무를 띤 서장관은 동인에 속했던 허성이었다. 그리고 허성 또한 왜적이 침략할 것이라는 보고를 올린 것이다. 따라서 김성일의 보고가 단순히 당파싸움 때문은 아닐 것이다.

그렇다면 왜 김성일은 이런 잘못된 보고를 했던 것일까? 이에 대해 김성일은 다음과 같이 말한 것으로 류성룡의 《징비록》에 기록되어 있다.

부산에 도착한 황윤길은 먼저 사신 일행이 겪은 내용을 기록한 글을 올리면서 머지않아 전쟁이 일어날 것을 보고했다. 이후 임금께 결과를 보고하는 자리에서도 황윤길은 똑같은 보고를 했다. 그러나 김성일은 전혀 다른 보고를 올렸다.
"신은 그런 기색을 느끼지 못했나이다."
계속해서 김성일은 말했다.
"윤길은 공연히 인심을 현혹시키고 있사옵니다."
이렇게 되사 조정의 의견 또한 둘로 나뉘게 되었다. 김성일을 만난 나는 물었다.
"그대 의견이 상사와 전혀 다르니, 만일 전쟁이 일어나면 어쩌려고 그러오?"
그러자 김성일은 이렇게 대답했다.

"저 역시 일본이 절대 쳐들어오지 않으리라고 생각하지는 않습니다. 그렇지만 윤길의 말이 너무도 강경해 잘못하면 나라 안 인심이 동요될까 봐 일부러 그렇게 말한 것입니다."

한마디로 나라를 걱정하는 마음에서 그랬다는 것이다. 물론 류성룡 또한 김성일과 같은 동인 출신이기 때문에 김성일을 두둔하는 마음이 있었음을 부인하기는 어려울 것이다. 그러나 단지 김성일의 보고 때문에 조선에서 왜적의 침략에 전혀 대비하지 않았다는 말 또한 받아들이기 어렵다. 사실 그 무렵부터 조선 조정에서는 왜적의 침입에 대비해 여러 대책을 강구한다.

황윤길의 발언이 있은 직후 조정은 각지에 성을 쌓고 장정들을 징집하는 등 급작스런 대비책을 강구하였는데, 이는 당시 민심을 상당히 동요시켰다. 이에 김성일은 상소를 올려, 오늘날 두려운 것은 섬나라 도적이 아니라 민심의 향배이니 민심을 잃으면 견고한 성과 무기가 있어도 아무 소용이 없다는 것을 내용으로 하여 내치에 힘쓸 것을 강조하였다.

그러나 그렇다고 해도 김성일의 행동을 옳은 것으로 받아들일 수는 없다. 결과적으로 조선 전 국토는 왜적에게 짓밟히는 결과를 초래했으니 말이다. 그것도 어느 날 갑자기 침략한 것도 아니고 꽤 오래 전부터 여러 정황에 따라 왜적의 침략이 예상되었음에도 불구하고.

그렇다면 김성일은 당파싸움에 휘말려 나라의 안위를 잘못된 길로 이끈 인물로 역사에 기록되어도 좋은 것일까? 필자가 다양한 자료를 검토한 결과에 따르면 그것 또한 합당한 결론은 아닌 듯하다.

사실 김성일은 그 시대에 강직하기로 소문난 선비요, 관리였다. 그의 강직함을 알려주는 자료 하나를 살펴보기로 하자.

〈김성일이 왜인의 답서가 거만하다 하여 현소에게 항의하다〉

왜인의 답서答書에,

"일본국 관백關白(일본의 왕은 상징적으로 천황이기 때문에 실질적인 지배자인 도요토미 히데요시는 관백이라고 불렸다)은 조선 국왕 합하閤下에게 바칩니다. 보내신 글은 향불을 피우고 재삼 되풀이하여 읽었습니다.

우리나라 60여 주는 근래 여러 나라가 분리되어 나라의 기강을 어지럽히고 대대로 내려오는 예의를 저버리고서 조정의 정사를 따르지 않기 때문에 내가 분격하여 3~4년 사이에 반신叛臣과 적도賊徒를 토벌하여 먼 섬들까지 모두 장악하였습니다.

삼가 나의 사적事蹟을 살펴보건대, 비루한 소신小臣이지만 일찍이 나를 잉태할 때에 자모慈母가 해가 품속으로 들어오는 꿈을 꾸었는데, 상사相士가 '햇빛은 비치지 않는 데가 없으니 커서 필시 팔방에 어진 명성을 드날리고 사해에 용맹스런 이름을 떨칠 것이 분명하다' 하였는데, 이토록 기이한 징조를 인하여 나에게 적심敵心을 가진 자는 자연 기세가 꺾여 멸망하는지라. 싸움엔 반드시 이기고 공격하면 반드시 빼앗았습니다. (중략)

사람의 한평생이 백년을 넘지 못하는데 어찌 답답하게 이곳에만 오래도록 있을 수 있겠습니까. 국가가 멀고 산하가 막혀 있음도 관계없이 한 번 뛰어서 곧바로 대명국大明國에 들어가 우리나라의 풍속을 400여 주에 바꾸어놓고 제도帝都의 정화政化를 억만 년토록 시행하고자 하는 것이 나의 마음입니다. 귀국이 선구先驅가 되어 입조入朝한다면 원려遠慮가 있음으로 해서 근우近憂가 없게 되는 것이 아니겠습니까. 먼 지방 작은 섬도 늦게 입조하는 무리는 허용하지 않을 것입니다. 내가 대명에 들어가는 날 사졸을 거느리고 군영軍營에 임한다면 더욱 이웃으로서의 맹약盟約을 굳게 할 것입니다.

나의 소원은 삼국三國에 아름다운 명성을 떨치고자 하는 것일 뿐입니다. 방물方物

은 목록대로 받았습니다."

천정天正 18년경인 중동仲冬 일日 수길秀吉은 받들어 답서한다.

위 내용은 황윤길 일행이 일본에 갔을 때 도요토미 히데요시豊臣秀吉가 보낸 문서 내용이다. 그런데 그 내용이 조선 입장에서는 오만방자하기 짝이 없는 것이었다. 그 무렵 조선은 일본에 대해 자신들이 위에 있다고 철석같이 믿고 있었기 때문에 '방물方物'(아랫사람이 윗사람에게 보내던 특산물)이라는 표현은 천만부당한 것이었다. 또한 자신에게 대항하는 자는 국내외를 막론하고 반드시 패퇴시키겠다는 내용과 함께 대명국, 즉 명나라로 침략하려고 하는데 조선이 앞장서서 들어간다면 걱정을 덜어주겠다는 최후통첩이요, 협박에 다름이 아니었던 것이다.

이에 대해 황윤길을 비롯한 통신사 일행은 도요토미 히데요시의 안하무인적 행동과 위협적인 태도에 우려를 금하지 못하면서 가급적 빨리 통신사로서의 임무를 마치고 조선으로 돌아가고자 하였다. 물론 이 과정에서 여러 가지 사건이 발생해 한마디로 요약하기는 힘들다. 이에 대한 자세한 과정이 궁금한 독자 여러분은 《징비록》을 참고하기 바란다.

여하튼 조선 통신사 일행은 도요토미 히데요시 일파의 태도에 대해 가능한 한 부딪치지 않고 문제를 해결한 후 귀국을 서두르는 방향으로 일을 처리하고자 하였다. 그러나 이에 제동을 걸고 나선 이가 김성일이었다.

"그리고 관백이란 무슨 관직입니까? 소위 천황의 대신입니다. 그렇다면 일본을 맡아 다스리는 자는 소위 천황이지 관백이 아닙니다. 관백이란 자는 임금을 돕는 자일 뿐 국왕은 아닙니다. 오직 그가 한 나라의 권력을 제 마음대로 하기 때문에 우리 조정에서는 그 실정을 모르고 국왕이라고 하면서 우리 임금과 대등한 예로써 대우했던 것입니다. 이렇게 되면 우리 임금의 존엄을 낮추어서 아래로 이웃 나라의 신하와 대등하게 한 것이니 또한 치욕스럽지 않겠습니까?"

– 허성에게 보내는 편지

"우리들의 행차가 100년 만에 있는 일이니, 이것도 하나의 시초입니다. 당 위에서 절하고 뜰아래에서 절하는 것이 모두 오늘날 하기에 달려 있습니다. 그러니 어찌 시초에 조심하지 않아서 후일에 오는 사신이 팔뚝을 걷어붙이고 '뜰에서 절하는 굴욕이 아무개가 사신으로 왔을 때부터 시작되었다'고 하게 할 수 있겠습니까? 아아, 대궐에서 하직하던 날 성상의 하교를 듣지 않았습니까? 그때 성상께서 왕의 위엄이 멀리 전파되고 국가의 체모가 존중되게 하는 것이 이번 걸음에 달려 있다고 하셨습니다. 생각이 여기에 미치니, 비록 제 한 몸을 죽여서 나라에 바치더라도 오히려 꺼릴 것이 없습니다."

– 허성에게 보내는 편지

"서장관이 또 말하기를, '서계 안에 비록 거만하고 공손치 못한 말이 있다고 하더라도 우리가 돌아가서 보고한 후에 조정에서 나름대로 처치가 있을 것이니 사신이 알 바가 아니다' 하였습니다. 아아, 이것이 무슨 말입니까. 나라를 욕되게 하는 이런 말은 죽음으로써 다투더라도 제 마음대로 처리한 죄가 되지 않습니다. 그런데 일신의 이해만을 지나치게 염려하여 벌벌 떨면서 머리를 숙인 채 치욕을 참아가며 한마디 말도 하지 못하고는 이에 말하기를 '돌아가서 보고한 다음에는 조정에서 나름대로 처치가 있을 것이다' 하니 이것이 무슨 말입니까."

– 황윤길에게 보내는 편지

김성일은 통신사 일행이 대마도를 거쳐 일본으로 들어갈 때부터 일본 측의 무례함을 지적하여 여러 차례 사과를 받아낸 바 있었다. 그럼에도 일본 측 태도가 변하지 않고 공식 문서마저 조선을 업신여기는 내용으로 이루어져 있자 이에 대해 강력히 항의하였던 것이다.

그러나 황윤길과 허성은 무지한 오랑캐의 행동으로 치부하면서 귀국한 후 왕에게 보고하자는 의견을 내며 일본 측의 태도를 문제 삼지 않으려 한다. 물론 이에는 김성일이 지적한 대로 도요토미 히데요시 일파의 거칠고 위협적인 태도에서 한시바삐 피하려는 의도도 있었을 것이고, 그 외에 황윤길과 허성 나름대로의 판단도 개입되어 있었을 것이다.

그러나 강직한 성품의 김성일은 이들의 무례함을 지나칠 수 없었고, 위와 같이 황윤길과 허성에게 편지를 보내 항의했던 것이다. 결국 일본 측은 김성일의 집요한 문제 제기에 다양한 변명과 임시방편적인 해결책을 제시하였다. 물론 근본적으로는 변한 것이 없었지만.

김성일이 부사로 일본을 다녀온 이듬해, 조선은 결국 일본의 침략을 받게 된다. 이때 김성일은 어떤 태도를 보였을까? 자신만이 홀로 일본의 침략 의도가 보이지 않는다고 보고하였으니 얼마나 곤혹스러웠을까? 그러나 곤혹스러워할 짬도 없었다.

선조수정실록 25년 임진(1592) 4월 14일(계묘)
〈경상 우병사 김성일을 초유사로 삼다〉
경상 우병사 김성일을 잡아다 국문하도록 명하였다가, 미처 도착하기 전에 석방시켜 도로 본도의 초유사招諭使(국가에 큰 변란이 일어났을 때 백성을 타일러 경계하는 일을 맡아 하던 임시 벼슬)로 삼고, 대신 함안 군수 유숭인柳崇仁을 병사로 삼았다.

이에 앞서 임금은 전에 성일이 일본에 사신으로 갔다가 돌아와 적이 틀림없이 침략해오지 않을 것이라고 말하여 인심을 해이하게 하고 국사를 그르쳤다는 이유로 의금부 도사를 보내어 잡아오도록 명하였다. 일이 장차 측량할 수 없게 되었을 때 얼마 있다가 성일이 적을 만나 교전한 상황을 아뢰었는데, 류성룡이 성일의 충절은 믿을 수 있다고 말하였으므로 상의 노여움이 풀려 이와 같은 명이 있게 된 것이다. 처음에 성일이 상주에 이르러 적변賊變을 듣고는 본영本營으로 달려가 전 병사 조대곤曺大坤을 머물게 하여 함께 군사를 다스렸다. 이때 적이 김해金海에서 벌써 우도右道에 들어왔는데 성일이 갑자기 적의 척후와 마주치게 되었다. 좌우에서 물러나 피하려 하였으나 성일이 말에서 내려 호상胡床에 걸터앉아 동요되지 않고 군관 이종인李宗仁으로 하여금 말을 타고 달려가 한 명의 적을 쏘아 죽이게 하니 적이 감히 가까이 오지 못하였는데, 여러 사람의 마음이 이로 인해 조금 안정되었다. (김성일을) 잡아오라는 명을 듣고 말을 달려 직산稷山에 이르렀다가 또 초유招諭하라는 명을 듣고는 도로 본도로 달려가 의병을 불러 모아 점점 형세를 이루어 한 도道(경상도)가 그를 믿게 되었다.

김성일은 임진왜란 당시 경상 우병사로 있었는데, 임진왜란 발발 사실이 알려지자 선조는 과거 김성일이 왜적이 침략해오지 않을 거라고 주장한 내용을 근거로 그를 잡아들이도록 명하였다.

그러나 김성일의 멘토이자 선조의 중신인 류성룡이, 김성일을 벌하기에 앞서 그의 능력을 이용해 경상도의 혼란을 진정시키도록 선조에게 청한다. 선조 또한 이 청을 받아들여, 김성일을 압송하러 간 도사가 그를 압송 도중 다시 풀어준 후 초유사招諭使(나라에 변고가 났을 때 백성을 타일러 경계하는 일을 맡아보는 임시 벼슬)라는 직책을 내린 것이다. 그만큼 김성일은 영남 지방에서 신망을 얻고 있었던 것이다.

이후에도 김성일은 경상도 지방에서 머물면서 큰 공을 세운다. 그 대표적인 것이 그 무렵 관군과 의병 사이에 점차 불거지던 갈등을 해결한 것이다.

선조수정실록 25년 임진 6월 1일(기축)
〈각도에서 의병이 일어나다〉
여러 도에서 의병이 일어났다. 당시 삼도三道의 장수와 신하들이 모두 인심을 잃은 데다가 변란이 일어난 뒤에 군사와 식량을 징발하자 사람들이 모두 밉게 보아 적을 만나기만 하면 모두 패하여 달아났다. 그러다가 도내의 거족巨族과 명인名人이 유생儒生 등과 함께 조정의 명을 받들어 창의倡義하여 일어나자 듣는 사람들이 격동하여 원근에서 응모하였다. 크게 성취하지는 못했으나 인심을 얻었으므로 국가의 명맥이 그들 덕분에 유지되었다. 호남湖南의 고경명高敬命, 김천일金千鎰, 영남嶺南의 곽재우郭再祐, 정인홍鄭仁弘, 호서湖西의 조헌趙憲이 가장 먼저 의병을 일으켰다. 이에 관군과 의병이 서로 갈등을 일으켰고 장수와 신하들 거개가 의병장과 화합하지 못하였는데 다만 초토사招討使 김성일金誠一은 요령 있게 잘 조화시켰기 때문에 영남의 의병이 그 덕분에 정중하게 대우를 받아 패하여 죽은 자가 적었다.

그 가운데서도 김성일이 세운 가장 큰 공은 홍의장군 곽재우의 이름을 널리 알린 것이다. 만일 김성일이 중간에 일을 합리적으로 처리하지 않았다면 오늘날 곽재우란 이름은 우리 역사에 기록되지 못했을 수도 있다.

선조수정실록 25년 임진 6월 1일(기축)

〈초토사 김성일이 장계를 올려 곽재우의 공과를 논하다〉

초토사 김성일이 장계를 올려 곽재우郭再祐의 공과功過를 논하고 너그럽게 용서하여 적을 토벌하게 할 것을 청하자 그대로 따랐다.

재우는 본래 강개慷慨한 선비로서 맨손으로 의병을 일으킨 뒤 오로지 의기義氣로 많은 군사들을 고무시켰다. 그런데 처음에 감사 김수金睟(경상감사)가 패배하여 도망친 것을 보고 의리에 의거하여 그를 벤 연후에 군사를 일으키려고 하였는데, 김성일 등이 타일러서 그만두었다. 그러다가 이때에 이르러 공을 이루지 못했음을 분하게 여기던 차, 또 김수가 재우의 기병한 사실을 나라를 위한 순수한 행동이 아니라고 터무니없이 날조하여 치계馳啓(임금에게 사실을 빨리 알림)했다는 말을 듣게 되었다. 이에 재우가 마침내 상소하기를, "왜적이 쳐들어오게 된 것은 단지 인심이 이반되고 손댈 수 없는 근심이 있었기 때문인데, 인심을 이반하게 한 자는 감사 김수입니다. 김수가 두 차례나 본도의 감사가 되어 정사를 행하는 것이 사나운 호랑이보다 더 가혹하였으므로 성상의 은택이 막혀 손댈 수 없는 형국이 이미 나타났습니다. 그러다가 왜구가 침입하자 자신이 먼저 도망침으로써 한 도의 수장守將으로 하여금 한 번도 서로 싸워보지도 못하게 하였으니, 김수의 죄는 머리털을 뽑아 세면서 처벌하더라도 인심을 만족시키기에 부족합니다. 그래서 신이 삼가 격문을 도내에 보내어 그의 죄를 나열하여 잡아 죽이도록 하였습니다. 누군가는 도주道主의 과실을 말하는 것은 잘못이라고 하였습니다만, 평상시라면 도주를 비난하는 것이 부당하겠으나 이처럼 위급한 때에 모두가 침묵만 지킨다면, 이는 한갓 도주가 있다는 것만 알고 전하殿下가 있다는 것은 모르는 것입니다" 하였다.

김수가 크게 노하여 역시 휘하 수령 등을 시켜 격문으로 역적 곽재우라고 부르는 한편, 재우의 불궤不軌(법이나 도리를 지키지 않음)를 도모하는 정상이 불측不測(당돌하고 음흉함)하다고 장계하였다. 그러나 성일은 이에 따르지 않고 장계를 올려 재우가 충성심에서 분발한 것과 가산을 흩어 의병을 일으킨 정상을 낱낱이 아뢰고, "재우가 실제로 역심逆心을 품고 있다 하더라도 현재 정병精兵을 장악하고 있으니 한 사람의 역사力士를 보내 체포할 수 없고, 만약 역심이 없다면 한 장의 편지로도 충분히 개유開諭(알아듣도록 잘 타이름)할 수 있겠기에 신이 직접 편지를 써서 효유하였고, 김면金沔도 편지를 보내어 경계시켰습니다. 그러자 재우가 바로 태도를 바꿔 순종하였으며, 진주가 포위됐다는 소식을 듣고는 군사를 이끌고 벌써 구원하러 달려갔습니다. 재우가 일개 백성의 신분으로 감사를 범하려고 하여 격문을 돌려 그 죄를 성토한 일은, 아무리 국가를 위하여 분격해서 일으킨 일이라 해도 질서를 어지럽힌 백성의 행위에 해당되니 즉시 토주討誅(잡아서 죽임)하는 것이 마땅합니다. 그러나 다시 생각건대 재우는 온 나라가 함몰된 때를 당하여 고군孤軍을 일으켜 의분에 떨며 적을 무찔렀으므로 도내의 쇠잔한 백성들이 그를 간성干城(나라를 지키는 인물)으로 믿고 있습니다. 그런데 지금 말로 소란을 피웠다는 이유로 즉시 주륙을 가한다면 남은 성을 보존하여 적을 막을 계책이 없을뿐더러 군민軍民들도 그의 죄를 알지 못한 채 필시 일시에 무너지고 흩어져버릴 것입니다. 그래서 신이 미봉책으로 재삼 경계시키고 타일러 이미 순종하였는데, 이 일 때문에 순찰사에게 죄를 얻게 된다면 서로 용납하기 어려울 듯하므로 신이 또 김수에게 편지를 보내어 그로 하여금 잘 대우하게 하였으니 염려할 만한 변고는 없을 듯합니다" 하였다.

조정에서 김수의 장계를 보고 난처하게 여기고 있었는데, 성일의 장계를 보고는 미심쩍은 의심이 확 풀려 즉시 김수를 소환하니, 영남의 인정이 크게 감복하였다.

의병장과 감사 사이, 즉 재야 장수와 조정의 벼슬아치 사이에서 김성일은 온갖 지혜를 짜내어 양측을 설득하는 한편 조정이 합리적인 판단을 내릴 수 있도록 장계를 올림으로써 모두가 피해를 입지 않고 힘을 합칠 수 있도록 조치를 취한 것이다. 그러나 이러한 노력이 있었다 해도 스스로 느끼는 죄책감은 어쩔 수 없었을 것이다.

선조 25년 임진 6월 28일(병진)
〈경상우도 초유사 김성일이 의병이 일어난 일과 경상도 지역의 전투 상황을 보고하다〉
경상우도 초유사 김성일이 치계하였다.
"신은 죄가 만 번 죽어도 마땅한데 특별히 천지같은 재생再生의 은혜를 입어 형벌을 당하지 않았을 뿐만 아니라 또 초유招諭의 책임을 맡겨주시니, 신은 명을 받고 감격하여 하늘을 우러러 눈물을 흘리면서 이 왜적들과 함께 살지 않기로 맹세하였습니다. 지난달 29일에 직산稷山에서 남쪽으로 달려가 이달 5일에 공주公州에 도착하였는데, 대가大駕(임금이 타는 수레)가 서쪽으로 행행하였다는 소식을 전해 듣고는 북쪽을 바라보고 통곡하며 비록 도보로라도 호종扈從(임금이 탄 수레를 호위하여 따르는 일)의 대열에 끼어 말굴레 밑에서 죽고자 하였으나 갈 수 있는 방법이 없었습니다. 신은 의리로 보아 차마 물러나 앉아 있을 수 없어 빈주먹으로라도 김수金睟를 따라 싸움터에서 죽고자 하였습니다. 그러나 초유의 명을 받았으니 마음대로 임무를 저버릴 수 없어 백성들을 혈성血誠으로 개유開諭하고 충의忠義로써 격려하면 작은 힘이나마 얻어 나라를 위하는 신의 마음을 바칠 수 있겠기에, 잠시 죽음을 참고서 구차스럽게 모진 목숨을 보전하고 있습니다.
본도本道에 함락되어 패전한 뒤에 무너져 사방으로 흩어진 자들이 도망한 군사나 패전한 병졸만이 산속으로 들어간 것이 아니라, 대소 인원들이 모두 산속으로 들어가 새나 짐승처럼 숨어 있으니 아무리 되풀이해서 알아듣도록 설득해도 응모하

는 사람이 없었습니다. (중략)

해중海中의 여러 고을들이 왜적의 배를 바라보고는 일시에 달아나 흩어져 육지로 나와, 장수는 도주하는 것을 상책으로 삼고 수령은 성을 죽는 지역으로 여기는데, 온 도내가 다 그러하여 적들이 칼날에 피를 묻히지 않고도 파죽지세로 수십 일 동안에 서울에 들어오게 하였으니, 남의 나라의 수도를 이렇게 쉽게 함락한 것이 오늘날과 같은 적은 없었습니다. 군법이 만약 엄중하여 패전한 자는 반드시 죽이고, 나아가지 않고 머뭇거린 자를 반드시 죽이며, 성을 포기한 자를 반드시 죽이며, 또한 변란이 발생한 뒤에 장수가 군법을 잘 시행하여 범죄자를 즉시 참수하였다면, 사람들이 후퇴하면 반드시 처형당하는 줄을 알았을 것이니 어찌 오늘날처럼 달아나 무너지는 데까지 이르겠습니까. 장수나 수령 등을 처벌하지 않고 도망한 군졸들만 처벌하는 것은 아무래도 근본이 아닌 듯합니다.

신이 지금 성지聖旨를 받들어 흩어져 도망한 사람들을 초유招諭하여 돌아와 모이도록 하니, 유식한 부로父老나 유생儒生들이 모두 '백성들도 이대로 있다가는 끝내 반드시 죽게 될 것임을 알고서 모두 스스로 분기할 것을 생각하고 있지만, 도내에 장수가 없으니 우리들이 비록 나가더라도 누구에게 의뢰하여 성공할 것인가'고 하기에, 신도 어떻게 답변할 수가 없었습니다. 그리고 근래에 부역賦役이 번거롭고 무거워 백성들이 편히 살 수 없는 데다가 형벌마저 매우 가혹하므로 군졸이나 백성들의 원망하는 마음이 뱃속에 가득한데도 호소할 길마저 없어 그들의 마음이 흩어진 지 벌써 오래입니다.

지난번 애통해 하시는 교서가 내리자 들은 사람들이 눈물을 흘리지 않는 이가 없었으니 인심이 쉽게 감동되는 것을 알 수 있습니다. 지금 만약 관대한 명령을 내리어 전쟁이 평정된 뒤에는 요역을 경감하고 부세를 가볍게 하며, 형벌을 완화하고 옥사獄事를 느슨히 하며, 진공進貢(조정에 공물을 올리는 것)을 감축하고 포흠逋欠(미처 내지 못한 세금)을 면제하며, 일족一族이 연대 책임지는 법을 제거하고 공적을 세운 장수에 대한 율을 소중히 하여 일체 군민軍民에 해가 되는 것은 모두 면제하겠다고 약속하여, 국가가 옛 습속을 개혁하고 백성들과 다시 시작한다는 뜻을 알게 하면 백성들의 마음이 거의 감격하여 기뻐할 것입니다. 백성들의 마음이 이미 기뻐하면 하늘의 뜻을 돌이킬 수 있으며, 왜적이 아무리 창궐한다 해도 섬멸의 공을 거둘 날이 멀지 않을 것입니다."

김성일은 임진왜란 발발 이후 경상도 지방에 머물면서 한시도 자신의 임무를 게을리하지 않은 것으로 보인다. 위의 장계는 경상도 지방의 군사 작전과 현황을 보고한 것인데, 경상도 전 지역의 전투 상황과 부대별 동향, 적군의 동향 파악 등이 상세히 수록되어 있는 것을 축약한 것이다. 여하튼 김성일은 임진왜란 발발에 자신의 보고도 커다란 책임이 있다고 여기고 적과 함께 죽을 각오로 만사에 임하고 있음을 그가 기록한 행간에서 확인할 수 있는 것이다. 그리고 마침내 그의 마지막이 다가온다.

선조수정실록 26년 계사(1593) 4월 1일(을유)
〈경상좌도 순찰사 김성일의 졸기〉
경상좌도 순찰사 김성일이 죽었다.
당시 혹심한 병란에 백성은 굶주리고 여역癘疫(온갖 종류의 전염병)까지 크게 유행하였다. 이에 성일이 직접 나아가 진구賑救하면서 밤낮으로 수고하다가 여역에 전염되어 죽었다. 일로의 군사와 백성들이 마치 친척의 상을 당한 것처럼 슬퍼하였는데, 얼마 안 가서 진주성이 함락되었다.
그는 임종 시에도 개인적인 일은 언급하지 않았다. 그 아들 김역金㴹이 옆방에 있으면서 함께 걸린 염병으로 위독하였으나, 한 번도 그에 대해 묻지 않고 오직 국사를 가지고 종사자들에게 권면하였으므로 사람들이 그의 의열義烈에 감동하였다.

그러니까 임진왜란이 발발한 이듬해에 김성일은 경상좌도 순찰사를 마지막 직책으로 목숨을 잃고 마는 것이다.

필자는 김성일의 가문과는 일면식도 없고 본관도 다르며, 고향도 다르다. 따라서 필자가 김성일이라는 인물을 특별히 기릴 이유가 없다. 그럼에도 왜 김성일에 대해 이토록 장황한 설명과 자료를 덧붙이는 것일까?

우리가 역사적 인물에 대해 평가할 때 어떤 기준에 의거해 판단을 내리는지 궁금했기 때문이다. 능력으로 평가하는 것일까, 아니면 심성으로 평가하는 것일까. 그도 아니면 개인적 선호도에 따라 평가하는 것은 아닐까?

김성일은 왜적의 침략 의도에 대해 잘못 판단했을 수 있다. 그러나 그는 자신이 처한 상황에서 최선을 다했고, 그 결과 나라에 큰 기여를 하였다. 한마디로 판단 능력은 떨어졌을지 모르지만 그의 애국애족하는 품성에는 전혀 의심할 나위가 없었던 것이다. 황윤길과 허성의 경우도 마찬가지다. 그들에게는 뛰어난 판단 능력도 있었을 뿐 아니라 이후에도 개인의 영달을 위해 나라와 민족을 배신한 모습은 보이지 않는다. 다만 일본에서 사신으로서 역할을 할 때 부족한 부분이 있었을 수도 있다. 그러나 그러한 단점을 갖지 않은 인간은 없다. 따라서 이 모든 인물들에 대한 평가는 있는 그대로 보아야 한다는 것이다.

그런데 최근 들어 우리나라에서는 자신의 입맛에 맞추어 인물을 평가하는 모습이 너무나 쉽게 눈에 띈다. 그뿐만이 아니다. 그러한 자의적 평가가 당연한 것으로 여겨지고 있는 모습을 보면서 필자는 우리 사회의 건강성과 합리성에 심한 의문을 품게 되었다. 역사에 대한 평가가 학문적 시각이나 이념적 근거에 의해 달리 이루어질 수는 있다. 그러나 개인의 영달을 위해 이웃을 배신한 인간이라면 아무리 능력이 있어도 부정적인 평가를 받아야 하는 것 아닌가?

반면에 자신과 가족을 버린 대신 민족과 국가를 위해 희생한 자라면 자신의 이념적 근거와 다르다 하더라도 그의 애국적 행위에 대해서는 긍정적인 평가를 내려야 하는 것 아닌가?

만일 이러한 평가 방식이 무너져 내린다면 우리 역사는 역사가 아니라 개인적 포폄褒貶만이 난무하는 비난기非難記에 머무르고 말 것이다. 21세기 다양한 가치관이 공존하는 현대를 살아가는 우리가 깊이 명심해야 할 일이다.

51

암행어사의
일기

정의사회의 로망에 대하여

 암행어사는 정의로운 사회를 꿈꾸는 사람들의 로망 가운데 하나다. 물론 정의사회 구현을 내세우면서도 뒤로는 온갖 천박한 짓을 일삼은 지도자가 허다한 대한민국 현대사이기에 암행어사 로망은 더욱 갈급하게 된다. 서양에 슈퍼맨이나 배트맨이 있다면, 조선에는 암행어사가 있는 셈이다.
 그런데 사실 암행어사의 활동 상황을 소상히 알고 있는 사람은 흔치 않다. 아마 우리 국민의 90퍼센트 이상은 암행어사를 《춘향전》의 주인공인 이몽룡의 행적을 통해 알고 있을 것이고, 나머지 10퍼센트 가운데 9퍼센트 정도는 암행어사 박문수라는 이름으로 기억할 것이다. 그러니 암행어사의 실제 활동 방식과 행적을 알고 있는 사람은 1퍼센트 남짓이라고 해도 지나치지 않을 듯싶다.
 그렇다면 이토록 우리에게 낯익은 직책인 암행어사에 대해 그토록 잘 모르는 까닭은 무엇일까? 무엇보다 암행어사의 활동을 기록한 책이 거의 없기 때문일 것이다. 이는 전문가 또한 크게 다르지 않았으니, 1972년 《해서암행일기》가 처음 선보이기 전까지 암행어사의 구체적인 활동 행적을 알 수 있는 기록은 거의 없었던 까닭이다.

그렇다면 《해서암행일기》라는 책은 어떤 책일까?

《해서암행일기》는 조선의 문신인 박만정朴萬鼎(1648~1717)이 숙종 22년인 1696년 황해도 암행어사로 임명되어 3월 7일부터 5월 12일에 이르는 65일간의 활동을 기록한 책이다. 그리고 그 기록의 중요성을 인정받아, 처음 선보인 이듬해인 1973년에 보물 제574호로 지정받기에 이른다.

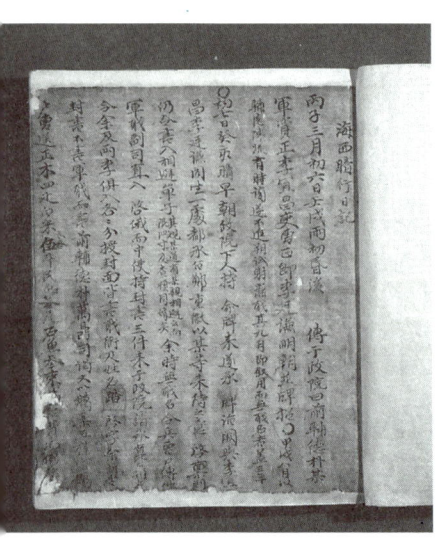

《해서암행일기》(보물 574호).
조선의 문신 박만정이 숙종 22년(1696) 황해도 암행어사로 활동하면서 남긴 일기로, 우리에게 암행어사의 활동을 알려주는 단 한 권의 귀하디귀한 기록이다.

저자 박만정은 가장 높은 벼슬이 4품에 그쳐 당상관에 오르지 못하고 벼슬길에서 물러났으니, 그의 지위 때문에 이 책이 보물로 지정된 게 아님은 분명하다. 결국 이 책이 보물로 인정받은 것은 이 책 외에 암행어사의 행적을 소상하고 구체적으로 기록한 것이 없기 때문이니, 이 책의 가치가 얼마나 큰지 알 수 있다. 박만정이 당상관에 오르지 못했음에도 암행어사의 직책을 수행할 수 있었던 것은 그의 성품이 그만큼 강직하고 청렴했음을 역설적으로 증명해준다. 이는 《해서암행일기》를 읽어가다 보면 분명히 확인할 수 있다.

그렇다면 정의의 사또가 되고자 하는 이들의 로망인 조선조 암행어사의 행적 속으로 들어가 보자.

암행어사의 힘은 우리가 아는 것처럼 막강했다. 당상관에 오르지 못한 박만정이 당상관인 부사府使를 봉고파직封庫罷職시킬 수 있었던 것만 보아도 "암행어사 출도야!"라는 선언은 곧 슈퍼맨의 등장에 버금갔던 것이다.

　　여기서 봉고파직封庫罷職이란 단어는 암행어사가 등장할 때마다 함께 등장하는데 그 내용은 이렇다.

　　암행어사가 고을 수령(부사, 군수, 현감, 현령, 첨사, 만호 등 해당 고을의 규모나 위치에 따라 명칭이 다르다)의 비리를 확인하면 고을 관가의 창고를 그대로 잠갔다. 이는 관가 재산의 현황을 파악하는 것이 곧 관리의 비리를 확인하는 첩경이었기 때문이다.

　　이렇게 관가의 창고를 잠그는 행위를 '봉고封庫'(봉할 봉, 창고 고)라고 하는데, 사실 봉고를 당한다는 것은 이미 비리를 확인했음과 다르지 않았다. 따라서 봉고라는 단어에는 이미 파직罷職, 즉 벼슬에서 물러나게 함도 포함되어 있었다. 결국 봉고는 곧 봉고파직이었던 셈이다. 그래서 표준국어대사전을 보아도 '봉고＝봉고파직'이요, 그 뜻은 '어사나 감사가 못된 짓을 많이 한 고을의 원을 파면하고 관가의 창고를 봉하여 잠금. 또는 그런 일'이라고 정의하고 있는 것이다.

　　그러나 암행어사의 행장은 우리가 아는 것과는 사뭇 달리 참으로 초라하고 구차하기까지 했다. 다음에는 암행어사의 행장을 살펴본다.

　　우선 암행어사에게 주어진 노자를 살펴보자.

　　박만정 일행을 보면, 박만정 본인, 하인으로 홍문관 서리인 김성익, 청파역졸 선망·팔명·갑용의 3인, 왕십리 역졸 선종 1인, 집안 노비인 계봉까지 총 7인으로 구성되어 있었다. 그런데 이들이 두 달 가까이 생활하는 데 쓸 노자로 나라에서 받은 것을 살펴보면 사뭇 놀랍다. 호조에서 이들에게 내린 것이 좋은 품질의 광목 네 필, 백미와 콩 각 다섯 말, 말린 민어 세 마리, 굴비 세 두름이 전부였다. 그리고 추가로 호조판서가 보내온 다섯 냥의 현금이 있었다. 결국 암행어사 일행은 그 시대에 현금과 동일하게 유통되던 광목과 굴비를 팔아 노자를 조달해야 했고 나머지 양곡은 자신들의 식량으로 썼던 셈이다.

물론 관아에 들어가면 관아에서 재워주고 먹여주었을 것은 당연지사. 그렇다고 해도 이들이 호조에서 받은 노자는 절대적으로 부족했던 것이 현실이었을 것이다. 이는 박만정의 일기를 통해서도 곳곳에서 확인할 수 있는데, 자신의 지인을 찾아가 도움을 받았다는 내용이 곳곳에 등장한다.

그렇다면 주막이 있는 큰 고을에서는 돈을 주고 밥을 사 먹을 수 있었다 치고 주막이 없는 작은 마을에서는 어떻게 끼니를 해결했을까?

이 마을은 부촌富村 같은데도 이곳 사람들 역시 집에서 쉬어가기를 거절, 문을 닫고 상대조차 하지 않아 찾아간 집마다 낭패를 당하고 돌아섰다. 그러나 날은 저물어 하는 수 없이 어느 집엔가 문을 밀치고 안으로 들어섰다. 그러자 단지 여자 두서넛이 집안에 있는데 말씨가 몹시 사납고 안색마저 사나운지라, 머무르자니 주인의 태도가 거슬리고 돌아서자니 이미 날이 어두워 실로 난감했다.

이러지도 저러지도 못하고 낭패해 서 있는데 때마침 머리가 희끗희끗한 어떤 노인이 문 밖에서 들어온다.

"웬 나그네들이오?"

그 소리를 들으니 갑자기 기운이 솟았다. 나는 즉석에서 대답했다.

"나는 충청도 사람으로 평안도로 가는 길인데 재령과 안악을 거치자니 부득이 이곳을 지나게 되었습니다. 오늘은 벌써 칠흑같이 어두워 달리 방도가 없으니 바라건대 주인께서 마루라도 빌려주시면 하룻밤을 지새고 가겠습니다."

그 말에 주인은 잠시 망설이다가 말한다.

"날이 저물었는데 길손을 어찌 차마 쫓아낼 수야 있겠소. 행차를 따르는 하인들은 말의 짐을 부리고 양식이나 어서 내놓도록 하시지요."

-《해서암행일기》1696년 3월 11일 기록에서 발췌

즉, 아무 집이나 들어가서 잠자리를 청하고 끼니는 자신들이 가져간 양곡을 내주어 해달라고 청해야 했던 것이다. 그런데 이렇게라도 청을 받아주는 집이 있으면 다행이었다.

하인이 다시 와서 아뢴다.

"사람은 합하 일곱 사람이옵고 행자行資라고는 쌀 약간이 있을 뿐이오니 어떻게 했으면 좋겠습니까?"

나는 잠시 굳은 표정으로 앉아 있다가 이윽고 주인을 보고 물었다.

"내가 팔구 일 후면 다시 이곳에 올 것이니 쌀 한 말만 꾸어주실 수 없겠습니까?"

"내 본래 가난한 사람이라 죽기는 쉬워도 쌀 한 말을 어떻게 꾸어줄 수 있겠습니까?"

"마을이 이토록 큰데 어찌 그 많은 마을 사람들 중에 쌀 한 말 꾸어줄 사람이 없단 말입니까?"

"비록 있다 하더라도 피차에 생판 모르는 사이에 어떻게 한쪽의 말만 듣고 양식을 내줄 수 있겠습니까? 더군다나 이런 흉년에……."

"주인께서 행여 나를 믿지 못한다면 내가 차고 있는 이 칼을 신물信物로 맡기면 어떻소? 이렇게 약속을 하여도 안 되겠소?"

"손님 말씀이 이토록 절박하니 어디 내 나가서 마을 사람들에게 알아나 보겠습니다."

주인이 일어나 나가더니 잠시 후 되돌아왔다.

"마을 사람들이 이쪽 말을 믿지 않을뿐더러 정말 쌀 한 말 남에게 꾸어줄 만한 사람이 없습니다."

우리는 양식 구하기를 단념하고 이경이 되기만을 기다리며 밤을 새우고 앉아 있었다.
- 3월 19일 기록에서 발췌

그러니 밥도 굶은 채 꼬박 밤을 새운 것이다.

옛 암행어사는 노블레스 오블리주의 표상이라고나 할까? 명예와 권력을 갖고자 하면 물질적 풍요는 포기하는 것이 당연한 일이었던 셈이다.

그렇다면 암행어사는 이렇게 간난신고를 겪으면서 지키고자 했던 자신의 권한을 어떻게 행사했을까?

밝을 녘에 김 서리와 하인들을 이끌고 신계 관아 객사로 들이닥쳤다.

"암행어사 출도요!"

이 말에 아전들이 황겁히 흩어지고 황황히 동헌에 나선 현령의 얼굴빛이 창백하다. 대저, 신계 현령 심능은 백성들로부터 많은 원망을 듣고 있어 그 진위를 실증코자 먼저 각항에 해당하는 관아 문서를 모조리 가져오게 했다. 이 문서를 하나하나 뒤져 불법을 자행한 문서를 가려내니 그 건수가 여러 장이다. 부득이 봉고하고 현령의 인신印信과 병부兵符를 거두어 관례에 따라 겸관兼官에게 송부했다.
- 4월 6일 기록에서 발췌

겸관兼官이란 수령의 자리가 비었을 때 이웃 고을 수령이 임시로 겸직하는 것을 말한다. 그러니까 즉석에서 현령의 지위를 박탈하고 다른 사람을 임시 현령으로 임명한 것이다. 이 대목을 보면 《춘향전》에 등장하는 이몽룡의 모습과 별반 다르지 않은 듯하다. 이 맛에 암행어사 하는 것 아닐까?

그런데 두 달 가까이 암행어사 노릇을 하다 보면 아무리 신분을 감추며 조심한다 해도 결국 소문이 나기 마련이다. 물론 그 시대에는 통신 수단이 발달하지 못해 이웃 고을에 암행어사가 출도했다는 소문이 오늘날처럼 실시간으로 퍼지지는 않겠지만 결국에는 퍼지기 마련이었다. 그래서 활동을 시작한 지 한 달이 지나면서부터는 암행어사가 활동 중이라는 소식이 암행어사 본인의 귀에까지 들려오기 시작한다. 그러다 보니 갖은 방식으로 자신의 신분을 감추기 위해 노력하지만 그 노력 또한 허사로 돌아가기 일쑤다. 그래서 하룻밤 자기 위해 들른 집의 주인이 암행어사의 기색을 눈치 채기도 하고, 길가에서 기다리다가 암행어사 일행에게 자신의 민원을 탄원하기도 한다.

이러한 과정을 거쳐 두 달여 만에 한양으로 돌아온 박만정은 그동안의 경과를 기록한 서계書啓와 원단元單을 임금께 올리는 것으로 암행어사로서의 모든 임무를 마감한다. 서계와 원단은 자신이 보고 듣고 확인한 지방 관리들의 비행非行 여부, 그리고 행정적 문제 등을 기술하여 임금께 올리는 보고서를 가리킨다.

이렇게 해서 우리는 또 한 권의 귀하디귀한 자료인 《해서암행일기》를 통해 조선시대 암행어사의 활동 내용을 살펴보았다. 이 책이 암행어사의 행장이라는 역사적 가치를 후대에게 전했다면, 한 권의 기록이 얼마나 중요한 역사적 가치를 지니고 역사를 풍요롭게 만드는지 확인하게 만든 것은 우리 모두에게 전하는 기록의 증언이라 할 것이다.

172,000일의
위대한 유산

그래서 그들은 기록을 남겼다

472년. 날짜로 하면 17만 2,000일. 지구상에 존재했던 국가 가운데 그 탄생부터 몰락까지가 기록된 유일한 국가. 어느 나라인지 모르실 분은 안 계실 것이다. 바로 조선朝鮮 이야기니까.

조선이 역사상 가장 위대한 나라인지 아닌지는 사람마다 시각이 다를 테니 언급하지 않겠다. 그러나 《조선왕조실록》은 한 나라의 기록으로서는 가장 위대한 유산이다. 지구상에 단 하나니까.

그런 위대한 인류의 문명이 오늘날 전해오기까지는 당연히 숱한 난관과 고통이 따랐을 것이다. 그렇지만 그 어떤 난관과 고통도 인간의 의지 앞에서는 고개를 숙이기 마련이다. 못난 후손들은 눈 번연히 뜨고서도 숭례문 현판이 나동그라지는 모습을 역사에 남기고, 선조들이 전해준 그 사적을 티끌 하나 남기지 않은 채 불태워버렸으니, 인간의 의지 운운하는 말도 사치에 불과하리라. 그러나 그럴수록 불후의 의지로 위대한 유산을 전해주신 선조들의 삶을 기억하는 노력이라도 기울여야 할 것이다.

　사실 우리 민족은 지구상의 그 어떤 민족에도 견주기 힘들 만큼 기록에 힘을 기울여왔다. 그 결과가 《고려실록》이요 《조선왕조실록》이었던 것이다. 그러나 《고려실록》은 수많은 외침外侵 속에서 결국 그 운명을 다하고 만다. 만일 《고려실록》까지 오늘날 전해온다면 그야말로 인류 문명사의 불가사의 가운데 하나가 되었을 것이다.

　그런데 현명한 조상들은 《고려실록》을 그냥 잃은 게 아니었다. 그들은 그 과정에서 어디서도 얻을 수 없는 값비싼 교훈을 얻었다. 그리고 그 교훈을 실천에 옮긴 것이 바로 《조선왕조실록》 편찬 사업이었다.

　조선시대 태종 대부터 시작된 《조선왕조실록》 편찬 사업은 편찬 과정뿐 아니라 그 결과물을 보존하는 데도 그 시대에 동원할 수 있는 모든 지혜를 동원하였다.

　우선 편찬은 해당 임금이 사망한 후에야 이루어졌다. 따라서 자신의 실록에 대해 해당 임금은 어떤 개입도 할 수 없었던 것이다. 죽은 자는 말이 없나니!

　또 실록은 초초初草, 중초中草, 정초正草의 세 단계에 걸친 편찬 작업을 거치게 된다. 초초는 일차로 작성된 초벌 원고요, 중초는 초초를 교정하고 정리한 것이며, 마지막으로 완성된 것이 정초본이었다. 그리고 완성된 정초본을 원고로 하여 실록을 인쇄하는 것이다. 이렇게 하여 실록이 인쇄 완료되면 그에 사용된 사초史草들은 혹시라도 후세인들에 의해 왜곡 사용될 것을 우려해 물로 씻는 과정을 거치는데, 이 과정을 세초洗草라고 한다. 그러니까 한 번 사용한 자료들은 원고 완성 후 사라지는 것이다.

　《조선왕조실록》은 고려시대의 멸실 과정을 교훈삼아 한 번에 네 부를 인쇄하였다. 그리고 네 부를 각각 다른 곳에 보관함으로써 영원히 멸실되지 않도록 만전을 기했던 것이다.

초기 《조선왕조실록》의 보관처로는 궁궐 내의 춘추관을 비롯해 전라도 전주, 충청도 충주, 경상도 성주의 사고史庫가 선정되었다. 사고가 모두 남부 지방에 자리한 것은 북방 오랑캐의 공격에 대비하기 위함이었는데, 《고려실록》이 모두 거란족과 몽고족의 공격을 받아 멸실된 것에 영향을 받은 것이다. 이 정도면 완벽하지 않았을까?

그런데 세상일이란 게 뜻대로 되지 않는 법. 이번에는 남쪽에서 문제가 발생했으니, 바로 왜적이 일으킨 임진왜란이 문제의 발단이었다.

임진왜란 당시 조선 전역은 극히 일부를 제외하고는 조총을 앞세운 왜군 앞에 추풍낙엽처럼 무릎을 꿇고 만다. 사고史庫라고 해서 예외는 아니었다. 그리하여 한양 궁궐 안에 있던 춘추관 사고와 충주, 성주 사고에 보관되어 있던 실록은 이내 한 줌의 재로 변하고 만다. 특히 그 무렵 사고가 위치한 곳은 모두 지방의 중심지였다. 그러니 조선 것이라면 무엇이건 쌍심지를 켜고 약탈하거나 불태워버리던 왜적들에게 실록은 첫 번째 공격 대상이 되었을 것이다. 그리하여 그들이 지나가던 경로에 자리한 사고는 모두 공격을 받은 것이다.

그러나 단 한 곳. 전주 사고는 왜적의 공격을 피할 수 있었다. 물론 여기에는 왜적의 호남 지방 공략을 지연시키는 데 지대한 공을 세운 이순신 장군의 업적이 컸다. 그러나 이는 전쟁 초기의 상황이었고, 날이 갈수록 호남 지방 역시 왜적의 손아귀를 벗어날 수는 없었다.

그때 전주 사고는 태조 이성계의 어진御眞을 모셔두던 경기전慶基殿에 위치해 있었다. 경기전은 전주 한복판에 위치한 전각이었으니, 전주 사고 역시 풍전등화의 위기에 처한 것은 명약관화한 일. 그러나 이 위기의 순간에 놀라운 일이 벌어졌으니, 역사에 이름 석 자 또는 두 자를 남기기 힘들었을 민초들이 나서서 욕되고 욕된 조선의 역사를 보존하였던 것이다.

사실 임진왜란 당시 조선 조정은 백성들로부터 철저히 외면당하고 있었다. 오죽하면 도성을 떠나 북쪽으로 피란하던 선조 임금 일행이 백성들로부터 돌팔매질을 당하고, 먹을 것을 구하지 못해 굶주림에 고통 받았겠는가. 나라와 백성을 버리고 자신들만의 생존을 위해 피란하던 조정으로서는 "임금이 곧 하늘"이라 여기고 받들던 백성들에게 철저한 배신감만을 남겨주었으니 이런 대우를 받는 것도 자업자득이었을 것이다.

그러나 오욕의 역사도 역사임은 두말할 나위가 없는 것. "The pen is mightier than the sword(펜은 칼보다 강하다)"라는 서양 속담을 삶 속에서 이미 인지하고 있던 조선 선비와 민초들은 그 신념을 철저히 신봉하였다. 아니, 신봉만 한 것이 아니라 행동으로 보여주었다. 그들은 무기를 들고 왜구의 침략에 맞서는 대신 글을 지키기로 하였다. 그렇게 나선 이들이 바로 다음 이들이다.

우선 안의와 손홍록을 살펴보자. 두 사람은 모두 호남 지방의 대학자였던 이항 휘하에서 공부한 선비들이었다. 안의(1529~1596)의 호는 물재勿齋, 본관은 탐진으로 병조판서를 지낸 사종의 후예이며, 대제학 지현의 손자였다. 손홍록(1537~1610)의 호는 한계寒溪, 본관은 밀양이다. 부제학을 지낸 비장의 증손자이자 한림 벼슬을 지낸 숙노의 아들이다.

그러나 명문가 출신인 두 사람 모두 임진왜란 당시 특별한 관직에 있지는 않았다. 아니, 그저 장삼이사 가운데 한 사람이었던 듯싶다. 그러니까 그들이 전주 사고를 지켜야 할 의무도 권리도 없었던 것이다. 그러나 인간이 의

태백산 사고의 옛 모습.
임진왜란 이후 새롭게 조성된 사고史庫 가운데 하나인 태백산 사고의 옛 모습이다. 그러나 태백산 사고도 그곳에 보관되어 있던 실록은 현재 국가기록원으로 이전, 보관하고 있으나 건물은 안타깝게도 1940년대 후반에 원인 불명의 화재로 소실되었다. 오른쪽 사진은 사고의 내부 모습. 실록을 보관하던 궤짝이 보인다.

무와 권리만으로 사는 것은 아니니, 해야 할 일을 하는 것은 예로부터 참된 인간의 태도이다.

두 사람은 왜적 제6진이 금산, 남원을 거쳐 전주로 진격한다는 소식을 듣자 즉시 집안의 가동家僮(집안일을 하던 사내아이 종) 30여 명을 데리고 경기전으로 향한다. 그때 안의의 나이 64세, 손홍록의 나이 56세였으니 그 시대의 기준으로 보면 거동도 불편한 나이였을 터이다. 그러나 참된 선비로서 그런 것을 따질 리 없었다. 두 사람은 즉시 사재를 털어 전주 사고에 보관되어 있던 실록 안장 작업에 착수하였다. 이때 그들과 이 모든 과정을 함께한 이들이 있었으니 바로 오희길과 희묵 스님, 김홍무 같은 이들이었다.

오희길吳希吉(1556~1623)은 그 무렵 경기전의 참봉으로 봉직하고 있었다. 전라감사 이광, 전주부윤 권수 등과 함께 태조의 어진과 실록의 안장을 어떻게 할 것인지 토의하다가, 안의와 손홍록의 의견에 따라 실록은 두 사람에게 맡기고 자신은 태조의 어진을 가지고 내장산 용굴암으로 떠난다. 한편

안의와 손홍록은 수십 마리 말에 실록을 싣고 내장산 은봉암으로 떠난다. 그리고 그곳에 도착한 후에는 다시 더 깊숙한 곳인 비래암으로 옮긴다.

사실 이 과정에서 혼신의 힘을 다한 것은 안의와 손홍록, 오희길이 전부가 아니었다. 희묵 스님은 그 무렵 내장산에 위치해 있던 사찰 영은사의 승려로, 세 사람과 힘을 합하여 1년이 넘는 기간 동안 어진과 실록을 안전하게 보관하는 데 큰 역할을 했다. 또한 무사 김홍무도 시종 힘을 보탰으며, 그 외에 역사에 남길 이름마저 갖지 못했던 수많은 백성(그 가운데는 사당패도 끼어 있었다)들도 온 힘을 다했다. 전하는 기록에 따르면, 안의와 손홍록은 때로는 둘이 함께, 때로는 각자 혼자서 불침번을 서며 실록을 지켰다고 한다. 그 기간이 1년이 넘었으니 누가 시켜서 하기에는 너무 고되고 힘든 일이었을 터.

그러나 이후에도 실록은 편안히 쉬지 못했으니 이후의 경로를 정리해보면 다음과 같다.

내장산 - 정읍 - 충남 아산 - 황해도 해주 - 강화도 - 묘향산 보현사 - 강화도

그런데 이렇게 어렵게 보존된 《조선왕조실록》이니만큼 왜란이 끝난 다음 다시 새로운 출발을 해야 했다. 그렇게 해서 시작된 것이 실록 재출판 사업이었다. 그리고 과거의 고통을 교훈삼아 5대 사고 체제로 강화되었다.

새롭게 선정된 다섯 사고는 춘추관, 강화도 마니산 사고, 평안도 묘향산 사고, 경상도 태백산 사고, 강원도 오대산 사고였는데, 이때 선정된 사고의 가장 큰 특징은 이전의 4대 사고가 주요 도시에 자리한 데 비해 이번에는 산속 깊숙한 곳에 자리했다는 것이다. 여기에는 임진왜란 당시 내장산 깊은

오대산 사고.
이곳에 보관되어 있던 실록은 일제에 의해 1912년 무렵 도쿄대학으로 옮겨진다. 그 후 관동대지진을 맞아 상당량이 소실되었고, 남은 것도 뿔뿔이 흩어져 있었는데, 2006년 7월 가까스로 살아남은 일부만이 드디어 귀향하였다.

1872년 제작된 전라도 무주부 지도.
적상산 사고와 그 부속 건물들이 표기되어 있다.

굴에서 안전하게 보존된 전주 사고의 사례가 참작되었음은 물론이다.

한편 5대 사고 가운데 묘향산 사고는 전라도 적상산 사고로 이전되었고, 마니산 사고는 정족산 사고로 이전되었으며, 이 체제로 조선 멸망 시까지 이어진다. 물론 그렇다고 해서 조선 멸망 때까지 안전하게 보존된 것은 아니었다.

우선 춘추관 사고는 1624년 이괄의 난 때 많은 수량이 사라졌고, 1811년에는 화재가 나서 남은 양 가운데 또 다수가 소실되었다.

마니산 사고는 병자호란과 연이은 화재로 상당량이 소실되어 남은 것이 정족산 사고로 이전되었다. 그 후 부족분을 보충하여 완전한 양을 보존하고 있다가 일제강점기 때 경성제국대학으로 이전되었다.

오대산 사고 또한 일제강점기를 맞아 수난을 겪게 되는데, 1912년 무렵 현해탄을 건너 도쿄대학으로 이전된다. 그 후에도 관동대지진을 맞아 상당량이 소실되었고, 남은 것도 뿔뿔이 흩어져 있었는데, 2006년 7월 가까스로 남은 양이 우리나라로 귀향하였다. 참으로 기구한 운명이라 하지 않을 수 없다.

적상산 사고는 이후 창경궁 장서각으로 이전, 보관되고 있었는데 6·25 전쟁 와중에 북한으로 이전된 것으로 알려져 있다. 그 외에 정족산 사고는 규장각에, 태백산 사고는 국가기록원에 보관되어 있다.

이런 풍상을 거치면서 오늘날까지 전해온 《조선왕조실록》은 1973년 국보 제151호로 지정되었고, 1997년에는 유네스코 세계문화유산으로 등재되었다.

사족 하나!

《조선왕조실록》을 지키기 위해 안의와 손홍록, 그리고 그를 도운 민중들이 바친 희생이야 대가를 바라고 한 행동이 아님은 자타가 다 아는 사실이지만 그들의 공로를 잊는 것은 후손의 도리가 아닐 것이다. 그럼에도 아주 오랫동안 이를 잊고 지냈으니, 역시 오늘을 사는 우리는 예의와 염치를 아는 인간은 아닌 듯하다. 다행히도 1991년 내장산 길목에 '조선왕조실록 이안사적비移安事績碑'를 세웠으니 뒤늦게나마 인간으로서 해야 할 최소한의 도리는 한 셈이라 할 수 있을까!

53

영화, 좋아하세요?

최초의 영화비평 주간지 〈영화저널〉에 대하여

영화 좋아하십니까? 정말 좋아하십니까?

왜 이런 질문을 거듭 하는 것일까. 오늘날처럼 영화관에 가지 않아도 TV와 컴퓨터에서, 아니 요즘은 휴대전화로도 영화를 볼 수 있는 시대에 영화를 좋아하지 않는 인간이 어디 있겠는가? 그러니 그런 질문은 우문愚問에 해당할 것이다.

그렇다면 혹시 이런 옛말은 기억하시는가?

"나는 배부른 돼지보다는 배고픈 소크라테스가 되고 싶다."

영국의 철학자 존 스튜어트 밀이 한 말이다. 그런데 이 말 속에는 참으로 복잡다단한 사연이 담겨 있다.

우선 이 말이 격언으로 성립하기 위해서는 인간 세상이 배부른 돼지투성이여야 한다. 만일 세상에 배고픈 소크라테스만 있다면 이 말은 그 누구에게도 공감을 얻을 수 없을 테니까. 다 소크라테스인데 뭘 또 되고 싶단 말인가? 그러니까 이 말의 전제는 세상에 배고픈 소크라테스는 극히 드물다는 것이다. 그러기에 이 오래된 영국인의 넋두리가 오늘날 대한민국 사회에서도 하루가 멀다 하고 인용되는 것이다.

그런데 이 말을 듣고 자신이 배부른 돼지라고 여기는 사람이 과연 있을까? 단언컨대 없다. 만일 있다면 그 사람은 분명 '배고픈 소크라테스'다. 배고픈 소크라테스만이 자신이 "배고픈 돼지가 아닐까?" 하고 여길 테니까. 반대로 배부른 돼지로 살아가는 인간이라면 그 어떤 인간도, 자신이 배부른 돼지로 식량이나 축내고 이웃에게 불필요한 존재이며 없는 게 나은 존재라고는 여기지 않을 것이 분명하다. 이것이 바로 이 한 줄짜리 격언에 담긴 복잡미묘한 현상이다.

왜 이런 개똥철학을 늘어놓는가? "영화 좋아하십니까?" 하는 앞의 질문 때문인데, 지금도 머뭇거림 없이 "네!" 대답하는 분은 십중팔구 영화를 좋아하지 않는 분일 가능성이 높다. 왜냐하면 영화를 좋아한다는 것은 세상 사람들이 생각하듯이 쉬운 일이 아니기 때문이다. '해리포터' 시리즈를 즐기고, 〈타이타닉〉이 3D로 재상영된다는 말을 듣고 영화관으로 달려가며, 들썩거리며 시사회를 열고 가슴 파진 드레스에 잘 다듬어진 얼굴로 새로운 영화를 소개하는 자리에 빠지지 않는 분들 가운데 진짜로 영화 좋아하는 분을 만난 적이 필자는 별로 없다.

이런 거다. 길거리에서 무료로 나누어주는 무가지를 보는 분은 '신문을 읽는 분'이 아니다. 그분은 광고 전단지를 보시는 것이다. 술자리에서는 간과 쓸개까지 내줄 듯 "친구야, 친구야!"를 외치다 막상 친구가 누명을 쓰고 고통 속을 헤매게 되면 혹시라도 자신도 그 누명에 연루될까 피하는 자는 친구가 아니다. 그런 사람을 가리켜 우리는 '술친구'라고 한다. 술자리에서

만 친구! 떼거지로 몰려나와 몸을 드러내고 노래랍시고 소음을 내뱉고 왠지 민망한 춤을 추어대는 이른바 한류 스타들의 음반을 듣는 것은 노래를 좋아하는 것이 아니다.

무언가를 좋아한다는 것은 사실 그리 쉬운 일이 아니다. 영화도 마찬가지다. 수백만 명이 보는 할리우드 영화를 보며 시간을 때우고 데이트를 하고 스트레스를 푸는 분들은 영화를 보는 것이지, 좋아하는 분이 아니다.

그렇다면 진짜 영화를 좋아하는 분이라면?

구로사와 아키라의 〈7인의 사무라이〉를 보고 일본어의 억양에서 위엄을 느끼기도 하고, 비토리오 데시카의 〈자전거 도둑〉을 보면서 네오 리얼리즘 영화의 진면목을 느끼며 '영화가 과연 허구일까?' 하는 의문을 품어보기도 하며, 시드니 루멧 감독의 〈12인의 성난 사자들〉을 보면서 고작 다섯 평짜리 방안에서 벌어지는 열두 배우의 연기를 통해 인간 군상群像이 어떻게 행동하는지, 그리하여 오늘날 우리 사회를 지배하는 우중愚衆은 또 어떤 존재인지 고민해본 적이 없으시다면 함부로 영화를 좋아한다는 말을 하시지 않기 바란다.

아, 이 세 편 영화에 국한되었다고 불만을 가지실 수도 있다. 그러나 너무 화내지 마시고 지금이라도 세 편 가운데 한 편이라도 찾아 보시기를. 100여 년에 불과한 영화 역사를 빛낸 대표적인 영화들이기 때문에 구하고자 하시면 지금 당장이라도 구하실 수 있을 테니까. 그러니까 일단 보시고 나서 고민해보셔도 영화를 좋아한다고 말씀하실 수 있다는 말이다.

그러나 "이런 영화를 어떻게 봐요? 너무 지루해. 그리고 스펙터클하지도 않고!" 하신다면 절대 "영화 좋아해요"라고 말하지 마시길. 그냥 "저 영화 자주 봐요"라고 하시면 된다.

왜 이런 엉뚱한 이야기를 장황하게 늘어놓는 걸까? 바로 〈영화저널〉 때문이다.

〈영화저널〉은 1991년에 창간된 우리나라 최초의 영화 비평 주간지다. 요즘에는 〈씨네 21〉을 비롯해 수많은 영화 비평지가 범람하고 있고, 여러 매체들이 마치 자신들이 우리나라, 아니 세계 영화 역사를 써나가는 듯 현학과 선정, 오만과 농언쥬言을 늘어놓기에 바쁘다. 그러나 당신들이 진정 영화 비평을 진지하게 한다고 스스로 자부하려면 지금이라도 〈영화저널〉을 기억할 일이다.

〈영화저널〉이 처음 창간되던 때에도 우리나라에는 영화를 다루는 주간지가 여럿 있었다. 그러나 그 매체들은 한결같이 요즘 스포츠지의 연예면을 벗어나지 못하거나 그보다 더 형편없는 수준이었다. 여배우 사진이 1면을 장식하고 갖은 연예계 뒷담화로 지면을 채운 후 남는 부분은 오늘의 운세 따위와 만화로 채우는 신문 말이다.

그런 상황에서 〈영화저널〉은 탄생했다. 〈영화저널〉 창간호 지면을 보면 이 신문이 무엇을 지향하는지 알 수 있을 것이다. 그리고 〈영화저널〉이 창간되자 영화계는 신선한 충격을 받았다. 막 민주화 과정으로 들어서면서 백화제방식 논의가 이루어지던 대학가 또한 이 놀라운 매체에 열광했다.

처음 무가지로 출발한 이 신문의 정기구독자가 3,000명을 넘어섰다는 사실은 오늘날 매체를 운영하는 분들이 들으면 상상하기 힘든 일일 것이다. 왜냐하면 고작 서울, 그것도 사장부터 경리까지 모두 포함해도 다섯 명이 전부인 직원들이 일곱 평짜리 사무실에서 주간지를 만들고 배포할 수 있는 제한된 장소에만 배포하는데도, 정기구독료를 지불하고 정기구독을 하겠다고 스스로 전화 신청한 인원이 3,000명이라는 말이니까. 만일 정기구독 모

《영화저널》 창간호.
영화 비평 주간지 시대를 연 선구적인 잡지였지만 경영난으로 인해 1년도 채 못 되어 폐간됐다.

집 전문요원을 두었거나 서울 전역, 아니면 수도권 혹은 전국에 배포했다면 3만 명을 넘어섰을지도 모를 일이다.

그러나 독자들의 열광적인 후원에도 〈영화저널〉은 풍전등화의 위기를 맞고 있었다. 무가지이니만큼 광고로 운영해야 할 텐데 광고를 얻어올 인맥도 능력도 인력도 없었기 때문이다. 결국 얼마 가지 못해 〈영화저널〉은 유료화를 선언한다.

물론 유료화로 인해 변한 것은 하나도 없었다. 왜냐하면 어차피 정기구독자들은 돈을 내고 보고 있었고, 지하철 가판대를 비롯한 신문 가판대에 신문을 공급하는 유통업자들은 이러한 신문을 유료로 보급할 의지가 전혀 없었기 때문이다. 오늘날은 어떤지 모르겠지만 그 시대에는 지하철 가판대에 보이도록 진열해주는 것만 해도 크나큰 시혜라고 여기고 있었다.

"아니, 이런 내용으로 어떻게 신문을 팔겠다는 거요?"

"맞아. 여배우 사진을 크게 실어요. 신문 팔고 싶으면."

이런 말을 하루에도 몇 번씩 들어가며 가판대 유통업자들을 찾아다녔다.

"한 번만 깔아주십시오. 안 팔리면 그때 가서 수거하세요."

그렇게 해서 결국 〈영화저널〉은 지하철 가판대에 선을 보일 수 있었고, 결과는 놀라웠다. 그 시대에 신문 구독률 조사에서 주간지 부문 2위를 차지하기에 이른 것이다.

"와, 정말 대단합니다."

유통을 담당한 사람들조차 이런 신문이 이렇게 많이 팔린다는 사실에 깜짝 놀란 듯했다.

그러나 판매가 호조를 보인다고 해서 광고가 들어온 것도 아니고, 판매대금이 들어오지도 않았다. 결국 경영진이랄 것도 없는 이들은 가진 재산을 하나 둘 팔아 한 주 신문을 만들고, 다음 주에는 또 다른 재산을 처분해 신문을 만들었다.

마지막에는 영화인들이 나서서 신문 경영에 참여하기도 했다. 그만큼 놀라운 신문이었고, 대한민국 영화계를 한 단계 도약시키는 데 큰 공헌을 한 신문이었다. 경영 측면에서는 참담한 실패로 끝났지만.

결국 신문이 창간된 지 1년도 채 못 되어 대표는 결단을 내린다. 한 신문사를 찾아간 것이다.

"〈영화저널〉을 인수해주세요. 무료로. 다만 직원들은 일할 수 있도록 해주십시오."

이게 조건의 전부였다. 그리고 이 매체는 〈씨네21〉이라는 이름으로 거듭 태어났다. 오늘날 여러분이 접하고 있는 영화 비평 주간지 시대는 이렇게 시작된 것이다.

그리고 〈영화저널〉을 만드느라 그때까지 안락한 삶을 제공해주던 모든 재산을 1년 만에 싹 말아먹고 그것도 부족해서 상당한 빚까지 졌던 자는 오늘날 그전부터 운영하던 보잘것없는 사업체인 도서출판 서해문집 일에 전념하고 있다.

또 다른 한 사람, 〈영화저널〉의 편집장을 맡았던 이는 그후 〈씨네21〉 편집장, 〈필름 2.0〉 편집국장을 거쳐 지금은 《그래픽》이라는 격월간지를 발행하고 있다. 오늘도 20년 전처럼 두 사람이 같은 장소에서.

episode 03

• • • • • • • • • ▶ ▶ • • • • •   이 사람을
　　　　　　　　　　　　　　　　　보라!

54.
파란 책
직지심경, 외규장각 도서, 그리고어느 사서의 이야기

55.
조용수와 민족일보
서른 즈음에, 지령 92호의 혁명

56.
98을 이긴 2
이승만 vs 조봉암

57.
산유화의 가수
오는 때 까투소가 될 수 있었나

58.
울열대 고공 농성
누구든지 이곳에 사다리를 대기만 한다면

59.
간첩 황태성
희생양에 대하여

60.
신불출 또는 에하라 노하라
태양 한복판에 회상을 묻은 사나이

54

파란 책

직지심경, 외규장각 도서, 그리고 어느 사서의 이야기

2009년 11월 초, 우리나라의 여러 언론사는 '박병선'이라는 낯선 여성 학자의 암 투병기를 소개하였다. "도대체 박병선이란 사람이 누군데?" 하는 첫 느낌은 이내 "이런 훌륭한 분이 홀로 투병 중이라니! 그것도 입원비와 치료비도 없이……"라는 안타까움으로 이어진다. 그리고 이러한 안타까움을 표하는 사람들이 모여 인터넷에서는 모금 운동까지 이어졌다.

그러나 이 책이 나올 무렵에는 또다시 박병선이라는 이름이 잊힐지도 모른다(이 우려는 현실화되었는데, 2011년 11월 22일 박사께서 타계하셨기 때문이다). 그러나 결코 잊혀서는 안 되는 이름이기에 여기에 기록한다. 물론 단순히 '훌륭하다'는 이유 때문이 아니다. 훌륭한 사람의 이름과 흔적 모두를 기록하기에는 이 책이 너무 얇으니.

세계 역사상 가장 위대한 발명을 꼽을 때 결코 빠지지 않는, 아니 첫 손가락에서 거의 밀려나지 않는 발명이 있으니 바로 인쇄술의 발명이다. 그것도 금속활자를 이용한 구텐베르크의 인쇄술 말이다.

그러나 모두가 인정하는 바와 같이 금속활자를 가장 먼저 만든 것은 바로 우리 한민족이다. 물론 우리는 금속활자를 처음으로 만들고서도 그 기술을 인류 문명의 확산이라는 세계사적 대전환으로 활용하지 못했다는 아쉬움이 있다. 하지만 그렇다고 해서 그 기술의 최초 발명이라는 월계관까지 양보할 필요는 없다. 우리에게는 그만한 문화적 잠재력과 과학 능력이 갖추어져 있었고, 그 전통이 오늘날까지 이어져 내려온다는 사실을 기억하고 학습하는 것만으로도 우리 후손들의 미래에 커다란 자양분이 될 것이기 때문이다.

그렇다면 그 전까지는 우리만 알고 있던 사실, 즉 세계에서 금속활자를 처음 만든 이가 구텐베르크가 아니라 우리 한민족이라는 것을 세계만방에 고한 이는 누구일까? 바로 이 글의 주인공 박병선朴炳善 박사이다.

1955년 8월, 박병선은 프랑스 유학길에 오른다. 그리고 우여곡절 끝에 프랑스 국립도서관 사서로 취직을 하게 되는데, 그 과정이 놀랍다. 직원 모집 과정을 거쳐 취직한 것이 아니라 도서관 측에서 먼저 제안을 했기 때문이다. 그 시대만 해도 흔치 않은 동양 여학생이 하루 종일 도서관에서 책 속에 파묻혀 있는 모습, 그리고 그 여학생이 발표한 석사 학위 논문을 보고 감탄한 도서관 측에서 그에게 임시직 사서를 제안한 것이다.

물론 박병선은 그 제안을 흔쾌히 수락했다. 임시직이니 급여 수준이니 하는 따위의 세속적 조건을 따지기에는 스스로 해내야 할 일에 대한 의지가 너무 강했기 때문이리라.

그리고 1967년,《백운화상초록불조직지심체요절白雲和尙抄錄佛祖直指心體要節》이라는 책 한 권을 발견한다. 박병선은 이 책이 우리나라에서 인쇄된 금속

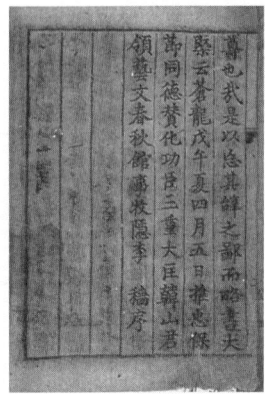
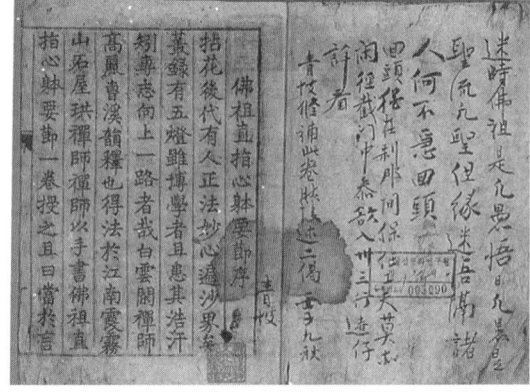
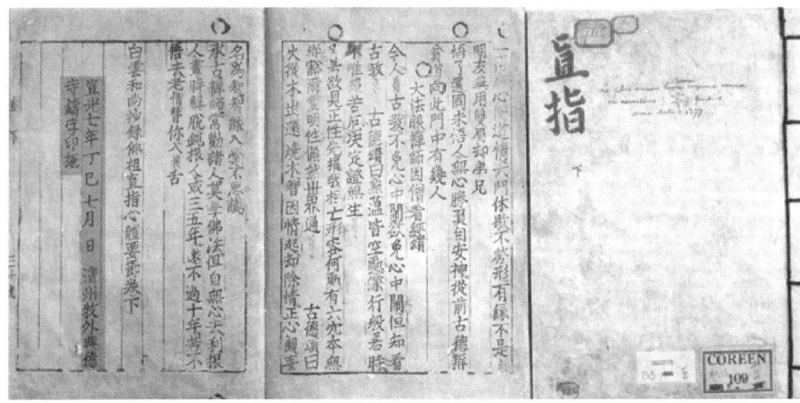

《직지심체요절》.
위 사진은 국내에 있는 《직지심체요절》 목판본이고 아래 사진은 프랑스 국립도서관에 보관되어 있는 금속활자본이다. 두 책을 비교해보면, 목판본의 글씨체가 금속활자본에 비해 훨씬 고르고 정교함을 쉽게 알 수 있다. 목판본은 나무에 글자를 붙인 다음 그대로 새겼기 때문에 오직 《직지심체요절》 하나만을 위한 판인 반면, 금속활자본은 이왕 만들어놓은 금속활자 여러 개를 책 내용에 맞추어 배치한 다음 인쇄했기 때문에 줄도 고르지 않고 글자 크기 또한 들쭉날쭉하다. 鑄字(주자), 즉 쇳물을 부어 글자를 만들었다는 내용이 선명하다.

활자본임을 한눈에 확인할 수 있었는데, 그 까닭은 책의 마지막에 씌어 있던 다음 내용 때문이었다.

"선광칠년정사칠월일宣光七年丁巳七月日 청주목외흥덕사수자인시淸州牧外興德寺鑄字印施(1377년 7월, 청주목 바깥 흥덕사에서 글자를 만들어 인쇄하여 널리 베풀었다)."

목판으로 인쇄를 했다면 주자鑄字라는 글자를 쓸 리가 없다. '주鑄'라는 글자는 쇠를 부어 만든다는 뜻이니까. 이 책이 금속활자로 만든 책임을 확신한 박병선은 이후 그 근거를 도출하기 위해 온갖 노력을 기울인다. 그리고 마침내 1972년 프랑스 파리에서 열린 '세계 도서의 해' 기념 도서전에서 이 책이 세계 최초의 금속활자본 도서임을 인정받게 된다. 구텐베르크보다 70여 년 앞서 금속활자를 만든 민족이 한민족임이 확인되는 순간이었다.

그리고 또다시 우여곡절을 겪은 끝에 2001년 유네스코 세계기록유산으로 선정되기에 이른다. 물론 그렇다고 해서 《백운화상초록불조직지심체요절》, 줄여서 흔히 《직지심경》이라고 부르는 이 책이 우리 곁으로 돌아온 것은 아니다. 아직도 프랑스 국립박물관 소장으로 있으니까.

《백운화상초록불조직지심체요절》은 사실 《직지심경》이라고 불리기보다는 《직지심체요절》이라고 불러야 한다. 왜냐하면 이 책의 내용이 다른 책에 나오는 내용의 주요 부분을 가려 뽑아 만든 '요절要節'이기 때문이다. 그렇지만 무엇이라 불린들 어떠랴? 이름이 본질을 가릴 수는 없을 테니까.

여하튼 《직지심체요절》은 고려시대의 승려 백운화상白雲和尙이 선禪의 핵심을 깨닫는 데 필요한 내용을 가려 뽑아 출간한 책으로, 본래는 상·하 두

권으로 이루어져 있었다. 그런데 현존하는 것은 하권뿐이다.

한편 《직지심체요절》뿐만 아니라 외규장각 도서의 존재를 확인하고 이를 언론을 통해 공표함으로써 외규장각 도서 반환 운동에 불을 지핀 이도 박병선이다. 물론 이 어려운 일을 시작한 대가로 박병선이 얻은 것은 "파란 책에 파묻힌 여자"(외규장각 도서의 표지가 파란색이었다)라는 별명, 한국 언론에 도서관 기밀을 공표했다는 이유로 제출해야 했던 사표, 그리고 마지막으로 "왜 그런 쓸데없는 일을 해서 귀찮게 하느냐?"는 한국 정부 측 인사의 냉대였다.

그렇지만 박병선은 프랑스 국립도서관에서 물러난 후에도 개인 자격으로 도서관에 하루도 거르지 않고(정말 하루도 거르지 않았을 리는 없지만 관용어구로 쓴다) 출근해서, 대출이 불가능한 외규장각 도서의 내용을 필사한다. 요즘 사람들 같으면 절대 안 할 일이다. 돈도 안 되고 진품을 손에 넣는 일도 아닌데 그 시간에 공공근로라도 해서 한 푼이라도 더 버는 게 낫다고 생각할 것이다.

아무튼 박병선 박사의 노력으로 외규장각 도서의 존재가 널리 알려지자 국내에서도 커다란 관심을 불러일으키면서 반환 운동이 벌어졌다. 그리고 1993년 우리나라에서 고속철 건설 사업자를 선정할 무렵, 프랑스 미테랑 대통령은 한 권의 외규장각 도서를 들고 와서 도서를 반환하겠다는 의지를 표명한다. 그러나……

"게다가 프랑스는 외규장각 도서 반환 문제를 장삿속으로 이용해왔다. 프랑스 국가원수는 1993년 고속철 기종 선정 협상 과정에선 외규장각 도서의 반환을 약속했다가, 협상이 매듭지어지자 약속을 백지화

했다. 이후 협상에서 프랑스 쪽은 우리의 다른 왕실 도서와 맞교환 대여 형식을 추진했다. 2차 대전 뒤 독일군이 약탈한 고갱, 세잔, 모네 등의 그림과 문화재를 고스란히 되받았던 나라로서 참으로 염치없는 요구다."

- 2006년 6월 9일자 〈한겨레〉

위와 같은 기사가 실렸을 때도 프랑스는 무대응으로 일관했는데, 2011년 프랑스 정부는 마지못해 반환이 아니라 '대여'라는 형식을 통해 외규장각 도서를 되돌려주었다. 형식은 대여라 해도 5년 단위로 갱신하기 때문에 실질은 영구 대여요 반환이라고 하지만, 형식이 실질을 지배하는 것이 현실임을 감안한다면 매우 불완전한 방식임에는 분명하다.

사실 필자 개인적으로는, 현재 프랑스 국립도서관에 머물면서 고국으로 돌아오지 못하고 있는 297권의 도서보다 더 마음 아픈 것이 병인양요(1866년) 때 프랑스 군인들이 불태워버린 나머지 6,000여 종의 도서이다. 남아 있다면 한 권 한 권이 세계기록유산이 되었을지도 모를, 우리 민족의 목숨과도 같은 문화가 하루 만에 송두리째 불태워졌다는 사실, 죽어도 잊을 수 없다. 무슨 짓을 해도 불타버린 그 책들을 되살릴 수는 없을 터.

그런데《직지심체요절》은 외규장각 도서가 아니다. 이 책은 초대 주한 프랑스 공사로 부임한 콜랭 드 플랑시라는 인물이 조선에 근무할 무렵 수집한 것으로 알려져 있다. 확실한 구입 경로는 알 수 없지만 얼마간의 대가를 지불하고 구했을 가능성이 높다. 이후《직지심체요절》은 플랑시가 기증한 모교를 거쳐 1911년 앙리 베베르라는 사람이 경매장에서 구입하였다가, 후에 그의 유언에 따라 프랑스 국립도서관에 기증된다. 그러니까《직지심체요절》은 반환 대상이 아니라고 할 수 있다. 게다가 프랑스 국립도서관에서도 이 책의 가치를 인정해 특별히 보관 중이라고 한다.

그러니 국보 1호인 숭례문이 온 국민이 보는 앞에서 불타 무너지는 모습을 보고도 단 몇 개월 만에 그런 사실을 잊은 채 세종로 한가운데서 희희낙락하는(엄청난 돈을 들여 고작 손바닥만 한 공원을 만들어놓고 사진 찍기에만 열중하고 있지 않은가) 후손 정치인이나 관료들을 피해 잠시 남의 땅에 망명 중이라고 여기시길.

그렇다면 우리나라에는《직지심체요절》이 없을까? 아니다, 있다. 그것도 보물 1132호로 지정되어 있다. 그러나 그것은 세계 최초의 금속활자본이 아니라 목판본이다.

얼핏 생각하면 목판본이 더 이른 시대에 만들어졌을 것 같지만 그렇지 않다. 금속활자본이 초판본인 반면 목판본은 금속활자본이 나온 이듬해인 1378년에 여주 취암사에서 금속활자본을 바탕으로 발행한 것이다. 그 무렵의 금속활자 인쇄술은 썩 어려워 지방에서 활용하기에는 어려움이 많았기 때문이다. 따라서 좀 더 쉽고 대중적인 인쇄가 가능한 목판본으로 재발간한 것이다.

그러고 보면《직지심체요절》은 요즘 말로 하면 개정판을 낼 만큼 인기 있는 도서였던 듯하다. 사실 고려는 우리 역사상 가장 대표적인 불교 국가였으니 그럴 만도 했을 것이다.

한 가지만 덧붙여 이야기해보자. 우리가 자주 잊고 지내는 사실이 하나 있으니,《백운화상초록불조직지심체요절》보다 앞서 금속활자로 인쇄한 책이 분명 있었다는 사실이다. 교과서에도 나와 있듯이 바로《상정고금예문詳定古今禮文》이다. 이 책은 고려 인종 때 최윤의崔允儀(1101~1162) 등 17명이 함께 펴낸 책으로, 유교의 예의에 관한 내용으로 이루어져 있다.

물론 이 책은 오늘날 전하지 않는다. 그러나 이규보의 《동국이상국집東國李相國集》에 따르면 고종 21년(외우기도 쉬운 1234년이다)에 《상정고금예문》을 활자로 찍었다고 기록되어 있으니, 분명 이 책이야말로 한국 최초, 아니 세계 최초의 금속활자본 도서일 것이다.

조상들이 남겨준 유산을 계승해서 발전시키기는커녕 지켜내지도 못한 못난 후손들인 우리가 해야 할 일은, 지금부터라도 순수한 문화적 사명감을 가지고 이런 유산들을 하나하나 찾아내는 노력을 기울이는 일일 것이다.

조용수와 민족일보

서른 즈음에, 지령 92호의 혁명

여러분은 서른한 살의 나이에 어디서 무엇을 하고 계셨는지? 아니, 무엇을 하고자 하시는지, 혹은 무엇을 하고 계신지?

이 질문은 우리 모두에게 해당된다. 서른한 살이 넘은 이들에게는 자신의 삶을 되새겨봄으로써 앞으로 어떻게 살아갈 것인지 다시 한 번 다짐할 기회가 될 것이고, 서른한 살을 막 지나가고 있는 청년들에게는 오늘이 삶에서 갖는 의미와 무게를 깊이 느낌으로써 하루하루를 소중히 보내는 계기가 될 것이다. 서른한 살에 이르지 못한 젊음에게는 새롭게 펼쳐질 삶을 어떻게 보낼 것인지 자신만의 꿈과 이상을 구체적으로 다듬어볼 기회가 될 것이다.

그런데 서른한 살의 나이에 민족의 번영과 평화를 위해 이미 행동에 돌입한 젊은이가 있었다. 그것도 일반인들은 감히 꿈도 꾸기 힘든 신문사 창건이라는 원대한 꿈을 구체화한 젊음이.

조용수趙鏞壽는 1930년생이다. 그리고 1961년 12월 형장의 이슬로 사라졌으니, 만 서른한 살로 삶을 마쳤다. 우리 나이로 32세. 일반인들로서는 이제야 삶의 터전을 향해 나아갈 나이인데, 그 나이에 자신이 해야 할 소명을 마치고 안식의 나라로 사라진 이. 그가 바로 조용수다.

필자는 십대 때 처음으로 조용수란 인물을 알게 되었다. 조용수보다 다섯 살 많고, 조용수와 비슷한 길을 걸었으며, 조용수의 죽음을 평생 안타까워했던 분, 바로 필자 부친의 소개로 말이다. 아, 필자의 부친은 지금도 살아 계시니 비슷한 길을 걸었다는 것은 사상적인 면에만 국한된다고 하겠다.

여하튼 조용수란 인물을 접한 후부터 필자는 늘 그에 대한 심리적 빚을 진 채 살아왔다. 서른두 살, 너무 짧았던 건 아닐까. 서른일곱에 생을 마감한 오스트리아 출신 젊은이 때문에 늘 안타까워하기도 했지만(필자가 가장 좋아하는 작곡가 모차르트 이야기인데, 그가 10년만 더 살았다면 수많은 인류를 절망과 죽음에서 구해낼 수 있는 많은 곡을 썼을 거라는 생각이 머릿속을 떠나지 않는다), 모차르트의 죽음을 안타까이 여기는 사람은 세상에 필자 외에도 너무나 많을 것이다. 그렇지만 조용수의 죽음을 오랫동안 기억하면서 진정으로 안타까이 여길 사람은 과연 얼마나 될까를 생각하면 마음이 답답하기만 하다.

필자의 싸구려 감상은 이 정도에서 멈추고, 값지고도 값졌던 조용수의 삶에 대해 살펴보기로 하자.

1930년 경남 진주에서 태어난 조용수는 명색이 대단한 집안 출신이었다. 훗날 그에게 사형 판결을 내린 판결문에 서명한 판사 가운데 한 사람인 이회창처럼 말이다. 사실 이회창의 행동에 대해서는 동정론이 많다. 혁명재판소인지 뭔지, 여하튼 쿠데타로 정권을 잡은 박정희 일파의 군인들이 장악하고 있던 법정에서 소장 판사가 뭘 할 수 있었겠냐는 것이다.

그렇지만 짧은 삶이나마 필자가 살아온 삶의 경험으로 보면, 모든 삶에 대해 변명의 여지가 있어서는 안 된다는 게 필자의 소신이다. 그런 여지를 이해하려 들기 시작하면 세상 모든 일이 합리화되어 선과 악의 구분이 불가능해지니까. 친일파들의 논리도 그런 것 아닌가? 그 상황에서는 어쩔 수 없었다고 말이다. 독재 정권에 빌붙어 살던 이들도 그 상황에서는 어쩔 수 없었다고 말한다. 필자도 마찬가지로 살기 위해서 수많은 잘못을 저질러왔지만, 이를 누군가가 비난하는 것보다도 더 괴로운 것은 바로 스스로의 양심이다. 겉으로는 아무리 부정한다 해도, 스스로가 비겁하기 그지없는 행동이라는 결론에 도달할 때의 그 치욕스러움은 제3자의 비난과는 비교가 안 된다.

여하튼 대구 대륜고등학교를 거쳐 연희전문에 입학한 조용수는 2학년이 되던 해에 6·25전쟁이 발발하자 일본으로 건너간다. 그런데 청년 시절 조용수의 행동 가운데 유심히 지켜볼 내용이 있으니, 그가 광복 후 혼란기에는 우익 학생단체에서 활동했다는 것이다. 그러니까 그는 좌익이 행세하던 시대에 우익 활동을 한 인물이니, 이쯤 되면 이른바 빨갱이는 아닌 듯하다.

일본으로 건너간 조용수는 메이지대학 정경학부에 들어가 공부하는 한편 다시 재일거류민단(약칭 민단)에서 활동한다. 민단은 북한을 지지하는 조총련에 대항하던 재일동포 단체임은 누구나 아실 것이다. 여기서도 그가 타고난 우익임을 다시 한 번 확인할 수 있다.

민단에서 조용수는 민단 기관지인 〈민주신문〉과 교포신문 〈국제타임스〉 논설위원으로 활동한다. 이때 그의 나이 20대 중후반이었으니, 그의 필력은 타고난 것이었거나 다른 사람에 비해 서너 배 이상 노력하는 불굴의 인물이었음이 분명하다.

그 후 조용수는 또 한 번 우익의 모습을 드러낸다. 바로 재일동포 북송 반대 운동에 앞장섰다는 사실이다. 그 무렵 북한에서는 자신들의 체제 우위를 내세우기 위해 재일동포들을 회유, 북한으로 송환하는 운동을 벌이고 있었는데, 조용수는 앞장서서 이 운동을 반대하고 나선 것이다.

그런데 나름대로 이렇게 열심히 살아가던 조용수에게 특별한 인물이 나타난다. 바로 이영근이라는 사람이다. 이영근은 조봉암(훗날 이승만 정부에 의해 사법살인의 희생양이 되었다)의 비서 출신으로, 조봉암이 구속된 후 일본으로 밀항하여 조봉암 구명 운동 및 반이승만 운동을 벌이고 있었다.

열혈청년 조용수가 불의를 보고 참을 수는 없는 일이리라. 조용수는 이영근이 벌이고 있던 조봉암 사형 반대 운동에 참여하면서 이영근과 관계를 맺기 시작했다. 이영근은 조용수에게, 이후 조봉암이 추진하였고 결국 조봉암을 사형으로 몰고 가는 빌미가 되었던 '평화통일론'을 전파하였을 것이다. 당연한 것 아닌가. 이미 수백만의 무고한 시민을 희생으로 몰고 간 남북전쟁(6·25전쟁)의 기억이 채 가시기도 전에 이승만은 터무니도 없는 '북진통일론'을 내세우며 남한 시민과 지식인들을, 전쟁을 담보로 억압하고 있었으니 말이다. 한마디로 이승만의 전쟁통일론에 반대하며 평화통일론을 주장한 조봉암은 결국 이승만에 의해 사법살인을 당하고 마니, 그것이 1959년의 일이다.

그러나 이러한 이승만의 단말마적인 발악은 불과 1년도 채 못 되어 4·19혁명으로 비극적인 최후를 맞는다. 4·19혁명은 이 땅의 양심적인 지식인들에게 새로운 희망의 메시지를 전달해주었다. 독재의 종언, 평화통일의 가능성, 시민 주체의 정치 등 이승만 치하에서는 꿈으로만 여겨졌던 일들이 한꺼번에 가능해진 것이다.

이 시기에 조용수는 다시 한 번 결단을 감행한다. 바로 자유를 되찾은 조국에서 가장 의미 있는 일을 하기로 결심한 것이다. 그는 일본에서 자금을 조달한 후 조국 대한민국으로 귀국한다. 그리고 1961년 2월 13일, 드디어 〈민족일보〉를 창간한다.

> 민족의 진로를 가리키는 신문
> 부정과 부패를 고발하는 신문
> 노동대중의 권익을 옹호하는 신문
> 양단된 조국의 비원悲願을 호소하는 신문

〈민족일보〉의 사시社是이다. 한마디로 노동자, 서민을 위해 정부의 부정과 부패를 일소하고 평화로운 통일의 길을 열겠다는 뜻이리라.

그러나 이러한 구체적인 목표는 늘 단순무지한 이들의 공격 목표가 되기 쉽다. 그저 '자유', '정론正論', '문화' 같은 추상적이면서도 귀에 걸면 귀걸이, 코에 걸면 코걸이가 되는 두루뭉술한 목표가 공격을 받지 않는 법인데, 조용수는 너무도 젊고 순수했기에 이러한 사실을 몰랐을 것이다. 아니, 모르는 정도가 아니라 "우리 〈민족일보〉는 이러한 민족의 분열과 비원을 영속화시키는 일부의 작용에 대하여 온갖 정력을 기울여 싸울 것", "특히 적극적으로 남북 간의 민족의식의 추진과 생활공동체적 연대를 추구하는 데, 있는 지면을 과감하게 제공하는 것을 중요한 임무라고 생각한다"고 창간사에서 밝혔으니, 평화통일을 위해 전심을 다할 것이라는 위험한 철학을 드러내놓고 이야기한 것이다. 고작 2년 전에 평화통일을 주장하다가 형장의 이슬로 사라진 조봉암이 있었음을 기억하지 못하나?

4·19혁명이 일어난 지 10개월 만에 창간된 〈민족일보〉는 보수 정치인들의 온갖 모략과 음해에도 불구하고 창간 한 달도 채 안 되어, 당시 신문 시

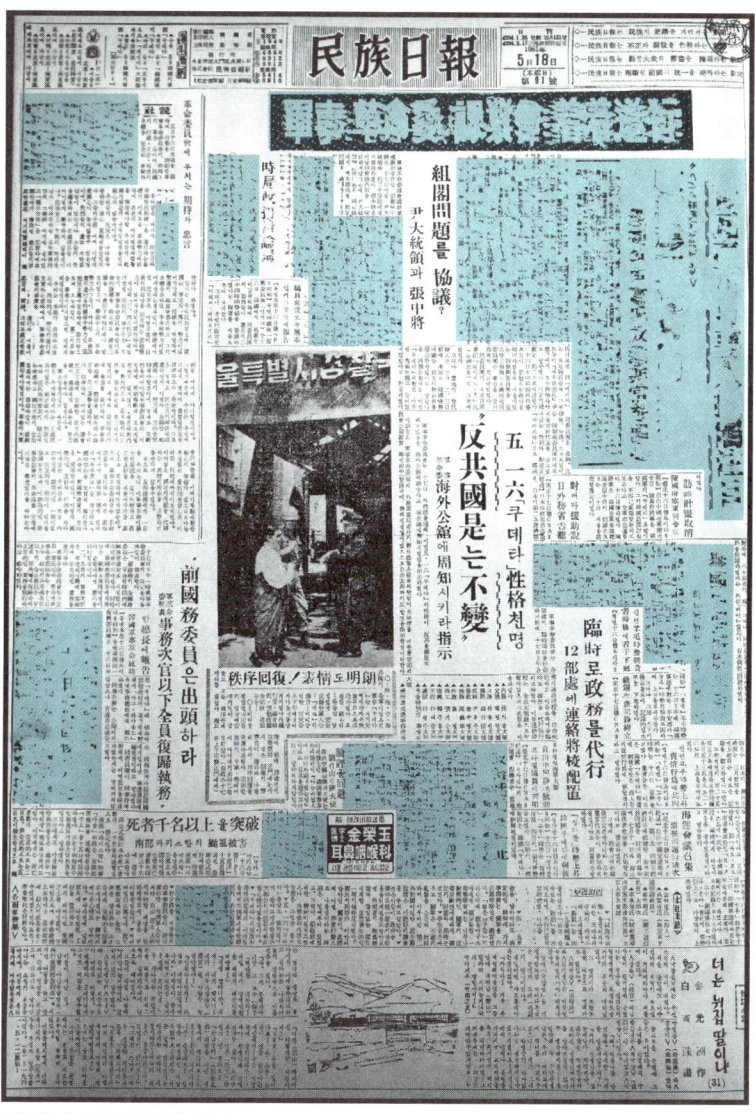

〈민족일보〉 1961년 5월 18일자 1면.
5·16 군사 쿠테타가 일어난 지 이틀 후의 신문인데, 기사 곳곳을 '가위질' 해놓은 모습이 가히 충격적이다.

장을 주도하고 있던 〈경향신문〉과 〈동아일보〉에 버금가는 발행부수를 기록했다. 그 무렵 〈민족일보〉는 윤전기가 없어 정부 기관지인 〈서울신문〉에서 인쇄를 하고 있었는데, 〈서울신문〉이 2만 4,000부를 발행하는 반면 〈민족일보〉는 5만 부를 발행했으니 배보다 배꼽이 큰 셈이었다.

그런데 이런 진보적이고 양심적인 언론을 보수 정치인들이 가만둘 리 없었다. 이때는 4·19 이후 이승만 정권이 몰락하고 이승만과 대립하던 야당이 집권한 상태였다. 그러나 이들 또한 이승만 무리들과 대동소이하였으니, 장면 정권은 〈민족일보〉에 대한 대대적인 탄압을 개시하였다. 고작 18호까지 발행한 2월 28일, 국무원 사무처는 〈서울신문〉에 〈민족일보〉의 인쇄 중단을 지시한다. 그리하여 코미디 같은 일이 벌어졌으니, 3월 3일까지 〈민족일보〉 발행이 중단된 것이다.

이러한 사실은 장면 정부 역시 민주주의와는 거리가 먼 고작 '정상배政商輩'들의 집단임을 알려주는 사례에 불과하다. 그런 수준의 총리인 장면이 이 나라와 겨레를 위해 무슨 총리 노릇을 했겠는가. 결국 장면은 훗날 5·16쿠데타가 발발하자 총으로 무장한 군인들을 피해 어디론가 행방불명된다. 군인들에게 끌려가 행방불명이 되었다면 자랑스러운 훈장이 되겠지만 스스로 피해 도망쳤으니, 역사에 길이 남을 비겁자란 소리를 들어도 충분할 것이다.

우여곡절을 겪으면서 다시 발행된 〈민족일보〉는 이후에도 시민들의 열광적인 지지를 받는다. 궁금하신 분들이 계시다면 〈민족일보〉 영인본이 각 도서관에 남아 있으니 참고하시기 바란다.

그러나 이러한 〈민족일보〉의 영광은 오래가지 못했다. 어느 양심적인 인물이나 세력이 우리 역사에서 오래간 적이 있었던가! 1961년 5월 16일, 박정희와 김종필이 선두에 선 일부 군인들은 고려시대 무인 정권 이후 1,000

여 년 만에 쿠데타를 일으켜 정권을 탈취한다. 그리고 쿠데타 발발 3일 후인 5월 19일 〈민족일보〉는 폐간되고, 조용수를 비롯한 민족일보사 간부 여덟 명이 연행된다. 지령紙齡 92호. 단 3개월여 동안 존속했던 신문치고는 그 영향력과 사회적 반향, 그리고 역사적 의의가 너무나 컸던 신문이었다.

조용수 사형 직전의 모습.
조용수가 안식의 나라로 떠나기 몇 분 전의 사진. 뒤의 장막이 쳐진 곳에 아마도 교수대가 있을 것이다.

이후 조용수는 '특수범죄처벌에 관한 특별법'이라는 박정희 일파가 만든 법에 소급 적용되어 구속되었고, 정치적 반대파를 제거하는 통상적인 방법, 즉 일본 거주 간첩으로부터 돈을 받아 신문사를 설립했다는 둥 평화통일론을 주장해 북한에 동조했다는 둥 훗날 박정희와 그의 추종자들이 늘 써먹어 왔던 빨갱이 사냥 방식으로 형식적인 재판을 받아야 했다.

결국 조용수는 8월 12일 1심에서 사형 선고를 받고, 10월 31일 상고심에서도 사형이 확정되었다. 모든 일이 이렇게 신속하게 결정될 수 있다면 좋으련만, 왜 정치적 반대 세력을 제거하기 위한 재판만이 이렇게 신속하게 처리되는 것인지.

이때의 재판이 얼마나 졸속(사실 '졸속'이라는 말은 너무 어려워 현실감이 없다. 그래서 필자는 이렇게 바꾸고 싶다. 엉.망.진.창.)으로 처리되었는지를 단적으로 보여주는 사례가 있다. 처음에는 민족일보사를 사회단체로 규정해 특별법을 적용했으나, 영리단체인 주식회사 민족일보사가 사회단체가 아님은 너무나 명백했다. 그러자 상고심에서는 조용수를 주요 정당 간부로 임명한

조용수에게 사형을 구형했다는 기사가 실린 1961년 8월 12일자 〈경향신문〉.
사형을 구형한 오재옥 검찰관은 "〈민족일보〉가 정치·경제·사회·문화 전반에 용공사상을 부식시켜 국내를 교란케 했다"고 전제하고 "신문사의 창간 동기와 인적 구성으로 보아 반국가혁신정당의 대변지임에 틀림없다"며 "괴뢰 정권이 주장하는 평화통일론을 보도, 선동하여 반국가적 행위를 했다"고 논고했단다. 21세기에 자유를 만끽하는 우리로서는 평화를 주장하는 것도 죄가 되던 세상이 있었음을 기억해야 할 일이다.

다. 그가 한 일이라고는 4·19 직후인 1960년 7월 29일 실시된 국회의원 선거에서 사회대중당 후보로 경북 청송에서 출마했다가 낙선한 것이 전부였다. 그런 그가 갑자기 주요 정당의 간부가 되어 다시 특별법의 적용을 받은 것이다. 왜 그랬을까?

쿠데타 세력은 '특수범죄처벌에 관한 특별법'을 제정하고 소급 적용까지 가능하게 만들었는데, 그 법 제6조에는 "정당, 사회단체의 주요 간부로 국가보안법 제1조에 규정된 반국가단체에 이익이 된다는 정情을 알면서 선동 교사한 자는 사형, 무기 또는 10년 이상의 징역에 처한다"고 규정되어 있다. 그러니까 정당도 아니고 사회단체도 아닌 민족일보사의 사장은 이 법의 적용 대상이 아닌 것이다. 그래서 생각해낸 것이 바로 그를 정당의 주요 간부로 만든 것이다.

한마디로 이건 재판의 형식을 띤 살해였을 뿐이다. 이런 일은 후에도 지속되니, 박정희는 참으로 효율을 중시한 인물이었다. 사실 형식이 뭐 그리 중요한가? 실질이 중요하지. 그런데도 이런 말이 있다. '민주주의는 결과 못지않게 과정이 중요하다.' 세상 물정 모르는 비효율자들의 넋두리일 뿐이리라.

그리고 그해 12월 22일, 조용수는 형장의 이슬로 사라졌다. 나머지 사형 선고를 받은 피고들은 감형을 받아 10년 이내에 모두 석방되었으니, 오직 조용수와 〈민족일보〉를 제거하기 위한 사건이었던 셈이다.

한편 〈민족일보〉가 폐간되고 조용수가 사형 판결을 받자 국제언론협회(IPI), 국제펜클럽본부 등이 나서 한국 정부(이때는 정부 대신 쿠데타 세력이 정권을 좌지우지할 때니까 군사정부라고 해야 하나?)에 항의문을 전달하면서 조용수 구명 운동에 나섰다. 그러나 '하면 된다'고 죽을 때까지 외치던 박정희에게 그런 먹물들의 외침이 들릴 까닭이 없었다.

그렇게 해서 조용수는 죽었고, 이듬해인 1962년 1월 국제저널리스트협회는 조용수에게 '국제기자상'을 추서하여, 용기 있는 언론인의 죽음을 영원히 기렸다.

이 사건과 관련하여 한 가지 기억해야 할 일이 있다. 조용수에게 북한의 자금을 지원하여 〈민족일보〉를 창간토록 했다는 혐의를 받은 이른바 '간첩' 이영근은 1991년 사망하였고, 노태우 정부는 그의 공적을 기려 국민훈장 무궁화장을 추서하였다. 간첩에게 대한민국 최고의 훈장을 수여하다니! 그러니 조용수와 〈민족일보〉는 양심과 사상, 염치도 엉망진창인 인간들에 의해 역사 속으로 사라졌다는 것이다. 그리고 21세기에 들어와 우리는 다음과 같은 기사를 접하게 되었다.

"2008년 1월 16일, 서울중앙지법 형사합의22부는 지난 1961년 신군부에 의해 체포돼 '특수범죄처벌에 관한 특별법' 위반으로 사형이 선고됐던 조 사장에 대한 재심 선고공판에서 조 사장의 무죄를 선고했다. 재판부는 "조 씨에게 적용된 특수범죄법은 정당이나 사회단체 주요 간부에게 적용한 법률"이라며, "영리단체인 〈민족일보〉가 사회단체라고 보기 어렵고 조 씨가 사회대중당의 간부로 활동했다는 증거도 없어 공소 사실 자체가 근거가 없다"고 밝혔다."

- 2008년 1월 17일 '언론개혁시민연대'

56

98을
이긴 2

이승만 vs 조봉암

북진통일을 외치던 정치가가 있었다. 남진하는 공산당조차 막지 못하면서 북진통일을 외쳤으니 그야말로 '당랑거철螳螂拒轍', 즉 수레를 막겠다고 나선 사마귀이거나, 아니면 뻔히 안 될 것을 알면서도 자신의 집권 야욕을 연장하기 위해 백성들 속에서 발생할지도 모를 자신에 대한 적개심을 바깥의 적, 즉 공산당에게 돌리기 위한 고도의 술수이리라.

그가 정녕 누구인지 모르신단 말인가? 바로 이승만이란 정치인이다.

이승만은 정치인이란 단어만으로는 부족한 탁월한 인물이었다. 어눌한 말투를 보이며 순진한 척했지만 미국인들조차 고개를 절레절레 내두를 정도로 정략적이었고, 그의 정치적 경쟁자조차 "자신은 그에 비하면 어린아이에 불과하다"고 할 정도로 놀라운 판단력의 소유자였다. 다만 그가 나라의 미래와 백성의 행복을 위해 자신에게 주어진 달란트(그는 기독교인이었으니 이렇게 표현하는 것이 어울릴 것이다)를 쓰는 대신, 오직 자신이 대통령에 오르고 죽을 때까지 그 자리를 누리는 일에 쓴 것이 그와 민족의 비극이라 할 것이다.

기독교계의 지도자로 일생을 마친 고 강원룡 목사의 회고록을 잠깐 살펴보자.

> "이 박사는 탁월한 정략가(politician)예요. 아마 정략가로서는 대한민국 역사에, 아니 미래에도 그런 사람은 없을 겁니다. 그 무렵 일본의 요시다 시게루 총리가 '나는 정치적으로는 이 박사의 상대가 못 된다'고 털어놨을 정도예요. 미국 제8군 사령관 제임스 밴플리트는 미 의회에서 증언할 때 '이 박사 앞에 있으면 커다란 바위 앞에 서 있는 느낌이다'고 했죠."
>
> "이승만 박사는 이미 1946년에 단독정부라도 세워야 한다고 주장한 사람입니다. 이 양반 머릿속엔 어떻게든 대통령 되겠다는 생각밖에 없었어요."
>
> – '강원용 목사의 체험 한국현대사 ②' 《신동아》 2004년 1월호

그런데 이런 이승만을 실질적으로 누른 인물이 있었다. 물론 이겼다고 해서 대통령에 당선된 것은 아니다. 독재국가에서는 선거에 이겼다고 해서 그 자리에 오르는 것은 아니니까. 다시 강원룡 목사의 회고록을 살펴본다.

> "조봉암이라는 사람을 공산주의자로 몰아서 죽인 것은 전적으로 1956년 대통령 선거 때문입니다. 1952년 대통령 선거에서는 조봉암 씨가 실제로 떨어졌기 때문에 문제 될 게 없었어요. 하지만 1956년

선거는 사정이 다릅니다. 사실상 조봉암이 이승만을 이긴 선거였거든요. (중략) 공화당 국회의원을 지낸 박종태 씨가 1967년 7대 국회의원 선거가 끝날 무렵에 크리스친아카데미에서 여·야 지도자들을 모아놓고 토론회를 가졌죠. (중략) 그러면서 1956년 선거 얘기를 들려주더군요. 박종태 씨가 당시 여당 선거감시위원이었던 것으로 압니다. 그 사람 얘기가, 개표장에서 표를 100장 단위로 묶는데 조봉암 표가 워낙 많이 나오니까 조봉암 표 98장에다 앞뒤로 이승만 표를 한 장씩 붙이고는 이승만 표 100장으로 계산했다는 겁니다. 그런데도 나중에는 양쪽에 붙일 이승만 표가 부족했다고 합니다. 그러니 실제로는 조봉암이 압도적으로 당선된 것인데 이걸 뒤집는 게 한국 정치라는 거예요. 전국적으로 그렇게 개표된 것인지는 몰라도 그 얘길 듣고 얼마나 놀랐던지……. 결국 이승만이 그런 조봉암에게 위협을 느낀 것 아니겠어요."

그러니까 조봉암 표 98표를 이승만 표 2표가 이긴 셈인데, 이렇게 했는데도 선거에서 진다면 그건 개도 아니다. 그렇게 해서 이승만은 다시 대통령에 올랐고 자신의 경쟁자 조봉암을 2년 후 죽인다. 아, 조봉암은 사법부에 의해 사형 판결을 받아 합법적으로 교수형을 당했으니 이승만이 죽인 것이 아니라고 말할 수도 있다. 그러나 그걸 믿을 사람은 극히 일부, 그러니까 누군가 사람을 칼로 찔러 죽이고는 "내가 죽이지 않았다. 칼이 죽였다"라고 말할 사람밖에 없을 것이다.

"진실화해를 위한 과거사정리위원회(위원장 송기인 신부)는 27일 '진보

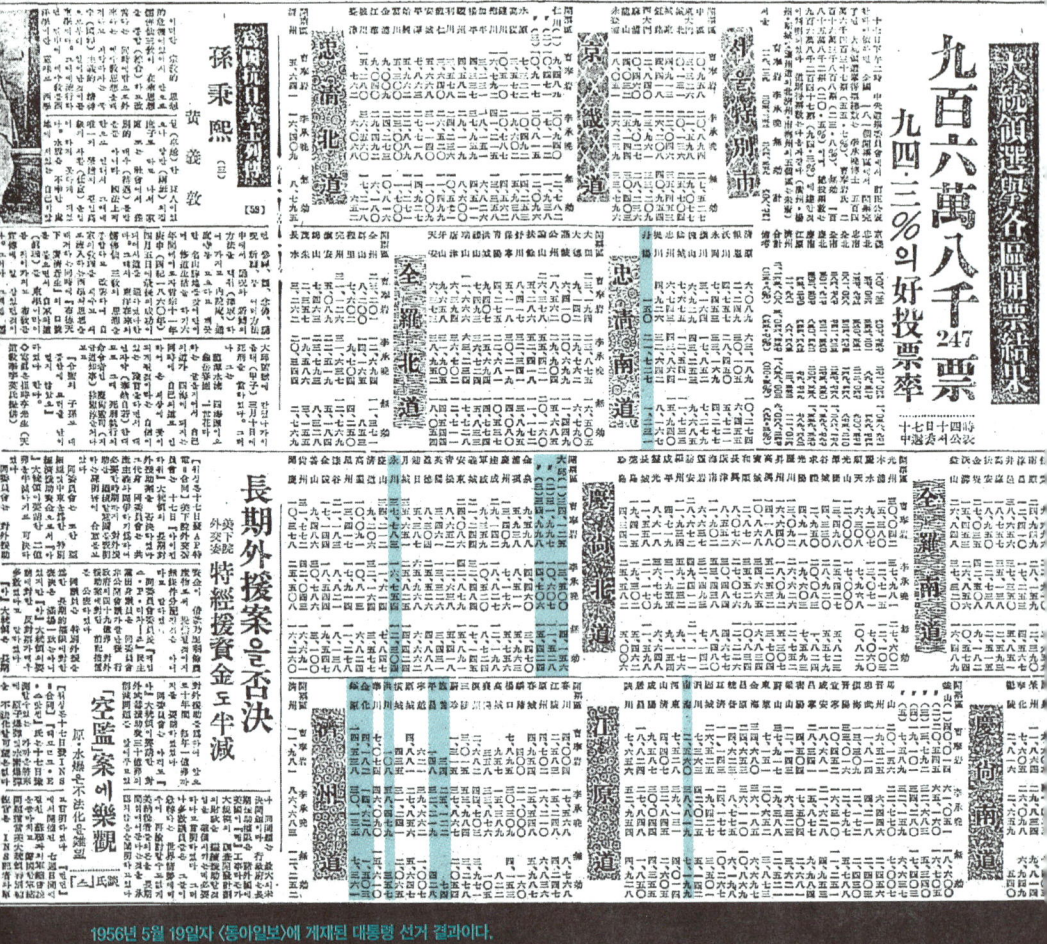

1956년 5월 19일자 〈동아일보〉에 게재된 대통령 선거 결과이다.

대구 경북 지역의 경우 조봉암의 선전이 두드러진다. 대구에서 조봉암은 10만 표를 넘는 반면 이승만은 3만 9,000여 표에 그쳤다. 영천에서도 조봉암은 3만 8,000여 표인 데 비해 이승만은 1만 7,000여 표에 그쳤다. 이런 상황이 진행된 데에는 약간의 사정이 있는데, 그 무렵 대구시에서는 개표 부정으로 인해 며칠 동안 개표가 진행되지 못하는 사태가 발생했다. 이 때문에 전국적인 관심이 대구 지역에 집중되었고, 결국 대구에서는 사상 유례없이 공정한 개표가 진행되었기 때문이다. 반면에 다른 지역의 개표 결과는 상상을 초월한다. 충북 단양군의 경우 150표 대 2만 1,000여 표, 경남 남해는 2,000여 표 대 3만 8,000여 표, 강원 홍천은 100표 대 5만 8,000여 표, 정선은 30표 대 2만 5,000여 표, 평창은 150표 대 3만 2,000여 표 차이로 이승만이 승리한다. 상상이 가시는가? 요즘같이 개화된 사회에서도 한 후보가 30표를 얻는 반면 다른 후보가 2만 5,000표를 얻기는 힘든데, 많은 유권자들이 문맹이었던 시대에 이토록 정확히 이승만에게 몰표를 던졌다는 것은 참으로 기네스북에 오를 일이다. 혹시라도 강원도 도민들이 이승만을 절대적으로 지지했기 때문이라고 여기는 분을 위해 말씀드리는데, 강원도 가운데서도 북한과의 접경지대에 속해 공산당을 혐오했을 듯한 철원군에서는 1만 4,000여 표 대 3만 표, 금화에서는 4,000여 표 대 1만 5,000여 표의 적당한 표차로 이승만이 승리했다.

당 사건은 정적 조봉암을 제거하기 위한 비인도적, 반인권적 인권 유린이자 정치탄압'이라고 결정한 후 '유가족에게 국가가 사과하고 피해 구제와 명예회복을 위한 적절한 조치를 취할 것'을 권고했다.
진실화해위원회는 이 밖에도 조봉암 선생이 일제강점기 독립운동을 하다 복역한 사실을 근거로 국가가 선생을 독립유공자로 인정할 것도 함께 권고했다."
- 2007년 9월 29일자 〈한겨레〉

위 기사에서도 알 수 있듯이 조봉암이란 인물은 아직도 법적으로는 사형판결을 받고 죽어간 사형수일 뿐이다. 물론 그의 유족들이 위 권고를 근거로 재심을 청구했으니 그 결과에 따라서는 사형수 신분에서 벗어날 수도 있을 것이다. 그러나 세상일이란 게 물 흐르듯 흘러가기만 하는 것은 아니라서 결과를 보기 전에는 섣불리 단정 지을 수 없다.

자, 이제 조봉암이란 인물에 대해 살펴보기로 하자. 앞서 배경 설명은 충분히 하였으니 곁가지는 필요 없고, 본론만 보면 될 것이다.

1898년 강화에서 태어난 조봉암은 3·1운동에 가담했다가 1년간 옥고를 치른다. 출옥 후 일본 주오대학에서 정치학을 공부하던 그는 이내 사회주의자가 되어 학업을 중단하고 모스크바로 건너가 동방노력자공산대학東方勞力者共産大學 속성과에 입학, 공부한 후 국내에 잠입했다. 이후 그는 국내와 중국에서 사회주의자로서 독립운동에 전념한다. 그러다가 1932년 11월 상하이에서 일본 경찰에 피검되어 신의주 형무소에서 7년간 복역했고, 출옥 후 인천에서 지하운동을 하다 1945년 1월 다시 검거되었으나 광복으로 석방되기에 이른다.

광복 후인 1946년, 그는 남한 공산당의 대표 격인 박헌영을 공개적으로 비판하는 서한을 발표한 후 조선공산당을 탈당한다. 그리고 다른 사회주의자들은 남한만의 5·10 총선거를 반대했지만 그는 이 선거에 참여해 제헌국회의원에 당선된다. 이로써 그는 사회주의와 완전히 결별한 것으로 자타가 공인한다.

물론 그가 제헌의회 선거에 참여한 것을 두고 "좌측 인사도 참여하는 모양새를 갖추기 위한 미 군정의 술수에 이용당한 것"이라느니 "자신이 몸담았던 사회주의 진영을 완전히 배신한 것"이라느니 하는 여러 가지 시각이 있지만 여하튼 결과적으로 그는 남한만의 정부에 참여한 것이었다. 이는 훗날 그의 부인이자 유명한 독립운동가인 김조이가 6·25전쟁 중 납북되는 비극으로 연결되기도 한다. 만일 그가 진정 사회주의자였다면 6·25전쟁이 발발했을 때 피신할 까닭도 없을 테고 부인이 납북될 리도 없었을 테니까 말이다.

여하튼 제헌국회의원에 당선된 그를 이승만은 농림부 장관에 임명한다. 놀랍지 않은가? 사회주의자 출신 국회의원을, 미국의 지원을 등에 업고 대통령에 당선된 이승만이 농림부 장관에 임명하다니! 게다가 지금의 농림수산식품부 장관과 1948년의 농림부 장관을 같은 일을 하는 관료로 생각하면 커다란 착각이다. 오늘날 농업은 사양 산업이지만 그 시대 농림부는 국가의 가장 중요한 산업인 농업을 담당할 뿐 아니라 전 국민의 초미의 관심사인 농지개혁, 즉 일본으로부터 돌려받은 농토를 백성들에게 어떻게 분배할 것인가, 친일 지주들의 땅을 어떻게 농민에게 돌려줄 것인가 하는 업무를 담당해야 하는 막중한 자리였던 것이다.

그 무렵 북한에서는 이미 잔인하리만치 철저한 토지개혁을 통해 하층 농민들의 전폭적인 지지를 획득한 상태였다. 따라서 남한에서도 국민의 대부분을 차지하는 농민들을 위한 농지개혁을 미룰 수는 없는 상태였다. 이승만이 사회주의 경력이 있던 조봉암을 농림부 장관에 임명한 것은 바로 이러한 시대적 상황과 아울러 대지주 출신 정치인들에게 이 일을 맡겼다가는 농민들의 반발을 무마할 수 없다고 여겼기 때문일 수도 있다.

여하튼 조봉암은 농림부 장관에 올라 농지개혁을 추진하였다. 그러나 이승만과의 동거는 여기까지였다. 이승만의 장기 집권 야욕을 눈치 챈 조봉암은 이후 반反이승만 운동에 앞장선다.

물론 초기에 그의 움직임은 말 그대로 달걀로 바위 치기에 불과했다. 1952년 8월 5일 실시된 제2대 대통령 선거에 "유엔 감시 하 총선거를 통한 평화통일, 국민의료제도, 국가 보장 교육제도, 노동자들의 경영 참여, 농촌 고리채 지불 유예" 등을 공약으로 내걸고 출마한 그는 496만 표 대 76만 표로 이승만에게 참패했으니까. 물론 이때도 네 명의 후보 가운데 2위를 차지하긴 하였다. 그만큼 그 시대 한국인들은 조봉암이란 사람을 인정했다고도 볼 수 있을 것이다.

그런데 정말 '일'은 4년 후에 발생했다. 1956년 실시된 제3대 대통령 선거는 말 그대로 사활을 건 대결이었다. 우선 야당의 가장 강력한 후보였던 신익희 민주당 후보가 선거를 불과 열흘 앞두고 급서한 것이다. 이 유례를 찾아볼 수 없는 사태 앞에서 정치인들은 우왕좌왕하였다.

야당이라면 당연히 신익희 대신 강력한 후보였던 무소속의 조봉암을 지지하여야 했음에도(사실 이전부터 신익희와 조봉암 사이에는 후보 단일화 협상이 진행되고 있었다) 신익희 후보가 급서하자 돌연 이승만 지지를 주장하고 나선 자가 꽤나 많았다. 아마도 그 시대 야당이었던 민주당의 전신이 한민당, 즉 광복 후 대지주 계층이 주도하여 만든 정당이었기 때문일지도 모른다. 또한 조봉암이 과거 사회주의 운동을 했다는 이유를 들면서 빨갱이 주장을 펼치기도 하였다.

정치인들이 이렇게 혼란 속에 빠져 있었으니 당연히 '이승만 대세론'이 힘을 받을 수밖에. 그래서 이승만 일당이 앞서 강원룡 목사의 회고록 내용처럼 황당무계한 부정선거를 저질렀어도 정치판이나 언론에서 별 저항을 하지 않은 것이리라.

그러나 이런 혼란 속에서도 정신을 차린 계층이 있었으니, 바로 국민이었다. 국민들은 결코 흔들리지 않았고 제대로 투표했다. 물론 그 시대 유권자들의 발뒤꿈치도 따라가지 못할 정치인들은 그 표를 지키지 못했지만.

그렇게 해서 조봉암은 다시 낙선했다. 그러나 이승만 일파는 너무나 잘 알고 있었다. 겉으로는 치매에 걸린 듯 노쇠한 모습을 보이며 국민들의 동정을 사고 있었지만 속으로는 자신이 얼마나 처참하게 패했는지, 그리고 향후 영구 집권을 위해서는 어떻게 해야 하는지 치밀한 전략을 세우고 있었다.

3대 대통령 선거가 실시되던 해에 이승만의 나이는 82세였다. 그 무렵 대한민국 남성의 평균 수명이 얼마나 되었는지는 모르지만 적어도 이승만은 평균 수명보다 10년은 더 나이 든 상태였을 것이다. 그런 사람이 향후 영구 집권을 획책하다니! 불로장생을 꿈꾼 진시황을 능가하는 대단한 인물 아닌가? 이승만은 결국 91세에 세상을 떠났다. 그러니까 영구 집권한다 해도 고작 10년도 채 하지 못했을 터인데, 그를 위해 온 국민을 속이고 반대파를 죽이고 했으니 그를 진정 정략가로 임명하노라!

여하튼 조봉암은 이승만에게 눈엣가시가 되었다. 감히 내 아래에서 자란 녀석이 나를 밀어내려고 해? 이게 이승만의 솔직한 심정이었을 것이다. 그리고 그때부터 조봉암 제거 작전은 시작되었을 것이다.

그런데도 순진한 조봉암은 대통령 선거에서 패한 그해 11월 "책임 있는 혁신정치, 수탈 없는 계획경제, 민주적 평화통일"의 3대 정강을 내걸고 사회민주주의 정당인 진보당을 조직하였다. 이 순간 이승만은 "너 잘 걸렸다" 하고 쾌재를 불렀을 것이다. 왜? 결국 평화통일론이 그에게 국가보안법의 족쇄를 채웠으니까.

1958년 1월 13일, 진보당이 결성된 지 고작 두 달 남짓 만에 진보당 간부들은 군 수사기관의 방문을 받는다. 양명산이라는 간첩이 북한의 지령에 따라 조봉암에게 공작금을 지불했다는 내용과, 진보당의 강령 가운데 하나인 평화통일론이 북한의 주장에 동조한 것이라는 내용이 구속 근거였다. 그리고 2월에 진보당은 등록 취소된다. 사법적 결정이 나기도 전에 내려진 결정이었다.

그리고 일사천리로 진행된 재판은 그해 7월 조봉암에게 '간첩 혐의는 무죄'라는 취지로 징역 5년을 선고함으로써 최소한의 양식을 지키는 듯했다. 그러자 수많은 우익 단체에서 "용공판사 물러가라!"는 시위를 벌이는 등 분위기는 점차 험악해져 갔다.

그리고 1심 판사님은 법전에는 충실하셨지만 대통령의 뜻에는 충실하지 않았음이 분명했다. 결국 대통령의 뜻이 무엇인지 분명하게 파악한 고등법원 판사님들은 조봉암에게 사형 판결을 내렸고, 대법원은 이 판결을 1959년 2월 최종 확정하였다. 변호인단은 즉시 재심을 청구했으나 같은 해 7월 30일 재심 청구가 기각되었고, 혹시나 다른 일이 발생할지 모른다고 우려한 노老 대통령께서는 즉시 조봉암을 저세상으로 보내기로 작심하셨다. 그

1958년 1월, 진보당 위원장 조봉암과 간부 10여 명이 체포되었다.
체포된 지 불과 한 달여 만에 진보당은 등록 취소되었고, 이듬해 7월 31일 조봉암의 사형이 집행되었다. 이 사건은 우리나라의 대표적인 사법살인으로 전해지고 있다.

투표장으로 향하는 3인조 · 9인조 행렬.
1960년 3월 15일에 실시된 대통령 선거는 그야말로 대대적인 부정선거였다. 각 행정기관과 경찰은 물론 폭력배까지 동원해 공포 분위기를 조성하는 한편, 3인조 · 9인조로 유권자를 조직하여 공개투표마저 감행했다. 이러한 부정선거에 대한 국민의 반발은 마침내 4 · 19 혁명을 불러오기에 이른다.

리하여 조봉암은 재심이 기각된 이튿날인 1959년 7월 31일 형장의 이슬로 사라지고 만 것이다. 이승만 입장에서 보면 어리디어린 62세의 나이였다.

조봉암에게 빨갱이 낙인을 찍어 사형을 언도한 이 판결은 우리나라의 대표적인 사법살인으로 전해지고 있다. 오죽하면 빨갱이 잡고 이승만 대통령 만드는 데 평생을 바치다시피 한 장택상이 조봉암 구명 운동에 나섰겠는가. 장택상이 누군가. 1948년 대한민국 정부 수립 시까지 초대 수도경찰청장을 맡아 좌익 세력의 타도에 앞장섰고, 6·25전쟁 중에는 이승만에 의해 국무총리로 기용되었으며, 국무총리 재임 동안에는 이승만의 장기 집권을 위해 온갖 강권을 동원하며 발췌개헌안 통과에 앞장섰다가 훗날 자유당 대표최고위원까지 지낸 인물 아닌가. 그러나 이승만은 그런 충신의 노력도 무시했다. 참으로 보기와는 다른 냉혈한이었던 것이다.

"우리가 독립운동을 할 때에 돈이 준비되어서 한 것도 아니고 가능성이 있어서 한 것도 아니다. 옳은 일이기에, 또 아니 하고서는 안 될 일이기에 목숨을 걸고 싸웠지 아니하냐. 현재 일부에서 주장하는 바와 같은 북진통일 정책은 결국 무력을 통해서 국토를 통일하자는 것인데, 전쟁의 재발은 인류가 원치 않을 뿐만 아니라 이미 수백만에 달하는 귀중한 희생을 치른 우리 민족이 더 이상 동족상잔의 피를 흘린다고 하면 그것은 곧 민족의 자멸을 의미하는 것이다. 그러므로 우리는 어디까지나 피 흘리지 않고 민주 진영의 주동에 의한 평화적인 방법으로써 남북통일을 이루어야 한다."

"이 박사는 소수가 잘살기 위한 정치를 했고, 나와 나의 동지들은 국민 대다수를 고루 잘살게 하기 위한 민주주의 투쟁을 했다. 나에게 죄가 있다면 많은 사람이 고루 잘살 수 있는 정치 운동을 한 것밖에 없다. 나는 이 박사와 싸우다 졌으니, 승자로부터 패자가 이렇게 죽음을 당하는 것은 흔히 있을 수 있는 일이다. 다만 내 죽음이 헛되지 않고 이 나라의 민주 발전에 도움이 되기 바릴 뿐이다."

죽산竹山. 대로 만든 산. 조봉암의 호이다. 조봉암은 그의 호처럼 꺾이지 않는 대가 되어 세상을 떠났다. 그러나 그가 이룬 산은 오늘날에도 남아 있으니 언젠가 그가 꾼 꿈은 현실이 될 것을 믿는다.

57

산유화의 가수

그는 왜 카루소가 될 수 없었나

오늘날 우리가 목소리를 들을 수 있는 테너 가운데 가장 오래된 인물은 엔리코 카루소(1873~1921)라는 이탈리아 가수이다. 그는 역사에 길이 남을 목소리의 소유자였을 뿐 아니라 음반에 목소리를 남긴 최초의 가수이기도 하다. 그러니까 누군가가 그 외에 다른 사람 목소리가 더 뛰어나다고 주장해도 근거가 없으니 공허한 울림이 되기 십상이다.

그렇다고 해서 카루소가 뛰어난 테너가 아니라는 말은 아니다. 실력도 뛰어나야 하지만 상황이 신화를 만들기도 한다는 말이다. 카루소는 가난한 집안에서 스무 명의 자식 가운데 열여덟 번째 아이로 태어났다. 그런데도 그는 세계적인 테너가 될 수 있었으니 목소리가 전설적이기는 했던 모양이다.

그렇다면 무대를 우리나라로 옮겨보자. 우리나라에서 그런 인물이 나왔다면 그는 과연 세계적인 테너가 되었을까?

필자는 의문을, 그것도 심하게 품는다. 우리나라에서 돈 없는 사람이 예술가, 특히 음악가로 성공한 예가 있던가? 필자 기억에는 별로 없다. 물론 그저그런 음악가는 들어본 적이 있는 것 같다. 그렇지만 그것도 초창기 이야기이고 최근 들어서는 갈수록 어려운 듯하다.

자, 이쯤 하면 이야기의 기반은 닦인 듯하다.

우리나라에 남인수라는 가수가 있었다. 머리가 희끗희끗한 독자라면 대부분 아실 것이고, 젊은 독자 가운데도 아는 분이 가끔은 있겠지만 대체로 잘 모르실 것이다. 여하튼 그런 가수가 있었다. 1918년에 태어나서 1962년에 세상을 떴으니 그리 오래 산 것은 아니다. 그럼에도 그의 이름을 딴 '남인수 가요제'란 것이 그의 고향인 경남 진주에서 매년 열리고 있는 점만 보더라도 그의 자취가 흔한 것이 아님은 알 수 있을 것이다. 하기야 우리나라처럼 축제가 많은 나라도 없으니 오히려 이런 가요제가 그의 이름을 싸구려로 전락시키는 것은 아닌지 의문이 안 드는 것도 아니지만.

그럼에도 왜 필자는 중요한 지식만 담기에도 터무니없이 부족한 이 지면에 남인수라는 사람 이야기를 꺼내는 것일까? 그건 간단하다. 그의 이름을 기억하는 길이 우리나라의 대중문화 발전에 기여할 것이라 믿기 때문이다(사실 대중예술이란 단어를 필자는 혐오한다. 이건 예술이란 것에 대한 열등감에서 나온 표현임이 분명하기 때문이다. 대중을 위한 문화가 당당한 가치를 갖는다면 굳이 대중예술이라는 표현을 쓸 필요가 없을 것이다).

오늘날 우리나라에는 대중문화란 게 거의 사라진 상태다.

"내 노래는 사회적 발언이었다. 이젠 접었다. 내 노래의 사회적 기능성은 나헸다. 변화된 시대에 적응하기도 싫고 싸우고 싶지도, 싸울 열

정도 없다. 변화 속으로 진입하는 세상의 대열에서 나는 스스로 이탈했다. 새로운 문명 열차에서 뛰어내렸다. 그것이 신자유주의, 신자본주의에 불복종하는 나의 방식이다."
- 2009년 9월 29일자 〈경향신문〉

 필자가 대한민국 역사가 낳은 최고의 가수로 인정하는 정태춘이 데뷔 30년을 맞아 침묵하는 이유로 내놓은 말이다. 그의 말대로 2010년대 대한민국에는 두 종류의 인간밖에 없다. 돈을 신봉하는 자와 돈을 거부하는 자. 정태춘은 돈을 거부했고, 그래서 돈을 신봉하는 대다수 이웃과 사회와 체제에서 벽을 느꼈을 것이다. 필자는 그의 인터뷰가 실린 신문을 보면서 한 줄기 위안을 느꼈다.
 각설하고, 대중문화가 대중의 심경을 대변하지 못하고 돈만을 추구하는 순간 대중과 문화는 유리遊離된다. 그렇게 되면 대중은 문화적으로 완전히 소외된다. 왜? 이른바 예술이라고 불리는 고급문화는 소수만을 위한 문화이기 때문이다. 물론 가장 좋은 것은 이 예술이 대중화하는 것이다. 그러나 그런 일은 사회의 지배계층이 달가워하지 않는다. 그들 입장에서 수십만 원 하는 필하모닉 오케스트라 입장권을 개나 소나 다 사서 예술의 전당에 입장하는 상황은 전혀 원하는 바가 아니다. 그래서 의도적으로 이런 문화와 서민 사이를 갈라놓기 위한 다양한 장치가 작동된다.
 여하튼 오늘날 우리나라의 모든 언론과 연예인들은 오직 돈만을 신봉한다. 따라서 문화는 실종되고 인기만 남았다. 그러다 보니 노래를 들어도 우리 마음을 움직이지 못한다. 아, 몸을 움직이게 만든다. 그런데 과거에는 그렇지 않았다. 대중문화인들은 돈에 앞서 사람을 먼저 떠올렸다.

아주까리 등불

(조명암 작사, 이봉룡 작곡)

피리를 불어주마 울지 마라 아가야
산 너머 아주까리 등불을 따라
저 멀리 떠나가신 어머님이 그리워
네 울면 저녁별이 숨어버린다

자장가 불러주마 울지 마라 아가야
울다가 잠이 들면 엄마를 본다
물방아 빙글빙글 돌아가는 고향길
날리는 갈대꽃이 너를 찾는다

굳세게 살아가자 울지 마라 아가야
바람찬 세상길에 너와 단둘이
정든 그 옛날에 아주까리 등불에
앞날에 아리따운 꽃을 피우자

이 노래는 최병호라는 가수가 일제강점기에 부른, 이른바 '무식하고 수준 낮은 뽕짝'이다. 그러나 잠깐 자존심 접어두고 가사를 읽어보자. 이 가사를 쓴 분은 조명암. 친일 행적으로 비난도 받고 월북하여 북한에서 고위직을 지낸 탓에 우리나라에서 오랜 기간 금기시되어온 이름이기도 하다. 그러나 이 사실만은 알 수 있다.

'이 가사를 쓴 분은 인기를 끌려고 쓴 것은 아니구나. 뭔가 맺히고 힘겹게 살아가는 이웃들에게 희망 한 줄기라도 전해주려고 썼구나.'

이 정도는 필자가 아니라도 누구든 느낄 수 있을 것이다. 이 노래만이 아니다.

산유화

(반야월 작사, 이재호 작곡)

산에 산에 꽃이 피네 들에 들에 꽃이 피네
봄이 오면 새가 울면 님이 잠든 무덤가에
너는 다시 피련마는 님은 어이 못 오시는고
산유화야 산유화야 너를 잡고 내가 운다

산에 산에 꽃이 피네 들에 들에 꽃이 지네
꽃은 지면 피련마는 내 마음은 언제 피나
가는 봄이 무심하냐 지는 꽃이 무심하려노
산유화야 산유화야 너를 잡고 내가 운다

오래 전에 큰 인기를 끌었던 유행가 〈산유화〉의 가사다. 도대체 이런 가사로 유행가를 만들려고 했다는 사실을 요즘 젊은이들은 이해할 수 있을까? 이해하기 힘들 것이다. 정서가 다르기 때문이기도 할 것이고, 몸에 밴 사회 체제상의 차이 때문이기도 할 것이다. 마음보다는 육체, 정신보다는 물질, 철학보다는 행동, 침묵보다는 소란, 이웃보다는 나, 실력보다는 스펙

〈황성옛터〉를 부르고 있는 남인수.
남인수가 등장하는 동영상은 필자가 찾은 것으로는 〈황성옛터〉를 부른 것이 유일하다. 필자가 워낙 게을러서 그렇지 아마 이 외에도 여럿 남아 있지 않을까 하는 바람을 갖는다. 여하튼 〈황성옛터〉 동영상은 인터넷을 통해 쉽게 접할 수 있을 테니 남인수가 궁금하신 분께서는 반드시 찾아 들어보시길 바란다. 텔레비전 스튜디오에서 연출된 황량한 옛터를 천천히 거닐며 노래 부르는 이 모습을 보면 남인수라는 가수의 가창력이 어느 정도인지 쉽게 알 것이다. 목에 핏대 하나 넣지 않고 무감한 표정을 지으며 부르는 〈황성옛터〉. 보고 있으면 눈물이 날 지경이다.

을 중시하는 체제에서는 이런 가사를 이해하기 힘들다. 유행가 작사가가 인기보다는 이웃의 아픔을 어루만지는 가사를 쓰려고 한다고? 미친 거 아니야? 인기 없는 유행가가 유행가야? 유행가는 당연히 인기를 끌기 위해 만들어야지, 지가 무슨 사회사업가야?

다시 노래 가사로 돌아가자. 이 노래를 부른 사람은 앞서 살펴본 남인수다. 남인수는 45세의 나이에 세상을 떴다. 물론 생전에는 엄청난 인기를 누렸다. 그의 히트곡은 셀 수가 없을 정도다. 그렇다고 그 때문에 필자가 그를 이 귀한 책에 언급한 것은 아니다. 필자가 남인수의 노래를 듣기 시작한 후 한시도 머릿속을 떠나지 않는 생각 때문이다. 바로 이런 생각 말이다.

'정말 안타깝다. 이 사람이 우리나라가 아니라 다른 나라, 조금이라도 상황이 좋은 나라에 태어났다면 불후의 테너로 역사에 이름을 남겼을 텐데.'

그렇다. 지금도 필자의 생각은 바뀌지 않았다. 필자는 수십 년 동안 이른바 클래식이라는 걸 들어왔다. 그런데 악기 연주자나 지휘자에 대한 평가는 지금도 어렵다. 누군가 나와서 "천재가 탄생했다!"고 외쳐대도 필자 판단에는 "다 같은 바이올린 소리인데, 뭐가 천재라는 거야?" 하는 경우가 태반이다.

그런데 가수는 다르다. 웬만하면 알 수 있다. 클래식 음악을 대중음악 수준으로 발전시키는 데 큰 공헌을 한 '쓰리 테너'를 아실 것이다. 그런데 그 가운데 호세 카레라스만 나오면 필자는 짜증이 날 지경이다. 정말 그의 목소리는 파바로티의 30퍼센트, 도밍고의 60퍼센트에나 미칠까. 정말 노래를 못한다. 그래서 그런지 해외에서는 그의 출연료가 두 사람에 비해 엄청 쌌다고 한다.

클래식에 별로 조예가 깊지 않은 분이라도 귀만 정상이면 누가 노래를 잘하는지 못하는지 알 수 있다. 그러니 남인수에 대한 필자의 판단도 썩 틀리지 않을 거라고 믿는 것이다. 남인수의 노래를 들어보지 못한 분이라면 지금이라도 그의 〈산유화〉를 들어보시기 바란다. 그를 좋아하고 싫어하는 것은 개인적 취향이겠지만, 그의 목소리와 음악적 자질이 얼마나 뛰어난지는 객관적으로 가늠할 수 있다.

그의 목소리는 타고난 테너요, 미성이다. 카루소니 베냐미노 질리니 티토 스키파니 하는 전설적인 테너에 결코 뒤지지 않는다. 게다가 어느 정도 어긋나도 누구도 뭐라 하지 않을 유행가를 부를 때에도 그에게서는 한 치의 오차, 실수도 드러나지 않는다. 그가 노력 끝에 그렇게 완벽하게 노래를 부르게 되었다고 생각하지는 않는다. 그는 타고난 음악가였다. 음정, 박자, 리듬, 그 어떤 것도 의도적으로 맞추려고 하지 않았다. 자연스럽게 맞추어진 것이다. 그만큼 그는 타고난 가수였다.

다만 그가 노력한 부분이 있다면 감정 표현이었을 것이다. 그래서 그의 목소리가 그렇게 옥쟁반에 구슬 굴러가는 미성이었음에도 풍부한 감정을 표현할 수 있었던 것이다. 그러나 감정을 표현하는 경우에도 결코 음에 부조화를 가져오지 않는다. 왜? 그는 절대음악가였으니까.

그가 이탈리아 같은 환경, 즉 가난한 이도 재능에 따라 뛰어난 테너 가수가 될 수 있는 사회에 태어났거나 우리나라에서 돈 많은 집안에 태어났다면 그도 좋았고 우리나라도 좋았을 것이다. 세계적인 테너 한 명을 갖는 건 나라의 영예니까. 그러나 불행히도 그는 한 세대를 풍미한 유행가 가수, 그것도 뽕짝 가수로 만족해야 했다. 그리고 그의 이름은 전국 방방곡곡에 흔하디흔한 지역 뽕짝 가요제 가운데 하나에 걸리는 것으로 역할을 다한 듯하다. 안타깝고도 안타깝다.

58

을밀대 고공 농성

누구든지 이곳에 사다리를 대기만 한다면

    노동자와 사용자가 맞붙으면 누가 이길까? 노동자가 이길 거라고 믿는 사람은 없다는 것이 필자 생각이다. 그러나 최근 들어 우리나라에서는 강성 노조, 귀족 노조 하는 따위의 어휘들이 등장하면서 노동자가 사용자를 이기고 있다는 설이 강력한 힘을 얻고 있기도 하다. 과연 그럴까?
    한마디로, 말도 안 되는 소리다. 노동자는 사용자를 원천적으로 이길 수 없다. 왜? 사용자는 패할 것 같으면 사업을 안 하면 그뿐이다. 그러나 노동자는 굶어죽는다. 따라서 사용자는 패할 것 같은 상황이 벌어지면 양보하고 만다. 양보하지 않고 사업을 포기한 사용자 이야기를 필자는 거의 들어보지 못했다. 물론 사용자들 가운데는 노동자들의 요구 때문에 사업을 포기한 사례도 많을 것이다. 그러나 그들의 사례가 언론에 노출되지 못하는 것은 그들이 말로만 사용자지, 자본주의 시스템 내에서 실질적으로는 피사용자 신분에 머물고 있음을 반증하는 것이다. 대기업의 하청업체는 엄밀한 의미에 대한민국 노동자의 역사에 큰 획을 그은 전태일이 남긴 일기 가운데 일부.

박정희 대통령에게 보내는 형식의 이날 일기는 다음 내용으로 끝을 맺는다. "저희들의 요구는 1일 14시간의 작업 시간을 단축하십시오. 1일 10시간~12시간으로. 1개월 휴일 2일을 일요일마다 휴일로 쉬기를 희망합니다. 건강진단을 정확하게 하여주십시오. 시다공의 수당 현 70원 내지 100원을 50% 이상 인상하십시오. 절대로 무리한 요구가 아님을 맹세합니다. 인간으로서의 최소한의 요구입니다. 기업주 측에서도 충분히 지킬 수 있는 사항입니다." 인간 이하의 삶을 살면서도 끝까지 살아보고자 발버둥쳤던 스물두 살 청년의 절절한 목소리가 전해옴을 느낄 수 있다.

원산 대파업.
원산 대파업은 1929년 1월 14일부터 석 달간 지속된 원산 부두 노동자들의 대대적인 파업이었다. 이 파업은 이후 동조 파업을 일으키며 국내 노동운동의 효시가 되었고, 외국의 노동조합에까지 큰 반향을 불러일으켰다.

서 사용자가 아니다. 한순간에 죽을 수도 있으니까.

반대로 노동자는 패하면 굶어죽을 수밖에 없다. 아, 감옥에 가면 밥을 먹여주니 굶어죽는 것은 노동자가 아니라 노동자 가족이겠지만. 우리는 역사 속에서 이런 예를 빈번히 보아왔다. 전태일도 그 가운데 하나다. 수많은 노동자들이 열악한 환경 속에서 굶주리고 질병에 시달리는 모습을 보다 못한 그가 자신의 몸에 불을 붙였을 때 그의 머릿속에 떠오른 것은 무엇이었을까? '이래 죽으나 저래 죽으나 마찬가지라면 세상에 한마디라도 하고 죽는 편이 낫지 않을까?'

그렇다.

"왕후장상영유종호王侯將相寧有種乎! 왕후장상의 씨가 따로 있단 말이냐?"

중국 역사상 최초로 민중 봉기를 일으킨 진승陳勝의 이 말은 2,000년이 지난 오늘날에도 여전히 현재진행형이다. 노동자의 씨는 따로 있어 평생 비정규직의 굴레에서 벗어나지 못하고, 그로부터 벗어나려고 몸부림치면 그건 집시법 위반이요 노동법 위반이며 폭력적인 언동이란 말인가? 재벌의 씨는 정말 따로 있는 것인가? 물으나 마나다. 따로 있다! 그들은 이 자본의 시대에 무소불위의 권력을 휘두른다.

그러나 이 모든 의견은 자본이 지배하는 시대에 어디서도 환영받지 못하고 파묻힌다. 그리고 자본의 지배를 정당화하는 논리 개발에 앞장선 언론들은 노동자 때문에 사업하기 어렵다는 사용자의 하소연을 눈물을 흘리며 전파한다. 그러나 그런 '힘없는' 사용자들에 저항하다 쓰러져간 노동자들이 우리 역사에는 너무나 많다. 가치의 전도, 논리의 비약이 만들어낸 비극의 역사다.

발굴 한국현대사 인물 ⑦⑨

평원 고무공장 파업이끈 불꽃삶

강주룡

(1901~1931)

평양 을밀대 지붕위 올라가 '고공 농성'
'적색노조사건' 연루 감옥살며 단식투쟁

31년 5월29일 오전 평양 을밀대 지붕 위에서 '고공농성'을 벌이고 있는 강주룡.

평원고무공장파업의 대규모 연좌시위이던 30년 8월 평양 총파업 당시 파업단분부 사무실.

1991년 9월 6일자 〈한겨레〉.
1931년 5월 28일 밤 11시, 죽음 대신 선택한 고공 농성은 이튿날 그를 식민지 조선을 대표하는 여성 노동자로 탈바꿈시켰다. 그리고 그 대가로 이듬해인 1932년, 옥중 생활의 후유증을 이기지 못하고 32년의 삶을 마감했다.

"우리는 사십구 명 우리 파업단의 임금 삭감을 크게 여기지는 않습니다. (다만) 이것이 결국은 평양의 이천삼백 명 고무 직공의 임금 삭감의 원인이 될 것이므로 우리는 죽기로써 반대하는 것입니다. 이천삼백 명 우리 동무의 살이 깎이지 않기 위하여 내 한 몸뚱이가 죽는 것은 아깝지 않습니다.

내가 배워서 아는 것 중에 대중을 위하여서는 (중략) 명예스러운 일이라는 것이 가장 큰 지식입니다. 이래서 나는 죽음을 각오하고 이 지붕 위에 올라왔습니다. 나는 평원고무 사장이 이 앞에 와서 임금 삭감의 선언을 취소하기까지는 결코 내려가지 않겠습니다. 끝까지 임금 삭감을 취소치 않으면 (중략) 노동대중을 대표하여 죽음을 명예로 알 뿐입니다.

그러하고 여러분, 구태여 나를 여기서 강제로 끌어내릴 생각은 마십시오. 누구든지 이 지붕 위에 사다리를 대놓기만 하면 나는 곧 떨어져 죽을 뿐입니다."

-《동광》 1931년 7월호

인간만이 남을 위해 희생할 줄 안다. 그렇기에 인간은 다른 동물과 차별되는 존재이다. 위의 기사는 1931년, 그러니까 엄혹한 일제강점기에 배운 것 없고 가진 것 없으며 더욱이 여성으로 태어나 한평생 삶의 주인으로 살아본 적 없는 한 노동자의 연설 내용이다. 그의 이름은 강주룡.

강주룡(1901~1932)에게는 최초의 여성 노동운동가라는 수식어가 따라다닌다. 그러나 사실 그는 노동운동가가 아니라 참된 인간이었을 뿐이다. 그의 행동을 보면 그가 자신의 안락한 삶을 위해 노동자로서 복지를 요구했는지, 아니면 참된 인간으로서 살아가기 위해 행동하였는지를 분명히 알 수 있다.

강주룡의 어찌 보면 돌출적이기까지 한 행동은 어째서 발생했을까?(21세기에 이런 행동을 한 노동자가 있다면 그는 불법, 폭력적 인간일 뿐만 아니라 문화유산을 노동 투쟁에 이용한 무식하면서도 형편없는 노동자로 언론에 규정지어져 이내 정체불명의 특공대의 공격을 받아 사망하거나 중상을 입었을 것이다. 그러나 그러하지 않았으니 일제강점기 경찰이 오늘날의 대한민국 공권력 또는 사권력보다 능력이 부족한 것일까?) 이에 대한 배경 지식을 잠깐 살펴보기로 하자.

그 무렵 한반도 전역에는 고무 공장이 꽤나 많았다. 이는 장사가 잘 되었기 때문에 발생하는 당연한 변화였다. 그런데 시간이 가면서 더욱 많아졌다. 그러다 보니 공장 간에 경쟁이 치열해졌고, 이는 자연스럽게 단가 하락으로 이어졌다. 그렇다면 사용자는 어떤 대안을 찾았을까? 그렇다. 임금 인하를 최우선으로 고려하였다. 그러나 그 무렵 임금은 이미 낮을 대로 낮은 상태였으니, 노동자들로서는 받아들이기 힘든 조건이었을 것이다.

그 결과 노동자들은 파업으로 맞섰는데, 그 시대에도 노동자와 사용자 사이에서 교섭을 하는 조직이 없었던 것은 아니었던 듯하다. 그러나 경찰의 태도는 당연히 사용자 입장을 대변하는 것이었고, 그러한 경찰의 강압에 못 이긴 교섭위원들은 사용자 편을 들 수밖에 없었다. 그리하여 1930년 8월 평양에서 발생한 파업 투쟁은 임금의 10퍼센트 정도가 삭감된 상태로 마무리되기에 이른다. 그러나 이렇게 파업 투쟁이 실패로 돌아간 데는 경찰의 강력한 개입도 있었지만 정급定給 노동자, 요즘 말로 하면 정규직들이 초기에 파업에 동조하였다가 후에 복귀하였던 데 더 큰 이유가 있었다고 할 수 있다. 늘 그렇지 않은가? 노노 갈등이 노사 갈등보다 문제를 해결하는 데 훨씬 더 장애가 된다는 사실을 그 무렵 사용자들도 잘 알고 있었던 것이다.

그런데 한번 승리의 맛을 본 사용자가 그대로 있을 리 없다. 고기도 먹어 본 놈이 잘 먹는다고, 이듬해인 1931년 사용자들은 또다시 임금 삭감 카드를 제시하였다. 매년 임금이 삭감된다면 결국 어떻게 되겠는가? 이런 상황에서도 행동하지 않는 노동자가 있다면 그들은 굶어죽어도 싸다.

강주룡이 평양의 고적인 을밀대乙密臺에 올라가 고공 농성에 돌입한 것은 바로 그 무렵이었던 것이다. 그때 여성 노동자들은 12시간 이상의 노동, 남성 상관의 욕설과 구타, 성희롱, 게다가 남성에 비해 반에도 못 미치는 임금 등 노동자란 이름이 무색할 정도의 처우를 받고 있었다.

그들의 처우에 대해서는 1930년 파업시 사용자에게 요구한 내용을 통해 간접적으로 살펴볼 수 있을 것이다.

1. 임금 인하 절대 반대
2. 무리한 해고 반대, 해고수당 지급
3. 대우 개선
4. 일요일, 기타 휴일에 임금 지급
5. 야간작업 폐지(부득이한 경우 임금 1할 증급)
6. 공장제도 불충분으로 인한 직공의 시간 착취 반대
7. 제화 재료 배급 실시 및 배급의 공평
8. 작업으로 인한 상해 보상 및 치료비 지급
9. 기계 수선 및 수선비 직공 분담 철폐
10. 부정 검사 반대
11. 징벌 업무정지 또는 벌금 제도 철폐

12. 불량품 배상 제도 철폐
13. 보증금 제도 철폐
14. 도구의 무상 대부
15. 청소, 기타 무임 노동 철폐
16. 연말 상여금 지급
17. 산전산후 3주간 휴양 및 생활비 지급
18. 수유 시간의 자유
19. 파업 중 직공 모집 반대
20. 단결권, 단체계약권의 확립

 노동자들의 요구가 참 많기도 하다. 그런데 벌금을 물리지 말라느니 도구를 무상으로 빌려달라느니 불량품 배상금을 철폐해달라느니 이해가 안 가는 대목이 너무나 많다. 그러니까 불량품이 나오면 배상금을 직원이 물어야 했단 말인데, 그러다가 자칫하면 월급보다 배상금이 더 많을 수도 있겠다. 게다가 직원으로 들어가기 위해서는 꽤 많은 보증금까지 내야 했으니 고무공장 노동자로 산다는 것도 쉬운 일은 아니었을 것 같다.
 여하튼 이런 상황에서 연 2년 계속 임금이 삭감된다는 소식을 들은 노동자들은 더 이상 참을 수 없었을 것이다. 그리고 강주룡은 혼자 힘으로 고공농성에 나선 것이다.
 그렇다면 강주룡은 어떻게 을밀대에 올라갔던 것일까?
 강주룡이 을밀대에 올라가기 전날, 노동자들은 공장 내에서 단식하며 공장을 사수하기로 결정하였다. 그러나 한밤중에 쳐들어온 경찰들은 노동자들을 모두 공장 밖으로 끌어냈다. 이렇게 되자 강주룡은 중대한 결심을 하게 된다. '차라리 내 목숨을 바쳐 이 평원공장의 횡포를 세상에 알려야겠다' 는 것이었다. 그리하여 그는 공장에서 쫓겨나오자마자 광목 한 필을 사서 을밀대로 올라간다. 그러고는 벚나무에 광목으로 올가미를 만들어 자살하기로 마음먹는다. 그런데 그 순간 갑자기 드는 생각이 있었다.

'내가 이대로 아무 말 없이 죽는다면 세상 사람들은 젊은 과부년이 세상 창피한 짓을 하다가 면목이 없어 죽었구나 하고 생각할 게 아닌가.'

사실 강주룡은 그때 홀로 사는 과부였다. 본래 평북 강계 출신이었던 강주룡은 부친의 사업 실패로 어린 나이에 서간도로 이주할 수밖에 없었다. 그리고 그곳에서 스무 살 되던 해에 자신보다 다섯 살이나 어린 최전빈이라는 사람과 혼인을 하게 된다. 그러나 행복도 잠깐, 혼인한 지 1년 후 두 사람은 백광운이라는 지도자가 이끄는 독립군에 가담한다. 그리고 얼마 후 집에 돌아온 강주룡에게 불과 대여섯 달 후에 청천벽력 같은 소식이 들려오니 남편이 위독하다는 것이었다. 부랴부랴 남편에게 달려간 강주룡이 할 수 있는 일이라고는 자신의 손가락을 잘라 나오는 피를 남편에게 먹이는 것밖에 없었고, 남편은 이내 숨을 거두었다. 결국 강주룡은 귀국길에 올랐고, 이곳저곳을 전전하다가 평양의 고무 공장에 취업하였던 것이다.

여하튼 강주룡은 목을 매는 것을 포기하고 다음과 같이 결심하였다.

'기왕이면 을밀대 지붕 위에 올라가서 아침에 사람들이 모이면 평원공장의 횡포를 하소연이나 한 후에 죽자.'

그리하여 강주룡은 목을 매려던 천을 이용해 올가미를 만든 후 한쪽 끝에 돌을 매달아 다른 쪽 지붕으로 던졌고, 그렇게 줄을 건 후 그 줄을 이용해 여자 혼자 힘으로 을밀대 지붕 위로 오를 수 있었던 것이다.

그리고 한잠 자고 일어난 강주룡은 어느새 유명 인사가 되어 있는 자신을 확인할 수 있었다. 앞에 나온 연설은 이렇게 유명해진 강주룡이 자기 앞에 모인 평양 사람들과 기자들 앞에서 행한 연설 중 일부다.

이렇게 고공 농성을 벌이던 강주룡은 9시간 만에 끌어내려졌고, 평양경찰서에 끌려간 후에도 단식 농성을 이어갔다. 그리하여 76시간의 단식 끝에 석방된 그는 다시 동료들의 시위 현장으로 달려가 동참하였다. 이로써 임금 삭감은 막을 수 있게 되었지만 동료들의 이익을 위해 앞장선 대가는 혹독했으니, 강주룡을 위시한 스무 명의 노동자는 해고되어 다시 유치장에 갇히는 신세가 된다. 그러나 그 무렵 이미 강주룡의 몸은 갖은 박해와 폭력, 그리고 단식과 빈곤으로 인해 무너져내리고 있었으니 결국 이듬해인 1932년 8월 평양의 빈민굴에서 세상을 떠나고 만다.

그렇다. 지금 우리가 사는 세상은 우리 힘으로 이룬 것이 아니라, 우리보다 앞서 목숨을 걸고 인간에 대한 사랑과 연민을 실행한 사람들 덕분이다. 그러나 우리는 지금 눈앞의 이익을 위해 선조들은커녕 우리 이웃들마저 버리고 있다. 언제까지 이런 이기주의가 통한다고 보는가. 혹시 우리도 모르는 사이에 우리는 사용자들의 이이제이夷以制夷, 즉 노동자를 다른 노동자를 이용해 제압하고자 하는 전략에 넘어가고 있는 것은 아닐까? 자문해볼 일이다.

59

간첩
황태성

희생양에 대하여

황태성黃泰成이라는 이름을 들어본 독자분은 썩 많지 않을 것이다. 아니, 많은 분들이 "도대체 누군데? 이런 이름이 왜 등장하는 거야?" 하고 의아해하실 가능성이 훨씬 높다. 그런데 왜 이 이름이 등장하는가? 세상에는 우리가 몰랐지만 분명 발생한 놀라운 일도 많고, 그 가운데 꼭 알고 넘어가야 할 일은 더 많기 때문이다.

필자는 세상 모든 일을 알고 있는 사람은 무지한 사람에 비해 이용당할 가능성이 훨씬 적다고 믿는다. 누구에게 이용당하느냐고 물으신다면 정보를 가진 자, 즉 권력자, 지배자, 경영자, 가진 자라고 대답하겠다.

평범한 시민은 늘 비범한 지배자들의 노리갯감이 되기 마련이다. 열심히 일한 뒤 집에 돌아와서는 한잔 술에 하루의 피로를 풀거나, 호화로운 소품들로 가득한 드라마를 보면서 헝클어진 머릿속을 정리하는 평범한 일상. 자신이 치는 양들이 온순하게 지내기를 바라는 양치기에게, 이런 일상을 당연한 것처럼 즐기는 서민들은 너무나 착한 양일 뿐이다.

집을 나서면 온통 적이다. 이게 현대 사회의 현실이다. 가끔 만나는 천사가 반가운 것은 그만큼 사방이 적으로 둘러싸여 있기 때문이다. 그래서 정신 바짝 차리고 살아야 하는 것이다. 그 가운데서도 가장 강력한 무기는 지식이다. 많이 아는 사람을 속이고 이용하고 조종하기는 어렵다. 반면에 모르는 사람은 쉽게 이용당한다. 필자가 되지도 않는 책을 내면서 《세상의 모든 지식》이라는 오만방자한 제목을 붙였던 까닭이 바로 여기에 있다. 아주 작은 사실로부터도 우리는 세상을 움직일 만한 핵심을 포착할 수 있다. 그래서 세상의 모든 지식을 알 수는 없지만 세상의 모든 무지에서 벗어날 수 있는 방법은 있는 것이다.

황태성 사건이 발생한 것은 1961년, 그러니까 박정희가 주도한 5·16 군사쿠데타가 발생한 바로 그해였다.

잘 알려져 있다시피 박정희는 남조선노동당(남로당)의 '군사 총책'이었다. 남로당의 조직을 잘 몰라서 군사 총책이 무엇을 담당하는 직위인지는 잘 모르지만 여하튼 무척 중요한 직책인 것은 분명해 보인다.

그런데 필자는 이런 식으로 사람을 재단하는 것을 썩 좋아하지 않는다. 과거에 남로당을 했으니까 빨갱이다라거나, 빨갱이니까 나쁜 사람이다라고는 생각하지 않는다는 것이다. 빨갱이가 빨갱이 사냥에 나선 사람보다 훌륭했던 경우는 한강의 모래알만큼이나 많다. 물론 그 반대의 경우는 더 많을지도 모른다.

그러니 박정희가 남로당 군사 총책을 맡았다는 것은 박정희에게 좋은 경력이면 경력이지 나쁜 경력이 되지는 않는다. 그가 조직원들로부터 신망을 받고 능력이 있다면 일개 조직원으로 남아 있겠는가? 당연히 책임자급 지위에 있었겠지.

그런데 문제는 훗날 박정희가 당국에 체포된 후의 행동이다. 박정희가 남로당에 입당한 이듬해인 1948년 10월 여순반란사건(남한 군대 내의 좌익들이 일으킨 반란)이 일어나자 정부는 반란 진압과 동시에 대대적인 숙군肅軍 작업을 추진한다. 그 과정에서 박정희의 실체도 드러나고 육군본부 정보장교로 근무하던 '고정간첩' 박정희도 검거했다.

그런데 이후 박정희는 군부 내에 존재하는 남로당 전체의 조직표를 정부에 전달해주는 조건으로 목숨을 건졌다는 이야기가 전해지고 있다. 자신을 믿고 의지하던 하부 조직원 모두를 통째로 사지에 몰아넣는 조건으로 자신의 살길을 찾았다는 것이다. 이 내용이 사실이라면 이는 용서받기 힘든 범죄다. 어떤 이념을 갖느냐는 개인의 자유지만, 동지를 배신하고 자신의 이익을 탐하는 것은 세계 어느 나라에서건 용납하지 않기 때문이다.

여하튼 박정희는 그 후 무기징역을 선고받고 불명예 제대를 한다. 그러나 이내 6·25전쟁의 발발을 틈타 군으로 복귀한다. 뭐가 뭔지 하나도 모르겠다. 북의 간첩으로 체포되어 죄를 언도받은 자가 북을 상대로 싸우다니! 그러니 박정희가 정부와 모종의 거래를 했다는 의심이 끊이지 않는 것이다.

그렇다면 만주 군관학교를 졸업하고 일본 육군장교까지 지낸 박정희는 왜 갑자기 남로당에 입당해서 공산주의자의 길을 갔을까? 참으로 극적이지 않은가?

그 과정에는 박정희의 셋째형 박상희가 있었다. 박상희. 사실 우리 현대사가 물 흐르듯 순리대로 흘러갔다면 박정희 가문이 낳은 최대의 인물은 박상희가 되었을 것이다. 박상희는 일제강점기 때부터 경북 지역에서 독립운동을 한 인물로, 그 지역에서는 대단한 영향력을 가진 지도자였다.

그런 까닭에 박정희도 그 누구보다 형을 존경하고 따랐다고 전한다. 그런 박상희가 남로당원인 까닭에 박정희 또한 자연스럽게 남로당원이 되었을 것이다. 전하는 말에 의하면 박정희의 남로당 입당시 신원보증인이 바로 박상희와 황태성이라고 한다(드디어 황태성이라는 이름이 등장하는군).

박상희와 황태성은 일제강점기부터 함께 활동한 독립운동가이자 사회주의자였다. 황태성은 독립운동의 대가로 5년을 일제 치하 감옥에서 지내기도 하였으니, 박상희 또한 그런 인물이었을 것이다.

그런데 이 두 인물에게 비극적인 일이 발생했으니 1946년 10월에 발생한 이른바 '10월 대구폭동' 사건이 바로 그것이다(사실 '폭동'이라는 말보다는 '항쟁'이라는 표현이 더 적절할 것이다). 이 사건의 전말만 살펴보려고 해도 책 한 권은 족히 필요하다. 그러나 간단히 요약한다면 '친일파에 대한 원한, 미 군정의 반동화 및 식량 정책에 대한 반발, 생활고에 대한 분노, 인민위원회에 의한 행정과 치안 담당을 요구'하던 대다수 민중의 요구를 남로당 지도부가 이용하여 분출시킨 사건이다. 출발은 대구에서 시작됐지만 이후 시위는 전국적으로 확대되었는데, 이 과정에서 참가한 시위대의 숫자만 해도 200만 명이 훌쩍 넘었으니 가히 유사 이래 최대 사건이라 할 만하다.

그러나 일제강점기의 체제와 인물을 그대로 유지하려는 미 군정과 우익 세력에 항거하던 순수한 백성들의 외침은 남로당 지도부의 오판으로 실패로 돌아갔고, 그때까지 남한 사회의 주류를 이루고 있던 좌익 세력은 이 사건을 계기로 위축 일로를 걷기 시작한다. 미 군정과 우익으로서는 절호의 기회를 맞은 셈이다.

그리고 이 사건은 박상희와 박정희, 그리고 황태성의 인생에도 급격한 변

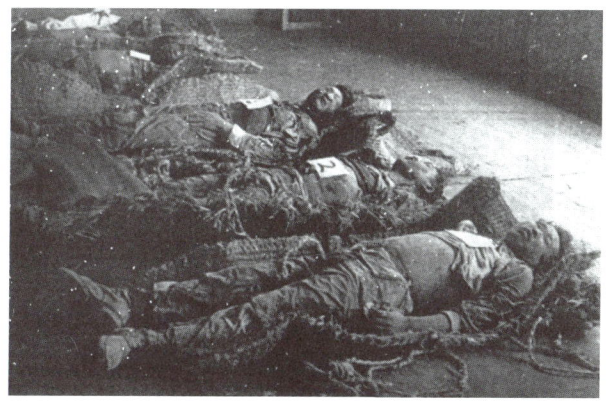

1946년 10월의 대구폭동 사건.
이른바 '10월 대구폭동'은 경찰의 발포로 시민 한 명이 사망하면서 시위가 걷잡을 수 없이 확산되기 시작한다. 위 사진은 수천 명 시민이 발포에 항의하기 위해 경찰서로 향하는 모습이다. 아래 사진은 경찰의 총격으로 사망한 민간인 시신의 처참한 모습. 이틀 동안 경찰과 시위대 사이의 충돌로 경찰 4명, 민간인 20여 명이 사망하였다.

화를 가져온다. 이쯤에서 박상희와 황태성의 관계를 좀 더 상세히 살펴볼 필요가 있다. 뭐 그렇고 그런 사이면 상세히 살펴볼 필요가 없지만 그렇지 않기 때문이다.

황태성과 박상희의 관계는 단순히 독립운동의 동지 이상이었다. 황태성이 박상희의 중매를 섰는데, 박상희는 황태성이 소개한 여인이라는 이유만으로 맞선도 보지 않고 혼인을 했다고 한다. 둘 사이가 어느 정도였는지를 보여주는 사례라 할 것이다. 그뿐이 아니다. 박상희의 아우인 박정희는 고민이 있을 때마다 황태성을 찾았다. 그만큼 황태성의 인품은 보통이 아니었던 셈이다. 황태성은 후덕한 인품과 지성을 갖춘 인물로, 박정희에게만 아니라 그 지역에서도 신망이 높았던 듯하다. 훗날 황태성이 간첩죄로 사형당한 후 오갈 데 없는 유골함이 고향에 도착하자 수많은 인파가 몰려들었다는 소문이 있을 정도이니.

여하튼 박정희는 황태성에게 매해 세배를 가는 것은 물론 새로운 진로를 모색할 때마다 그를 찾았다고 한다. 황태성과 박상희, 박정희의 관계는 이 정도였다.

그런데 대구폭동 이후 세 사람의 관계는 엉망이 된다. 우선 자신을 따르던 수천 명의 백성과 함께 구미경찰서와 군청을 접수한 박상희는 경찰의 반격을 받고 퇴각하다가 살해되고 말았다. 황태성은 상황이 여의치 않자 월북하였고, 박정희는 앞서 살펴본 바와 같다.

이렇게 해서 결코 끊어질 수 없을 것 같던 세 사람의 인연은 이로써 끝나는 듯했다. 그러나 현실은 허구보다 극적인 법. 그로부터 10여 년이 지난 1961년 5월 16일, 박정희는 자신을 따르는 일단의 군인들과 함께 쿠데타를 일으켜 정부를 장악하게 된다. 참으로 극적인 삶이라 아니 할 수 없다. 그리고 완전히 끊어진 듯 보였던 박정희와 황태성의 인연은 다시 이어지게 된다.

이후의 과정은 정확성에서 앞의 내용과는 약간 차이가 있을 수 있다. 그러니까 100퍼센트 정확하지 않을 수 있다는 것이다. 왜냐하면 황태성이 간첩죄로 잡혀 재판을 받은 기록이 통째로 사라졌고, 따라서 황태성을 접한 여러 인물들의 진술에 의거해 사건을 재구성해야 하기 때문이다.

우선 언급해야 할 내용이 있다. 쿠데타를 통해 정권을 잡은 군부는 극비리에 북한에 남북회담을 제안, 진행시켰다고 알려져 있다. 으흠, 그렇다면 6·25전쟁 이후 최초의 남북회담? 그렇다. 날짜는 1961년 9월 28일. 그러니까 쿠데타로 정권을 탈취한 후 2개월 만에 제안해서 4개월여 후 회담이 진행된 셈. 장소는 서해상 북한 영토인 용매도. 의제는 남북 상호대표부 설치, 이산가족 및 서신 교류 등 인사 교류, 영화 공동 제작 및 체육회 공동대표 등 문화 교류, 경제 교류의 네 가지.

회담은 이후 여덟 차례에 걸쳐 이루어졌으며, 마지막 회담은 이듬해인 1962년 8월경에 이루어진 것으로 알려져 있다.

그렇다면 쿠데타 세력은 왜 남북회담을 제의했을까? 당사자가 아닌 이상 속내는 정확히 알 수 없다. 그러나 추측컨대 남쪽의 쿠데타 발발에 따른 북한의 이상 동향을 억제하기 위한 것일 수도 있고, 북한 당국에 대한 정보 수집을 위해 무의미한 남북회담을 제안, 시행했을 수도 있다. 어떻든 북한으로서는 남한의 쿠데타 세력에 이용당한 느낌이 강하게 들 뿐이다.

그런데 이후 이 회담은 출발 의도가 무의미했듯이 끝도 무의미하게 종결된다. 다만 회담에 참여한 인물의 회고에 따르면 "북으로부터 고위 인사가 남행하였으니 회담을 서둘러 종결 지으라"는 지시를 받았다고 한다.

이때 남행한 고위 인사가 바로 황태성이다. 황태성이 월남한 것은 1961

년 8월 말로 파악된다. 황태성은 그 전에 쿠데타 세력이 제안한 남북회담의 속내도 확인할 겸, 새로 들어선 쿠데타 세력이 민족 문제를 미국의 간섭 없이 해결하고자 하는 의지가 있다면 협력할 수 있을지도 파악하기 위해 남파된 것으로 추정된다.

그런데 그 무렵 황태성은 한쪽 폐를 떼어내고 요양 중일 만큼 건강이 무척 안 좋은 상태였다. 그럼에도 자신과 형제처럼 지냈던 박정희를 상대해야 한다는 이야기를 듣고 밀사를 자청했다고 한다. 앞서 살펴본 바와 같이 대구폭동 때 월북한 황태성은 북한에서 무역성 부상을 지낼 만큼 고위직을 지낸 바 있었다. 그러니 여러 모로 밀사로서는 안성맞춤이었던 셈. 황태성은 후에 자신이 김일성과 노동당 중앙위원회로부터 직접 위임받고 남행을 결행했다고 밝힌 바도 있다.

그럼 남파된 황태성의 행적은 어땠을까?

남한으로 내려온 황태성은 자신의 과거 인맥을 찾는다. 그 과정 또한 무척 복잡하고 길다. 그러니 거두절미하고 간단히 살펴보기로 하자. 앞서 황태성이 박상희의 중매를 섰다고 말한 바 있다. 그러니 박상희의 부인은 황태성으로서는 먼저 찾아볼 대상이었다. 물론 그 전에 다른 유력 인물들도 찾아간다. 그러나 이야기의 신속한 진행을 위해 축약한다. 박상희의 부인 조기분은 황태성과 친분이 두터운 사이이기도 했지만(황태성의 누이동생과 조기분은 일제강점기부터 함께 여성운동을 하는 등 각별한 사이였다. 그러니까 황태성은 누이동생의 친구를 자신의 친구에게 중매 선 것이다) 더욱 중요한 사실은 조기분이 그 무렵 쿠데타 세력의 핵심인 김종필의 장모라는 사실이다. 그러니까 김종필은 박정희의 조카사위인 셈이다. 따라서 황태성이 조기분을 찾은 것은 당연지사라 할 것이다.

그런데 조기분은 황태성을 과거의 인연으로 접대하는 대신 남한 당국에 고발한다. 이때가 1961년 10월 20일. 남하한 지 두 달도 채 못 되어서였다. 그동안 황태성은 여러 경로를 통해 박정희를 위시한 쿠데타 세력을 만나려고 노력한 것으로 알려져 있다. 그리고 전하는 소식에 따르면 박정희를 만났다는 내용도 있고, 김종필을 만났다는 내용도 있다. 물론 만나지 못했다는 내용도 있다.

한편 체포된 황태성은 이후에도 지속적으로 자신이 북한의 밀사이고 김일성의 메시지를 가지고 왔다며 박정희와의 면담을 주장했다고 한다. 그러나 성사되었는지는 오리무중. 이후 황태성은 얼마간의 시간이 지나 간첩으로 신분이 바뀐다. 간첩이 되었다는 것은 재판의 당사자가 된다는 말이고, 그리하여 이후 황태성은 간첩 용의자로서 재판정에 서게 된다. 그 결과는 사형.

그런데 1962년 11월 간첩죄로 고등법원에서 사형이 선고된 후 대법원에 항고한 황태성에 대해 대법원은 간첩죄라는 법 적용에 잘못이 있다며 파기환송한다. 그러자 검찰은 간첩죄 대신 불법월경죄를 적용했고, 이를 받아들인 대법원은 사형을 확정하였다.

사실 박정희로서는 황태성을 사형에 처하고 싶지 않았을 것이다. 아무리 냉혈한이라 하더라도 자신을 아우처럼 아끼고 자신 또한 형처럼 따르던 사람이 순수한 목적으로 자신을 찾아왔는데(그것도 자신이 먼저 제안한 남북회담에 대한 협의 차원일지도 모르는 상태에서) 어찌 죽일 수 있겠는가. 그래서 황태성에 대한 재판은 꽤나 비밀스럽게 진행된 것으로 보인다.

그러나 이 세상에 비밀이 어디 있겠는가? 결국 황태성이란 인물이 남하했다는 정보가 미국 측에 들어갔고, 미국 측에서는 황태성을 인도할 것을

시도명	선거인수	투표자수	유효투표수							계	무효 투표수	기권수
			후보자별 득표수									
			신흥당	자유 민주당	민주 공화당	추풍회	민정당	국민의당	정민회			
			장이석	송요찬	박정희	오재영	윤보선	허정	변영태			
계	12,985,015	11,036,175	198,837	0	4,702,640	408,664	4,546,614	0	224,443	10,081,198	954,977	1,948,840
서울	1,676,262	1,298,460	10,537	0	371,627	20,634	802,052	0	26,728	1,231,578	66,882	377,802
부산	665,545	532,571	3,419	0	242,779	11,214	239,083	0	7,106	503,601	28,970	132,974
경기	1,492,207	1,281,166	27,554	0	384,764	54,770	661,984	0	34,775	1,163,847	117,319	211,041
강원	938,143	834,453	24,528	0	296,711	35,568	368,092	0	24,924	749,823	84,630	103,690
충북	657,380	571,401	14,971	0	202,789	26,911	249,397	0	15,699	509,767	61,634	85,979
충남	1,278,294	1,112,494	23,359	0	405,077	47,364	490,663	0	26,639	993,102	119,392	165,800
전북	1,076,248	926,028	18,223	0	408,556	37,906	343,171	0	18,617	826,473	99,555	150,220
전남	1,687,302	1,457,183	22,604	0	765,712	51,714	480,800	0	17,312	1,338,142	119,041	230,119
경북	1,940,975	1,653,766	34,622	0	837,124	58,079	543,392	0	31,113	1,504,330	149,436	287,209
경남	1,427,810	1,240,312	16,014	0	706,079	60,645	341,971	0	19,323	1,144,032	96,380	187,398
제주	144,849	128,241	3,006	0	81,422	3,859	26,009	0	2,207	116,503	11,738	16,608

1963년 10월 15일 실시된 제5대 대통령 선거 개표 결과.
오늘날 지역감정이라는 족쇄를 역사적인 유물로 이해하는 독자들로서는 이해하기 힘들겠지만 분명 박정희는 호남과 제주 유권자의 지원을 받아 대통령에 당선되었음을 알 수 있다.

황태성의 총살형을 보도한 1963년 12월 14일자 〈경향신문〉.
기사 내용에 따르면 12월 14일 오전 영문도 모른 채 군 앰뷸런스에 태워진 황태성은 인천 교외 으슥한 해변가 골짜기에 이르러서야 자신이 사형당한다는 사실을 깨닫고 "서울 보문동에 살고 있는 자부에게 시체와 유물을 인도해달라"는 유언을 남긴 후, 11시 20분 일곱 명의 헌병이 발사한 총탄에 숨이 끊어졌다.

강력히 요구하였다. 이 때문에 황태성이 얼마간 미국 측의 조사를 받은 것으로 알려져 있다. 그 과정에서 이 사건이 다시 정치적으로 불거지기 시작했는데, 이때는 박정희가 대통령 후보로 나서 윤보선과 일대 격전을 벌이고 있을 무렵이었다.

박정희와 윤보선 사이에 벌어진 제5대 대통령 선거는 1963년 10월 15일 실시되었다. 결론적으로 이 선거에서 윤보선은 박정희에게 고작 15만 6,000표 차이로 졌다. 그런데 전라남도에서 박정희는 윤보선에게 28만 5,000표를 이겼다. 표수는 적지만 제주에서는 윤보선이 박정희 표의 3분의 1도 안 되는 표를 얻었다. 이 선거에서 박정희는 전국적으로 윤보선에게 패했는데 오직 영남과 호남, 그리고 제주에서만 이겼다. 결국 박정희가 대통령에 당선된 것은 자신의 고향인 영남과 이후 자신에 의해 지긋지긋한 푸대접을 받고 지역감정의 주역으로 매도된 호남 사람들 덕이었던 것이다.

놀랍지 않은가? 전라도와 경상도 사이의 지역감정이 어쩌고저쩌고 하시는 분들이라면 매우 의아한 선거 결과일 것이다. "전라도 사람들은 평생 경상도 사람하고는 상대도 안 하는 종족"이라고 생각하시는 분들이라면 말이다. 지역감정이 뿌리 깊은 것이고 당연한 것이라고 여기는 분들이라면 자신의 무지몽매함을 되돌아보아야 할 대목이다.

그렇다면 왜 호남 사람들과 제주 사람들은 박정희에게 표를 몰아주었을까?

바로 윤보선의 선거운동 전략 때문이었다. 윤보선은 선거 기간 내내 박정희를 남로당 출신 좌익 빨갱이로 몰아갔다. 훗날 박정희가 김대중에게 써먹었고, 그 이후에는 군부 독재자들이 김대중에게 써먹었으며, 최근에는 극우 세력들이 햇볕정책을 지지하는 민주 세력에게 써먹는 방식을 이때 처음으로 윤보선이 써먹은 것이다.

그런데 그 시대 백성들은 최근 백성들에 비해 훨씬 지적이었다. 그런 망령된 말에 결코 속아 넘어가지 않았던 것이다. 아니, 속아 넘어가기는커녕 정책이 아닌 흑색선전으로 일관하는 후보자에게 철저히 표로 응징했다. 그 결과가 앞에서 보듯이 나타난 것이다. 여순반란사건, 제주 4·3항쟁, 대구폭동 등에서 수많은 민간인이 빨갱이로 몰려 학살된 경험을 안고 있던 이 지역 백성들은 또다시 상대방을 빨갱이로 몰아넣는 수법에 치를 떨었던 것이다. 그리고 그 결과 윤보선은 낙선했다. 이후에도 유권자들이 계속 지혜로운 행동을 했다면 우리나라에서 지역감정이니 이념 논쟁이니 하는 따위의 저급한 행태는 자취를 감추었을 것이다. 그러나 이후 유권자들은 비판적 능력을 상실한 채 정치인들이 몰면 모는 대로 끌려 다니는 양떼로 돌변한다.

여하튼 이렇게 선거 기간 내내 빨갱이로 공격을 받던 박정희는 자신의 과거 좌익 경력을 깨끗이 말소해야 할 필요성이 있었고, 이는 정치적 반대파에 대해서뿐만 아니라 자신과 자신의 측근들에 대해 일말의 의구심을 가지고 있던 미국 측에 대해서도 명확한 입장 정리가 필요했을 것이다. 그리고 그러한 결단을 상징적으로 보여주기 위해 선택된 희생양이 바로 황태성이었다.

황태성은 박정희가 대통령에 당선된 후 취임하기 3일 전인 1963년 12월 14일 전격적으로 총살형에 처해졌다. 이후 북한 정권은 박정희 정권에 대한 일말의 희망을 싹 지워버렸다. 그 희망이란 민족 문제를 함께 풀어갈 동반자적 희망일 것이다. 그리고 미국은 박정희 정부에 대한 일말의 의구심을 싹 지워버렸다. 반공의 보루로서 박정희 정부를 인정한 것이다. 이후 박정희는 베트남 파병 등을 통해 미국의 믿음에 보답했다.

마지막으로 한마디 덧붙인다. 당시 정보부장인 김형욱이 황태성의 사형 집행 승인 서류를 내밀자 박정희는 이렇게 반문했다고 한다.

"아까운 사람인데 꼭 이렇게 해야 하나?"

"각하! 미국과 야당에 몰리지 않으려면 해야 합니다."

잠시 머뭇거리던 박정희는 서류에 서명했다고 한다.

신불출 또는
에하라 노하라

태양 한복판에 화살을 꽂은 사나이

개그 좋아하십니까? 저는 개그 무척 좋아합니다. 요즘 같은 세상에 웃을 일이 어디 있습니까? 의사들이 억지로라도 웃는 게 건강에 좋다니 웃기는 해야 하겠지만 웃을 일이 어디 있나요. 그래서 개그를 열심히 봅니다. 보고 또 봅니다. 그런데 길 가다 우연히 웃기는 대목이 떠올라서 혼자 빙그레 웃어봅니다. 그러면 길 가던 사람들이 별 일 다 보았다는 듯이 저를 쳐다봅니다. 처음에는 '저 사람이 혹시 나를 아는 사람인가?' 오해도 했지만 이젠 '아, 내가 또 혼자 웃었구나' 하고 깨닫고는 다시 웃습니다. 한마디로 미친놈 취급 받는 건데 그래도 웃으면 복이 온다니 복이 올 때까지 웃어보렵니다.

"태극기의 사괘는 현재 모스크바 삼상회담에서 결성한 4대 강국, 즉 미·영·중·소이고, 가운데 태극은 이들의 감시 하에 있는 한국인데, 태극의 상부는 적색이고 아래는 감색이다. 세월이 흘러 비바람이 불어 태극기가 물에 젖으면 자연스럽게 위에 있는 붉은 색깔이 녹아 흘러서 감색 부분까지 불그스레해지는 것이 자연 현상인 것처럼, 현재 삼팔선으로 남북이 갈라져 있지만 차차 세월이 가면 남한도 불그스레해진다."

-《예술세계》 1996년 1월호, 황문평 술회록

위 내용을 본 느낌이 어떠하신가? 음, 공산주의자의 헛소리 같다고? 그럴지도 모른다. 그러나 이 내용은 공산주의자의 강연 내용이 아니라 한반도를 들었다 놓았다 했던 한 만담가가 공연한 만담漫談 내용이다. 도대체 이런 내용을 만담이라고 떠든 인간이 도대체 누구일까? 게다가 시대가 어느 시대인데 이 따위 내용이 만담으로 통용되었을까?

신불출申不出이란 인물이 있었다. 1905년이나 1907년 무렵에 태어난 것으로 알려져 있는데 태어난 연도가 언제면 어떠랴? 그 또한 지금은 이 세상에 없으니 그의 생년이 언제로 알려지건 아무 관심도 갖지 않을 것이다. 그의 삶의 철학이 '될 대로 돼라'는 것이었으니 말이다. 아, 그의 인생관이 '될 대로 돼라'였다는 것은 그가 직접 말한 것은 아니고 필자가 임의로 판단한 것도 아니다. 다만 그의 이름에서 추론한 것이니, 옳고 그름은 독자 여러분이 판단할 일이다.

그렇다면 우선 그의 이름에 대해 살펴보기로 하자. 우선 신불출申不出이란 '납 신, 아니 불, 날 출'로 이루어져 있다.

"내가 세상에 태어날 때 나올까 말까 했거든. 신불출이었단 말이지."

그가 설명한 그의 이름 탄생 비화다. 따라서 그의 본명이 아닌 것은 분명하다. 그의 본명은 신흥식, 신영일, 신상학 등 여러 가지로 알려져 있으나 아무것도 분명하지 않다. 그렇다면 '될 대로 돼라'는 인생관은 어디서 유래한 것일까?

그는 일제강점기에 조선 땅을 들었다 놓았다 할 정도로 유명한 만담가였다. 요새로 치면 일 년에 단 하루도 쉬기 힘든 유명 연예인이었다는 말인데, 창씨개명에 혈안이 되어 있던 일제가 그를 가만두었을 리 없다. 결국 그도 창씨개명을 하게 되었는데(이쯤에서 성미 급한 분이라면 "뭐 이런 자식이 있어? 그래도 끝까지 거부해야지" 하실 텐데, 잠깐 성미 가라앉히고 계속 읽으시길) 그 이름이 다시 한 번 조선 땅을 들었다 놓았다.

새로 지은 이름이 뭐냐고? 강원야원江原野原. 그런데 강원야원은 우리가 읽는 한자음이고, 그의 이름을 일본식 한자음으로 읽으면 이렇게 된다. 에하라 노하라. 어떤 느낌이 드는가? 그 무렵 조선인들은 모두 '될 대로 돼라' 하는 뜻으로 받아들였다. 같은 창씨개명도 이 정도 되면 예술의 경지요, 독립운동가를 능가할 정도다.

그런데 그의 이런 창씨개명은 어쩌다가 이루어진 것이 아니다.

"새벽을 맞아 우리 모두 잠에서 깨어납시다. 여러분, 삼천리강산에 우리들이 연극할 무대는 전부 일본 사람 것이고, 조선인 극장은 한두 곳 밖에 없습니다. 우리는 이대로 있으면 안 됩니다. 우리 동포들은 두 주먹을 불끈 쥐고 일어나야 합니다."

한반도를 들었다 놓았다 했던 만담가 신불출. 당대의 유명 연예인이었지만 어린 시절이나 성장 과정에 대해서는 거의 알려진 바가 없다.

연극배우이자 극작가였던 신불출은 1931년, 연극 〈동방이 밝아온다〉 공연의 마지막 장면에서 위의 내용으로 대사를 바꾸어 외친다. 그런 후 당연히 종로경찰서 고등계에 연행된다. 그는 다시는 무대에 서지 않겠다는 각서를 쓰고 석방된 것으로 알려져 있는데, 이후에도 그의 무대 활동은 그치지 않는다. 물론 연극배우로서는 더 이상 무대에 서지 않음으로써 일제와의 약속은 지킨 듯하다. 그렇다면 어떤 역할로?

"필자가 일찍이 엄청나게도 불리한 객관적 정세 아래 시시각각으로 움츠러드는 조선 극계를 떠나 그리 까다롭지 않고도 될 수 있음직한, 좀 더 새롭고 조촐한, 돈 안 들고도 손쉽게 될 수가 있는 무대 형식이 하나 없을까 하고, 서양 것을 책자에서 연구해보고 중국이나 동경 것을 실제 견학도 하여본 결과 드디어 만담이란 것을 창안해 가지고 비로소 조선에 그 시험을 해봤던 것입니다. '남의 것을 배우는 것은 내 것을 만들기 위해서만 가치가 있는 것이다.' (중략) 자기 문화의 창조적 임무가 결코 모방과 추종에만 있는 것이 아니고, 좀 더 한 걸음 나아가서 가장 참된 비판의 칼로써 요리된 영양제가 아니어서는 안 될 것이니 요즘 해외문학을 연구하는 이들 중에서 흔히 볼 수 있는 무비판적 모방에서 가져오는 서투른 솜씨가 마침내 민중으로 하여금 소화불량증에 신음케 하는 죄과가 하나 둘이 아닌 점으로 보아 그들의 반성을 구하는 것이니."
-《삼천리》1935년 6월호

즉 조선이 취한 객관적 현실 속에서 민중과 소통하고 우리 문화를 발전시킬 방도를 찾다가 만담이란 형식을 발견했다는 것이다.

그런데 필자는 그가 만담이라는 형식의 연예 형식을 발견했다는 업적보다도 그의 글 솜씨에 경탄을 금치 못한다. 도대체 천대받고 괄시받기 십상인(실제로 그랬다. 심훈과 유치진 같은 이들의 신불출 만담에 대한 비판 기사가 전해오고 있다) 만담가 주제에 이런 글을 쓰다니! 놀랍지 않은가? 게다가 브리태니커 백과사전에서는 그를 "천민 출신으로 보통학교를 졸업하고……"라고 기술하고 있다. 필자는 언젠가 백과사전에 대한 글을 쓸 예정인데(글쎄 언제가 될지는 장담하지 못하겠지만) 여하튼 브리태니커의 이 기사는 객관적 사실을 기술했다기보다는 그럴 거라는 바람이 내포된 느낌이다. 왜냐하면 다른 자료에 따르면 그는 송도고등보통학교를 중퇴한 것으로 알려져 있고, 또 다른 자료에 따르면 일본에서 대학을 중퇴했다고도 하니까 말이다.

여하튼 그의 글 솜씨는 그가 천민 출신의 초등학교 졸업자라면, 그가 얼마나 탁월한 학습 능력을 갖추었고 덧붙여 독학으로 얼마나 열심히 공부했는지를 잘 보여준다. 사실 위 글은 그의 지적 능력을 보여주는 극히 일부에 불과하다. 그 외에 전문 연극인들과의 토론이나 그 시대에 활동한 정치인, 문화인들에 대한 말과 글을 살펴보면 오늘날로 치면 최고의 지성인으로 꼽아도 손색이 없을 정도이다.

신접살림 차리려고 궁리하는 젊은 부부
드느니 돈뿐이요, 나오느니 한숨이라.
나중에 하다 안 되면 뱃심으로 삽시다.
귀찮게 이것저것 맡아 갖고 지킨대도
무덤 앞에 이르러서 앙탈하든 못하리니

더럽게 돈에 매어살기 우린 원치 맙시다.

있으면 얼마라는 한도가 있지마는
차라리 없으며는 세상이 다 내 것 같아
뱃심도 이만하면 큰 기침이 나지요.

죽으면 그만일 걸 내것 네것 가리리까?
사람마다 지켜주니 고맙다고 할 뿐이지.
세상을 심부름시켜 백 년 놀다 갑시다.
-《월간 중앙》1934년 11월호

　위 글은 그가 발표한 풍자풍의 시조 〈실없는 말씀〉 가운데 '썩어가는 뱃심'이란 대목이다. 우리 민족이 일제의 수탈로 모진 고통을 겪던 시절 그가 발표한 시조인데, 단순히 실없는 말씀이 아닌 듯하니 어찌 그를 천민 출신의 무시해도 좋은 만담가쯤으로 폄하할 수 있겠는가 말이다.
　여하튼 그는 고작 20대 중반 무렵부터 만담가로 세상을 떠들썩하게 만든다. 만담가 하면 늙수그레한 노인을 연상하는 우리로서는 자못 당황스럽기까지 하다. 물론 처음부터 인기를 끈 것은 아니었을 것이다. 처음에는 연극이나 신파 공연 같은 데서 막간에 잠깐 관객들에게 웃음을 선물하고 들어갔을 것이다. 그러나 시간이 지나면서 연극이나 신파 공연보다 그의 만담이 더 인기를 끌었을 것이다. 그리하여 그의 만담이 독립적인 공연으로 선을 보이기 시작한 것이다.
　그렇다면 그의 공연이 얼마나 인기를 끌었기에 필자가 "세상을 들었다

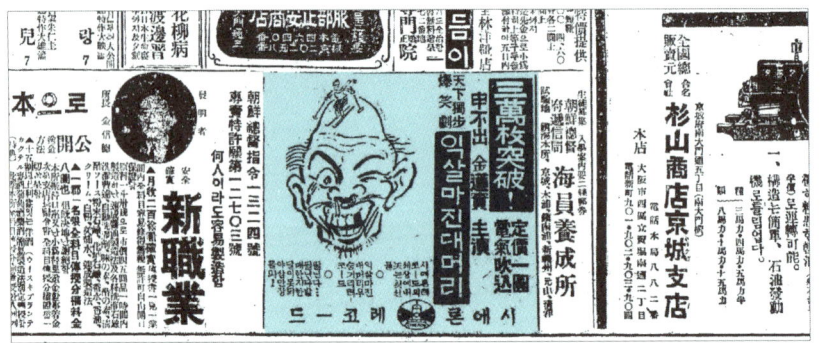

신불출 만담집 신문 광고(1933년 2월 2일자 〈동아일보〉).
신불출 만담집 〈익살맞은 대머리〉 레코드가 발매 한 달도 채 못 되어 판매고 3만 장을 돌파했다는 내용이 눈길을 끈다.

놓았다" 했다고 호들갑을 떨었을까? 필자는 결코 허풍쟁이가 아니다.

당시 광고들을 보면 신불출의 인기가 어떠했는지를 알 수 있을 것이다. 게다가 일 년 내내 신불출은 쉴 수도 없을 만큼 수없이 공연을 해야 했는데, 그 공연은 일반적인 방식처럼 관람객이 돈을 지불하고 들어오는 공연도 있었지만 그 외에 다양한 공연 방식이 있었다. 그 가운데는 당시 신문사들이 신문 구독자를 늘리기 위해 신불출의 공연을 무료 또는 적은 금액만 내고 관람할 수 있도록 한 경우도 있었다. 그리고 제약회사의 할인 행사에도 그의 만담 입장권이 걸렸다.

한편 그의 공연을 보려는 사람들은 전국 방방곡곡에 산재해 있는 데 반해 공연장은 부족했다. 그러나 신불출은 이런 악조건을 따지는 인물이 아니었다. 그는 자신을 필요로 하는 곳이라면 모금 행사, 자선 행사는 물론 오지의 지역 유지 집안 또는 관공서 옥상, 가설극장 등 장소와 지역을 불문하고 공연을 실시했다. 물론 정식 공연의 경우에는 소정의 입장료를 받았는데, 그의 공연 입장료는 그 무렵 어떤 공연과 비교해서도 최고 수준이었다. 그럼에도 수많은 사람들이 늘 공연장을 가득 메웠고, 표를 못 구해 돌아가는 사람도 부지기수였다.

한편 그의 만담은 수많은 레코드를 통해 다시 사람들에게 전해졌다. 앞의 광고를 보면 신불출의 만담 레코드 판매고가 한 달도 채 못 되어 3만 장을 넘었다고 쓰여 있다. 요즘도 그런 레코드는 흔치 않을 것이다. 그런데 신불출의 만담 레코드가 그 시절에 그런 기록을 남긴 것이니 그의 인기가 어느 정도였는지를 짐작할 수 있을 것이다.

그러나 앞서 살펴본 바와 같이 그는 처음부터 일제에는 썩 나긋나긋한 인간이 아니었다. 앞서 살펴본 시조만 보아도 일제 측에서 보면 그의 사상을 충분히 의심할 만했을 것이다. 그래서 그런지 그는 광복이 되기까지 수없이 많은 연행과 석방을 되풀이해야 했고, 그가 취입한 레코드 역시 여러 종류가 판매 금지 처분을 받았다. 그러나 그는 어떤 경우에도 자신의 인생관처럼 좌절하지 않았다. 에하라 노하라.

그리고 드디어 광복을 맞았다. 그러나 광복도 그에게 표현의 자유를 제공해주지 못했다. 오히려 그의 흔들리지 않는 반일, 민중 중심의 행동은 그에게 일제 치하에서도 겪지 못했던 고통을 안겨주기에 이른다.

이 글 맨 앞에서 살펴본 신불출의 만담 아닌 만담은 그 당시 이루어진 표현 그대로가 아니다. 그 내용은 대중음악 작곡가인 황문평이 자신의 회고담으로 기록한 것이다. 따라서 신불출이 정말 그렇게 노골적으로 사회주의를 선전했는지는 분명치 않다. 그의 공연을 직접 들은 누군가의 기억에 따르면 "우리나라가 남·북한으로 분단된 것은 태극이 위는 붉고 아래는 파랗게 나누어져 있기 때문이다" 하는 정도였다고도 하니 말이다. 그러나 그가 우리 민족을 제외시킨 채 미·소 간에 이루어지는 한반도 정책에 반기를 들었던 것만은 분명해 보인다. 그리고 그런 그를 미 군정 아래 득세한 새로운 지배 세력이 가만둘 리 없었다.

태극기 관련 만담 공연은 1946년 6월 11일 이루어졌는데, 그 공연은 신불출의 만담 공연 가운데 가장 역사적인 것이 되었다. 왜? 우선 그날의 공연이 신불출의 남한 땅 마지막 공연이 되었기 때문이다. 거의 20여 년에 걸친 그의 공연에 종지부를 찍는 날이 된 셈이다. 두 번째로는 늘 열화와 같은 환호와 성원을 보내주던 관객들이 처음으로 그에게 폭력을 행사한 날이기도 하다.

사실 그날의 공연은 일제 치하에서 일어난 6·10 만세운동 20주년 기념행사의 일환으로 이루어진 것이었다. 그러나 모든 겨레가 기뻐해야 할 이날의 공연은 신불출의 태극기 관련 만담 도중에 벌어진 폭력 사태로 중단되고 만다. 200여 명의 우익 청년들이 야유를 보내는 가운데 무대 위로 올라간 몇몇 청년들에 의해 폭행을 당한 그는 서대문경찰서에 구금되기에 이른다. 폭력배들에게 매를 맞아 중상을 입은 피해자가 경찰에게 잡혀가는 상황. 이런 상황은 훗날 우리나라에서는 공공연히 일어나는 일이 되니 썩 특별한 일도 아니었다. 그러나 그 주인공이 나라를 들었다 놓았다 하는 신불출이다 보니 전국의 언론이 대서특필한 것은 두말할 나위가 없다. 결국 신불출은 '2만 원 벌금 또는 징역 1년'의 선고를 받았다.

이제 그는 만담가도 아니고 작가도 될 수 없었다. 다만 미 군정 포고령 위반죄를 저지른 전과자일 뿐이었다. 그리고 그는 1948년 북을 택한다. 서울에서 끝난 그의 만담 인생이 북한에서 이어지게 된 것이다.

이후 그의 삶은 북으로 간 많은 사람들처럼 분명히 밝혀진 것이 거의 없다. 다만 그가 그의 이름을 딴 '신불출 만담 연구소'의 소장을 지낸 것은 분명해 보인다. 그러나 그 후 그는 아무래도 불행한 삶을 산 것으로 보인다. 공직 박탈과 함께 협동농장으로 추방되었다고도 하고, 혹은 정치범 수용소에서 비참한 최후를 맞이했다고도 하니 말이다.

그러나 그는 지금도 주위 사람들에게 웃음을 주면서 자신의 인생관처럼 될 대로 되라며 하늘 언저리를 맴돌고 있을 것이다. 그가 시조에 썼던 한 구절처럼.

울분을 안주 삼아 칼끝에 꿰어 들고
통곡의 큰 술잔을 높이 높이 올릴 적에
태양도 고개를 돌리고 구름 속에 숨데나.

원통한 이 푸념을 풀어볼 길 바이 없어
태양 한복판에 화살을 꽂았더니
사람은 그를 모르고 흑점이라 말하데.
-《월간 중앙》1934년 11월호, 〈실없는 말씀〉 가운데 '취담醉談'

참고문헌

단행본

《1970년대 민주화운동 II》, 한국기독교교회협의회 인권위원회, 1987
《21세기 우리 문화》, 주강현, 한겨레신문사, 1999
《개경의 생활사》, 한국역사연구회, 휴머니스트, 2007
《과거 보러 가는 길》, 홍사중, 이다미디어, 2003
《관아 이야기》, 안길정, 사계절출판사, 2000
《구한말 광산 이권과 열강》, 이배용, (재)한국연구소, 1984
《국어학개론》, 이석주·이주행, 대한교과서, 1997
《국어학사》, 김완진 외, 한국방송대출판부, 1999
《그림으로 배우는 우리의 문화유산》, 송석상·이강승 편저, 학연문화사, 1996
《근대 한선과 조선 도구》, 근대해양유물전시관, 2008
《만담백년사》, 반재식 편저, 백중당, 2000
《백제어 연구》, 도수희, 제이엔씨, 2005
《사명당의 생애와 사상》, 신학상, 너른마당, 1994
《사진으로 보는 독립운동(하)-임정과 광복》, 이규헌 해설, 서문당, 1987
《사진으로 보는 조선시대-생활과 풍속》, 조풍연 해설, 서문당, 1986
《사진으로 보는 조선시대(속)-생활과 풍속》, 조풍연 해설, 서문당, 1987
《서울의 옛모습》, 서울시립대학교 부설 서울학연구소, 1995
《세계가 높이 산 한국의 문기》, 최준식, 소나무, 2007
《소나무》, 이어령 책임편찬, 종이나라, 2005
《수난의 문화재》, 문화재청 엮음, 눌와, 2008
《시민을 위한 서울 역사 2000년》, 노중국 외, 서울특별시사 편찬위원회, 2009
《신갈나무 투쟁기》, 차윤정·전승훈, 지성사, 2009
《실크로드와 한국 문화》, 국제한국학회, 소나무, 1999
《실학정신으로 세운 조선의 신도시, 수원 화성》, 김동욱, 돌베개, 2002
《알렌의 선교와 근대 한미외교》, 민경배, 연세대학교출판부, 1991
《얼굴, 한국인의 낯》, 조용진, 사계절출판사, 1999

《위서》, 김삼웅, 인물과사상사, 2004
《조선시대 농법 발달 연구》, 염정섭, 태학사, 2002
《조선시대 도시사회 연구》, 손정목, 일지사, 1977
《조선의 무기와 갑옷》, 민승기, 가람기획, 2004
《조선후기 사회경제사의 연구》, 송찬식, 일조각, 1997
《조선후기 상업사 연구》, 백승철, 혜안, 2000
《조선후기 서울의 사회와 생활》, 서울시립대학교 부설 서울학연구소, 1998
《죽산 조봉암 전집(1~6)》, 죽산조봉암기념사업회 편, 정태영·오유석·권대복 엮음, 세명서관, 1999
《친일파는 살아 있다》, 정운현, 책보세, 2011
《한국건축답사수첩》, 한국건축역사학회 편, 동녘, 2006
《한국 근대 노동사와 노동운동》, 김경일, 문학과지성사, 2005
《한국문화재수난사》, 이구열, 돌베개, 1996
《한국수학사》, 김용운·김용국, 살림매스, 2008
《한국언어지도》, 이익섭 외, 태학사, 2008
《한국의 지명유래 2》, 김기빈, 지식산업사, 1997
《한성백제박물관》, 서울역사박물관 한성백제박물관, 2012

고전문헌(국역본)

《동국이상국집》(이규보), 민족문화추진회, 1978
《동명왕편》(이규보), 박두포 역, 을유문화사, 1974
《북학의》(박제가), 박정주 역, 서해문집, 2002
《산성일기》(작가미상), 김광순 역, 서해문집, 2004
《삼국사기》(김부식), 신호열 역, 동서문화사, 2007
《삼국유사》(일연), 권상노 역, 삼원사, 1995
《열하일기》(박지원), 민족문화추진회, 1968
《정선 목민심서》(정약용), 다산연구회 편역, 창비, 2005
《조선왕조실록》, 민족문화추진회
《징비록》(류성룡), 김흥식 역, 서해문집, 2003
《청장관전서》(이덕무), 민족문화추진회, 1979
《추재기이》(조수삼), 허경진 역, 서해문집, 2008
《해서암행일기》(박만정), 이봉래 역, 고려출판사, 1976

신문·잡지

〈경향신문〉 1961년 8월 12일("民族日報 事件에 求刑"); 1963년 12월 14일("間諜 黃泰成 銃殺刑집행")

〈광주일보〉 2004년 6월 9일, 16일, 23일("사건과 사람들: 77년 무등산 철거빈원 살해")

〈독립신문〉 건양원년(1896년) 사월 칠일(창간호); 1920년 1월 1일; 1920년 4월 13일; 1921년 4월 2일; 1922년 5월 6일

〈동아일보〉 1930년 9월 10일(이건공 가문 어장 문제에 관한 기사); 1933년 2월 2일(신불출 만담집 광고); 1955년 8월 11일("冬眠하는 우리말 큰사전"); 1956년 5월 19일("大統領選擧 各區開票結果-九百六萬八千247票")

〈민족일보〉 1961년 5월 18일

〈서울신문〉 1977년 4월 21일("無許 철거반 4명 殺害")

〈영화저널〉 1992년 2월 5일(창간호)

〈오마이뉴스〉 2011년 12월 8일("김재홍의 박정희 권력 평가⑬")

〈한겨레〉 1991년 9월 6일("평원 고무공장 파업 이끈 불꽃 삶"); 2006년 6월 9일("외규장각 도서 반환, 전시로는 안 된다")

《동광》 1931년 7월호

《삼천리》 1935년 6월호

《신동아》 2004년 1월호

《예술세계》 1996년 1월호

《월간 대화》 1977년 8월호

《월간 말》 1993년 8월호

《월간 중앙》 1934년 11월호

기타

《天工開物》(宋应星[明]), 中国社会出版社, 2004

《三才圖會》(王圻[明]) 영인본, 민속원, 2004

복천박물관 '제2기 고고학 시민강좌' 자료집, 2009

브리태니커 백과사전, 위키피디아

사상계 홈페이지 www.esasangge.com

한국대인지뢰대책회의 홈페이지 www.kcbl.or.kr